교회 통찰

코로나 · 언택트 · 뉴노멀 시대 교회로 살아가기

세움북스는 기독교 가치관으로 교회와 성도를 건강하게 세우는 바른 책을 만들어 갑니다.

교회 통찰

코로나 · 언택트 · 뉴노멀 시대 교회로 살아가기

초판 1쇄 인쇄 2020년 9월 15일
초판 1쇄 발행 2020년 9월 20일

지은이 | 안명준 외 45인
편집위원 | 이상규 노영상 이승구
펴낸이 | 강인구

펴낸곳 | 세움북스
등   록 | 제2014-000144호
주   소 | 서울시 종로구 삼일대로 428(낙원동) 낙원상가 5층 500-8호
전   화 | 02-3144-3500
팩   스 | 02-6008-5712
이메일 | cdgn@daum.net

교   정 | 오현정
디자인 | 참디자인

ISBN 979-11-87025-71-9 (03230)

교회통찰

안명준 외 45인 지음

코 로 나
뉴 노 멀
언 택 트 시 대
교 회 로
살 아 가 기

세움북스

서문

2019년 11월 중국 후베이성(湖北省) 우한(武汉)에서 발생한 바이러스성 호흡기 질환인 코로나바이러스감염증-19(코로나19)는 우리 사회에 심각한 문제를 야기하고 있다. 우선 인적 피해에 있어서 근년의 어떤 전염병보다 심각한 피해를 주고 있다. 2020년 7월 18일 10시 기준으로 볼 때 세계적으로 확진자는 1천4백18만 명에 이르고, 사망자는 59만 9천만 명에 달하고 있다. 우리나라의 경우 확진자는 1만 3천7백11명, 사망자는 2백94명에 달한다. 확진자와 사망자는 계속 증가하고 있고, 이름 그대로 코로나 팬데믹(pandemic) 시대에 살게 된 것이다. 인명 피해만이 아니라 코로나 현상은 우리 사회 전반에 엄청난 피해와 파장을 불러일으키고 있다. 코로나의 창궐은 사람과 사람이 어울려 함께 살아가는 사회 구조를 비대면 사회 구조로 변화시켰고, 이런 사회적 변화는 문명사적 전환을 재촉하고 있다. 문제는 교회의 환경이 크게 달라지고 있다는 점이다. 기독교회는 뉴노멀이라고까지 불리는 코로나 환경에 어떻게 대처해야 할까? 변화된 환경에서 한국교회의 미래를 전망하고 한국교회의 역할을 모색하는 일은 시급한 과제가 되었다. 바로 이런 현실적 요구에 부응하기 위해『교회 통찰: 코로나, 뉴노멀, 언택트 시대 교회로 살아가기』를 기획하게 된 것이다.

목차에서 제시된 바처럼 이 책은 전 6부로 구성되어 있다. 제1부, '코로나19 · 뉴노멀 · 언택트 시대, 성경적 고찰'은 팬데믹 현실에 대한 성경적 검토다. 성경을 통해 오늘의 현실을 성찰하는 일은 가장 우선적인 과제이기 때문에 신구약성경의 가르침을 천착한 글을 제1부에 편집하게 된 것이다. 제2부, '코로나19 · 뉴노멀 · 언택트 시대, 신학과 교회'에서는 제목이 제시하듯이 코로나 현실에 대한 조직신학적 검토이다. 그래서 창조, 인간, 교회, 성화, 환경, 생명신학의 문제와 관련하여 코로나 시대 교회가 지향해야 할 과제를 제시했다. 제3부, '코로나19 · 뉴노멀 · 언택트 시대, 교회사의 거울로 보기'에서는 교회 지도자들이 전염병에 대해 어떻게 인식하고 대처해 왔는가를 역사적으로 고찰했다. 어거스틴과 16세기 개혁자들, 곧 루터, 츠빙글리, 부써, 칼뱅, 베자 등의 입장을 소개했다. 특히 교회와 국가 양자 간의 바른 관계가 무엇인가를 검토하고, 국가 권력은 교회 문제에 관여할 수 있는가에 대한 문제를 검토했다. 제4부, '코로나19 · 뉴노멀 · 언택트 시대, 한국교회 희망 찾기'에서는 코로나 환경에 주목하되 한국교회 역사와 현실에서 교회가 지향해야 할 과제에 대해 고찰했다. 제5부, '코로나19 · 뉴노멀 · 언택트 시대, 목회와 실천'에서는 코로나 현실에서 교회가 지향해야 할 과제를 실천신학적 측면에서 검토했다. 즉 목회와 설교, 교회교육, 교회학교 운영, 예배의 회복, 선교와 선교 전략 등의 문제에 대해 주목했다. 제6부, '코로나19 · 뉴노멀 · 언택트 시대, 삶의 현장'은 오늘의 삶의 현실의 문제와 직결된 여러 측면에 대한 성찰을 담아냈다. 직장생활, 즉, 과학과 기술문명, 의료와 의료 철학, 테크노피아의 문제 등에 대한 성찰이다.

이 책의 출판을 위해 옥고를 주신 46명의 필자들에게 깊은 감사를 드리는 바이다. 필자들은 각 분야의의 전문가들이다. 이분들의 오랜 학구(學究)와 연학(研學)의 결실이 독자들에게 귀한 가르침을 줄 것으로 확신

한다. 특히 이 책의 발간과 편집을 위해 실무를 담당해 준 안명준 박사의 노고에 깊이 감사를 드린다. 그의 헌신적인 수고가 없었다면 이 책의 출판은 불가능했을 것이다. 또 이 책 출판을 위해 애써 주신 세움북스 강인구 대표님과 직원들에게 감사를 드린다.

2020년 7월 18일
편집위원 이상규 · 노영상 · 이승구

편집인 안명준
(평택대학교)

전 세계에 퍼진 코로나바이러스19는 지금 죽음의 사자로서 만나는 모든 사람을 공격하고 있다. 심지어 모든 인류 공동체의 구조를 무너뜨리고 있다. 주님의 몸 된 교회도 예외 없이 이 무서운 바이러스의 침투로 힘없이 무너지고 있다. 코로나19는 마치 중세 시대와 종교개혁 시대의 흑사병과 같은 죽음의 권세로 하나님의 백성들을 시험하고 있다.

『교회 통찰: 코로나, 뉴노멀, 언택트 시대 교회로 살아가기』는 코로나바이러스19로 인해 위기와 고난의 현장 속에 있는 한국교회를 돕기 위하여 매우 바쁘신 시간에 교수, 목회자, 선교사, 그리고 의사들의 헌신적인 노력으로 집필되었다. 전염병을 만난 한국교회에게 요구되는 역할은 무엇이며 나아가 미래의 모습은 어떻게 변화되어야 할지를 보여주고 있다. 이 책은 교회가 말씀으로 돌아가고 본질을 회복하며 참된 예배를 회복하고 올바른 그리스도인들의 정체성을 회복하고 성경적 세계관을 통하여 교회의 사명과 이웃에 대한 사회적 책임을 감당하는 모습을 제시하고 있다. 이 책에서 다루는 주제들은 다음과 같다. 먼저 이 위기의 시대에서 성경의 가르침으로 시작하여 고난의 시기를 통과한 종교개혁자들로부터 지혜를 찾으며, 코로나19 이후의 한국교회의 미래의 변화를 위하여 목회, 교육, 선교, 이단, 교회와 국가의 관계, 의학, 그리고 자연과학에 대한 전문가들의 분석과 대안을 제시하고 있다.

이 책이 나오기까지 수고하셨던 여러 분들께 감사의 마음을 전한다. 한국교회와 한국신학계에 큰 공헌을 하고 계시는 김영한 박사님께서는 "코로나 시대 한국교회와 신학의 역할"이라는 주제로 귀한 원고를 주셨다. 편집위원이시며 존경하는 이상규 박사님께서는 목차와 서문의 기초를 작성해 주시고 귀한 글을 쓰셨다. 한국복음주의신학회 회장이신 이승구 교수님께서는 모든 글들의 각주를 수정해 주셨다. 한국기독교학회 전회장이셨으며 부족한 사람을 사랑으로 배려와 격려를 주시는 노영상 박사님께서는 안종배 박사님과 같이 이 책에 필요한 귀한 전문학자들을 소개해 주셔서 풍성한 작품이 되었다. 방선기 박사님은 성도교회 시절 저의 선배님으로서 신앙 가이드를 체계적으로 이끌어주셨으며 바쁘신 가운데서 소중한 원고를 주셨다. 특별히 이 책의 가치와 품위를 높여주신 한국누가회장이시며 샘병원 미션원장이신 박상은 원장님과 인터서브코리아 전 대표이셨던 새숨병원의 박준범 원장님께 감사의 마음을 전한다. 캐나다에서 안식년 중에도 소강석 목사님의 추천사를 위해 수고해 주신 광신대의 김호욱 박사님, 김선영 박사님을 비롯한 여성 신학자들, 목회 현장에서 매우 바쁘신 가운데서도 원고를 주신 이정현 박사님을 비롯한 여러분들께 존경과 감사를 드린다. 지면 관계상 이 페이지에서 이름을 언급하지 못하였지만 한국교회를 위하여 모든 분들이 귀한 글을 쓰셔서 이 책이 만들어진 것에 대해서 진심으로 감사 드린다. 동영상 강의로 매우 바쁜 기간에 수고하셨던 교수님들의 도움이 없었다면 이 책이 나올 수 없었다.

이 책을 추천해 주신 한국교회의 보석 같은 신학자 민경배 박사님, 세계적인 신약신학자이며 한국기독교학술원의 원장이신 이종윤 목사님,

한국교회의 연합에 앞장서고, 한국교회의 세계적 위상을 높이신 박종화 목사님, 성결교회의 원로이며 귀하게 존경받으시는 오희동 목사님, 한국의 신학자와 선교사들을 항상 지원해 주시는 새로남교회의 오정호 목사님, 한국교회의 화합을 위해 힘쓰시며 한국의 국익을 위하여 섬기시는 새에덴교회의 소강석 목사님, 총회 이슬람대책위원회 위원장이신 산본양문교회의 정영교 목사님, 얼마 전 전염병 주제로 신학포럼을 진행하셨던 서울 에스라교회 남궁현우 목사님께 감사를 드린다. 비록 금번에는 추천사를 집필하지는 않으셨지만, 한국의 여러 학회를 후원해 주시는 백석대학교 설립자이신 장종현 목사님과 따뜻한 품성으로 친절과 사랑을 베푸시는 부산 부전교회의 박성규 목사님께 감사를 드린다.

끝으로 이 책의 출판을 허락해 주셔서 한국교회에 귀한 도움에 동참하신 세움북스의 강인구 대표님께 진심으로 감사를 드린다.

2020년 7월 30일

이종윤 박사

(한국기독교학술원장, *UNIO CUM CHRISTO* 국제편집위원)

　의학을 공부하시는 의사 선생님들은 환자를 만나면 먼저 병의 원인부터 찾는다. 그러나 교회의 박사님들은 기독교적 세계관을 갖고, '하나님과의 관계,' '인간과 자연환경과의 관계,' '국가와 사회의 관계'를 살피면서, 죄인 된 인간을 몇몇이라도 더 구원하기 위하여 마음과 목숨과 힘을 다한다.

　중국이 2018년도에 '중국화'를 목표로 하는 새로운 종교정책을 발표하며 기독교를 옥죄기 시작하면서, 선교사 추방, 교회 지도자 투옥, 예배당 파괴 등의 사건들이 일어났을 때, 추방된 선교사들은 우한지역에서 발생한 코로나 질병을 가리켜 이구동성으로 하나님의 진노라고 애소했다. 중국에서 발생한 코로나19는 현재까지 세계적으로 대유행(pandemic)되며 확진자가 1천만 명을 넘어섰고 사망자도 50만 명을 넘어 그 숫자가 매일 증가하고 있는 상황이다.

　폐쇄국가인 중국은 아직까지 코로나19의 병인(病因)을 밝히지 못하고 있지만, 하나님의 교회를 사랑하며 주님을 깊이 경외하는 헌신적인 기독교계의 박사 46분이 영감 있고 학문적 노력의 보감(寶鑑)이 되는『교회 통찰: 코로나, 뉴노멀, 언택트 시대 교회로 살아가기』를 펴내게 된 것은, 하나님께는 영광이요 한국교회의 미래를 위해서는 놀라운 축복의 선물이므로, 여호와 하나님께는 찬하(讚賀)를 올리며 그들의 수고에는 경하(敬賀)를 드린다.

　현재까지 변종이 많이 생겨 백신이 미처 개발되지 않은 상태에서, 우리는 "여호와가 치유자시다"라는 구약성경에 나타난 유대인들의 선언을 바라보게 된다. 인간의 마음을 고치시고 개인의 생사화복과 국가의 흥망성쇠를 주관하시는 하나님께서 치유 기적을 통해 우리 주님이 '생명의 주'(lordship of life) 되심과, 바람과 파도를 주장하시는 그분의 자연 기적을 통해 '자연의 주'(lordship of nature) 되심이 널리 선포되길 바라는 것이다.

죽음에서 다시 살아난 나사로 까닭에 많은 유대인들이 예수를 믿은 것처럼, 우리 교회는 코로나19로 절망에 싸인 자들과 세계를 구원하기 위해 주님의 능력을 나타내야 할 것이다. 미래의 한국교회와 하나님의 목회를 한 모퉁이에서 담당하고 있는 신실한 주님의 사역자들로 말미암아 코로나19의 상황 속에서 잃어버린 교회 본질이 다시 회복되길 기대한다. 또한 죄로 말미암아 죽을 수밖에 없는 인간을 살리시는 구원자 하나님의 사역을 통해 온 세상이 치유되기를 바라면서 축사에 갈음해 본다.

∽∽ ∽∽ ∽∽

민경배 박사

(연세대학교 명예교수)

이번에 유례없이 한국신학계의 거대 석학들 46명이 공동 집필 형식으로 포스트 코로나 시대에 선포하는 한국교회 신학의 진단 분석 지침서를 상재했다. 이만한 정도의 신학자들이 한 현안에 대하여 이렇게 함께 서둘러 집필한 경우는 한국교회 역사에서 통례가 없던 일이다. 이는 포스트 코로나 시대가 얼마나 엄중하고 위급한 사태인가를 한국신학계가 총동원하여 신호를 보내고 있다는 것을 말하여 주고 있는 것이다. 한국교회는 지난 역사에서 여러 차례 엄중한 위기마다 헌신과 예언으로 한국사회와 세계에 위기극복의 첩경을 보여준 전통에 빛나고 있다.

기독교에는 진리라고 하는 것 이외에 구원과 사명, 천국의 복음이란 것이 있다. 우리 한국교회는 기독교의 복음에 따라 구원과 치유와 평화의 실제적 중심, 그 거점이 되어야 할 것이다. 이 포스트코로나 사태가 얼마나 위중한가 하는 것은 초대 중세 근대 현대 다음에 '포스트 현대'의 시대가 다가오는 것으로 보고 있기 때문이다. 2천여 년에 걸쳐 인류가 시험하고 실증하고 발전시켜 온 근본적인 생활원리가 이제 절벽에 몰리고 있는 듯 단절의 골이 깊어 가고 있기 때문이다. '사회적 거리두기'로 상징되는 격리 소외의 강요가 우리 사회를 생존 가능하게 하던 기본원리를 위협하고 있기 때문이다.

한국교회의 전문가 46분의 이번 글들은 포스트 코로나 세계에 평형을 갖춘 정도(正道)의 선언이요, 현장에 실용될 이정표이다. 여기 글들에 포스트 코로나 세계질서에 형통(亨通)을 주는 새 질서의 헌장이 제시되고 있다. 다가오는 세계질서의 구상화된 도안이 비쳐지고 있다. 이 글들은 세계 1천1백만 명의 확증자들과 52만여 명의 사망자로 전율하는 우리 세계 인류, 그리고 '사회적 거리두기' 때문에 고립된 모습으로 과중한 부담을 지고 허다한 불공평으로 지새고 있는 이들에게 '여호와로 인한 즐거움'으로 골격을 이루게 하는 새로운 실용가치를 제시하고 있다. 이 귀중한 책을 편집하노라 애쓰신 편집인 안명준 박사님과 편집위원들, 그리고 회심(會心)의 기념비적 문록(文祿)을 남기신 모든 집필자들에게 심심한 찬하 감사의 뜻을 다시 한 번 전해 올리는 바이다.

∽∽ ∽∽ ∽∽

오희동 박사
(현 한국교회연합 명예회장/전 예수교대한성결교회 총회장)

20도 안 되는 코로나19에 전 세계가 들끓고 있다. 하늘의 진노인가? 인간 욕망의 인과응보인가? 속수무책이다. 세상 모두가 코로나바이러스의 위력 앞에 매몰되고 있다. 정치, 경제, 교육, 교회가 혼미상태의 깊은 수렁에 빠져 정신을 못 차린다. 절망이다.

난세에 영웅이 나오는 법. 폭풍전야 같은 난파선에 한줄기 희망의 빛이 비친다. 4.19 의거 때 제자들의 죽음을 좌시할 수 없었던 교수들이 서울 시내를 행진함으로 피를 먹고 자란다는 민주주의를 꽃피웠듯 이번에는 다양한 분야 기독교 학자와 전문가의 중론을 엮어 『교회 통찰: 코로나, 뉴노멀, 언택트 시대 교회로 살아가기』라는 주제로 책을 출판하게 되었다.

세상이 교회를 위해 있는 게 아니라 교회가 세상을 위해 있다. 세상 속 일원들이 교회에 나오는 것인 만큼 교회는 받은 은총과 축복을 사회에 나눌 수 있어야 한다. 이 책이 바로 그 역할의 일환이다. 현재 한국교회는 많은 문제를 가지고 있어 안팎에서 비판의 목소리가 작지 않지만 한국교회가 지속적인 자기성찰과 세상을 향한 사랑의 수고를 감당한다면 제2의 부흥기를 맞이할 수 있을 것이라 기대한다. 그 부흥은 다름 아닌 '한 생명에 천착하는 것'이다. 한 10년간 정직과 성실로 땀 흘리고 말씀을 신실하게 준비해 증거하다 보면 한 사람은 주님 앞에 자신의 전 삶을 드리지 않겠나 하는 것이다. 그 한 사람을 위해 10년을, 모든 것을 거는 것이다. 주님이 나 하나를 위해 모든 것을 버린 것처럼 생명이 위협받는 시대에 생명을 아끼지 않는 한국교회로 서는 게 진정한 부흥이다.

이 책이 광야의 소리가 되길 기도한다. 암흑 속 한줄기 서광이길 기대한다. 이 책을 읽는 모든 분들의 절망이 희망으로, 위기가 기회로 바뀌길 소원한다. 꺼져가는 등불을 끄지 않으시는 하나님께서 연약한 등불을 생명의 빛으로 다시 타오르게 하시리라. 이때를 위해 예비해 두신 사랑하고 존경하는 모든 필진에게 감사드린다.

~~~ ~~~ ~~~

박종화 박사

(경동교회 원로/국민문화재단 이사장)

코로나바이러스-19는 무서운 세계적 전염병이다. 최근에 경험한 사스나 메르스 전염병과는 비교도 안되는 괴물이다. 군사안보 차원에서는 눈에 보이는 핵전쟁이 최악의 파멸을 몰고 왔고 또 온다고 염려하지만, 보건의료 차원의 눈에 보이지도 않는 바이러스 전쟁은 집단적 충격을 넘어 세계 문명사적 대전환을 몰고 올 정도로 충격파가 훨씬 더 크다. 그리하여 앞으로의 역사를 "포스트-코로나" 시대라 이름하는 데 별 이의가 없는 듯한다.

우리 한국의 "K-방역"은 이런 처절한 세계적 절체절명의 위기에서 희망의 등불로 등장했고, 세계적 방역 표본으로 공인되며 수많은 공헌을 베풀고 있다. 선진 기술적용, 성숙된 시민참여, 정직하고 투명한 정보와 치유, 그리고 자발적인 예방조치 등입니다. 우리 한국의 기독교도 그동안 비판과 칭송을 함께 받으며 일관되게 한국 백성에게 구원의 복음과 축복의 삶을 전파하는 일에 헌신해 왔다. 우리의 허물은 솔직하게 용서를 구하고, 우리에게 맡겨주신 하늘나라 축복의 복음은 '때를 얻든지 못 얻든지' 담대하고 용감하게 전파하고 솔선수범해야 한다. 우리 한국교회는 이 복음을 'K-복음'으로 묶어 신학과 목회와 실천의 현장에서 전진했으면 좋겠다. 건강한 자를 병들게 하고 병든 자를 죽이는 악의 바이러스를 철퇴시키는 몸생명을 위한 'K-방역'과 협력하면서 동시에 몸생명의 주체인 혼생명을 '믿음, 소망, 사랑'이라는 복음으로 채워 주고 용기를 북돋아 주어 개개인의 건강만이 아니라 몸담고 살아가는 사회의 각 영역까지 복된 삶을 살도록 헌신적 역할에 나설 것이라 기대해 본다. 그것이 한국교회의 저력이니까.

안명준 교수를 편집자로 하여 46분의 석학들이 한국 기독교의 이러한 새로운 과제와 사명을 일목요연하게 고찰하고 방안을 마련해 주셔서 감사한다. 또 실무적으로 수고한 분들께도 감사드린다. 도서출판 〈세움북스〉의 식구들과 강인구 대표께도 감사드린다. 아무쪼록 이 책이 널리 읽혀지고, 새 시대 새 사명을 주시는 주님께 영광이 돌려지기를 바란다.

∽∾ ∽∾ ∽∾

신수인 목사
(대한예수교장로회 고신 총회장)

우리는 한치 앞을 모르는 인생을 살면서도 착각하고 내일을 위한 준비로 열심히 계획을 세우고 고민하며 분주하게 살아왔다. 그렇게 애썼지만 내일은 나의 뜻대로, 혹은 우리의 생각대로 오는 것이 아니었다는 점을 알게 된 것은 코로나19라는 팬데믹 때문이다. 오늘 우리는 코로나19라는 전혀 예상치 못한 시대에 살고 있다. 교회다운 교회, 칭송받는 교회로 발돋움 하려 했던 열정도 타격을 받게 되고, 우리 사회 전 영역에서 도전을 받고 있다. 그러나 역사의 주관자 되신 하나님은 변함없이 우리의 역사를 통치하시며 이때를 위한 메시지를 우리에게 던지고 계신다고 믿는다.

그래서 우리는 낙망할 것이 아니라 코로나 시대에 한국교회가 나아갈 길을 전망하고 준비하는 일이 필요하다고 생각된다. 바로 이런 현실에서 『교회 통찰: 코로나, 뉴노멀, 언택트 시대 교회로 살아가기』가 출판된 것은 시의적절한 일이라고 생각된다. 우리 현실은 이상하고 이해되지 않는 상황이 전개되고, 때로 어색하고 불편할 수 있지만, 이런 현실에 한국교회가 어떻게 적응하면서 교회의 사명을 감당할 것인가를 고민하는 우리들에게 귀한 지침을 줄 것으로 확신한다. 우리는 일시적으로 당황하고 혼란스러웠지만 겸손히 무릎 꿇고 엎드리면 하나님의 말씀을 들을 수 있을 것이다.

코로나19 시대에 저명하신 목회자, 혹은 신학자 여러분의 학식과 지혜로 빛나는 이 책을 출판하여 교회와 목회자, 그리고 성도들에게 길잡이가 되고 큰 도움을 주신 점에 대하여 감사드리며, 충심으로 이 책을 추천하는 바이다.

∽∽ ∽∽ ∽∽

오정호 목사
(새로남교회/제자훈련목회자협의회(CAL-NET) 이사장)

한국교회를 위한 끊임없는 성찰과 전문성으로 무장된 분들께서 주님과 교회를 사랑하기 위하여, 특별히 목회자들과 소통하기 위하여 땀이 배인 원고를 쓰시고, 조율하여 정제된 책자를 한국교회 앞에 선물하셨다. 우리 모두에게 축복된 일이다. 편집인으로 수고하신 안명준 교수님을 비롯한 3분의 편집위원이신 이상규, 노영상, 이승구 교수님의 학문적, 실천적 탁월성은 모든 독자들의 신뢰를 얻기에 충분하다.

사상 처음으로 경험하는 코로나19 국면을 신학적, 역사적, 목회적, 사회적, 의학적으로 접근하여 해법을 제시하는 분들의 통찰력과 열정을 엿볼 수 있어 은혜가 된다. 특히 목회 현장에서 동분서주하는 한국교회 목사님들이 본서를 통하여 또 하나의 목회적 도구를 마련할 수 있음에 감사한다. 단 한 번의 소통이 그리울 때 이 시대의 흐름을 간파하여 제시하는 무게 있는 글들을 통하여 많은 이들이 주님과 말씀 앞으로 더 가까이 나아갈 수 있기를 기대한다. 주제가 다양한 만큼 효과적으로 본서를 사용할 수 있는 또 다른 묘미를 제공해 주기에 독자들에게 글 읽기 선택의 기쁨도 선물하리라 생각한다.

이렇게 소중한 책이 출판하게 됨을 매우 감사하게 생각하며 모든 동역자 분들에게도 기쁨으로 추천한다.

∾∾ ∾∾ ∾∾

소강석 목사
(새에덴교회/대한예수교장로회총회(합동) 부총회장)

한국교회는 코로나19 팬데믹 시대를 맞이하여 목회 패러다임의 전반적인 변화에 직면해 있다. 신학자들은 목회 패러다임의 성경적 변화를 위한 신학적 진단과 전략을 연구하여 교회에 방향을 제시할 것을 요구받고 있다.

코로나가 세계사적 대전환이 될 줄은 누구도 몰랐다. 한국교회는 선제적 대응을 하지 못하여 정부가 교회를 통제하고 간섭하는 빌미를 준 면도 있다. 이제라도 한국교회는 코로나 시대의 흐름과 변화를 간파하고 대응해야 한다. 코로나 시대는 개인주의와 자기중심성 문화가 팽배해지고, 기존 집단성을 중심으로 형성되었던 신앙 공동체성이 빠르게 해체되어 갈 것이다. 그러면서 온라인과 가상공간의 문화가 확대되어 갈 것이다.

코로나 사태가 길어지면서 성도들이 몇 달 동안 교회에 나오지 않다 보니 온라인예배가 습관화되어 버렸다. 북미 어느 교회의 경우, 약 3개월 동안 영상예배를 드린 후 대면예배로 전환하면서 주일 현장예배 참석자를 파악하니 약 2천 명 교인 중 70명 정도만 신청했다는 소식이 들려온다.

그러므로 우리는 코로나 시대를 극복하기 위해서 가장 우선적으로 무너진 현장예배를 회복해야 한다. 중장기적으로는 순환계적 차원에서 교회를 세우는 운동, 생태계적 차원에서 교회를 세우는 운동, 사회 포지션 영역에서 교회 세움 운동을 해야 한다. 한국교회 연합기관이 하나가 되어야 하고, 그 연합기관이 대사회적 대정치적 리더십을 발휘해야 한다. 포스트 코로나(*post corona*)가 아닌 쿰 코로나(*cum corona*)를 준비해야 할 때다.

한국 신학계가 코로나 시대를 대비하기 위하여 다양한 분야의 학자들의 지혜를 모아 『교회 통찰: 코로나, 뉴노멀, 언택트 시대 교회로 살아가기』를 출판해 주셔서 깊은 감사를 드린다. 앞으로도 코로나가 만들어내는 사회 현상의 파도에 휩쓸리는 것이 아니라, 성경적 신앙의 본질과 초대교회 신앙을 회복하고 세우는 바람을 일으켜 주시기를 바란다. 한국교회 목회자와 목회 후보생들이 본서의 내용을 참조하여 코로나 시대를 잘 대비하고 극복하시기를 바라며 추천한다.

～～ ～～ ～～

정영교 박사

(산본양문교회 담임목사/총회 이슬람대책위원회 위원장)

단 한 달도 안 돼 7만 명 이상의 인류의 생명을 죽음의 공포로 몰아넣은 코로나19에 인간은 맥없이 무너지고 말았다. 코로나 사태가 우리의 연약성을 여실히 드러낸 것이다.

그러나 이 폭풍은 지나갈 것이고 인류는 살아남을 것이다. 우리들 대부분은 여전히 살아있을 것이고 우리는 지금과는 다른 세상에 살고 있을 것이다. 지금 한국교회는 매우 어려운 위기 속에 서 있다. 그럼 이렇게 어려운 재난의 상황 속에서 교회는 어떻게 해야 할 것인가?

코로나바이러스19로 인해 위기와 고난의 현장 속에 있는 한국교회와 백성들을 돕기 위하여 여러 교수, 목회자, 선교사 그리고 의사들이 헌신적으로 집필한 『교회 통찰: 코로나, 뉴노멀, 언택트 시대 교회로 살아가기』가 출간되게 된 것을 크게 기뻐하며 적극 추천한다.

남궁현우 목사

(서울에스라교회)

    2020년은 코로나의 해라고 해도 과언이 아닐 것이다. 중국 우환지역에서 시작된 코로나19는 전 세계를 마비시켰다. 어쩌면 코로나19에 전염된 것보다도 그로 인한 대인관계와 제한된 경제활동에서 오는 '코로나 스트레스'가 더 큰 고통일 것이다. 이 코로나는 배우는(교:敎) 모임(회:會)으로 정체성을 확인하는 그리스도인들에게는 더 큰 혼란과 논란을 일으키는 이슈가 되었다. 선제적으로 예배를 폐쇄한 초유의 교회사를 쓰기도 했다. 예배는 다시 재개되었지만 여전히 확진자는 큰 차이 없이 발생하고 있다. 이 일에 대해서 신학적인 진단과 방향을 제시하는 등대도 없이 어둠 속을 표류하는 배처럼 교회는 항해하고 있다.

    그러나 하나님의 섭리하심 속에서 『교회 통찰: 코로나, 뉴노멀, 언택트 시대 교회로 살아가기』라는 책이 나왔다. 수십 명의 학자들의 협업으로 완성된 이 책은 두꺼운 어둠의 껍질을 깨는 해머와 같다. 혼란과 논란의 시대에 등대와 나침반 역할을 감당할 이 책은 한국교회의 큰 선물이다.

    목회 현장에서 각기 자기의 소견에 옳은 대로 판단되고 있는 코로나19의 문제를 이 책을 통하여 통일성과 일관성 있게 대처해 나가는 지혜로운 한국교회가 되기를 소망한다.

목차

PART 01

코로나19 · 뉴노멀 · 언택트 시대
성경적 고찰

PART 02

코로나19 · 뉴노멀 · 언택트 시대
신학과 교회

PART 05

코로나19 · 뉴노멀 · 언택트 시대
목회와 실천

PART 06

코로나19 · 뉴노멀 · 언택트 시대
삶의 현장

코로나 이후 한국교회와 신학의 역할

김영한

2020년 6월 28일 전 세계적으로 코로나19 바이러스 감염의 확산이 1
천만 명을 넘어서고 사망자도 50만 명을 넘어서고 있다. 중국이 지난해
12월 30일 중국 우한(武漢) 첫 감염자 발생을 세계보건기구(WHO)에 보고
한 지 6개월(181일)만이다. 각국의 방역 노력에도 코로나19 불길은 아직
도 전 세계적으로 확산일로에 있으며 북반구에서는 미국, 남반구에서 브
라질 등에서 코로나 확산이 계속되면서 코로나가 전 지구적 재유행 국면
에 돌입하고 있다는 우려가 나온다.[1]

우리 한국에서도 코로나는 지난 2월에 대구 경북 신천지 집단의 대규
모 감염에 이어 전국적으로 확산되었으나 우수한 국내 의료진의 헌신적
방역활동으로 4월 들어 수구러들어 현재 6월 말까지 1만 2천여 명, 사망
자 2백8십여 명, 매일 확진자 5십 명 이하를 유지하고 있다. 우리나라의

---

1 국제 통계 사이트 월드오미터는 2020년 6월 28일 오후 2시(한국 시각) 전 세계 감염자를 1008
만6969명으로 집계했다. 사망자도 50만1393명에 달했다. 국가별로는 미국(260만명)과 브라
질(132만명)이 전체의 40% 가까이를 차지했고, 러시아(63만명), 인도(52만명), 영국(31만250
명), 스페인(29만5549명), 페루(27만2364명), 칠레(26만7766명), 이탈리아(24만136명), 이란
(22만180명)에서도 급격하게 퍼지고 있다. 한국은 1만2715명으로 세계 61번째다. 세계보건
기구에 따르면 이날까지 215국(자치령 포함)에서 코로나가 발생했다.(조선일보, 1000만 넘긴
코로나, 끝이 안보이는 전쟁, 최규민 기자 파리=손진석 특파원 양지호 기자 입력 2020.06.29
03:00 우한발병 6개월만에 215개국 번져 1009만명 확진·50만명 사망(출처 : http://news.
chosun.com/site/data/html_dir/2020/06/29/2020062900159.html)

방역 사례(대중교통 및 다중시설 이용 시 마스크 필수, 투명성, 코로나 감염자 추적, 2주간 사회적 거리두기 등)가 이탈리아 등 유럽과 북미 미국, 남미 브라질 등을 비롯한 해외 여러 나라에게 코로나 극복 모범 사례가 되고 있다.

하지만 6개월이 지났으나 코로나바이러스는 근본적으로 차단되지 않고 있다. 감염병과 바이러스 전문가들의 2차 대유행 경고가 잇따르고 있다. 호흡기 바이러스 감염병은 치료제나 백신이 개발되지 않는다면 초기 유행 이후 2차 유행을 피하기 어렵다고 의료계는 전망한다. 요즘 각 분야에서 '포스트(post · 지나감을 의미)' 코로나라는 말이 나오지만, 의학적으로 적절하지 않은 표현이라고 감염병 전문가들은 지적한다. '온고잉(on going · 계속됨)' 코로나 시대라는 것이다.

코로나19 방역 문제는 사회적 생명 안전의 문제이기에 교회가 마땅히 관심을 가지고 기도하고 협력해야 할 일이다. 오는 9월에 코로나가 재유행할 것이며, 앞으로 바이러스와 함께 살아가야 한다는 예측이 나오고 있다. 이번 코로나19 팬데믹을 계기로 인류 문명의 지나온 행로를 반성하고 배우고 새로운 문명을 창조하는 시대로 만들어 가야 한다.

필자는 이 글에서 21세기 인류에 엄청난 재난과 충격을 주고 있는 코로나 이후 교회와 신학의 역할에 관해 성찰을 하고자 한다.

세계가 지구촌으로 하나의 운명 공동체

세계보건기구(WHO)는 2월 중국에서 코로나 환자가 폭발적으로 늘어날 때 중국 감싸기로 일관했다. 유럽 등지에서 더욱 확산되어 114국에서 감염자 11만 8000여 명이 확인된 3월 11일에야 '팬데믹'으로 선언했다. 이는 2009년 신종플루가 유행할 때 74국에서 환자 3만 명이 발생한 시점에 팬데믹을 선언한 것과 비교하면 '뒷북 대응'이다. 모든 국가는 코로나19를 통제하고 억제하기 위한 종합적인 전략을 취해야 한다. 중국만이 아니라 일본도 우리의 이웃 국이며, 아시아 여러 나라와 유럽국, 북미와 남미 모두가 특히 수출로 경제를 지탱하는 대한민국으로서는 세계가 우리의 무역 상대국으로서 우리나라의 삶과 경제 발전의 동반자이다. 그뿐 아니라 세계가 교통과 통신의 발전으로 이웃이요 지구촌으로서 하나의 의료적, 경제적, 정치적 운명 공동체라고 말할 수 있다.

그러므로 오늘날 '세계화'는 21세기의 중요한 단어이다. 더 이상 20세기 전반기에 일어난 1차, 2차 세계대전 같은 전쟁이 일어나지 않기 위해서는 오늘날 미국이나 영국, 독일, 프랑스 등 세계의 지도국들이 주도하는 자국우선주의나 보호무역주의가 아니라 서로 협력하고 상호 발전하는 공존 공영의 상호주의를 발전시켜 나가야 한다. 이번 코로나19 팬데믹은 지구촌이 하나로 연결되어 있다는 사실을 다시 증명해 주는 좋은 계기가 되었다.

중세사회에서는 카라반이 페스트를, 근대사회에서는 증기선이 콜레라를 퍼트렸으나, 현대사회에서는 비행기나 수천 명 여객을 실은 여객선(cruiser)이 각종 전염병을 신속하게 퍼뜨릴 수 있다. 전 세계적으로 질병 확산은 피할 수 없는 일이 되었다. 신종 플루, 메르스, 사스 그리고 지금 코로나19 전염병과 유사한 사태는 언제든 터질 수 있다. 이런 사태를 겪으면서 국제사회는 의학적으로나 사회적으로나 더욱 철저한 준비를 갖추어 가는 수밖에 없다. 코로나19는 글로벌 '블랙 스완'(Black Swan)이다.

세계 보건 전문가들 사이에서는 '2차 유행'에 대한 경고가 나오고 있다. 앤서니 파우치 미 국립알레르기 · 전염병연구소 소장은 "무증상 환자가 심각한 수준으로 확산하고 있다"며 "바이러스는 추운 날씨에 더 활발하게 활동한다"고 했다. 가을철 재유행 가능성을 우려한 것이다.[2]

---

2 조선일보, 미국 · 독일도 재확산… '더워지면 코로나 감소' 기대까지 무너졌다. 파리=손진석 특파원 양지호 기자 입력 2020.06.29 03:00 [코로나 확진자 1000만] 모든 대륙에서 코로나 '2차 유행' 공포에 떤다. 출처 : http://news.chosun.com/site/data/html_dir/2020/06/29/2020062900190.html

'기온 상승=바이러스 활동 감소'라는 기대도 무너졌다. 오히려 기온이 오르면 환자가 더 늘어날 것이라는 우려가 나오고 있다. 프랑스 공영 라디오 RFI는 전문가를 인용해 '여름 휴가철에 더위를 이겨내기 위한 야외 활동이 늘어나 많은 사람이 모이는 일이 잦아질 것'이라며 '실내에서는 에어컨 바람을 타고 바이러스가 빠르게 퍼질 수 있다'고 보도했다.[3] 2차 유행이 본격화할 경우 인명 피해가 더 커질 가능성이 있다. 스페인 독감은 1918년 봄, 1918년 가을, 1919년 봄 세 차례 전 세계에서 유행하며 약 5000만 명의 목숨을 앗아갔다. 2000년대 들어 2002년 사스(SARS · 중증급성호흡기증후군), 2009년 신종플루, 2012년 메르스(MERS · 중동호흡기증후군) 등 감염병의 주기가 짧아지고 있는 것도 우려되는 상황이다. 김연수 서울대병원장은 "하나의 감염병이 사라져도 5년이 지나면 또 다른 감염병이 등장한다는 것이 학계의 공통 의견"이라고 했다.[4]

WHO가 '방역 컨트롤 타워'로서 역할을 제대로 하지 못하는 사이 세계 각국은 각자도생의 길로 들어섰다. 이로 인해 세계적 전염병 통제에 필수적인 국제 협력은 실종됐다.[5] 국제 관계에서 가장 불안한 건 다자적 대응의 결여다. 이번 코로나 사태도 중국 정부가 보다 빨리 세계보건기구를 통하여 국제사회에게 감염위험을 알리지 아니한 것이 유럽과 미국을 비롯한 세계적 대감염의 결정적 원인이다. 그리하여 중국 정부가 미국을 비롯한 국제사회의 비난을 받고 있다. 결핵 · 말라리아, 금융 세계 지도자들과 언론이 코로나19 극복 국제적 파트너십에 더 많은 주의를 기울이고 더 높은 우선순위를 둬야 한다.[6] 한국은

---

3 조선일보, 미국 · 독일도 재확산… '더워지면 코로나 감소' 기대까지 무너졌다. 파리=손진석 특파원
4 조선일보, 미국 · 독일도 재확산… '더워지면 코로나 감소' 기대까지 무너졌다. 파리=손진석 특파원
5 조선일보, 있으나마나한 WHO… 나라마다 각자도생, 파리=손진석 특파원 입력 2020.06.29 03:00 [코로나 확진자 1000만] WHO, 中 눈치보다 골든타임 놓쳐… 방역 사령탑 부재에 국제협력 실종(출처 : http://news.chosun.com/site/data/html_dir/2020/06/29/2020062900206.html
6 빅터 차 미 전략국제문제연구소(CSIS) 한국 석좌 , [朝鮮칼럼 The Column] 바이러스와의 세

마스크와 진단 키트 부족 국가에 해당 물품을 지원해 왔는데 앞으로도 국제 연대에 힘을 보내어야 한다. 세계 경제 위기 때 G20 등이 함께해 고난을 이겨냈듯 오늘날 코로나19 팬데믹 위기 상황에서는 국제적 다자주의적 협력만이 모두를 구할 수 있다. 국제펀드에 정부 자금을 투입해 공공적으로 코로나 백신(코로나19 vaccine)을 공동 개발, 공동 사용할 수 있도록 배려해야 한다. 미국과 영국 등 선진국 연구소에서 코로나 백신을 제조하고 있으며 인류는 이에 큰 소망을 걸고 있다.

코로나19 팬데믹은 인류에 대한 창조주 하나님의 경고

팬데믹 재난은 하나님이 사용하시는 도구

자연주의 세계관은 코로나19 팬데믹 같은 지구촌의 재앙은 그냥 우연히 발생한 것이라 본다. 기독교 세계관의 관점에 의하면 역사와 우주와 인류의 생명을 주관하시는 하나님의 보이지 않는 개입이 여기에 있다. 구약성경 역대하서는 하나님이 가뭄이나 메뚜기 재앙, 전염병을 보내신다고 말하고 있다: "내가 하늘을 닫고 비를 내리지 아니하거나 혹 메뚜기들에게 토산을 먹게 하거나 혹 전염병이 내 백성 가운데에 유행하게 할 때에"(대하 7:13). 예수님은 천부께서 허락하지 않으면 참새 한 마리도 그냥 땅에 떨어지지 않는다고 말씀하셨다: "참새 두 마리가 한 앗사리온에 팔리지 않느냐 그러나 너희 아버지께서 허락하지 아니하시면 그 하나도 땅에 떨어지지 아니하리라"(마 10:29). 이와 같이 보이지 않는 코로나19 바이러스도 하나님이 허락하지 않으면 그 영향을 인간에게 미칠 수 없다.

코로나19 바이러스가 이렇게 팬데믹을 일으키게 된 의학적 이유는 의료진들이 앞으로 밝히게 될 것이다. 그러나 신앙적인 관점에서 볼 때, 팬

계적 투쟁을 승리로 이끌 유일한 전략, 조선일보 입력 2020.04.13 03:20(출처 : http://news.chosun.com/site/data/html_dir/2020/04/12/2020041201764.html

데믹은 인류에 대한 하나님의 경고다. 예언자 예레미야는 예루살렘에 임한 재난에 대한 애가(哀歌)에서 다음 같이 기도한다: "화와 복이 지존자의 입으로부터 나오지 아니하느냐 살아 있는 사람은 자기 죄들 때문에 벌을 받나니 어찌 원망하랴 우리가 스스로 우리의 행위들을 조사하고 여호와께로 돌아가자"(애 3:38-40). 하나님은 최첨단 과학의료기술을 가지고 스스로 잘 살게 되었다고 뽐내는 인간을 낮추시고 의료기술이 인간에게 생명의 보호자가 될 수 없음을 교훈하시는 것이다. 우리는 이 고도의 과학기술과 경제적 풍요의 시대에 하나님의 뜻을 거슬리는 인간의 반역, 권력자의 자기 우상화 및 숭배 강요, 과학기술, 물질 숭배, 동성애, 성 타락 등 인본주의로 나가는 인류에 대하여 주시는 하나님의 경고를 겸허히 들을 수 있어야 한다.

우한 폐렴(코로나19)는 우한(武漢)시에 발생한 기독교 박해에 대한 하나님의 경고

중국 정부는 최근 치안과 범죄 예방을 목적으로 생체인식 기술과 인공지능 기술 등을 도입해 개인의 정보를 수집하고 있다. 이를 악용해 정부에 반하는 세력(특히 기독교 인사)을 규제하고 처벌하는 사실이 드러났다. 또한 사회신용시스템(SCS, Social Credit System)을 시험운용 중이며, 2018년 9월 종교에 관한 온라인 정보들을 억제하는 새로운 지침을 내리는 등 교회에 대한 감시와 통제를 강화하고 있다.

중국 당국은 2018년 2월 '종교의 중국화'를 목표로 종교 통제를 강화하는 내용의 '종교사무조례'를 발표했는데, 특히 제17조는 "중국 공산당의 원칙과 정책을 전파해야 한다. 종교 인사(人士)와 신자들은 중국 공산당 지도부를 지지하도록 교육하고 중국적 특색을 지닌 사회주의 노선을 고수하며 따라야 한다"고 규정하고 있다. 종교단체에 대한 공산당의 통제력을 강화하는 정책이다. '종교단체 행정조치'는 '중국 공산당의 원칙과 정책을 종교 인사와 신자들에게 전파'하라고 명령한다. '교회에서나 학교에서나 예수 그리스도가 아니라 시진핑이 중국의 하나님'이라고 가르치도록 명령한다.

조례의 규칙들은 문화대혁명 이후 가장 억압적인 것으로 알려진 가운데 중국 23개 지역에서 교회들을 폐쇄시켰다.[7] 더욱이 2019년 우한 폐렴이 확산된 우한(武漢)은 중국의 종교정책시범지로 지정되어 교회핍박이 가장 심한 곳이다고 한다. 2018년 우한에서만 48개 지하교회당이 강제로 폐쇄되었다.[8] 중국 공산당이 교회 십자가에 불을 지르고 십자가를 철거하고, 심지어 다이너마이트로 아주 큰 금촛대 교회를 폭파시켰다. 이들 공산당은 2018년에 거의 모든 선교사들을 단체로 추방했다.[9] 그곳에 남아 있는 우한 선교사들의 증언에 의하면 "우한시 우한 폐렴 공무원 사망 1호는 기독교 탄압을 지휘하던 책임자였다"고 한다. 이곳 신문 보도에 의하면 '종교규제 정책을 실행하는 부서의 가장 높은 사람이 이번 우한 폐렴 공무원 사망자 제1순위로 세상을 떠났다'고 한다. 그리고 우한 선교사들은 "왜 하필이면 우한이 이번 역병의 진원지가 되었는지, 그리고 총력을 다하여 대처했는데도 전국으로 신속히 번져 가 국가에 큰 손해를 불러오게 했는지 짐작을 할 수 있을 것 같다"고 증언한다.[10] 공교롭게도 우한 폐렴의 발생 시점은 2020년 2월 1일부터 시행된 중국 국가종교 사무국의 종교단체에 대한 행정 조치 13호 명령의 발표 시점과 겹치기도 한다. 중국 공산당이 기독교 신앙까지도 통제하고 지배할 수 있다고 생각하는 것은 참람한 교만이라 아니할 수 없다.

7 《"우한 폐렴 사태"에 대한 샬롬나비 논평서》 2020년 2월 10일, 중국 우한을 위시한 전체 국민들, 특히 기독교인들에게 하나님의 위로와 격려를 전하고자 한다. 중국 정부는 역학조사 결과를 투명하게 공개하고, 질병 퇴치에 만전을 기할 것을 촉구한다.
8 《"우한 폐렴 사태"에 대한 샬롬나비 논평서》 2020년 2월 10일; 크리스천투데이, "샬롬나비 '우한에서만 48개 지교회 강제 폐쇄돼'," 송경호 기자 입력 2020.2.11. 17:25.
9 자유게시판, 십자가를 불태우는 중국의 만행, 우한에서만 48개 교회 강제 폐쇄," 2020.2.8. https://t1m.cafe.daumcdn.net/cafeattach/120c7/7bde0634d9f36d54a8cb2d8e30a12553fd3a6e8b
10 자유게시판, 십자가를 불태우는 중국의 만행, 우한에서만 48개 교회 강제 폐쇄," 2020.2.8. https://t1m.cafe.daumcdn.net/cafeattach/120c7/7bde0634d9f36d54a8cb2d8e30a12553fd3a6e8b

우한(武漢)에 있는 선교사들은 인터넷을 통하여 세계의 그리스도인들에게 중보기도를 다음 같이 부탁하고 있다: "아무쪼록 중국이 이번 기회를 통하여 교회핍박(교회당 파괴, 성경책 불태움, 십자가 내림, 교회당마다 CCTV를 설치하여 감시, 국기와 시주석 초상 걸게 함, 예배 시간에 정부 선전 시간 넣음, 교회 집회 봉쇄, 선교사 추방, 교회 지도자 수감 등) 더 이상 하나님을 대적하지 않도록, 어떠한 경로를 통해서라도 하나님의 메시지를 듣고 깨닫고 회개하고 만유의 주재자이신 하나님을 인정하고 믿어 나라를 올바르게 통치할 수 있도록 위하여 기도 부탁드립니다."[11] 중국 공산당이 교회당 안에 국기(國旗)와 시주석 초상(肖像)을 걸게 하는 것은 하나님을 대적하는 신성모독에 해당하는 것으로 이는 인간 우상화의 참람(僭濫)에 해당하는 죄로 심히 우려하지 아니할 수 없다. 이런 맥락에서 성경적 관점에서는 우한폐렴의 중국 확산은 중국 시진핑과 주변 권력자들에 대한 하나님의 경고라고 볼 수 있다. 그러므로 지구촌으로의 팬데믹으로 퍼져 나감은 하나님보다는 인간의 물질문명과 최신첨단 과학기술 신격화하는 오늘날 무신적 인간의 자기 신격화에 대한 하나님의 경고라고 말할 수 있다.

한국교회의 신속한 방역 협력과 영상예배

한국교회의 사회적 협력

한국교회 대형교회들(새문안교회, 영락교회, 온누리교회, 사랑의교회, 지구촌교회 등)은 신종 코로나19 팬데믹 사태를 맞아 2020년 3월–4월 8주 간 공적 주일예배를 온라인으로 드렸다. 2020년 한국교회부활절연합예배는 4월 12일 새문안교회에서 70개 교단 지도자들 100여 명이 모여서 감염병 예방을 위해 띄엄 띄엄 앉아 예배를 드리고 이날 예배는 코로나19 사태로 74년

---

11 자유게시판, 십자가를 불태우는 중국의 만행, 우한에서만 48개 교회 강제 폐쇄," 2020.2.8.

만에 처음으로 영상예배로 진행되었다.[12] 이는 코로나19 전염병 대감염 재난 속에서 불가피한 조치라고 볼 수 있다. 이는 한국교회의 공공성과 사회적 책임을 보여주고 있다.

2020년 4월 들어와 전국적으로 감염 확진자 수가 한 자리 수로 안정되고, 4.15 총선을 치루었으나 대량 감염 사태가 일어나지 않으면서 정부가 고강도 사회적 거리두기를 완화했다. 종교적 예배에 대한 자제 권고가 완화된 후 4월 마지막 주일인 26일부터 한국교회는 대부분 예배당 모임을 재개했다. 방역 수칙의 사회적 거리를 지키면서 예배 참석 신청자, 또는 직분자 중심으로 발열 체크, 예배 찬성 카드 작성, 소득 등 감염 예방 7대 준칙을 지키며 진행되었다. 사회적으로 코로나 확진자가 10명 이하로 감소하고 완치율이 80%이상으로 높아지면서 질병관리본부가 고강도 사회적 거리두기 완화, 생활방역으로 전환을 제안하면서 5월부터는 보다 더 많은 회중이 모이는 예배를 거행할 수 있는 사회적 여건이 갖추어졌다.

2020년 5월 10일 주일부터 한국교회 대다수의 지역교회들이 현장예배를 재개하게 되었다. 한국교회총연합은 지난 5월 마지막 주일인 31일을 '한국교회 예배회복의 날'로 정해 감염병 확산을 막는 방역 원칙을 준수하며 각 지역과 교회의 여건을 감안해 예배 회복 캠페인을 시행했다. 한국교회는 2020년 6월 현재 생활방역의 지침에 따라 사회적 거리두기 등 방역 원칙을 철저히 준수하면서 현장예배와 온라인예배를 함께 드리고 있다.

2020년 7월을 바라보면서 전 세계적인 코로나 2차 대유행 조짐은 국내에서도 커지고 있다. 수도권 중심으로 집단감염이 꼬리에 꼬리를 물고 있기 때문이다. 개척교회와 중소교회, 방문판매업체 등을 고리로 확산되

---

12 국민일보, "흩어져도 '부활 생명'으로 하나 되다", 2020 부활절 교계 새문안교회서 연합예배, 임보혁 임성수 기자 bossem@kmib.co.kr 입력 : 2020-04-13 00:01 [출처] - 국민일보 [원본 링크] - http://news.kmib.co.kr/article/view.asp?arcid=0924132743

는 중이다. 2020년 6월 28일 0시 현재 우리나라 누적 확진자는 1만2715
명(인구 10만 명당 25명)이고 282명이 목숨을 잃었다.[13] 지난 6월 14일부터 2
주간의 하루 평균 확진자 수는 43.1명이라 확산세가 좀 더 커진다면 거
리두기 강화(3단계)에 돌입하게 될 수도 있는 상태다. 한국교회는 방역원
칙을 철저히 지키면서 교회 모임(대예배, 각종 소모임 및 친교활동 등)이 코로
나 감염원이 되지 않도록 사회적 거리두기에 함께 참여하고 있다.

영상예배는 공동체예배의 보완일 뿐이다

교회의 본질은 영적 사귐이다. 현장 교회당이 교회의 본질이 아니다.
현장 교회당은 영적 사귐의 가시적 건물일 뿐이다. 교회의 가시적 모습
은 보이지 않는 모습인 성도들과 불가분의 관계 속에 있다. 성도들이 모
여서 교회를 이룬다. 성도는 그리스도의 영을 모신 개인 성전이다. 성도
들은 모여서 그리스도의 성전(교회 공동체)을 이룬다.

교회당 예배가 예배의 본질은 아니다. 가시적 교회당 예배는 보이지
않는 영적 예배에 의하여 온전하게 된다. 예수님은 사마리아 여인과 대
화하면서 예루살렘에서 하나님께 예배를 드려야 한다고 말하는 사마리
아 여인을 향하여 영적 예배를 가르치셨다: "여자여 내 말을 믿으라 이
산에서도 말고 예루살렘에서도 말고 너희가 아버지께 예배할 때가 이
르리라"(요 4:21). "아버지께 참되게 예배하는 자들은 영과 진리로 예배
할 때가 오나니 곧 이 때라 아버지께서는 자기에게 이렇게 예배하는 자
들을 찾으시느니라 하나님은 영이시니 예배하는 자가 영과 진리로 예배
할지니"(요 4:23-24). 영적 예배는 장소나 시간, 참가자 수(數)에 제약받지
아니한다. 그래서 루터를 비롯한 종교개혁자들은 교회를 성도의 교제

---

13 조선일보, 국내 교회發 집단감염 확산, 깜깜이 환자도 11%, 정석우 기자 입력 2020.06.29
03:00 [코로나 확진자 1000만] 서울 누적 확진자 1300명 육박… 수원 대형교회서도 3명 감염.
출처 : http://news.chosun.com/site/data/html_dir/2020/06/29/2020062900204.html

(sanctorum communio)라고 했다.

그리스도를 그 마음속에 주(主)로 인격적으로 모신 신자가 성전이요, 그리스도의 교회이다. 포로 되어 귀양 간 유대인들은 이교도들이 모이는 바벨론 회당에서, 초대교회 신자들은 기독교 박해 시에는 카타콤(catacomb)이라는 지하묘지에서 수세기 동안 예배를 드렸다. 프랑스 개신교도인 위그노는 가톨릭 정부의 핍박을 피해 산과 광야에서 예배를 드렸다. 예배의 장소가 문제가 아니라 예배 드리는 자들에게 임재하는 영과 선포되는 진리가 핵심이다.

온라인예배는 영상예배로서 각자의 삶의 처소에서 우리 삶의 모든 영역에서 하나님께 드리는 예배로서 예배의 본질에 미흡하지 않다. 그럼에도 불구하고 영상예배는 공동체예배를 대체할 수 없다. 영상예배는 공동체예배의 보완으로서 존재하는 것이다.[14] 영상예배에는 세례와 성찬식과 친교와 봉사와 감정적 교류가 없다. 그러므로 교회 출석 없는 영상 교인은 실제 신자라고 말할 수 없다. 그래서 공적 모임의 중단이 공동체의 영적 역동성 상실로 이어지지나 않을까 하는 우려가 나오는 것이다. 성도들은 신앙의 공동체로서 한자리(교회당이라는 공간)에 함께 모여 신앙을 함께 고백한다. 하나님을 함께 찬양하면서 신앙을 서로 격려한다. 이웃과 사회를 향한 소금과 빛의 사명을 함께 다짐한다. 그리고 그 은혜로 이 세상으로 파송되는 것이다. 그런데 공동체 모임 없이 각자 자기들 처소와 가정 단위로만 흩어져 있으면 공동체의 역동성이 약화될 수 있다. 거기다 이런 사태가 장기간 지속되면 신앙 공동체의 결속이 느슨해질 것이라는 우려가 야기된다.

---

14 김영한, "한국교회의 공적 예배는 중단되어서는 안된다. −관공서, 백화점, 대형마트 등이 일상대로 진행되는데 왜 교회 예배는 중단되어야 하나?"− 오피니언 · 칼럼 : 기독일보 2020년 3월 4일. https://www.christiandaily.co.kr/news/87176

세상의 고통 가운데 계시는 삼위일체 하나님

인간의 교만과 패역을 경고, 통치하시는 하나님

2020년 코로나19 피해는 2002년 중국·홍콩 등 11국에서 774명이 숨진 사스(SARS·중증급성호흡기증후군), 2012년 이후 사우디아라비아·한국 등 27국에서 866명이 사망한 메르스(MERS·중동호흡기증후군)와는 비교하기 어려울 정도라고 한다. 2020년 코로나바이러스감염증은 1968년 1억명이 감염되고 1백만 명이 목숨을 잃었던 홍콩 독감, 그리고 1918년 전 세계적으로 5억 명이 감염되고, 5,000만 명이 목숨을 잃었던 스페인 독감 이후 최대의 인명 피해와 경제적 충격을 주고 있다.[15] 백신과 치료제가 언제쯤 나올지 불투명한 상황에서 전 세계 확진자 증가 속도가 꺾이지 않으면서 글로벌 경제에도 비관론이 확산하고 있다. 우리나라에서도 수도권을 중심으로 여전히 코로나19 집단감염이 이어지면서 사회적 거리두기 3단계 방역대책(1단계, 2단계, 3단계)을 세워 나가고 있다.[16] 김우주 고려대 감염내과 교수는 "코로나는 확진자 30%가 무증상 상태로 추정되고, 증상이 없는 상태에서도 전염력이 커서 격리 위주의 기존 방역 체계로 통제하기가 쉽지 않다"라고 말했다. 아직도 많은 사람들이 전 세계적으로 코로나에 확진되어 치료 중에 있고, 목숨을 잃고 있기 때문에 오늘날 인류는 전 세계적으로 코로나 감염 불안증 속에서 살아가고 있다.

시편 107편 저자는 다음 같이 인간이 재난과 죽음에 직면하는 것이 우연히 발생한 것이 아니라, 인간의 교만과 패역에 기인하고 있음을 말하고 있다: "사람이 흑암과 사망의 그늘에 앉으며 곤고와 쇠사슬에 매임은

---

15 조선일보, 미국·독일도 재확산··· '더워지면 코로나 감소' 기대까지 무너졌다. 파리=손진석 특파원 양지호 기자 입력 2020.06.29 03:00 [코로나 확진자 1000만] 모든 대륙에서 코로나 '2차 유행' 공포에 떤다. 출처 : http://news.chosun.com/site/data/html_dir/2020/06/29/2020062900190.html

16 조선일보, 확진 하루 100명 넘으면 종교행사·등교 금지, 허상우 기자 입력 2020.06.29 03:00. 정부, 거리두기 3단계로 나눠 시행. 출처 : http://news.chosun.com/site/data/html_dir/2020/06/29/2020062900124.html

하나님의 말씀을 거역하며 지존자의 뜻을 멸시함이라 그러므로 그가 고통을 주어 그들의 마음을 겸손하게 하셨으니 그들이 엎드러져도 돕는 자가 없었도다"(시 107:10-12). "미련한 자들은 그들의 죄악의 길을 따르고 그들의 악을 범하기 때문에 고난을 받아 그들은 그들의 모든 음식물을 싫어하게 되어 사망의 문에 이르렀도다"(시 107:17-18).

예레미야 선지자는 예루살렘에 임한 재앙이 이스라엘 백성의 범죄와 패역함으로 인함이라고 자복 기도하고 있다: "화와 복이 지존자의 입으로부터 나오지 아니하느냐 살아 있는 사람은 자기 죄들 때문에 벌을 받나니 어찌 원망하랴 우리가 스스로 우리의 행위들을 조사하고 여호와께로 돌아가자 우리의 마음과 손을 아울러 하늘에 계신 하나님께 들자 우리의 범죄함과 우리의 반역함을 주께서 사하지 아니하시고 진노로 자신을 가리시고 우리를 추격하시며 죽이시고 긍휼을 베풀지 아니하셨나이다"(애 3:38-43).

하나님은 이러한 코로나19 팬데믹을 통하여 인간들로 하여금 질병에 걸리고 사망에 이르게 함으로서 인간에게 겸허의 시간을 주시어 인간의 진정한 모습, 즉 자신이 불사조(不死鳥)가 아니라 창조물이요 먼지요 티끌에 불과한 죽을 인생임을 깨닫게 하신다.

인간을 향한 삼위일체 하나님의 뜻은 불행이 아니라 평강이요 복이다

예수 그리스도 안에서 우리를 향한 하나님의 생각은 재앙이나 처벌이 아니라 평강이며 미래와 희망이시다. 하나님은 이미 예레미야 선지자를 통하여 우리들에게 말씀해 주셨다: "여호와의 말씀이니라 너희를 향한 나의 생각을 내가 아나니 평안이요 재앙이 아니니라 너희에게 미래와 희망을 주는 것이니라"(렘 29:11).

고난의 주 예수 그리스도 안에서 하나님은 그 옛날 바벨론에 포로되어 간 유대 백성에게만 아니라 오늘날 지구촌의 사람들, 더욱이 그 가운데서 그의 백성들에게도 말씀하신다: "너희가 내게 부르짖으며 내게 와서 기도하면 내가 너희들의 기도를 들을 것이요"(렘 29:12). 성령 안에서 예레미야는 인생에게 고난을 주심이 하나님의 본심이 아니라고 노래한다: "이는 주께서 영원하도록 버리지 아니하실 것임이며 그가 비록 근심하게 하시나 그의 풍부한 인자하심에 따라 긍휼히 여기실 것임이라 주께서 인생으로 고생하게 하시며 근심하게 하심은 본심이 아니시로다"(애 3:31–33).

예수님은 당시 그의 유대인 제자들에게 말씀하신 바 같이 오늘날에도 그를 신뢰하기 원하는 자들에게 말씀하신다: "너희에게는 머리털까지 다 세신 바 되었나니, 두려워하지 말라 너희는 많은 참새보다 귀하니라"(마 10:30–31). 하나님은 우리를 귀하게 보시고 한 사람도 멸망치 않고 구원받기를 원하시는 자비와 긍휼의 하나님이시다: "주의 약속은 어떤 이들이 더디다고 생각하는 것 같이 더딘 것이 아니라 오직 주께서는 너희를 대하여 오래 참으사 아무도 멸망하지 아니하고 다 회개하기에 이르기를 원하시느니라."(벧후 3:9).

재난의 때에 교회와 성도는 신앙의 진정성을 보여주어야 한다

이웃과 인류를 향한 고통에 참여하는 십자가 신앙의 각성

기독교 신앙은 십자가 고난을 거쳐 부활에 이른다. 기독교 신앙은 십자가 대속 죽음을 통해서 부활을 성취하신 예수 그리스도의 길을 따른다. 그러므로 기독교의 절기인 사순절과 고난주간, 성금요일, 부활절은 기독교 신앙의 핵심을 드러내는 거룩한 시간이기도하다.

예수님이 십자가에 달리심은 당시 로마 시대의 체제 반역자나 흉악범에 가하는 잔인하고 형벌이다. 치욕의 형벌은 주 예수께서 우리 인간의 죄 때문에 대신 받으신 것이다. 초대교회 사도인 요한은 예수님의 십자

교회 통찰 : 코로나 · 뉴노멀 · 언택트 시대 교회로 살아가기

가 죽으심에 대하여 인간의 반역과 패역에 대한 하나님 사랑의 화목 제물이라고 증언한다: "사랑은 여기 있으니 우리가 하나님을 사랑한 것이 아니요 하나님이 우리를 사랑하사 우리 죄를 속하기 위하여 화목 제물로 그 아들을 보내셨음이라"(요일 4:10). 예수님이 우리의 교만, 불신과 탐욕으로 저지른 죗값으로 받을 형벌을 대신하여 고난을 받으시고 죽으시고 다시 살아나심으로 그를 구세주로 믿는 사람들이 죄사함을 받고 하나님의 은혜에 참여하게 된 것이다. 고난의 때는 안일과 쾌락을 행복의 척도를 삼는 현대인들에게 자신의 삶을 반성하고 새 삶의 방식으로 전환하는 계기를 마련하는 자기성찰의 시간이기도 하다.

이러한 십자가 신앙은 코로나19 팬데믹의 시기에 그 빛을 발한다. 진정한 그리스도인은 코로나19 팬데믹을 두려워하여 피하지 않는다. 시편 91편 저자는 2절에서 15절에 이르기까지 다음 같이 기도했다: "나는 여호와를 향하여 말하기를 그는 나의 피난처요 나의 요새요 내가 의뢰하는 하나님이라 하리니(2절) 이는 그가 너를 새 사냥꾼의 올무에서와 심한 전염병에서 건지실 것임이로다(3절)… 너는 밤에 찾아오는 공포와 낮에 날아드는 화살과(5절) 어두울 때 퍼지는 전염병과 밝을 때 닥쳐오는 재앙을 두려워하지 아니하리로다(6절) 천 명이 네 왼쪽에서, 만 명이 네 오른쪽에서 엎드러지나 이 재앙이 네게 가까이하지 못하리로다(7절)… 화가 네게 미치지 못하며 재앙이 네 장막에 가까이 오지 못하리니(10절)… 그가 내게 간구하리니 내가 그에게 응답하리라 그들이 환난당할 때에 내가 그와 함께하여 그를 건지고 영화롭게 하리라."

오늘날 진정한 신자들은 초대교회 신자들이 했던 것처럼 그 속에 하나님 영의 인도하심 따라 오히려 이 어려운 시기에 십자가 고난의 신앙으로 우리 인간을 향하신 하나님의 뜻을 분별하고 고난받는 이웃과 인류의 처지에 동참한다.

코로나19 전염병 극복과 종식(終熄)을 선포하는 부활 신앙의 각성

코로나19 팬데믹 재난의 시기에 한국교회 성도들은 부활 신앙을 갖고 전염병 재난의 극복과 종식을 위한 섬김의 사명을 실천하도록 하자. 한국교회와 그리스도인들은 소극적으로 코로나19 감염에서 피하는 것에만 머무는 것이 아니라, 적극적으로 지역사회의 코로나19 방역 현장에서 실천적으로 도우미 역할을 하는 섬김의 사명을 다해야 할 것이다.

신자는 개인적 재난을 당할 때나 국가적 재난을 당할 때 이를 성경의 빛 가운데 믿음의 눈으로 보아야 한다. 코로나19 사태도 성경의 빛 가운데 믿음의 눈으로 볼 때 하나님의 주권 아래 있다는 것을 알 수 있다. 하나님께서 허용하지 않으시면 어떤 재난도 성도에게 일어나지 않는다.

'하나님은 우리의 피난처시요 힘이시니 환난 중에 만날 큰 도움이시라 그러므로 땅이 변하든지 산이 흔들려 바다 가운데에 빠지든지 바닷물이 솟아나고 뛰놀든지 그것이 넘침으로 산이 흔들릴지라도 우리는 두려워하지 아니하리로다'(시 46:1-3)

우리가 지금은 다 이해할 수 없어도 선하신 하나님을 믿는 믿음 가운데 이번 코로나19 사태를 바라보아야 한다. 한편으로는 우리에게 개인이나 사회, 국가적 불의에 대한 경고를 주시는 동시에 다른 편으로는 그리스도인들에게 말세지말 믿음의 연단과 복을 주고자 하시는 하나님의 섭리적 유익이 반드시 있음을 확신해야 한다. 그러므로 이런 믿음의 확신 속에서 교회와 그리스도인들은 각기 코로나19 전염병 예방을 위하여 최선을 다하되 지나친 두려움이나 염려에 빠지지 말고 약자들, 확진자들, 격리자들을 배려하고 이들에게 안정되고 질서 있으며 소망이 넘치는 삶을 보여주어야 한다. 그리스도인들은 부활 신앙의 자세를 가지고 코로나19 바이러스 감염에 대한 두려움에 빠져있는 사회를 위해 기도하고 위로하며 한국사회와 인류사회가 더 성숙으로 나아갈 수 있도록 담대한 삶의 실천을 보여주어야 하겠다.

생태계를 보존하고 공존하며 남용(濫用) 및 오용(誤用)을 금기(禁忌)하는 생태학적 신앙 각성

야생동물 오용에 대한 경고

코로나19 바이러스가 확산되기 2년 전, 베이징 주재 미국대사관 소속 외교관들이 중국 우한의 바이러스연구소를 여러 차례 방문한 뒤 그 연구소의 부적당한 안전 문제를 경고하는 두 통의 외교 전문을 미국 정부에 보냈다고 워싱턴포스트(이하 WP)가 2020년 4월 14일(현지 시간) 보도했다.[17] 당시 우한 바이러스연구소는 박쥐로부터 나온 코로나바이러스를 연구하는 위험한 작업을 수행하고 있었다고 WP는 전했다. WP는 '미국 외교관들이 2018년 1월 19일 보낸 첫 전문을 입수했다'고 전했다. 그러면서 WP는 '그 전문에는 우한연구소가 박쥐의 코로나바이러스를 연구하고 있으며 그 바이러스들의 잠재적인 인간 전파는 사스(SARS·중증급성호흡기증후군)와 같은 새로운 유형의 팬데믹(세계적 대유행) 위험을 보여주고 있다고 경고했다'고 보도했다.[18]

홍콩대와 광시의대 연구팀은 2020년 3월 26일(현지 시간) 과학전문지 「네이처」(Nature)에 논문을 발표했다. 연구팀은 해당 논문에서 '2017년부터 지난해까지 중국으로 밀수됐다가 당국에 적발된 말레이 천산갑 31마리 중 8마리에서 세계적인 감염 확산을 일으키고 있는 코로나19와 유전자 배열이 거의 같은 바이러스를 발견했다'고 주장했다. 연구팀에 따르면 말레이 천산갑에서 발견된 바이러스와 코로나19의 유전자 배열이 85~92% 일치하는 것으로 알려졌다. 해당 논문 제1 저자인 토미 람 홍콩대 교수는 영국 BBC를 통해 "천산갑이 코로나19의 중간 숙주 역할을 했

---

17 "중국 우한연구소, 코로나19 발원지 가능성"…워싱턴포스트, 국민일보 입력 : 2020-04-15 08:12/수정 : 2020-04-15 10:22 워싱턴=하윤해 특파원 – http://news.kmib.co.kr/article/view.asp?arcid=0014479656&code=61131111&sid1=int

18 "중국 우한연구소, 코로나19 발원지 가능성"…워싱턴포스트, 국민일보 입력 : 2020-04-15 08:12

는지의 여부는 아직 더 확인해야 한다"면서 "미래의 동물(바이러스) 감염 확산 사태를 피하기 위해 야생동물의 시장 거래를 금지해야 한다"고 밝혔다.

천산갑이 중간 숙주일 수 있다는 주장은 앞서 제기된 바 있다. 중국 화난농업대학 연구진은 2020년 2월 7일 천산갑이 코로나19 중간 숙주로 확인됐다고 주장한 바 있다. 당시 연구진은 웹사이트를 통해 '1000여 개의 유전자 표본에 대한 분석을 진행한 결과 천산갑을 중간 숙주로 확인했다'며 '천산갑에서 분리한 코로나 바이러스 균주의 유전자 서열이 코로나19 감염자에게서 검출된 바이러스 서열과 99% 유사했다'고 설명했다.[19]

천산갑이 코로나19 바이러스의 중간 숙주 역할을 했는지는 앞으로 연구를 통하여 밝혀질 것이다. 하지만 이번 지구촌이 당면하고 있는 코로나19 팬데믹 재난을 통하여 알게 된 이런 연구 결과는 장차 우리의 미래를 예측하게 한다. 먼저 미래의 동물 바이러스 감염 확산 사태를 방지하기 위해서는 야생동물의 시장 거래를 금지해야 하는 등 가축과 야생동물을 확연히 분리해야 한다. 이에 이번 재난을 통해 인간은 야생동물 및 자연생태계에 대한 무분별한 오염과 착취에 대한 새로운 생태학적 반성과 인간 중심적 생태적 사용에 대한 근본적인 전환의 태도가 이루어지는 계기로 삼아야 한다.

생명체에 대한 유전공학적 남용에 대한 경고다

이번 코로나19 팬데믹은 인간의 유전자공학 남용, 특히 유전자 조작 및 복제 등에 대한 경고라고 겸허히 받아야 한다. 코로나19 바이러스는 2002~2003년 유행했던 사스(SARS, 중증급성호흡기증후군, Severe Acute Respiratory Syndrom), 2015년 대한민국을 공포로 떨게 했던 메르스(MERS ·

---

19 아시아경제, 中연구진 "천산갑에서 코로나19와 비슷한 바이러스 발견", 원문l 입력 2020.03.27 17:34 김가연 기자 katekim221@asiae.co.kr. http://news.zum.com/articles/59099719.

중동호흡기증후군, Middle East respiratory syndrome coronavirus; MERS-CoV) 바이러스와 같이 인간의 코로나19 바이러스 아닌 인간과 가까이 살고 있는 다른 포유동물(천산갑, 박쥐, 사양고양이, 낙타 등)의 코로나바이러스이다. 그리하여 코로나19 팬대믹은 인간 종과 다른 종의 코로나바이러스가 종(種)의 벽을 넘어 들어와 문제의 질병(인수공통감염병)들을 일으키고 있다.[20]

생명공학(bio-technology)의 시대를 대표하는 오늘날 과학기술은 유전자 조작기술(DNA manipulation skill)이다. 현재 생명과학계의 과학자들은 유전자 조작(DNA manipulation)에 동물을 이용하고 있다. 유전자는 모든 생명의 기본이다. 창조주 하나님은 모든 생명을 창조하실 때 유전자(DNA)에 그 오묘한 비밀을 담으셨다. 하나님은 유전자의 정연한 발현에 의해 생명이 탄생되고 운행되게 만드셨다. 이러한 사실은 유전자를 바탕으로 하는 생명 영역이 명백히 하나님의 영역임을 암시하는 과학적 사실이다. 그런데 오늘날 유전자 공학기술은 생명 복제로 나아가고 있다. 이는 창조주에 대해 인간이 시도하는 제2의 반란(the Second Revolt)이다. 생명 복제(organism cloning)란 유전공학 시대에 인간이 생명체를 만들어내고자 하는 시도로 에덴동산의 선악나무 열매를 따 먹는 일을 유전공학적으로 반복하려는 오만한 인간 신격화 행위이기 때문이다. 하나님은 그분의 영역인 생명, 곧 유전자를 유린하는 인류를 향해 종의 벽을 넘나드는 바이러스의 감염을 통해 경고하신다고 기독교 과학자들은 주장하고 있다.[21]

---

20 〈"우한 폐렴 사태"에 대한 샬롬나비 논평서〉 2020년 2월 10일
21 〈"우한 폐렴 사태"에 대한 샬롬나비 논평서〉 2020년 2월 10일

기독교 신앙의 공공성 각성 및 실천

공교회의 자기성찰: 연합되지 못함에 대한 회개, 고난당하는 세상을 향한 위로와 기도

예수 그리스도의 반석 위에 세워진 교회는 하나가 되어야 한다. 한국교회가 연합의 정신으로 민족복음화를 이루어야 하지만, 작금의 현실은 참담하다. 교단의 분열뿐 아니라 한기총과 한교연, 한교총 등 연합기관조차 하나가 되지 못하는 사이에 중소교회 단체는 계속해서 신생단체를 출범시키고 있다. 이제 한국교회는 코로나19 팬데믹 기간을 계기로 교권과 명예의 욕심을 내려놓고 예수 그리스도의 십자가 희생의 정신을 실천해 섬김의 본이 되신 점을 닮아 교회 연합의 열매를 맺어야 할 것이다.

한국교회는 겸허하게 코로나19 대전염병에 담겨 있는 하나님의 경고와 교훈을 되새겨야 할 것이다. 한국교회는 이 시대적 전염병 퇴치를 위하여 세상의 피난처가 되어야 한다. 한국교회는 이 시대적 전염병 퇴치를 위하여 세상에 위로와 용기를 주면서 세상의 피난처가 되어야 한다. 3세기 기독교 공동체에는 '파라볼라노이'(παραβολανοί)라는 칭호가 있었다고 한다. 이는 '위험을 무릅쓰는 자들'이라는 뜻이다.[22] 이는 기독교인들이 전염병이 창궐하는 재난 가운데서 감염자들에게 자기희생적 사랑을 실천했다는 증거다.

교회 목회자들은 이를 깨닫고 우리 시대 지도자와 사람들에게 하나님의 뜻을 전하고 하나님이 코로나19 팬데믹을 종식하시도록 기도해야 한다. 회개 및 기도운동을 일으켜야 한다. 오늘날 한국교회는 신자들과 불신자를 포함하여 이 시대의 모든 사람들을 위하여 자신을 드릴 수 있어야 한다.

---

22 이상규, 『헬라 로마적 상황에서의 기독교』(서울: 한들출판사, 2006), 105; F. L. Cross and E. A. Livingstone, *The Oxford Dictionary of the Christian Church* (Oxford Univ. Press, 1977), 1029-1030.

기독교 신앙은 종말론 신앙

기독교 신앙은 종말론적 신앙으로 특징지어진다. 종말론적 신앙이란 종말에 직면하여 자신의 운명을 하나님 앞에 맡기고 자신의 모든 욕심과 교만을 포기하고 복종하는 신앙을 말한다. 종말론적 신앙이란 종말과 재난의 때에 그리스도인의 진면목이 드러나는 신앙이다. 그리스도인들이 믿는 삼위일체 하나님은 고난과 재난을 주시기도 하고 거두기도 하는 분이시며 특히 개인의 종말인 죽음, 세계의 종말인 예수 그리스도의 재림과 심판 시에 우리의 운명을 주관하는 분이시기 때문이다.

그리스도인은 종말론적 신앙을 가지고 이 어려운 재앙의 때 코로나19 전염병 감염의 두려움에서 나와서 공포 속에 있는 우리 이웃과 겨레들에게 참신자의 소망과 담대한 모습을 보여주어야 한다. 이 어려운 때야 말로 기독교 신자들은 두려움의 태도가 아니라 살아계시는 하나님을 신뢰하는 신앙으로 우리 이웃을 향해 재앙을 담대한 태도로 대응하는 참신앙인의 자세를 보여주어야 한다. 십자가에 달리고 부활하신 주님께서 우리 성도들에게 죄와 사망을 이기는 권세를 주셨기 때문이다. 사도 바울은 죄와 사망에 대하여 다음 같이 담대한 선언을 한다: "사망아 너의 승리가 어디 있느냐 사망아 네가 쏘는 것이 어디 있느냐 사망이 쏘는 것은 죄요 죄의 권능은 율법이라 우리 주 예수 그리스도로 말미암아 우리에게 승리를 주시는 하나님께 감사하노니"(고전 15:55-57). 이것이 성도의 담대함과 소망의 근거다. 한국교회는 이 어려운 시기에 전 지구촌이 당하고 있는 고통과 질병에 다가가서 저들에게 하나님의 말씀으로 격려와 치유와 소망을 주어야 한다.

시대의 죄와 질병을 대신 지고 회개하고 중보기도하는 제사장적 사명

코로나19 팬데믹을 맞아 교회와 그리스도인은 성경이 말씀하는 교회와 성도 본연의 자리로 돌아가야 한다. 오순절 성령 강림 후 예루살렘에서 공동체로 시작된 그리스도교회는 시간이 지나면서 주님의 말씀에 더 부합한 교회로 성숙해야 했지만, 초대교회보다는 중세교회에 죄가 더 만연하였고 부패했다. 중세 시대에는 성직자들의 탐욕이 가중되어 자신들의 권력과 부를 확장하는 데 몰두하면서 그 부와 권력을 가지고 백성들을 섬기기보다는 백성들 위에 군림(君臨)했다. 그리하여 루터, 츠빙글리, 칼뱅이 주도한 종교개혁이 이루어졌고 오늘날 개신교가 세워졌다. 개신교들 가운데 청교도들은 지상에서의 거룩한 삶을 살기 위해 노력한 자들이다.

한국 기독교 신자들은 이러한 청교도 선교사들의 선교에 의하여 시작된 청교도 후예들이다. 그리스도인의 올바른 신앙생활은 말과 이론으로 이루어지지 않고, 현재적 삶의 현장에서 정의·사랑·평화를 실천하여 빛과 소금의 역할을 감당하며 살아 내는 가운데 이루어진다. 그것은 끊임없는 회개와 희생을 안고 가야 하는 길이다. 그래야만 열매를 맺을 수 있다. 예수 그리스도 교회는 코로나19 팬데믹에 고통당하는 시대의 짐을 함께 지고 자신과 이웃의 죄를 회개하며 시대의 구원을 위하여 중보기도하는 제사장의 사명을 다해야 한다. 교회가 존재하는 것은 자신들을 위해서가 아니다. 그리스도가 고난받고 죽으시고 대속하기를 원하신 이 세상을 위한 것이다. 교회는 이 세상의 구원을 위하여 그리스도로부터 보냄을 받은 것이다.

한국교회는 단결하여 코로나19 종식을 위한 전국교회 봉사와 섬김, 회개 및 기도 운동을 전개해야 한다

흑암이 지배하는 어려운 시기에 진정한 빛과 생명의 길은 드러나는 법이다. 한국교회는 이러한 시기에 자신의 빛과 생명을 드러내야 한다. 전염병은 자연이 가져다준 것이며 이러한 염병 뒤에는 자연을 인간의 욕망으로 조작한 인간의 자연 훼손과 오용에 관해 인간에게 책임을 물으시는 창조주요 주권자이신 하나님의 경고와 섭리가 있다.

예수 그리스도 교회는 이러한 코로나19 팬데믹으로 인해 충격과 혼란에 빠진 인류 사회를 향하여 자연환경에 대한 인간의 윤리적 생태학적 책임과 청지기적 관리, 그리고 지구촌 인류를 향한 하나님의 경고와 섭리를 전해야할 사명을 부여받고 있다. 그리고 코로나19에 감염되어 투병하고 있는 확진자들, 사회적 약자, 이들의 가족들을 위하여 한국교회 봉사단과 질병관리본부에서 하고 있는 코로나19 방역 및 종식운동에 동참하고 자원봉사를 통하여 위로와 격려를 아끼지 말아야 할 것이다. 이와 더불어 개인 및 단체적으로 기도하여야 할 것이다.

맺음말

코로나19 세계적 재난의 때, 한국교회와 그리스도인들은 스스로 불순종과 탐욕, 명예욕을 회개하고 주님이 우리들에게 주신 십자가의 사명, 곧 오늘날 세상이 감당하지 못하는 죄의 짐을 대신 지는 제사장의 사명을 감당해야 한다. 예레미야 선지자는 당시에 바벨론에 포로되어 간 유대인들에게 권면했다: "너희는 내가 사로잡혀 가게 한 그 성읍의 평안을 구하고 그를 위하여 여호와께 기도하라 이는 그 성읍이 평안함으로 너희도 평안할 것임이라"(렘 29:7).

오늘날 지구촌의 팬데믹이 되어 버린 코로나19 사태에 한국교회와 그리스도인들은 코로나19로 인하여 어려움을 당한 사람들과 동료적으로 일치화하면서 저들을 돕는 운동을 전개해야 한다. 예수님은 이에 적절한 비유를 제시하셨다: "내가 진실로 너희에게 이르노니 이 지극히 작은 자 하나에게 하지 아니한 것이 곧 내게 하지 아니한 것이니라 하시리니"(마 25:45). "내가 진실로 너희에게 이르노니 너희가 여기 내 형제 중에 지극히 작은 자 하나에게 한 것이 곧 내게 한 것이니라"(마 25:40).

한국교회와 성도들은 21세기의 코로나19 팬데믹에 직면하여 우리 인류에게 말씀하시는 하나님의 경고와 하나님의 구원의 메시지를 성찰하면서 코로나19로 인해 고난당하는 우리 이웃과 지구촌 동료 인간을 향한 기도와 저들을 도우는 자그만 동참(同參)(마스크 착용, 손 소독, 체열 재기, 사회적 거리두기 등 생활방역 실천, 성금 보내기, 의료 지원, 도우미, 기도 네트워크, 방역 지원 운동)을 실천할 수 있었으면 한다.

김영한
서울대 철학과 (B.A.)
Universität Heidelberg 철학부 (Dr.phil.)
Universität Heidelberg 신학부 (Dr.theol.)
(Visiting Scholar) 프린스턴 신학교, 예일대 신학부
(현) 숭실대기독교학과 명예교수, 기독교학술원장
(전) 한국개혁신학회 회장, 한국복음주의신학회 회장
(저서) 『바르트에서 몰트만까지』, 『하이데거에서 리꾀르까지』
　　　『퀴어신학도전과 정통개혁신학』, 『정통개혁신앙에서 본 나사렛 예수』

PART 01

—

코로나19 · 뉴노멀 · 언택트 시대
성경적 고찰

레위기 13-14장에서 본 한국교회

배춘섭

    코로나19의 팬더믹 현상으로 인해 지구촌의 문화적 패러다임이 급격히 변화되었다. 소위 '뉴노멀'(New normal: 새일상) 시대를 맞이한 것이다. 문제는 코로나19 현상을 인간 범죄와 관련된 타락의 결과로 이해함에 따라 그릇된 세대주의 종말론이나 선교적 장벽으로 인한 선교무용론이나 선교활동의 정체(停滯)를 당연하게 교회가 수용하는 위험이 뒤따른다는데 있다. 혹은 교회가 세대의 문화적 변화와 흐름을 읽지 못한 채 교회와 세상을 지나치게 구획화함으로써, 언택트 시대에 따른 이원화된 선교적 접근을 취할 가능성도 존재한다. 따라서 필자는 레위기 13-14장의 차라아트(나병)를 연구함으로써 코로나19가 인간의 죄의 결과 그 이상의 '하나님의 주권적 통치'에서 비롯된 바이러스임을 밝히고자 한다.

레위기 13-14장에 나타난 차라아트(צרעת)[1]의 의학적 이해

    레위기 13-14장은 차라아트 피해자의 진단과 격리, 그리고 회복 과정

---

1 차라아트(צרעת)는 구약성경에서 35회 나타난다. 이 중 29회는 레위기 13-14장에서 주로 피부병과 관련해 사용되고, 나머지는 모세율법의 신명기 24장 8절과 나아만 장군 내러티브의 열왕기하 5장 3절, 6절, 7절, 27절에 쓰이고, 웃시야 왕과 관련해 역대기하 26장 19절에서 기록되었다. 이 외에도 동사형 차르(צרע)이 출 4:6, 민 12:10, 삼하 3:29, 왕하 5:1,11,27, 7:3,8, 15:5, 대하 26:20,21,23 등에서 나타난다. 참조) Seidl, T. "צרעת." TDOT XII (2003): 469-75.

에 관해 자세히 논의한다. 심지어 의복과 집과 관련된 차라아트에 대해서도 설명한다. 개역성경은 차라아트를 '문둥병'으로 번역했고, 개역개정성경은 '나병'으로 표현함으로써 차라아트를 피부병으로 이해했다. 그러나 차라아트는 단순한 피부질환보다는 종교적 관점에서의 질병으로 이해해야 한다. 그러면서도 차라아트는 의학적 관점에서 전염병에 속한 질병으로 보아야 한다. 그 이유는 다음과 같다.

첫째, 단순한 피부병이 아닌 바이러스의 한 종류로서의 차라아트의 이해이다. 이것은 차라아트가 사람의 목숨까지도 위협하는 질병을 일으키는 곰팡이 균임을 뜻한다. 개역개정판 레 13장 2절에서는 차라아트를 나병(피부병)으로 소개한다. '만일 사람이 그의 피부에 무엇이 돋거나 뾰루지가 나거나 색점이 생겨서 그의 피부에 나병 같은 것이 생기거든 그를 곧 제사장 아론에게나 그의 아들 중 한 제사장에게로 데리고 갈 것이요.' 이 점에 대해 올라니셉(Olanisebe)은 비록 차라아트가 나병으로 번역되었지만, 근본적으로 동일한 질병이 아님을 다음과 같이 지적한다.

레위기에서 묘사되는 차라아트와 한센병(나병)은 단지 피부를 통해 증상이 반영된다는 사실에서만 관련이 있다. 이것을 제외하고는 진단방법과 치료법이 서로 완전히 다르다. 예를 들어, 성경에는 끔찍한 얼굴의 기형이나 느낌의 상실, 한센병과 관련된 육체 일부분의 썩어짐에 관한 어떤 암시도 나타나 있지 않다. 또한 제사장이 차라아트를 진단하는 과정에서의 오랜 격리 기간도 한센병에는 알려져 있지 않는다. 이런 중요한 불일치를 감안한다면, 차라아트는 한센병이 아닌 것이 분명하다.[2]

이외에도 차라아트와 한센병 사이에는 적지 않은 중요한 차이가 나타

---

2 S. O. Olanisebe, "Laws of Tzara'at in Leviticus 13-14 and Medical Leprosy Compared", *Jewish Bible Quartely*, 42/2 (2014): 123.

난다. 예를 들어, 차라아트는 약물투여 없이 완전히 고침을 받을 수 있지만, 한센병은 극소수의 예외를 제외하면 실상 불치병이고 약물복용에 의해서만 제어할 수 있다. 하지만 가장 큰 차이점은 역시 전염성이라고 할 수 있다. 비록 박테리아 감염이 병인(病因)이라고 해도 한센병은 즉시 비전염적인 질병으로 통제된다.[3] 반면 차라아트는 전염성이 너무 강해 사람의 피부뿐만 아니라 의복과 집 등 다양하고도 광범위하게 전파된다(레 13:47-59, 14:34-53). 이런 점에서, 차라아트는 오늘날 팬데믹 사태로서의 코로나19와 매우 비슷한 공유적 특성을 지니고 있다.

둘째, 두 주간의 격리와 관련된 차라아트의 이해이다. 전염병으로서의 차라아트는 질병에 걸린 환자가 이스라엘 진영에서 두 주간 격리되는 것에서 찾을 수 있다. 이것은 차라아트가 매우 전염성이 강한 질병이었음을 의미한다. 레위기 13장 4절를 보면, '피부에 색점이 희나 우묵하지 아니하고 그 털이 희지 아니하면 제사장은 그 환자를 이레 동안 가두어 둘 것이며"라고 기록한다. 그리고 레 13:5절에서는 "이레 만에 제사장이 그를 진찰할지니 그가 보기에 그 환부가 변하지 아니하고 병색이 피부에 퍼지지 아니하였으면 제사장이 그를 또 이레 동안을 가두어 둘 것이며' 라고 말씀한다. 여기서 '가두어 두다'는 히브리어 용어로 '싸가르(סגר)'[4]인데, 그 의미는 '격리'(quarantine)를 뜻한다. 이렇게 차라아트에 걸린 환자는 적어도 두 주간의 격리(quarantine)가 요구되었다. 이런 두 주간의 격리 조치는 차라아트와 한센병과의 또 다른 진단 과정에서의 차이점이라고 말할 수 있다.

---

3 M. Gaudet, "Telling it Slant: Personal Narrative, Tall Tales, and the Reality of Leprosy", *Western Folklore*, 49/2 (1990): 192.

4 J. V. Kinnier-Wilson, [סגר] "Hebrew and Akkadian Philological Notes" *JJS* 7 (1962): 173-83. 신학적으로, 싸가르(סגר)는 '분리'와 '격리' 혹은 '구별됨'을 뜻하는 매우 중요한 의미를 지닌다. 창세기 7장 16절에서 하나님은 노아 이후로 방주의 문을 굳게 닫으신다. 이런 격리는 세상 사람들과 노아와의 완전한 구별 또는 분리를 뜻한다. 이사야 26장 20절에서도 하나님은 택한 백성을 밀실에 들여보내시고 문을 굳게 닫으심으로써 하나님의 심판을 모면하게 하신다. 이 같은 구별됨과 격리는 이사야 22장 14절, 45장 1절, 60장 11절, 욥기 3장 10절과 12장 14절 등등 여러 곳에서 나타난다.

중세의 유대인 세이지(Sages)는 성경의 차라아트가 나병이라는 의학적 질병과 관련이 없다는 점을 주지한다. 게다가 그는 어떤 경우에라도 차라아트의 격리가 더 이상 현대에 실천될 수 없다고 보았다.[5] 왜냐하면 격리는 사람들의 사회적 관계에서 차별과 혐오를 불러오기 때문이다. 실제 적지 않은 사람들은 배척(ostracism)과 낙인찍기(stigmatization)를 통한 각종 인종차별이나 외국인 혐오 등을 레위기 13장 45-46절로부터 그 정당성을 찾는다.[6] 공교롭게도, 코로나19를 위한 두 주간 격리조치가 차라아트의 진단과 동일한 것을 볼 때, 두 질병 모두 상당한 전염성을 지니고 있음을 추정할 수 있다.

차라아트(צרעת)는 인간 죄악에 대한 하나님의 심판인가?

구약성경에서 모세오경 외에서의 차라아트와 관련된 내러티브는 일반적으로 인간에게 고통이 찾아오는 이유를 어떤 죄악된 행동의 직접적인 결과로 설명한다. 이런 본문들은 차라아트로 인해 고통받는 자들이 하나님의 심판으로 인한 것이기에 치유를 위해서는 반드시 하나님께 회개하고 간구해야 함을 드러낸다. 예를 들어, 죄로 인한 하나님 심판으로서의 차라아트와 관련된 본문들은 다음과 같다.

첫째, 민수기 12장에서 미리암은 모세를 비판한 행위로 인해 하나님이 내리신 차라아트의 형벌을 직접적으로 경험한다. 그러자 선지자의 중보적 역할을 수행하던 모세는 하나님께서 그녀를 고쳐주시도록 간구한다. 그리고 7일이 지나 하나님께서 그녀에 대한 심판을 멈추셨을 때 미리암은 치유받고 이스라엘 진영으로 다시 돌아올 수 있었다.

둘째, 사무엘하 3장 28-29절에서 다윗은 요압이 무죄한 넬의 아들 아

5　R. J. ben Asher, [Tur] "Laws of the Land of Israel", *Laws of the Holiness of the Lans*, section 3.
6　G. Lewis, "A Lesson from Leviticus: Leprosy", *New Series*, 22/4 (1987): 593-95.

브넬을 죽인 죄악을 언급하며, 하나님께서 요압 집안에 차라아트를 내리시기를 요구한다.

셋째, 열왕기하 5장은 아람 장군 나아만의 질병에 관해 묘사한다. 그의 차라아트는 명백하게 하나님으로부터 온 것은 아니지만, 그는 엘리사의 예언을 통해 하나님으로부터 고침을 받는다. 놀랍게도 엘리사에게는 나아만의 차라아트를 치유하면서, 동시에 자신의 종이었던 게하시(Gehazi)에게 차라아트를 불러일으킬 능력이 있었다는 점이다. 이 경우 차라아트는 게하시의 죄로 인한 명백한 하나님의 심판이다.

넷째, 역대기하 26장 10-21절은 교만하여 악을 행한 웃시야 왕에 관한 기록이다. 그는 악의적으로 율법을 어기고 제사장을 대신해 하나님께 제사함으로써 죄를 짓는다. 그는 제사장이 행해야 할 제사를 불법적으로 대신하여 성소에서 향을 피우고 제사함으로써, 결국 제사장들 앞에서 하나님이 보내신 차라아트의 심판을 받게 된다(대하 26:19-20).[7]

이렇게 차라아트에 관한 네 가지 성경 본문들은 차라아트를 동일하게 취급하는 경향이 있다. 그것은 차라아트의 발병 근원을 단순히 인간이 지은 죄의 결과로 해석하는 것이다. 그러나 죄의 결과라는 차라아트의 개념과 함께 그 기원이 궁극적으로 하나님이 인간에게 차라아트를 보내시고 치료하는 '하나님의 주권'에 달려있음을 알아야 한다.[8] 이런 점에서

---

7 대하 26:19-20는 왕하 15:5의 역대기 저자의 덧붙여진 설명으로서 여호와가 아사랴 왕에게 차라아트로 치셨다는 내용을 자세히 소개한다. 그런데 대하 26:19-20의 차라아트는 죄에 대한 하나님의 심판이 아니라는 해석의 여지도 존재한다. 왜냐하면 아사랴가 산당을 제거하지 않음으로써 차라아트의 고통을 겪었지만, 실상 왕상 22:44와 왕하 12:4와 14:4, 그리고 15:35에서는 산당을 제거하지 않은 다른 왕들이 차라아트의 심판을 당하지 않았기 때문이다. 게다가 왕하 15:3에서 아사랴는 그의 아버지 아마샤의 모든 행위대로 여호와 보시기에 정직히 행했다는 긍정적인 평가를 받았다. 이런 점에서 대하 26:19-20절의 차라아트를 죄에 대한 하나님의 심판으로만 단정하는 것은 논란의 여지로 남는다. 보다 차라아트는 하나님의 주권적 사역의 일환으로 이해하는 것이 해석상 무리가 따르지 않을 것이다.
8 물론 세상에 질병과 죽음의 영역이 드리운 것은 전적으로 죄 때문이다. 창 3:1-19는 죄가 세상에 들어옴으로써 사망과 황폐함과 저주로 물들게 되었음을 묘사한다. 세상에 하나님의 은총이 깃들었음에도 불구하고, 죄의 영향력은 인간의 전적 타락(total depravity of man) 이후 현재까지도 죽음의 전송대(傳送帶) 역할을 수행하고 있다.

제사법으로서 레위기 13-14장의 차라아트는 이상의 본문들과는 상이한 해석학적 차이를 분명히 드러낸다. 따라서 레위기 13-14장의 차라아트는 인간의 죄로 말미암은 하나님의 심판이라기보다는 제사법과 더욱 밀접한 관계를 지닌다.

제사법에서 차라아트는 어떤 종교-도덕적 죄를 함의한다기보다는 오히려 제례의식과 종교의식과 관계된 인간존재의 실제에 더욱 관계된다.[9] 물론 레위기는 모세의 제사율법에서 차라아트 치료와 관련해 상세한 설명을 제공한다. 비록 차라아트의 병인(病因)과 치료법에 관해 일부 학자들이 각자 독특하게 주장을 하지만, 그럼에도 불구하고 레위기는 차라아트의 근원과 치유를 하나님 말씀과 주권적 통치와 관련해서 증거함을 알아야 한다.

이상 제사법에서 차라아트의 주요논점은 발병원인이나 인간 죄악의 행위에 따른 결과나 치료법을 위한 것이 아님을 살폈다. 우선 레위기 4-5장의 죄에 관한 제사장 규정과 관련해 레위기 13-14장의 '차라아트'는 레위기 5장 1-4절과 레위기 20-22장의 경우처럼 죄를 짓는 것에 관한 서론적 진술을 제공하지 않는다. 오히려 레위기 13-14장의 차라아트는 전후 문맥적으로 '유출병'(레위기 15장)과 '여인의 출산'(레위기 12장), 그리고 '시체 접촉'(레 11:24-28, 39-40) 등과 같은 제사의 부정함과 관련하여 개념화된다. 이와 관련해 민수기 5장 2절도 차라아트에 관해 진술하면서 '이스라엘 자손에게 명령하여 모든 나병 환자와 유출증이 있는 자와 주검으로 부정하게 된 자를 다 진영 밖으로 내보내되'라고 기록한다.[10] 이

---

9 J. E. Hartley, *Leviticus* WBC 4 (Dallas: Word Books, 1992), 200; R. E. Gane, *Cult and Character: Purification Offerings, Day of Atonement, and Theodicy* (Winona Lak, IN: Eisenbrauns, 2005), 199; J. Klawans, *Purity, Sacrifice, and the Temple: Symbolism and Supersessionism in the Study of Ancient Judaism* (Oxford: Oxford University Press, 2006), 53-56.

10 이처럼 죄가 성소를 더럽히고 오염시키지만, 성소의 모든 더러움이 죄로 인해 발생하는 것만은 아니었다. 한편, 노부요슈 키우치(Nobuyoshu Kiuchi)는 이렇게 주장한다. "부정함은 죄(sinfulness)와 밀접한 관계를 지니고 있음을 합리적으로 가정할 수 있다… 차라아트의 질병은 성경기자가 묘사할 수 있는 모든 종류의 피부병이다. 왜냐하면 차라아트의 증상은 인간의 죄성을 가장 잘 나타내는 경향이 존재하기 때문이다." 이에 덧붙여, 그는 비록 레위기 13-14

처럼 레위기의 제사법은 그 어떤 것도 차라아트를 인간 죄악의 탓으로 돌리지 않는다. 실제 레위기에 나타난 차라아트는 모두 인간의 삶에서 피할 수 없거나 자연스럽게 경험되는 일상적 삶의 요소들로 나타난다. 환언하면, 레위기 13-14장을 포함해 레위기에 나타난 차라아트의 개념은 제사와 관련하여 '부정함'의 규정과 밀접한 관계를 이룬다. 그 어떤 것도 인간의 부정한 행위나 부수적으로 제사의 정결의식법에 관련하여 인간이 행하는 죄를 언급하지 않는다.[11] 그러므로 차라아트는 하나님께서 부정함을 회복시키고자 보내신 전염병임을 알 수 있다. 물론 레위기 외의 차라아트는 인간의 죄에 대한 엄중한 하나님의 심판으로서 묘사된다. 그러나 제사법에서의 차라아트는 차라아트의 모든 발병 근원과 회복을 모두 전능하신 하나님께 두고 있음을 알아야 한다. 이것은 차라아트가 하나님의 주권과 떼어놓고는 생각할 수 없는 것임을 깨닫게 한다.

코로나19 팬데믹 시대의 선교의 방향성

이상 차라아트는 하나님께서 주권적으로 보내신 전염병임을 살폈다. 이것은 차라아트와 코로나(코로나19)가 상황과 특성상 여러 측면에서 밀접한 관계를 지니고 있음을 말한다. 만약 그렇다면, 코로나19로 인한 뉴노멀 시대의 언택트(untact: 비접촉)와 격리(quarantine)는 하나님의 구원작정을 이루시기 위해 필요한 회복 과정으로도 이해할 수 있다. 예를 들어, 코로나 이후 세상의 자연 만물은 인류의 파괴적 지배를 서서히 벗어나

장의 차라아트가 반드시 죄의 결과임을 설명하지는 않지만, 그럼에도 불구하고, 성경 본문은 죄 이외의 다른 어떤 발병 이유나 병인의 가능성을 지적하거나 암시하지 않는다고 주장한다. 참조). Nobuyoshu Kiuchi, "A Paradox of the Skin Disease", *ZAW* 113 (2001):505-14.

11 예를 들어, 레위기 13-14장의 차라아트를 인간범죄의 결과로 단정할 수 없는 이유로서 직물(13:47-59)과 집(14:34-53)에 관한 규정을 참조할 수 있다. 알다시피, 옷과 집은 죄를 지을 수 없는 물리적 존재이다. 그런데도 옷과 집은 차라아트로 인해 전염되어 시달린다. 뿐만 아니라, 옷과 집은 회개하거나 속죄 혹은 상황이나 희생 제물을 드릴 수 없다. 그럼에도 불구하고, 옷과 집은 제사장에 의해 깨끗하다고 선언될 가능성이 있다.

정화(淨化)되는 현상을 잠시 보였다. 뿐만 아니라, 코로나 사태를 맞아 교회는 본질(Ontology)에 관해 논의하기 시작했다. 참된 예배의 본질은 무엇인가? 주님의 몸 된 교회의 본질은 무엇인가? 진정한 하나님의 선교(Mission Dei)의 본질은 무엇인가? 등등의 가장 근본적 기독교 신앙관의 물음에 관해 교회가 성경의 답변을 찾기 시작한 것이다.

그렇다면 코로나19는 단순히 두려움과 공포를 안겨다 주는 질병으로 이해되어서는 안 된다. 오히려 코로나19의 팬데믹 현상은 하나님께서 작정하신 종말을 위해 인류 역사 속에서 펼치신 구원사의 한 과정으로 보아야 한다. 따라서 코로나19는 더 이상 교회와 선교에 위협이 될 수 없다. 쉽게 말해, 코로나는 세상의 재앙이 아닌 것이다. 이런 코로나19의 선교신학적 이해는 복음이 더욱 힘있게 전파될 이유와 동력을 제공한다. 동시에 그리스도인은 코로나로 말미암은 사회적 격리(quarantine)를 역으로 각 개인의 신앙적 경건과 정결성을 회복하는 기회로 삼고, 교회는 선교의 주체자 되시는 하나님께서 인류 역사 가운데 택하신 백성을 구원해 내시는 구속언약의 증거로 삼아 더욱 '하나님 선교'에 동참하고 매진해야 할 것이다. 궁극적으로 개혁주의 관점의 '하나님의 선교'는 코로나19를 위시한 어떤 위험 앞에서도 전혀 굴하지 않고, 하나님의 택하신 백성이 죄와 세상과 사망으로부터 구원받도록 교회의 복음전파 사역을 이끌 것이다.

배춘섭
루터대학교 신학과
총신대학교 신학대학원 (M.Div.)
Universiteit van Pretoria (M.Th.)
Universiteit van Pretoria (Ph.D.)
총신대학교 신학대학원 교수 (선교신학)
(현) 한국개혁신학회 선교학회 회장, 개혁신학회 선교학회 회장
(저서) 『기독교와 조상숭배』,
"Ancestor Worship: is it Biblical?" *HTS Teologiese Studies*

사무엘하 24장을 통하여 바라보는 코로나

정대준

　　구약성경은 독자인 우리에게 매우 불친절하고, 우리를 어리둥절하게 만드는 경우가 많다. 사무엘하 24장의 사건이 그런 것 중 하나이다. 이 본문에서의 하나님은 우리가 알고 있는 하나님의 성품과 전혀 달라 보이기까지 한다. 하나님께서는 어떤 이유에서인지 이스라엘에게 화가 나셔서 그들을 벌주시기 위해 다윗을 부추겨 인구조사라는 죄를 짓게 하시는 것처럼 우리에게 느껴지기 때문이다. 이러한 방식으로 일을 진행하시는 하나님의 의도 또한 파악하기 쉽지 않는다. 결과적으로 다윗의 인구조사를 통해 받게 된 징계가 온 나라에 창궐한 전염병이다라는 사실을 비추어 본다면, 오늘의 코로나19 사태 가운데서 고통받는 우리 모두에게, 그리고 이 전염병이 끝난 이후까지도 이 말씀을 통해 얻을 수 있는 메시지가 있을 것으로 여겨진다.

시작

　　사무엘하 24장에서 하나님의 분노가 이스라엘에 다시 불타올랐다고 말씀하는데, 그 분노가 무엇에서 기인한 것인지에 관해서 해설자는 침묵한다. 다만, 인간 사회에 만연한 악이 이러한 하나님의 분노가 다시 일어나는 출발점이 되었을 것이라 합리적으로 추측할 수는 있다. 다윗의 지시에 대한 요압의 반응도 흥미롭다. 3절에서 요압의 대답은 신앙인으로서 할 수 있는 가장 최상의 고백이라고 할 수 있다. 그런 점에서 다윗의 지시는 하나님께서 하시는 일에 대한 도전이라고 볼 수 있다. 하나님께서 지금까지 요압의 말처럼 다윗을 보호해 주셨는데, 이제 그는 하나님을 무시하고 자기 스스로 자신과 나라를 보호하려고 하고 있다. 하나님의 분노는 다른 무엇인가에서 촉발되었지만, 이제 그분의 분노는 다윗의 적극적 개입으로 더 증폭되고 있는 양상이다.

우리는 결과밖에 알지 못하기 때문에, 만약 다윗이 하나님의 부추기심을 견디어 내었더라면 이후에 일어날 끔찍한 결과를 사전에 막을 수 있었을 것이라 생각하며 아쉬운 상상만 할 수 있을 뿐이다. 그리고 또 한 번의 참사를 막을 수 있었던 순간인 요압의 만류를 다윗이 받아들였더라면 하는 생각을 가지게 된다. 독자로서 우리는 성경을 읽을 때, 특히 해석이 쉽지 않은 부분을 읽을 때, 앞뒤의 유사한 사건을 토대로 하여 그 본문의 의미를 이해하는 데 도움을 받게 된다.[1] 이런 방식과 마찬가지로 이 글에서는 사무엘하 24장과 코로나19 사태를 비교하면서 그 의미를 밝혀 보고자 한다.

역사는 되풀이된다. 성경 안에서 인류는 계속하여 하나님 앞에서 죄를 지었듯이, 그 일을 오늘도 우리라는 인류가 되풀이하고 있다는 것은 부인할 수 없는 사실이다. 사무엘하 24장에서처럼 오늘도 우리가 습관적으로, 혹은 의도적으로 짓는 죄 때문에, 그리고 죄인지도 모르고 반복하고 있는 일 때문에, 혹은 이미 알고 있지만, 서로에게 말하기 꺼리는, 그래서 애써 모른 척하고 있는 죄 때문에 하나님께서 다시 분노하셨다. 그

---

1 예를 든다면, 솔로몬의 재판을 통해 다윗의 재판을 해석할 수 있다. 솔로몬의 재판에서 진짜 어머니는 솔로몬이 "아이를 둘로 나누라"라고 명령했을 때, 그것을 만류했던 여인이라는 것은 분명하다. 그러나, 므비보셋과 시바의 다툼에서 누가 거짓말을 하고 있는지 재판이 끝난 후에도 분간하기 어렵다. 다윗은 재산을 둘로 나누라고 명령하는데, 시바는 침묵하지만 므비보셋은 그것을 나누지 말고 시바에게 돌아가게 하라고 말하고 있다(삼하 19:30). 므비보셋과 시바 중 누가 진실을 말하고 있는지 솔로몬의 재판을 통하여 명확하게 알 수 있다.

대상이 사무엘하 24장에서는 이스라엘에게 국한되었었지만, 이제는 온 인류가 그 대상이 되었다. 다윗이 하나님의 분노를 더욱 증폭시키고 폭발하게 만들었다면, 오늘 이 시대에는 그 역할을 빛과 소금으로 살아간다고 자처하면서도 어쩌면 말뿐인 필자와 여러분이 그렇게 하고 있는지도 모르겠다. 하나님의 분노를 통한 징계의 시작을 막으려고 하는 요압이 사무엘하 24장에 등장하고 있는 반면, 지금은 그 역할을 누가 감당했는가를 알기는 어렵다. 그러나 우리의 눈과 귀가 닫힌 상황에서, 우리의 마음이 무뎌진 가운데서, 계속해서 요압의 역할을 맡은 누군가가 그 일을 했을 것이다. 어쩌면 우리는 당시의 다윗과 같은 마음으로 요압의 선한 말을 무시하고 듣지 않았을 것이다.

분류	사무엘하 24장	코로나19
분노자	하나님	하나님
분노의 대상자	온 이스라엘	온 인류
증폭자	다윗	우리 자신
만류자	요압	다른 누구

전개

다윗은 이제 하나님의 보호 없이 살아가기로 결심하고 인구조사를 감행한다. 9개월 20일간의 인구조사 결과 다윗은 자신과 나라를 지켜 줄 군인의 수가 얼마인지 요압에게 보고 받았다. 다윗은 10절에서 갑자기 긴 시간 동안 인구조사를 했던 것을 후회한다. 이것을 성경은 '다윗의 마음이 자신을 때렸다'라고 말씀하는데, 사무엘상 24장 5절에서 사울의 옷자락을 몰래 자르고 나서 후회할 때 이것과 똑같은 표현을 사용한다. 다윗이 사울의 옷자락을 자른 뒤 후회한 것은 사울이 여호와의 기름 부음을 받은 자였기 때문이었고, 인구조사 뒤에 후회하는 것은 하나님의 보호하심을 떠나 스스로 자신을 보호할 수 있다고 믿었던 것이 어리석은 생각임을 깨달았기 때문일 것이다.

인구조사를 했던 9개월 20일은 결코 짧은 시간이 아니었고, 우리는 그 긴 시간 동안 다윗이 자신의 마음을 바꿀만한 어떤 계기나 사건이 일어났을 것이라 충분히 가정할 수 있다. 사무엘상 24장에서 다윗의 후회가 부하들이 자신을 위해 사울을 죽이지 못하게 만드는 긍정적인 역할을 했던 것처럼, 사무엘하 24장에서도 다윗의 후회는 그런 긍정적인 역할을 할 것이다. 그러나 그가 인구조사를 시작해 버린 이상, 즉 죄를 지은 이상 그것에 대한 책임도 따르게 될 것이다. 그리고 그것은 마음 아프지만, 오늘 우리에게도 마찬가지일 것이다. 두려웠겠지만, 다윗은 하나님께 죄를 고백하며 용서를 빌었다. 건전한 후회는 다윗을 다시 하나님의 보호하심 아래로 들어가도록 만들었다. 죄를 짓기 전에 그 길로 가지 않았더라면 더 좋았을 것이지만, 하나님께 돌아오는 데 늦었을 때는 없다. 하나님으로부터 떠났다는 것을 인식했다면 그때 바로 다윗처럼 돌아와야 한다.

해결

다윗의 회개는 문제 해결의 시작점이 되었다. 하나님께서 그에게 선지자 갓을 보내주셨다. 인구조사라는 죄를 짓고 난 후, 세 가지 처벌 항목에 대해 다윗은 선지자 갓을 통하여 듣는다. 우리가 잘 알듯이 그것은 '나라 전역에 칠 년 동안의 기근이 있는 것,' '다윗이 그의 적에게 석 달 동안 쫓기는 것,' 그리고 '나라 전역에 삼 일간의 전염병이 도는 것'이다.[2] 다윗은 그것 중 하나를 선택해야 함에도 스스로 선택하지 않고, 하나님

---

2 이 부분에 대해서는 최순진 "전염병에 대한 구약성경적 고찰", 『전염병과 마주한 기독교』, 노영상, 이상규, 이승구 편 (군포: 도서출판 다함, 2020), 72–86을 참고하라.

의 손에 선택권을 맡긴다. 이제 전적으로 다윗과 이스라엘의 죄에 대하여 어떤 처벌을 내리실지는 하나님의 손에 달려 있다. 하나님께서는 그때 삼 일간의 전염병이 나라 전역에 도는 것을 선택하시고 그것을 정해진 기간 동안 시행하신다. 그로 인하여 칠만 명이라는 엄청나게 많은 사람이 창궐한 전염병으로 죽게 된다. 이 세 가지 처벌 모두 어마어마한 희생이 따를 것은 분명하겠지만, 하나님의 선택이었기에, 그리고 하나님께서 전염병을 내리심마저도 측은해 하셨기에 인간의 죄악에 비추어 가장 적은 피해를 당하는 처벌이었을 것이라 여겨진다. 하지만 그것은 결코 무시할 수 없는 가공할 만한 것이다.

15절이 전염병의 시작과 끝, 그리고 그것에 대한 무시무시한 파급효과를 말씀하고 있다면, 16절은 전염병의 종식이 어떻게 되었는지를 자세히 우리에게 알려주고 있다. 전염병의 종식은 하나님의 안타까워하심 때문이다. 하나님의 손에 의해서 시작된 전염병은 그것의 전달자의 손을 하나님의 손이 막음으로써 끝이 난다. 그렇지만 아직 전염병으로부터 파급된 재앙은 끝나지 않은 것 같다. 17절부터 사무엘하의 마지막 절인 25절까지 이 재앙이 어떻게 끝나고 있는지 자세히 말씀하고 있다.[3] 그것은 다윗과 신하들, 그리고 백성이었던 아라우나의 노력 때문이다. 선지자 갓의 명령에 따라 다윗은 신하들을 데리고 일사불란하게 아라우나의 타작마당에 갔고, 아라우나는 아무런 조건 없이 자신의 타작마당과 번제에 필요한 것들을 제공하겠다고 한다. 그러나 다윗은 아라우나에게 경제적인 피해가 없도록 정당한 금액을 지불하고 제사를 드림으로써 전염병으로부터 파생한 모든 재앙은 종결된다. 이스라엘과 다윗의 죄로 인한 전염병의 창궐을 말씀하고 있는 사무엘하 24장은 놀랍게도 전염병의 종식과 더불어 그것으

---

3 이 '재앙'이라는 단어는 사무엘서에 네 번 더 등장하는데, 그중 세 번은 군사적인 행동을 통한 많은 사람의 죽음과 패배를 의미하고(삼상 4:15; 삼하 17:9; 18:7), 한 번만 병을 의미한다(삼상 6:4). 그러므로 다윗과 해설자가 재앙이라는 단어를 사용하여 이 사건의 종식을 말하는 것은 전염병 자체보다는 전염병으로 인한 사람들의 피해에 더 초점을 맞추고 있다고 볼 수 있다.

로 인한 재앙의 마침을 함께 말씀하고 있다. 모든 사건의 종결은 하나님과 사람의 합작품이다.

현재

현재 코로나19로 인하여 전 세계는 고통받고 있다. 많은 사람이 질병 가운데 고통받고 있고, 그것으로 인해 사랑하는 가족과 친구, 동료를 잃는 슬픔을 겪고 있다. 한국교회도 마찬가지이다. 함께 예배하며 성도의 교제를 나누던 삶이 파괴된 아픔을 겪고 있다. 그런 가운데에서도 희망이 있는 것은 사무엘하 24장에서처럼, 우리는 하나님의 긍휼을 기대할 수 있으며, 동시에 관련 부처와 의료진 그리고 온 국민이 한마음으로 이 전염병을 막으려고 노력하고 있다는 점이다. 전염병으로부터 파생된 재앙, 즉 경제적 난관과 사회적 단절을 해결하기 위해 함께 힘쓰고 계속 힘쓰고 있다. 전염병은 사람의 생명과 건강에 직접적인 위협을 가하지만, 그것으로 인한 재앙은 사회적 고립과 서로에 대한 의심, 그리고 경제적 빈곤 등으로 우리에게 나타난다. 사무엘하 24장에서 전염병은 하나님의 손으로 끝났지만, 재앙은 다윗과 그와 함께한 사람들의 노력으로 끝이 났다. 전염병이 끝나더라도, 그것으로 인한 어려움은 바로 끝나지 않을 수 있다. 우리 모두가 당연하다고 여겼던 예전과 같은 상황으로 돌아가는 데 생각보다 많은 시간이 걸릴 수도 있다. 그러나 사무엘하 24장에서 말씀하는 것처럼, 전염병을 내리심에 대한 하나님의 안타까워하심과 현재와 같은 온 국민의 재앙을 종결시키기 위한 노력이 있다면 이것은 분명히 사라지게 될 것이다. 더불어 우리의 최대 관심사인 하나님께 올바르게 예배하는 일도 사무엘하 마지막을 장식하고 있는 것처럼 회복하게 될 것이다.

절대 자포자기하지 말고, 나 하나쯤이야 하는 생각을 버리고, 하나님 앞에서 겸비한 모습과 더불어 이 난관을 극복하기 위해 힘쓰는 모든 분들에게 감사하는 마음으로 서로 돕고 베푸는 삶을 살아가며, 이 어려움을 통하여 혹시 모를 또 다른 난관을 대처하는 것에 대한 교훈 또한 배워야 할 것이다. 더불어 한국교회도 다윗의 재앙 해결의 방법이 하나님께서 선지자 갓을 통하여 명령하셨던 예배였다는 점을 깊이 생각함과 동시에, 하나님께서 원하시는 참된 예배가 무엇인지 고민하며 바른 예배를 그분께서 원하시는 바른 자리에서 바른 방법으로 드려야 할 것이다. 그리고 한국의 코로나19 대처법을 세계가 배우기 원하는 것처럼, 한국교회의 하나님을 향한 마음과 헌신, 그리고 전염병과 재앙 가운데서도 올곧게 하나님을 섬기고자 하는 자세를 세계교회가 부러워하고 배우기를 바라는 일이 일어나기를 소망한다.

코로나19로 인하여 아픔을 당하고 상처를 입으신 분들에게 이 글이 세상과 동떨어진 채로 꽉 막힌 연구실의 책상 앞에 앉아서 아무 위로나 해결책을 드리지 못하는 공허한 외침이 되지 않길 바란다. 또한 무엇보다도 슬픔과 아픔 가운데에서 함께 울고 보듬는 우리가 되기를 소망한다. 그리고 우리의 언어가 신학적으로 어떻다는 정답을 제시하는 것도 좋지만 그것을 논하기에 앞서 작은 신음소리조차 내지 못하는 고통 가운데 있는 분들과 함께 나누는 위로의 소리가 되기를 원한다. 하나님께서 그런 우리의 모습을 눈여겨보시며 그것을 기뻐하실 것이기 때문이다.

정대준
전남대학교 유전공학과 (B.A., M.S.)
광신대학교 (M.Div., Th.M.)
Calvin Theological Seminary (Th.M.)
University of St. Michael's College–University of Toronto (Ph.D.)
(현) 광신대학교 구약학 교수
(저서) *Thematic Dynamics of Characters' Outward Appearance in the David Narrative.*

코로나 시대 분열의 갈등을 넘어

장세훈

포스트 코로나 시대와 분열의 한국사회

지금 한국사회는 매우 고통스런 코로나바이러스의 위기를 경험하고 있다. 이런 위기의 상황 속에서 한국사회를 더욱 힘들게 하는 것은 다름 아닌 분열의 갈등이다. 코로나바이러스로 인해 어려움을 겪고 있는 상황에서 위기극복을 위해 함께 힘을 모아야 함에도 불구하고, 한국사회는 깊은 분열의 갈등의 늪에서 벗어나지 못하고 있다. 북한의 비핵화에 대한 상반된 입장들, 추미애 법무부 장관과 윤석열 검찰청장과의 충돌, 정의연과 위안부 피해자 이용수 할머니 간의 반목과 갈등은 한국사회의 분열적 상황이 매우 심각한 위기에 처해 있음을 단적으로 보여준다. 안타깝게도 일부 몰지각한 기독교 지도자들은 이런 분열의 상황 속에서 문제를 해결하기 위한 보다 신중하고 책임 있는 자세를 보이기는커녕 오히려 자신들의 주장만을 정당화하며 이런 분열을 더욱 획책하고 부추기는 실망스런 모습을 보이고 있다.

예를 들면, 기독교 연합단체를 대표하는 한기총의 몰락은 건설적 대화를 모색하며 위기극복을 위해 대안을 제시해야 할 기독교 지도자들의 리더십 부재를 단적으로 보여준다. 또한 이런 분열의 갈등에 영향을 받은 교회들은 지나친 이념과 진영논리의 늪에 빠져 극단적인 정죄와 비난의 화살만을 겨누며 모든 문제를 상대방의 탓으로만 돌릴 뿐 자신의 문제를 돌아보며 성찰하는 기회조차 제대로 갖지 못하고 있는 실정이다. 어쩌면 지금 포스트 코로나 시대의 위기는 분열의 위기라고 해도 과언이 아닐 것이다. 그러므로 한국교회가 가장 시급히 극복해야 할 장애물은 바로 분열의 갈등이다. 포스트 코로나 시대, 이런 분열의 갈등을 극복하기 위한 열쇠를 제공해 주는 본문이 바로 느헤미야서이다. 느헤미야가 살았던 포로기 후 공동체도 바벨론 포로기의 극한 고통을 겪은 후 매우 절망적인 분열의 갈등으로 몸살을 앓았다. 그렇다면 느헤미야 시대 포로기 후 공동체 분열의 갈등 요인은 무엇이었을까? 필자는 포로기 후 공동체의 분열의 원인을 잠시 살펴본 뒤, 이런 분열의 갈등을 극복하기 위해 느헤미야가 제시하는 해결책이 무엇인지를 고찰해 볼 것이다. 나아가 포스트 코로나 시대 분열의 갈등으로 몸살을 앓고 있는 한국교회를 향한 느헤미야의 기도의 함의점을 집중적으로 조명해 볼 것이다.

느헤미야 시대의 분열의 갈등

바벨론의 70년간의 포로생활을 겪고 돌아온 포로귀환 공동체는 심각한 분열의 갈등을 겪었다. 그들이 겪었던 분열의 갈등은 어떤 것들이었을까?[1]

첫째, 포로귀환 공동체는 이스라엘에 남아 있던 자들과 포로에서 귀환했던 자들 간의 갈등으로 어려움을 겪었다. 이들 각자가 땅의 소유권을 주장하면서 자신들의 신학적 정당성을 확보하려 했다.

둘째, 북 이스라엘 출신과 남 유다 출신 간의 갈등이 표출되었다. 남 유다 출신들은 북 이스라엘 출신들의 종교와 윤리적 삶이 순결하지 못하

---

1 포로귀환 공동체간의 갈등에 관해서는 존 브라이트, 『이스라엘 역사』, 박문재 역 (서울: 크리스천 다이제스트, 1998), 501-2를 보라.

다고 판단하여 공동체의 회원으로 받아들이는 것을 주저했다(스 4:1-3).

셋째, 사마리아에 행정본부를 두고 있었던 권위자들과 포로 귀환자들 사이의 반목과 갈등도 매우 심각한 문제로 대두되었다. 이런 갈등의 심 각성은 예루살렘 성벽 재건을 주도했던 에스라와 느헤미야의 사역을 통 해 잘 드러난다.

넷째, 이방종교의 관습을 수용하는 이들과 여호와의 유일신론을 주장 하는 이들 간의 종교적 충돌도 분열의 갈등의 이유로 작용했다. 에스라 와 느헤미야는 이방 신을 섬기는 여인을 아내로 맞아드린 이스라엘 백성 들의 문제점을 지적하며 이런 이방 여인과의 결혼관습을 철폐하는 강력 한 종교개혁을 단행했다(스 9:1-10:44; 느 13장). 이처럼 70년간의 바벨론 포로생활의 어려움을 겪었던 포로귀환 공동체는 민족 간의 분열의 갈등 이라는 또 다른 장애물 앞에서 심각한 혼란에 빠지고 말았다. 느헤미야 는 자신의 공동체가 처한 이런 위기적 상황에서 문제의 해결을 위해 무 엇이 가장 먼저 선행되어야 하는지를 정확히 이해했다. 그렇다면 위기극 복을 위한 어떤 행동을 취하기에 앞서 느헤미야가 제일 먼저 집중한 것 은 무엇인가? 그것은 바로 1인칭 복수형 중심의 '우리'로 대변되는 회개 의 기도이다. 실로 느헤미야 1장에 등장하는 느헤미야의 회개의 기도가 1인칭 복수형 '우리'(1:6-8)라는 표현에 집중하고 있음은 매우 의미심장 하다. 여기서 필자는 느헤미야의 기도에 등장하는 1인칭 복수형 '우리'라 는 표현이 분열의 갈등을 겪고 있는 우리들에게 무엇을 함의하는지를 좀 더 깊이 고찰해 볼 것이다.

느헤미야가 제시하는 분열의 갈등의 해결책: '우리'의 회개

하나님의 심판을 받고 멸망당한 이스라엘 백성들은 70년간의 혹독한 식민지 생활의 고난을 겪었다. 그리고 70년이 지난 후 포로귀환 공동체는 하나님께서 선지자들을 통해 약속했던 이스라엘의 회복을 곧 목격할 수 있을 것이라 기대했을 것이다. 하지만 그들의 눈앞에 펼쳐진 현실은 회복이 아니라 갈등과 반목이었다. 성전을 건축할 때에도 거센 반대에 부딪혔으며, 성벽을 재건하는 데에도 깊은 분열의 갈등을 겪게 되었다. 그 당시 바벨론에 거하고 있었던 느헤미야는 유다에서 온 하나니로부터 이스라엘의 심각한 상황을 보고 받는다(느 1:1-3). 하나니의 보고에 의하면, 예루살렘에 거하는 자들이 많은 고난과 환란을 겪었고, 예루살렘 성벽과 문들은 무너지고 불탄 채 여전히 버림받아 있었다. 예루살렘 성벽이 아직도 재건되지 못한 상황에서 포로귀환 공동체는 마음을 하나로 모으지 못하고 심각한 분열의 갈등으로 몸살을 앓고 있었던 것이다. 이런 위기적 상황에서 느헤미야가 문제의 해결을 위해 제일 먼저 취한 태도는 무엇인가? 그는 어떤 행동으로 문제를 해결하기에 앞서 먼저 하나님 앞에서 기도를 올리기 시작한다. 그런데 그의 기도는 죄를 고백하는 참회적 성격을 드러낸다. 특히 느헤미야 1장 5-11절에 등장하는 느헤미야의 회개의 기도에 반복적으로 등장하는 단어는 바로 1인칭 복수형 '우리'라는 표현이다. 안타깝게도 한글개역개정에는 '우리'라는 표현이 단지 1회(느 1:6)만 등장하지만, 히브리어 본문에는 '우리'라는 표현이 여러 차례 등장한다. 느헤미야 1장 5-11절 중 6-7절에서 '우리'라는 표현이 1회 등장하는 개역개정과 1회 이상 등장하는 히브리어 본문(MT)의 사역을 비교하면 다음과 같다.

(6절)[2]

이제 종이 주의 종들인 이스라엘 자손을 위하여 주야로 기도하오며 **우리** 이스

---

2 이 구절의 마소라 본문은 아래와 같다:

תְּהִי נָא אָזְנְךָ-קַשֶּׁבֶת וְעֵינֶיךָ פְתֻחוֹת לִשְׁמֹעַ אֶל-תְּפִלַּת עַבְדְּךָ אֲשֶׁר אָנֹכִי מִתְפַּלֵּל לְפָנֶיךָ הַיּוֹם, יוֹמָם וָלַיְלָה--עַל-בְּנֵי יִשְׂרָאֵל, עֲבָדֶיךָ; וּמִתְוַדֶּה, עַל-חַטֹּאות בְּנֵי-יִשְׂרָאֵל אֲשֶׁר חָטָאנוּ לָךְ, וַאֲנִי וּבֵית-אָבִי, חָטָאנוּ

라엘 자손이 주께 범죄한 죄들을 자복하오니 주는 귀를 기울이시며 눈을 여시

사 종의 기도를 들으시옵소서 나와 내 아버지의 집이 범죄하여(개역개정).

이제 주님의 종이 주님 앞에서 주님의 종 이스라엘을 위해 낮과 밤으로 기도

하오니 귀를 기울이시고 눈을 여시어 종의 기도를 들어주소서! **우리** 이스라

엘 자손이 주님께 범한 죄들을 고백한다. 저와 저의 아버지의 집이 주님께

범죄하였나이다(사역).

(7절)[3]

주를 항하여 크게 악을 행하여 주께서 주의 종 모세에게 명령하신 계명과 율

례와 규례를 지키지 아니하였나이다(개역개정).

우리는 주님을 향해 큰 악을 행했다. **우리**는 주님께서 주님의 종 모세에게

명령하신 계명과 율례와 규례를 지키지 않았다(사역).

느헤미야는 공동체의 문제를 해결하기에 앞서 먼저 회개의 필요성을

절감한다. 그리고 그는 하나님 앞에서 간절한 회개의 기도를 올린다. 그

런데 그의 회개기도는 1인칭 복수형인 '우리'라는 단어를 반복하며 공동

체의 문제를 자기 자신의 문제로 연결시킨다. 개역개정에는 느헤미야 1

장의 기도문에서 '우리'라는 1인칭 복수형이 6절에서 단 한 번만 등장하

지만 마소라 본문에는 더 많이 등장한다. 필자의 사역을 참조해 보면, 6

절뿐만 아니라 7절에서도 '우리'라는 1인칭 복수형이 문장의 주어로 거

---

3 이 구절의 마소라 본문은 아래와 같다:

חֲבֹל, חָבַלְנוּ לָךְ; וְלֹא-שָׁמַרְנוּ אֶת-הַמִּצְוֹת

וְאֶת-הַחֻקִּים וְאֶת-הַמִּשְׁפָּטִים

אֲשֶׁר צִוִּיתָ, אֶת-מֹשֶׁה עַבְדֶּךָ

듭 강조된다. 그렇다면 '우리'라는 1인칭 복수형의 반복은 무엇을 강조하는 것일까? 6절에서 '우리'라는 1인칭 복수형이 '저와 저의 아버지의 집'과 함께 병행을 이루고 있음은 현 상황의 문제 해결을 위한 첫 단추가 바로 그 문제의 원인을 자신의 탓으로 돌리는 데 있음을 강조한다. 느헤미야는 과거와 현재의 문제를 분석함에 있어 자기 자신을 그 문제로부터 분리시키지 않는다. 오히려 적극적으로 자신을 그 문제의 원인 속에 포함시킨다. 이와 같은 느헤미야의 '우리'의 기도는 다른 구약 본문들 속에서도 특징적으로 발견된다. 예를 들면, 느헤미야의 '우리'의 기도는 백성들의 죄악상 앞에서 "화로다 나여 망하게 되었도다!"라고 외치며 자신의 부정한 입술을 먼저 탄식했던 이사야의 회개를 연상시킨다(사 6:5). 특히 이사야는 공동체의 회복을 간구하면서 다음과 같이 '우리'라는 표현을 반복하며 자신과 공동체의 문제를 분리시키지 않는다.

> 주께서 기쁘게 공의를 행하는 자와 주의 길에서 주를 기억하는 자를 선대하시거늘 우리가 범죄하므로 주께서 진노하셨사오며 이 현상이 이미 오래 되었사오니 우리가 어찌 구원을 얻을 수 있으리이까 무릇 우리는 다 부정한 자 같아서 우리의 의는 다 더러운 옷 같으며 우리는 다 잎사귀 같이 시들므로 우리의 죄악이 바람 같이 우리를 몰아가나이다(사 64:5-6).

'우리'라는 1인칭 복수형을 통해 공동체의 문제를 자신에게 연결시키는 이런 유형의 기도는 다니엘서에도 등장한다. 다니엘은 다니엘서 9장에서 예레미야를 통해 하나님께서 약속하신 바벨론 유수의 종식과 회복을 고대하며 그날이 속히 도래하기를 간구한다. 그런데 다니엘은 이런 회복의 시대를 고대하면서도 먼저 하나님 앞에 자복하고 탄식하는 기도를 올린다. 그렇다면 왜 다니엘은 바벨론 유수의 종식과 회복을 대망하면서 먼저 회개의 기도를 간구하는 것일까? 다니엘은 이스라엘의 회복을 위한 첫 출발점으로서 회개가 먼저 선행되어야만 함을 인식했기 때문이다. 흥미롭게도 다니엘의 회개기도를 소개하는 다니엘서 9장에 거듭 등장하는 단어가운데 하나가 바로 1인칭 복수형인 '우리'라는 표현이다.

다니엘은 5절에서 '**우리**는 이미 범죄하여', 6절에서 '**우리**가 … 듣지 아니하였나이다', 7절에서 '**우리** 얼굴로 돌아옴이', 8절에서 '**우리**가 주께 범죄하였음이니이다(개역한글)'라고 고백하면서 이스라엘의 타락과 실패의 책임에서 자신을 분리시키지 않는다.

이처럼 '우리'로 대변되는 구약의 회개기도는 한 가지 주목할 만한 아이러니를 드러낸다. 다시 말해 타락과 부패에 깊이 연루된 자들은 오히려 회개하지 않는 반면, 죄악에 심각히 관여하지 않았기 때문에 회개하지 않아도 될 자들이 오히려 처절하게 회개하는 역설적 모습은 실로 아이러니가 아닐 수 없다. 이사야 시대에 죄악에 깊이 연루된 일반 백성들은 회개를 거부하는 반면, 그들보다 상대적으로 범죄에 덜 연루된 이사야는 뼛속 깊이 자신의 죄악을 회개한다. 바벨론 유수의 참상을 불러일으킨 유다 말기의 타락한 이스라엘 백성들은 자신들의 죄를 인정하지 않은 반면, 포로로 끌려와 고난을 당하는 의로운 다니엘은 이스라엘의 실패의 원인을 자신의 탓으로 돌린다. 이런 '우리'의 회개가 갖는 아이러니는 느헤미야의 탄식을 통해 절정에 이른다.

포로귀환 공동체가 겪는 숱한 문제들을 극복하기 위해 느헤미야가 선택한 첫 번째 시도는 무엇인가? 그것은 바로 공동체의 문제를 자신과 분리시키지 않으며 오히려 그 원인을 자신에게 돌리는 것이다. '우리'의 고백을 통해 자신을 그 문제의 원인으로 규정하며 회개하는 느헤미야의 탄식적 고백은 포로귀환 공동체의 분열의 종식을 위한 소중한 해결책으로 제시된다. 과연 포스트 코로나 시대 분열과 반목으로 점철된 한국교회가 나아가야 할 길은 어디인가? 혹시 우리는 비난과 갈등으로 치닫는 한국 사회의 현실 앞에서 교회도 동일하게 남탓만 하며 상대를 향한 비판에만 몰두하고 있지는 않은가? 물론 정당한 비판은 필요하다. 그럼에도 불구하고 문제의 책임에서 자신을 배제시키는 태도만을 고집할 때 그런 비판은 결코 문제의 해결에 도움이 되지 않는다. 오히려 공동체의 문제를 자신의 탓으로 여기며 '우리'라는 1인칭 복수형 주어로 간구했던 느헤미야의 탄식적 고백이 지금 우리에게 너무도 절실하다. 특히 포스트 코로나 시대 첨예한 분열의 갈등으로 몸살을 앓고 있는 한국교회는 더욱이 '우리'의 기도를 회복해야 할 것이다. 끝으로 '우리'의 죄를 탄식하며 절규하는 이 시대의 남은 자들이 분열로 얼룩진 한국사회를 치유함으로써 그 책임과 의무를 감당할 수 있기를 간절히 고대한다.

장세훈
고신대학교 졸업 (B.A.)
총신대학교 신학대학원 졸업 (M.Div.)
The University of Queensland (Ph.D.)
(Visiting Fellow) University of Cambridge
(현) 국제신학대학원대학교 구약학 교수
　　한국복음주의신학회 총무
(저서 및 역서) 『21세기 개혁주의 구약신학』, 『문맥에서 길을 찾다』,
"Is Hezekiah a Success or a Failure?", JSOT 42.1 (2017): 117-135, 『언약신학과 종말론』

누가복음 21장에 나타난 '전염병들에 대한 대처 방안'

장석조

지난 6개월 동안 전 세계가 코로나19로 육체적, 정신적, 사회적 고통 등 총체적 고통을 당했다. 세계적 전염병은 한국교회에도 비대면 예배, 비대면 전도 등 기존의 신앙생활의 변화로 인해 치명적인 상처를 주었다. 이 전염성의 심각함으로 인해 한국교회는 코로나 사태 이후 급격하게 변화된 사회에서 현재 상황을 총체적으로 진단하고 미래의 대처 방안을 확실히 준비해야 한다.

신약에서 '전염병'(λοίμος)은 누가복음(눅 21:11)과 사도행전(행 24:5)에만 사용된다. 이 단어는 누가복음에서 전염병(plague)을 가리키며, 사도행전에서는 전염병과 같은 문제아(troublemaker)를 가리킨다.[1] 유사점이 많은 공관복음서들을 함께 읽으면, '전염병'은 독자적으로 본문의 의미에 영향력을 끼치지 않고 지진이나 기근 등 여러 재앙들과 함께 성전 파괴의 징조들이며[2] 동시에 종말이 시작되는 징조들로 확인된다.[3] 예수님은 제자들이 성전 파괴와 종말의 징조들에 대하여 어떻게 대처해야 하는지 가르치신다.

---

1 Johannes P. Louw & Eugene Albert Nida, *Greek-English Lexicon of the New Testament : Based on Semantic Domains* (New York : United Bible societies, 1996), 173–75.
2 J. Nolland, *Luke 18:35–24:53,* 35C (Dallas: Word, 1993), 992–93.
3 박윤만, 『마가복음 : 길 위의 예수, 그가 전한 복음』 (용인 : 킹덤북스, 2017), 879.

본 글은 누가복음과 사도행전에 나타난 재앙들에 대한 대처 방안을 21세기 오늘날 한국교회에 적용하기 위해 작성되었다.[4]

누가복음에 나타난 재앙들과 대처 방안

누가복음 21장 11절의 '전염병'(λοίμος)은 지진이나 기근과 함께 1세기 예루살렘 성전 파괴의 다양한 징조들에 포함된다. 예수님은 성전 파괴에 관한 제자들의 질문을 기반으로 하여 종교적 미혹, 정치적 미혹, 자연재해의 미혹 등 다양한 주제로 가르치신다.[5] 제자들은 그의 대처 방안을 통해 인자의 재림까지 신실하도록 준비되며(눅 21:25-28) 그 전에 발생할 성전 파괴와 종말론의 무시무시하고 심각한 징조에[6] 바르게 대처할 수 있게 사용된다.

예수님은 지진, 기근, 전염병 등 자연적 재해(눅 21:9-11)를 성전 파괴의 첫 징조로 내세우지 않으셨다. 그러므로 전염병이 포함된 자연재해는 성전 파괴의 징조들로 언급된 다른 징조들과 함께 연구될 필요가 있고 그 징조들에 대한 대처 방안도 함께 살펴볼 필요가 있다.

예수님이 제자들에게 1세기 성전 파괴의 때에 대한 첫 징조로 내세우신 것은 예수님의 이름으로 오는 많은 이들, 즉 거짓 선지자들(눅 21:8; 막 13:6)이다. 그 첫 징조에 대한 대처 방안은 '조심하다,' '미혹하다,' '따르다' 등 세 개의 동사로 제시된다. 예수님은 사역 초기부터 제자들이 거짓 선지자들에 의해 미혹당하지 않도록 조심하고 그들을 따르지 않아야 한다(눅 6:26)고 가르치셨다. 거짓 선지자들은 예수님의 이름으로 오지만,

---

4   김영호, "사도행전-요한계시록의 전염병", 안명준 외, 『전염병과 마주한 기독교』 (서울: 다함, 2020), 110-11.

5   Robert H. Gundry, *Mark : A Commentary on His Apology for the Cross* (Grand Rapids, Mich.: W.B. Eerdmans, 1993), 737-38.

6   K. A. Kuhn, *The Kingdom acccording to Luke and Acts* (Eugene, Oregon: Wipf & Stock, 2015), 120-21, 234-35.

하나님을 경배하지 못하도록 미혹하는 일을 하기 때문이다. 종교 지도 자들에 대한 분별력은 구약에서도 매우 중요한 사항이다(신 4:19; 13:1- 6). 제자들은 그런 거짓 선지자들의 뒤를 따라가지 말아야 한다(눅 21:8). 그러기 위해서 그들은 예수님이 능력을 행하시고 하나님의 말씀을 가르 치며 하나님을 완전히 계시하시는 참선지자이고, 특히 속죄와 새 언약 을 위해 고난받고 죽으시고 부활하신 참그리스도이심을 확실히 알고 있 어야 한다(눅 4:24; 7:16; 7:39; 13:33; 22:19-20; 24:19; 행 2:22-42; 3:13-26). 이 것은 바로 교회가 기독론적 복음에 근거하여 정체성을 확립할 것을 함 의한다.

성전 파괴의 첫째 징조가 거짓 선지자들의 미혹, 즉 종교적 재해라 면, 둘째 징조는 전쟁의 소란 등 정치적 재해로써 첫 징조와 함께 인위 적 재해(막 13:7a; 눅 21:9a)에 포함된다. 예수님은 성전 파괴의 둘째 징조 를 가르치신 후 제자들에게 '두려워 말라'(눅 21:9b)고 대처 방안을 제시 하셨다. 여기 사용된 '두려워하다'(πτέομαι)는 마가복음(막 13:7)의 '두려워 하다'(θροέομαι)와 달리, 출애굽하는 이스라엘 백성이 보인 하나님에 대 한 태도(출 19:16)와 가나안 족속에 대한 태도(신 31:6)를 명시한다. 이 단 어는 부활하신 예수님에 대한 반응(눅 24:37)에서 다시 사용된다. 성전 파괴는 이스라엘의 중심부까지 멸망하는 것을 가리킨다. 국가와 성전 이 멸망하는 심각한 순간에도 제자들이 어떻게 두려워하지 않을 수 있 겠까?

예수님은 이 무시무시한 멸망과 심판의 사건에도 두려워하지 않을 이 유를 제시한다(눅 21:9c). 이 무서운 종말론적 사건들도 하나님의 절대주 권 아래 발생해야 할 것이기 때문이다(단 2:28, 45). 그 무서운 사건들보다 더 크신 하나님만 두려워하는 믿음의 제자들은 세상의 인위적 재앙을 무 서워하지 않고 담대하게 대처할 수 있다(눅 8:50; 12:4).

지금까지 살펴본 대로, 1세기 성전 파괴의 첫 두 징조는 인위적 재해들이다. 예수님은 그 각각의 징조에 대한 대처 방안을 제시하신 후 이어서 성전 파괴 징조의 둘째 부분을 가르치신다. 성전 파괴의 둘째 부분도 징조들과 대처 방안을 제시한다. 셋째 징조는 정치 군사적 인재(눅 21:10)이고, 넷째 징조는 지진과 기근과 전염병 등 자연적 재해(눅 21:11)이다. 예수님은 무시무시한 자연적 재해가 있기 전에 다섯째 징조, 외부로부터의 박해가 있을 것이라 가르치셨다(눅 21:12-13). 특히 다섯째 징조는 대처 방안(눅 21:14-15)으로 이어졌다.

성전 파괴의 첫 두 징조가 인위적 재해이고 그에 대한 대처 방안이 '두려워 말라'는 부정적 권면으로 구성되었다면, 그 후 세 개의 징조는 인재로 둘러쌓인 자연적 재해이고 이에 대한 대처 방안은 다양한 긍정적 권면으로 구성되었다. 세계적인 자연재해가 징조들로 나타나기 전에 종교적 박해가 있을 것이다. 성전 파괴의 직접적 징조는 박해가 될 것이기에 예수님은 그 박해에서 증언의 기회를 획득하게 될 것을 가르치신다. 예수님은 바로 이 박해가 복음의 증거로 귀결되는 반전이 있을 것임을 가르치시는 것이다.

그러므로 이 말씀을 들은 제자들은 마음에 결심해야 한다. 복음을 변증하기 위해 미리 연구하지 않으리라 결심해야 한다. 긍정적으로 복음 전파의 기회이다. 왜냐하면 주님이 복음을 변증할 수 있는 입과 지혜를 주실 것이기 때문이다. 모든 대적들은 제자들의 복음적 변증에 대항하거나 변박할 수 없을 것이다(눅 21:15). 실제로 제자들은 성령의 능력과 지혜로 박해 가운데서도 복음을 전하는 것을 중단하지 않았다(행 1:8; 2:22-41; 4:32-6:7; 6:8-9:31; 12:1-24; 13:16-52 등). 외적 박해로 인해 야고보가 순교를 당하고 사도 베드로도 죽음의 위기에 놓였을 때, 교회는 사도 베드로가 복음의 말씀을 담대하게 증거할 수 있도록 기도에 힘썼고(행 4:24-29; 12:5, 12), 사도 베드로는 하나님의 도움으로 출옥한 후에도 피신하지 않고 성령에 의해 주어지는 말씀으로 복음을 전파하는 사명의 기회를 놓치지 않았다.

지진과 기근과 전염병 등 넷째 징조들(눅 21:11) 중에서 특히 기근은 다른 복음서들과 비교할 때 누가복음에 더 많이 언급되고(눅 4:25; 15:14, 17) 사도행전에도 언급되고 있다(행 7:11; 11:28). 예수님은 하나님의 나라를 회복하는 복음 사역에서 기근으로 고통하는 자들에 관심을 두셨고, 안디옥교회도 예루살렘교회가 기근으로 고통당할 때 힘을 다하여 물질적 교제를 나누었다(행 11:29-30; 12:25). 이와 같은 교제는 말씀과 기도와 함께 예루살렘교회의 정체성(행 2:42)에서 중요한 역할을 했고 비록 내부적 문제도 발생했지만(행 5:1-11), 문제를 해결하고 정체성을 회복하는 자정 능력을 보여주었다(행 2:42-47; 4:32-37; 5:12-16).

다섯째 징조가 제자들이 외부로부터 받는 박해라면, 여섯째 징조는 제자들이 내부로부터 배반당하는 것이다. 외부의 박해보다 더 힘든 것은 제자들이 가족과 친지 등 내부 구성원에 의해 넘겨질 것이고 죽임을 당할 것이고, 미움을 받는 것이다(눅 21:16-17). 외적 박해도 복음을 증거하는 반전의 계기가 될 것이라고 위로하셨듯이, 내적 배반도 제자들을 결코 상하게 하지 않을 것이라고 위로하셨다(눅 21:18).[7] 그렇다면 바로 이 극한 어려움 속에서 제자들은 내부의 배신 속에서 인내로 영혼의 구원을 획득해 내야 한다(눅 21:19). 여기서 인내는 야고보가 순교의 지경까지 인내한 것을 함의한다(행 12:1-4).

오늘날의 적용

누가복음 21장에서 예수님은 성전 파괴의 징조들을 단지 이스라엘의 멸망에 적용하지 않고 그것을 기반으로 세계의 종말에 관한 가르침으로 확대하여 가르치셨다. 2019년 12월 30일 발생한 코로나바이러스 첫 감염

---

7 Kuhn, *The Kingdom acccording to Luke and Acts*, 234-35.

은 중국에 머물지 않고 6개월이 되었는데도 전 세계로 확산되어 멈출 생각을 하지 않고 있다. 가장 안타까운 것은 코로나19가 감염되는 구심점으로 자주 교회가 언급된 것이다. 교회가 없었다면 감염의 확산도 없었을 것이라는 맹렬한 비난이 일어나고 있다. 교회는 과연 자정 능력을 회복할 수 있을까? 우리는 누가복음 21장을 묵상하면서 전염병 등 무서운 재앙들과 그에 대한 교회의 대처 방안을 오늘날 한국교회와 세계의 모든 교회에 적용할 수 있다.

첫째, 교회는 무시무시한 재앙들을 당할 때도 교회의 복음적 정체성에서 흔들림이 없어야 한다. 예수님은 사역 초기의 가르침(눅 6:26)이나 사역을 마칠 때 가르침에서(눅 21:8) 거짓 선지자들에 의해 미혹당하지 않도록 조심시키시고 참선지자와 참그리스도를 분별하는 기준을 가장 먼저 가르치셨다. 오늘날 많은 교회의 지도자들이 예수님의 이름으로 사역하지만, 예수님의 행하심과 가르치심을 복음적으로 온전하게 이해하고 사역하는 분들이 많지 않다. 이미 언급한 대로 누가복음 21장은 예수님이 시작하신 모든 복음 사역을 마무리하는 가르침이다(눅 4:24; 7:16; 7:39; 13:33; 22:19-20; 24:19; 행 2:22-42; 3:13-26). 코로나로 인해 비대면 예배를 드리는 시간이 많아지며 교회의 정체성이 흔들리고 있다. 하지만 비대면 예배는 목회자의 설교가 장기간 보존되는 장점도 있다. 그러므로 교회는 기독론적 복음에 근거하여 복음적 설교로 교회의 정체성을 확립하는 기회로 삼아야 할 것이다.

둘째, 교회는 전쟁의 소란 등 정치적 재해(막 13:7a; 눅 21:9a)에 대하여 두려워하지 말아야 한다(눅 21:9b). 출애굽하는 이스라엘 백성이 하나님을 향해 가졌던 태도(출 19:16)를 견지한다면, 가나안 족속과 같은 세상을 향한 두려움이 있을 수 없다(신 31:6). 오히려 하나님 앞에서 범죄한 것에 대해서는 회개의 태도를 가지고(눅 10:13; 11:32; 13:3, 5; 15:7; 행 2:38; 3:19) 세상의 인위적 재앙을 무서워하지 않고 담대해야 한다(눅 8:50; 12:4).

셋째, 교회는 지진과 기근과 전염병 등 자연적 재해(눅 21:11)나 외부로부터의 박해(눅 21:12-13)에 처한 상황을 복음을 증거하는 계기로 삼아야 한다. 교회가 코로나19 감염의 온상으로까지 수치를 당하는 것을 고려할 때 이것은 쉽지 않을 것이다. 그러므로 교회는 먼저 내부의 문제를 해결하는(행 5:1-11) 자정(自淨) 능력을 회복하고 세상의 소금과 빛이 될 수 있어야 한다. 바로 그것을 위해 주님이 복음을 변증할 수 있는 입과 지혜를 주시도록 말씀과 기도에 힘쓰며 교회의 정체성을 확립해야 한다(행 4:24-29; 12:5, 12).

넷째, 교회는 기근과 전염병(눅 21:11)에 고통하는 사람들에 물질적 교제를 나누어야 한다. 특히 교회의 구제와 봉사는 지역교회의 내부 구성원들(행 2:42-47; 4:32-37; 5:12-16) 뿐만 아니라 다른 지역교회의 구성원들에게까지 확대해야 한다(행 11:29-30; 12:25). 특히 재정 능력이 있는 교회는 월세로 허덕이는 개척교회를 도와야 하고, 특히 노회나 총회 차원에서 개척교회의 사역자 생존과 생활을 지원해야 한다. 이것이 건강하고 선한 영향력을 끼칠 수 있는 성경적 교회의 모습이다.

다섯째, 교회는 외부로부터 받는 박해도 받지만, 내부로부터 배반을 당하기도 한다(눅 21:16-17). 교회는 좋은 땅과 같은 신실한 제자를 양육하는 데 집중해야 한다(눅 8:15). 그들은 외적 박해나 내적 배반에도 상하지 않고 견뎌 낼 수 있는 인내의 면역력으로 충전될 수 있기 때문이다(눅 21:19).

마지막으로 본 글은 누가복음 21장의 가르침을 중심으로 다양한 재앙들과 그에 대한 적절한 대처 방안을 살펴보고 오늘날의 교회에 적용했다. 한마디로 요약하면, 어떠한 상황에서도 교회는 사도행전 2장 42절에 요약된 교회의 정체성을 확립하는 데 집중해야 한다. 교회의 정체성 회복은 상실한 교회의 자정 능력을 회복하는 유일하고 가장 효과있는 방안이다. 특히 지역교회들이 개교회적 폐쇄성에서 벗어나서 시찰교회들, 노회교회들, 총회교회들, 타교단교회들, 더 나아가 믿지 않는 세상을 향해 열린 사랑으로 다가갈 수 있어야 한다.

장석조
총신대학교(B.A.)
총신대학교 신학대학원 (M.Div., Th.M.)
National and Kapodistrian University of Athens (Ph.D.)
(현) 서울성경신학대학원대학교 신약학 교수
　　　성경과신학연구소장
(저서 및 역서)『신약성경헬라어』, 『사도행전』, 『성경신학적 신약개론』

바울과 코로나 시대의 한국교회의 과제

김의창

2020년 상반기는 한마디로, 전 세계가 경험하지 못한 코로나 바이러스 팬데믹의 시대로 요약할 수 있다. 2020년 2월 11일에 세계보건기구가 코로나19라고 공식 명칭을 정한 신종 코로나바이러스감염병은 전 세계 곳곳에서 많은 피해를 입혔고, 그 영향력은 비단 의학계뿐만 아니라, 사회, 문화, 경제, 교육, 종교계에 막대한 영향력을 끼쳤다. 코로나바이러스19는 전 세계가 경험하고 있다는 점에서 팬데믹(범유행, pandemic)일 뿐만 아니라, 사회 전반에 걸쳐서 영향력을 끼친다는 점에서도 팬데믹이라고 할 수 있다. 국가 간 교류가 제한되고, 사회 속에서는 사회적 거리두기나 생활 속 거리두기가 실천되며, 교육에서는 비대면 교육이 시행되고, 교회에서는 온라인예배를 드리게 되었다.

이런 비상사태가 언제까지 계속될지 불투명한 가운데에서, 교회는 단지 코로나바이러스19가 종식되거나 바이러스 백신이 개발되기 만을 기다릴 수는 없다. 왜냐하면 전문가들은 코로나바이러스19가 어느 정도 통제된다고 하더라도 코로나바이러스19 이전 시대, 곧 pre-코로나19의 시대는 오지 않을 것이라고 입을 모아 예상하기 때문이다. 따라서 교회는 변화된 지금의 코로나바이러스19의 상황에 적절하게 대처할 뿐만 아니라, 장차 다가올 코로나바이러스19이후 시대(post-코로나19)의 상황을 바르게 예상하며 미래를 준비해야 할 것이다.

교회는 종교기관이지만 그 자체의 정체성은 단지 종교 분야에 한정되어 있지 않고, 사회 가운데에서 감당해야 하는 여러 역할을 내포하고 있다(마 5:13-16). 교회가 감당해야 할 여러 가지 사명 가운데에서, 사회의 소외된 사람들에 대한 교회의 책임을 바울의 교훈을 중심으로 살펴보고자 하고, 이를 통해서 현재 코로나바이러스19 시대의 한국교회에 대한 제언을 얻고자 한다.

초대교회의 배경

바울이 사역했던 1세기의 지중해 연안의 도시들은 비록 팍스 로마나(Pax Romana)의 풍요로움 가운데 있었지만, 모든 사람들이 제국의 풍성함을 누릴 수 있었던 것은 아니고, 어디에나 가난하고 도움을 필요로 하는 자들이 있었다. 당시 대도시의 삶의 질은 대단한 부자를 제외하고는 모든 사람에게는 거칠고 힘들었다. 경찰력의 부재로 사람들은 좀도둑과 강도들로부터 자신의 몸을 스스로 지켜야 했다. 또한 집주인은 자기가 투자한 재산에 대한 이익을 챙기기에만 혈안이 되어 있었고, 그리하여 보통 사람들은 대개는 초라하게 지어지고 유지 보수도 엉망인 큰 공동주택에서 살았다.

또한 도시의 인구 과잉으로 도시 골목에는 쓰레기와 오물이 넘쳐났다. 로마 제국의 대도시들에는 고대 세계의 잘 발달된 하수 처리 시설이 있었지만 대부분의 가정에는 정화조 시설이 부재했다. 이런 구조는 보건 문제와 위생 문제를 위협했다. 당시의 인구조사 목록을 보면 로마에는 14,000채가 넘는 공동주택이 있었으며, 이것과 비교해 볼 때 단독주택은 불과 1,000채 가량밖에 없었다.[1]

---

1 Albert A. Bell, Jr., *Exploring the New Testament World: An Illustrated Guide to the World of Jesus and the First Christians* (Nashville, TN: Nelson, 1998), 오광만 옮김, 『신약 시대의 사회와 문화』(서울: 생명의말씀사, 2016), 365-72.

이 가운데에서 도시의 대부분의 사람들이 경제적으로 어렵게 살아갔으며, 그보다 더 많은 사람들이 그보다 못한 바닥 생활을 했다. 최근의 연구에 따르면 그레코-로만 세계의 도시의 경제구조 가운데에서 경제적으로 여유 있는 상류 계층은(elites and moderate surplus wealth) 전체 인구의 20%에 지나지 않았고, 안정적인 중산층은(stable level) 25%였다. 30%의 인구는 겨우 목숨을 연명하는 수준이었고(subsistence level), 그것보다 못한 인구가(below subsistence level) 전체의 25%였는데, 이들은 고아와 과부, 거지, 장애인, 죄수와 일일 노동자와 같은 이들이다고 한다.[2]

이런 상황 가운데에서 몇몇 학자들은 바울과 그가 전한 복음은 그가 살던 세계에 만연한 이런 가난에 대해서 관심이 없었다고 추측해 왔다. 그 이유는 두 가지로 설명할 수 있다.

첫 번째는 바울의 복음은 사람들의 마음을 북돋아서 하나님의 의롭고 영원한 통치의 영광을 나타내는 하나님의 긍휼에 반응하는 데에 더 관심이 있었기 때문이고, 두번째 이유는 바울과 초대교회 성도들은 예수가 언젠가 다시 오시라고 기대하는 종말론적 관점을 지니고 있었기 때문에 주위의 가난에 대하여 관심을 덜 가지고 있었다는 것이다.[3] 그러나 바울의 서신서들 가운데에서 '연보'에 대한 바울의 관심에 비추어 보아서 생각할 때에, 이런 주장들은 설득력이 떨어진다고 할 수 있다.

당시 예루살렘교회는 그 가운데 과부들을(행 6:1-7)과 같은 도움을 필요로 하는 사람들이 많았고, 특별히 기근으로 인하여서(행 11:27-30) 경제적인 어려움을 겪고 있었다. 바울은 자신의 서신서들에서 이런 예루살렘교

---

2 N. T. Wright and Michael F. Bird, *The New Testament in Its World: An Introduction to the History, Literature, and Theology of the First Christians* (Nashville, TN: Zondervan, 2020).
3 Bruce W. Longenecker and Todd D. Still, *Thinking through Paul* (Nashville, TN: Zondervan, 2014), 박규태 옮김, 『바울 – 그의 생애, 서신, 신학』 (서울: 성서유니온, 2019), 664-65. 연보에 대한 바울의 목적에 대한 더 자세한 논의를 위해서는 다음을 참조하시오. "Collection for Saints", in *Dictionary of Paul and His Letters*, eds, Gerald F. Hawthorne, Ralph P. Marth, Daniel G, Reid (Downer Grove, IL: IVP, 1993), 143-47.

회를 위해서 경제적인 도움을 줄 것을 요청하고 있다. 한글성경에서 '연보'라고 번역된 헬라어 단어는 하나가 아니라 여러 가지를 가리키고 있다. 바울은 '교제'(롬 15:26), '봉사'(롬 15:25, 31; 고후 8:20; 9:1, 12, 13), '선물/은혜'(고전 16:3; 고후 8:6, 7, 19), '관대한 선물'(고후 9:5), '헌금'(고전 16:1), '풍성함'(고후 8:20), '봉사의 직무(고후 9:12) 등 다양한 표현을 사용하고 있다 (심지어 고후 8:4에서는 바울은 세 가지 표현을 한꺼번에 사용하고 있다: "이 은혜와 성도 섬기는 일에 참여함에 대하여 우리에게 간절히 구하니"). 바울이 이야기하는 '연보'는 비단 우리가 이해하는 '헌금'에 한정되지 않지만, 경제적인 의미를 강하게 내포하고 있음을 알 수 있다.[4]

바울에게 있어서 복음에 대한 초대교회 성도들의 반응도 중요하였고, 재림을 기다리는 그들의 종말론적인 관점도 중요하였지만, 그러한 반응과 관점이 바르게 나타나는 것은 바로 다른 사람들을 향한 돌봄과 배려의 자세였고, 그것은 바울의 연보에 대한 관심을 통해서 잘 나타난다.

연보에 대한 바울의 관심

연보에 대한 바울의 관심은 특히 로마서 15장 25-33절, 고린도전서 16장 1-4절, 고린도후서 8-9장, 갈라디아서 2장 10절 등에 기록되어 있다. 바울에게 있어서 특별히 (예루살렘에 있는) 다른 교회에 대한 연보가 중요하였던 것은 자신의 사도직의 정당성을 증명하기 위해서만은 아니었다(참조. 롬 15:30-31).

성도와 교회가 감당하는 연보는 바울이 전하였던 복음과 직접적인 연관성을 가지고 있다. 바울은 연보에 관하여 복음을 듣고 믿고 따르는 모든 성도들이 마땅히 감당해야 하는 '직무'(코이노니아)이자(롬 15:25, 31; 고후 8:20; 9:1, 12, 13), '그리스도의 복음을 진실히 믿고 복종하는 것'과 매한가

---

4 Longenecker and Still, 『바울』, 669.

지라고(고후9:13) 이야기했다.

다시 말하면, 다른 사람을 섬기고, 다른 형제를 위해서 사랑으로 종 노릇하는 것은, 복음을 믿고 따르는 성도들이 보여주는 '그리스도 예수 안에서 사랑으로써 역사하는 믿음'의 모습이었고(갈 5:6), '사랑의 진실함을 증명'하는 것이다(고후 8:8).

바울이 연보를 거두는 일에 동참한 초대교회 성도들은 풍족한 환경 가운데에서 베풀었던 것이 아니었다. 고린도후서 8-9장에서 바울은 고린도 성도들에게 마게도냐교회들의 경우를 모범으로 제시한다. 마게도냐교회들의 성도들은 '환난의 많은 시련 가운데에서…극심한 가난' 가운데에서 '힘에 지나도록 자원하여' '풍성한 연보를 넘치도록' 감당했다(고후 8:2-3).

바울은 그러한 마게도냐교회들의 모습은 믿는 자들을 '부요케 하기 위해서 가난하게 되신' 주 예수 그리스도의 '은혜'에(고후 8:9) 반응하는 믿는 자들의 '은혜'를(고후 8:1, 4, 6, 7) 나타내는 것이라고 했다. 이런 맥락에서 교회들이 연보를 통해서 표현하는 '은혜'는 '하나님께서 허락하신, 인간적인 관대한 마음'[5] 이라고 할 수 있다. 또한 '보이지 않는 은혜에 대해 반응하는 보이는 증거'[6]라고도 할 수 있다.

또한 연보와 구제에 대한 바울의 관심은 그의 종말론적 관심과 매우 밀접하게 연관되어 있다. 고린도전서 15장에서 바울은 장차 주님의 재림 때에 모든 믿는 자들의 몸의 부활에 대해서 설명한다. 그리고 고린도전서 15장 58절에서 이 교훈을 들은 성도들에게 '그러므로 내 사랑하는 형제들아 견실하며 흔들리지 말고 항상 주의 일에 더욱 힘쓰는 자들이 되라'라고 권유한다.

---

5   N. A. Dahl, "Paul and Possessions", in *Studies in Paul* (Minneapolis: Augsburg, 1977), 31
6   Anthony C. Thiselton, *1 Corinthians: A Shorter Exegetical & Pastoral Commentary* (Grand Rapids, MI: Eerdmans, 2006) 권연경 옮김, 『고린도전서: 해석학적 & 목회적으로 바라본 실용적 주석』 (서울: SFC, 2011), 522.

그러면서 곧바로 16장에서 연보에 대한 이야기를 시작한다. '성도를 위하는 연보에 관하여는 내가 갈라디아 교회들에게 명한 것 같이 너희도 그렇게 하라'(고전 16:1). 연보에 대한 바울의 설명은 '몸의 부활'에 대한 이야기로부터 자연스럽게 독자들을 공적인 세계에서의 그리스도인들 간의 책임과 행동으로 이끈다.[7] 마찬가지로, 고린도후서 8-9장에서 바울은 고린도 성도들에게 하나님이 펼쳐 보이신 묵시 이야기 속에서 그들이 차지하는 위치와 예수가 자신을 내어주신 이야기 안에서 그들이 차지하는 위치를 다시 알려줌으로써 이들이 연보에 참여할 마음을 갖게 하려고 노력한다.[8]

한국교회에 대한 제언

바울은 가난한 자들을 기억하고 그들을 배려하는 일이 그가 세운 교회 공동체의 세상을 향한 정체성의 표현 방법이자, 세상을 향한 복음 선포와 긴밀한 연관이 있다고 보았다. 가난한 이들을 돌보는 것은 종말의 시대를 살고 있는 성도들이, 주님이 다시 오시기 전까지 당연히 감당해야 하는 역할이고 의무이다.

코로나바이러스19의 위기 상황 가운데에서 한국교회는 다시금 교회의 본질적인 정체성과 의무를 기억하고 회복해야 할 것이다. 대면으로 모일 수 없는 상황 가운데에서 예배 방식의 변화나 온라인 친교 프로그램의 개발, 혹은 헌금의 감소 문제도 해결해야 하는 중요한 문제이겠지만, 무엇보다 사회 가운데에서 교회의 역할을 잊지 않아야 할 것이다. 바울이 초대교회에 권유 하였듯이, 한국교회는 교회 안과 밖의 소외 받는 이웃들을 살피고 돌볼 수 있어야 한다.

---

7 Longenecker and Still, 『바울』, 667.
8 Longenecker and Still, 『바울』, 672.

국가 간에 자국중심주의가 대두되고, 사회 가운데에서 자기중심주의가 만연한 때에, 교회는 이러한 이타주의적인 본 기능과 모습을 회복해야 한다. 그것이 예수 그리스도의 복음에 대한 바른 반응이자, 주님의 재림을 기다리는 종말론적 관점을 가지고 삶을 영위하는 교회의 모습일 것이다.

김의창
서울대학교 영어영문과(B.A.)
Westminster Theological Seminary (M.Div.)
Gordon-Conwell Theological Seminary (Th.M.)
University of St. Andrews (Ph.D.)
(현) 횃불트리니티신학대학원대학교 신약학 교수
　　장로교회와 신학 편집위원, 한국복음주의신학회 부서기
(저서) *The Fear of God in 2 Corinthians 7:1: Its Meaning,
　　Function, and Eschatological Context*

PART 02

—

코로나19 · 뉴노멀 · 언택트 시대
신학과 교회

코로나 이후
주님의 '샬롬' 안에서의 통전적 회복

노영상

코로나19로 모든 것들이 얼어붙었다. 경제는 이전 IMF 때보다 더 어려울 것이라는 예측이 많다. 도쿄 올림픽도 내년으로 연기되었다. 문화행사를 비롯한 모든 모임들이 줄이어 취소되고 있다. 지구 위의 모든 생명체들이 이번 감염병으로 인해 움츠리고 있으며, 그 기간이 얼마나 갈지 몰라 두려워하고 있는 중이다. 인간은 달에 우주선을 발사할 만큼 그힘이 커졌지만, 작은 바이러스의 공격을 막지 못해 어쩔 줄 몰라 하는 상황이 되었다.

정말 하나님의 은총이 필요한 때이다. 인간 능력의 한계선상에 서서 우리는 주님께 기도드리게 된다. 대한예수교장로회 총회(통합)는 내년도의 주제를 '주여! 이제 회복하게 하소서.'로 정했다. 본래 창조의 아름다운 모습으로, 아니 종말의 완성된 창조물의 모습으로 우리들이 새로워지기를 바라는 주제다.

오늘 우리 인간을 위시한 지구의 생명체들은 예전에 겪어 보지 못한 심각한 위기 속에 빠져있다. 인구증가와 기아의 문제, 핵전쟁의 위기, 기후변화, 인수공통감염병, 가정의 붕괴, 경제 양극화, 자원의 고갈 등의 문제로 우리 인류가 더 존속할 수 있을까 하는 염려를 하는 때가 되었다. 과학의 발전은 우리 인류에게 편리함은 주었지만, 그로 인해 우리가 알지 못하는 위험들에 더 노출되어 있는 실정이다.

코로나19의 도래, 그 위기에 대한 분석

오늘의 코로나19는 지난 동안의 대면 사회를 비대면 사회로 급격히 바꾸어 놓았다. 신체의 접촉과 근거리에서의 대화나 생활이 전염의 원인이 될 수 있어, 우리는 서로에게서 분리되어 사는 사회를 새롭게 경험하고 있다. 그렇지 않아도 인간 사이의 관계가 점점 멀어져 고독해지는 현대사회에서 오늘의 전염병은 인간들의 사이를 더욱 벌려 놓게 했다.

이제 교회는 마음 놓고 예배도 드리지 못하고 자유롭게 회집도 못하는 시대를 맞게 되었다. 전염이 무서워 악수나 대화도 마음대로 할 수 없게 된 것이다. 백신이나 치료제도 개발되지 않아 병이 들면 극심한 공포에 처하게 되었으며, 세계의 수많은 사람들이 죽어가는 비참함을 보게 되었다.

우리는 이러한 전염병의 원인에 대해 다시 한 번 생각해 보게 된다. 일단은 코로나바이러스가 원인이다. 이 바이러스는 인간과 동물을 오가며 변형된 질병으로 일종의 인수감염병이다. 동물을 매개로 하여 발생한 전염병으로 작금의 동물들의 면역력 저하가 이런 병들의 원인이었음을 짐작해 보게 된다. 인간은 지난 세월 자연과 식물을 위시한 동물들의 생명력을 상당히 짓밟아 왔으며, 이에 역으로 자연의 공격을 받게 된 것이다.

이런 인수전염병의 팬데믹 현상은 오늘 우리 인간 삶의 스타일과 욕심에 원인이 있는 것으로, 우리의 삶의 태도가 바뀌지 않는 한 이런 문제는 해소되지 않을 것이 분명하다. 오늘날의 인수공통감염병의 창궐은 지구온난화에 의거한 기후변화와도 깊은 연관이 있다. 인간의 잘못된 삶의 스타일과 욕심은 화석연료를 과도하게 사용케 하였으며 이로 인한 온실효과로 인해 지구 기온의 상승을 야기한 것으로, 인간의 정신과 마음이 변치 않고는 행복한 나라를 마주하지 못할 것이다. 곧 오늘 우리가 직면한 문제는 육체적 질병의 문제에만 착목하여서는 극복될 수 없는 것으로, 정신적이고 영적인 문제들과도 상관되는 것임을 인지할 필요가 있다.

조선의 명의 허준은 그의 책 『신찬벽온방』에서 온역, 곧 치명적인 전염병의 원인 네 가지로 설명한다. 자연의 운기의 변화, 청결하지 못한 환경, 그리고 청렴하지 못한 정치, 위로받지 못한 영혼이다. 자연의 변화에 따른 흉년과 기근, 위생의 문제, 정치적인 불안과 부패, 그리고 귀신에 원인이 있는 영적인 문제로 분석한 것이다.[1] 이러한 허준의 분석은 다음에서 보는 성경의 분석에 상응하는 것으로, 우리는 전염병의 원인과 대처를 눈에 보이는 것만으로만 파악하려 해서는 안 될 것이다.

세계의 거의 모든 나라들이 코로나19로 몸살을 앓고 있다. 방역의 불충분, 의료체제의 미비, 경제적 곤란함, 정치적인 미숙한 대처, 시민의식과 윤리의식의 부재 등 다양한 문제들이 그 원인으로 나타났다. 이와 같이 오늘날 코로나19의 세계적 대유행은 지협적인 의료 문제만이 아니며, 인류의 다차원적 삶의 부조화에 따른 것임을 우리는 알게 된다.

작금의 전염병의 대유행은 개인의 삶의 스타일과 정치사회적이며, 윤리적이며, 철학적이며, 정신적이고, 영적인 문제들과 깊은 연관이 있다. 얼핏 보면 육체적이며 의료적인 문제인 것 같이 보이지만, 그 원인을 깊숙이 고찰할수록 우리는 그것의 문제가 내면적이고 근원적인 것에 있음을 파악하게 되는 것이다.

주님의 샬롬 안에서 코로나19로부터의 통전적 회복

이런 위기는 우리에게 아무 원인 없이 온 것이 아니다. 인간의 타락으로 하나님과의 관계가 깨지고, 인간과 인간, 인간과 자아, 인간과 자연,

---

1 https://newsis.com/view/?id=NISX20200511_0001020643&cID=10701&pID=10700.

국가와 국가 등의 모든 관계의 파괴로 인하여 오늘과 같은 난국을 맞게 된 것이다. 그러므로 주님이 주신 샬롬의 모습이 오늘과 같이 일그러져 우리 앞에 흉물로 다가오게 된 것이다. 이에 오늘날의 팬데믹에 대한 대처는 의료상의 대처만으로는 충분하지 않다. 곧 영적이며 윤리적이고, 정치적이며 경제적인 다각적 문제들과 연관되어 있음을 이해해야 할 것이다. 우리 인류를 괴롭혀 왔던 수많은 전염병들은 인간의 다차원적인 문제와 상호 연관된 것으로, 어느 한 부분만의 회복을 통해 극복될 사안이 아니다. 이에 코로나19에 대한 대처는 전방위적으로 제반 관계에 있어서의 온전함을 지향해야 하는 것으로, 오늘의 우리 상황에 대한 대처는 성경이 강조하는 '샬롬'을 전체적으로 회복하는 것과 연결되어 있다. 이제 우리는 전방위적 관계의 온전함을 이루어 이 같은 위기들을 타개해 나갈 필요가 있다. 성경은 이런 제반 관계에 있어서의 온전함을 히브리어 '샬롬'으로 표현하는데, 우리는 오늘의 상황에서 주님이 주시는 샬롬을 바라보아야 할 것이다.

성경이 말하는 샬롬은 나와 하나님과의 관계, 나와 이웃과의 관계, 나와 자아 사이의 관계, 나와 자연 곧 만물 사이의 관계, 국가와 국가 사이의 관계 등 모든 관계에 있어서의 온전함(wholeness)을 언급한다.[2] '샬롬'은 완전함(completeness), 건전함(soundness), 복지(welfare), 평화(peace), 만족(contentment), 하나님과의 평화, 온전하게 함, 좋게 만듦, 잃어버리고 도적질된 것을 회복함(욜 2:25, 출 21;37), 건강(health)함, 웰빙(wellbeing) 등의 의미로 쓰인다. 이 단어는 시편 73장 3절에서 물질적 번영이란 뜻을 갖으며, 시편 4장 8절에선 육체적 안전과 정서적 평온이란 의미로 사용된다. 그 단어는 휴식, 근심과 걱정에서의 자유, 안전, 신뢰성, 그리고 편안함(ease)이란 의미를 갖기도 한다. 전쟁과 대비되는 공동적 복리, 번영으로 이끄는 법과 질서의 상태라는 뜻도 갖는다. 이사야 43장 7절, 예레

---

2 D. Atkinson, *Peace in Our Time*, 한혜경, 허천회 역, 『평화의 신학』 (서울: 나눔사, 1992), 159.

미야 29장 11절, 14장 13절 등에서 이 단어는 구원을 나타내는 말로도 사용된다. 그것은 개인적 차원을 넘어서는 사회적 정치적 면을 언급하기도 한다. 그것은 공의 곧, 법과 판결의 구체적인 이념들과도 상관되는 말이다. 성경은 궁극적으로 이 '샬롬'이 하나님의 선물이라고 말한다. 이에 있어 예수 그리스도의 선교는 이 '샬롬'의 온전함과 기쁨을 회복하기 위한 것이라고 볼 수 있다(사 9:6).[3]

전염병 대유행의 극복은 육체적 건강의 문제로만 접근하여 해결하려 해선 안 되며, 주님의 전방위적 샬롬을 회복함으로 추구되어야 한다. 건강의 회복, 경제의 회복, 정서와 정신의 회복, 사회적 관계들의 회복, 자연의 회복과 함께 영적인 회복을 위해 전방위적으로 노력할 때 이 같은 어려움을 더욱 속히 극복될 수 있을 것이다.

성경은 샬롬의 회복을 지속적으로 강조한다. 개인이 말씀을 통해 회복될 뿐 아니라, 교회의 회복, 사회의 회복, 더 나아가 온 만물이 주님 안에서 새롭게 될 것을 언급한다. 이에 있어 교회의 회복은 개개 인간의 회복과 만물의 회복을 매개한다. 인간의 회복은 교회를 통해 온 만물에게 전달되는 것인 바, 교회는 그리스도의 몸으로서 만물 안에서 만물을 충만케 하는 충만인 것이다(엡 1:22-23).

이에 있어 이런 다층적 회복의 출발은 하나님 앞에서 인간 회복이다 (롬 8:19-23). 우리 신자의 회개와 회심에 의해 교회가 새롭게 구성되게 되고, 이러한 사회적 유대를 통해 온 사회가 변화되며, 그러한 변화가 주변의 온 만물을 새롭게 하는 것임을 성경은 강조한다. 로마서 8장 19-23절은 다음과 같이 언급한다.

피조물이 고대하는 바는 하나님의 아들들이 나타나는 것이니, 피조물이 허

---

3   John B. Wong, *Christian Wholism: Theological and Ethical Implications in the Postmodern World* (New York: University Press of America, 2002), 13-15.

무한 데 굴복하는 것은 자기 뜻이 아니요 오직 굴복하게 하시는 이로 말미암음이라. 그 바라는 것은 피조물도 썩어짐의 종노릇 한 데서 해방되어 하나님의 자녀들의 영광의 자유에 이르는 것이라. 피조물이 다 이제까지 함께 탄식하며 함께 고통을 겪고 있는 것을 우리가 아느니라. 그뿐 아니라 또한 우리 곧 성령의 처음 익은 열매를 받은 우리까지도 속으로 탄식하여 양자 될 것 곧 우리 몸의 속량을 기다리느니라.

이 말씀에 보면 온 피조물들이 '하나님의 아들들'이 나타날 것을 고대하고 있음을 말한다. 여기서 하나님의 아들'들'이라는 복수를 쓴 것으로 보면, 독생자 예수 그리스도를 말하는 것이라기보다는 하나님의 자녀 된 우리를 가리키는 것으로 보인다. 신자들이 고통 가운데서 해방되는 것과 같이, 온갖 피조물들도 그와 같은 해방을 맞이하게 되는 것을 기다린다는 것이다. 이에 세상의 변화는 믿는 신자로부터 비롯되는 것이며, 그러한 신자를 통해 교회가 갱신되고 사회가 변혁되면, 온 피조물이 새로워지는 것임을 위의 본문은 강조한다.

그 회복은 나로부터 시작하여 우주에까지 이르는 것이며, 영과 정신과 육을 포괄하는 전방위적인 것이다. 샬롬의 평화는 인간과 인간 사이의 바람직하지 않은 관계, 곧 부정의를 제거하여야만 이루어지며, 더 나아가 인간과 자연의 조화로운 관계를 통해 진작된다. 이 같은 인간과 인간, 자연과 자연 사이의 평화는 하나님과 인간 사이의 화해와 화평을 통해서만 성취될 수 있음을 성경은 말한다.

우리가 추구하여야 할 회복은 주님의 샬롬을 이 땅 위에서 성취하는 것으로, 현재 우리가 처해 있는 위기의 본질을 인식하고, 그러한 우리의 상황이 하나님이 바라시는 '샬롬'으로부터 얼마나 거리가 먼 것인가를 파악한 다음, 그 양자 간의 갭을 채우기 위하여 노력하는 데에서 참회복이 진행되리라 생각한다. 우리가 걷고 있는 잘못된 길에서 돌이키는 회개,

이에 따른 교회와 사회의 변혁, 그리고 온 세계와 모든 창조물들이 하나님 앞에서 바른 관계성 속에 놓이게 하려는 노력을 함으로써, 우리는 하나님께서 본래 선포하시며 우리를 위해 베푸신 '샬롬'을 회복하게 된다는 것이다.

그러므로 우리는 이와 같은 오늘의 위기를 이겨내기 위해 뉴노멀의 삶을 창출해야 한다. 방역만을 잘하면 된다는 단선적인 생각으론 이런 위기를 근본적으로 극복할 수 없다. 우리는 작금의 위기에 대처하며 먼저 기도하여야 하며, 인간과의 새로운 교제를 창출해야 하고, 더 나아가 인간과 자연의 온전한 관계 회복을 위해 노력해야 한다. 그 노력은 다차원적인 것으로 영적이며 심리적이고, 윤리적이고 철학적이며, 사회적이며 국제적이고, 경제적이며 정치적이고, 생태적이며 환경적인 것임을 우리는 다시 상기할 필요가 있다.

'샬롬'은 하나님 은혜의 선물

이 같은 샬롬의 회복은 인간의 힘에 의해 이뤄지는 것이 아닌 것으로, 전적인 하나님의 은혜에 기인한다. 사도 바울은 그가 보내었던 서신들에서, '하나님 우리 아버지와 주 예수 그리스도를 좇아 은혜와 평강이 있기를 원하노라'는 인사말을 종종 하곤 했다. 그는 그 평화 곧, '샬롬'이 하나님과 예수 그리스도로부터 비롯되는 것임을 그의 수신자들에게 말했다.

구약의 이스라엘 백성들도 '샬롬'을 하나님이 주시는 선물로 이해했다. '여호와께서 자기 백성에게 힘을 주심이여 여호와께서 자기 백성에게 평강의 복을 주시리로다'(시 29: 11).

오늘과 같은 치명적 전염병으로부터의 진정된 회복은 우리의 힘에서 비롯되는 것이 아니며, 하나님의 능력에 따른 것임을 성경은 언급한다. 하나님만이 이러한 복잡하고 복합적이며 근원적이며 인류의 통제 밖에 있는 오늘의 재앙을 해결하실 수 있다. 그 회복은 전적으로 하나님의 은혜에 의한 것으로서, 성령의 역사하심에 의해 하나님의 말씀에 믿음으로 응답함에 의해서만 가능해진다. 이에 오늘 우리는 다시 하나님의 말씀 앞에 무릎을 꿇어야 한다. 성경을 꼼꼼히 읽으며 배우는 운동이 일어나 주님의 뜻을 말씀으로부터 발견할 때, 그것으로부터 조명을 받아 우리는 우리의 잘못과 불찰을 바라보게 될 것이다. 그러므로 하나님을 향해 돌이키는 회개의 운동은 성경과 근원으로 돌아가는 '아드 폰테스'(Ad Fontes)의 운동이 된다. 우리가 성경을 상고할 때 성령께서 역사하실 것이며, 그것은 우리를 움직여 주님의 말씀을 준행하는 데에 이르게 할 것이라 믿는다(빌 4:9).

이러한 샬롬의 회복은 주님의 말씀 선포(케리그마)와 성령에 의해, 성도의 교제(코이노니아)를 통해, 교육과 양육(레이투르기아)을 통해(디다케), 예배(레이투르기아)를 통해, 이웃에 대한 봉사(디아코니아)를 통해 이뤄지는 것으로 교회는 이런 통전적 사역을 위해 노력할 필요가 있다.

코로나19 시대에 인류는 새로운 국면을 맞이하게 되었다. 이러한 위기 앞에서 우리는 우리의 구각을 벗어 버리고 새 모습으로 단장하여 더 아름다운 인간의 모습으로 재탄생되어야 할 것이다. 오늘의 전염병 사태를 표면적인 시각에서만 극복하려고 하지 말고, 그 근본적이며 영적 원인들을 밝혀 모든 인류가 한 단계 더 고양되는 계기로 삼아야 할 것이라 생각한다.

이 같은 주님의 뜻인 '샬롬'의 회복은 주님의 은혜 안에서 이루어지는 것이나 우리의 그에 대한 응답을 요구한다. 기독교의 평화는 우리가 다다를 수 없는 이상의 세계 속에서만 있는 평화가 아니다. 그것은 미래적인 것임과 동시에 예수 그리스도 안에서 이 땅에 선취된 평화이다. 그러므로 기독교의 평화가 하나님의 선물이며 하나님에 의한 것이라고 해서, 평화에 대한 인간의 책임과 의무를 경감시키지 않는다. 평화는 하나님의 은총의 선물이며 동시에 인간이 추구해야 할 하나의 과제이다(요 20:21). 하나님께서는 우리가 평화를 위해 일할 수 있도록 많은 선물을 부여하신 것으로, '평화는 하나님의 선물이며 하나님 안에 있는 가능성이지만, 그 것은 또한 인간의 책임이기도 한 것이다.'⁴

---

4   Dana W. Wilbanks R. H. Stone, *Presbyterians and Peacemaking* (New York: Advisory Council on Church and Society, 1985), 8.

노영상
서울대학교 농화학과 (B.S.)
장로회신학대학교신학 대학원 (M.Div. Th.M.)
장로회신학대학교 대학원 신학박사 (Th.D.)
(현) 백석대학교 교수, 숭실사이버대학교 이사장
(전) 호남신학대학교 총장, 한국기독교학회 회장, 장로회신학대학교 교수
(저서) 『미래목회와 미래신학』, 『하나님의 세븐 게이트』,
       『기독교생명윤리개론』, 『기독교와 생태학』

코로나 이후의 인간론에 대한 성찰

임종구

　인간은 개인적이든지, 시대적으로든지 극단적인 재난이나 환경의 격변을 만나면 그 영향이 문화와 철학, 생활양식에 흔적으로 반영되었다. 1,2차 세계대전은 히피문화를 낳았고, 여성들의 사회 진출을 촉진시켰다. 가령, 독일에서는 전쟁으로 결원이 된 남성 목사들의 자리를 채우기 위해 여성 사역자들이 설교자로 세워지는 출발점이 되기도 했다. 종교계에도 제2차 바티칸회의와 로잔회의[1]가 각각 열려 전후에 제시된 수많은 질문에 대해 답변을 내놓기도 했다. 교황 레오는 레룸 노바룸(Rerum Novarum)이라는 교서[2]를 내놓았는데, 그것은 산업혁명이 몰고 온 수많은 문제들을 '새로운 사태'로 보았다는 것으로 여기에 인간이 직면한 위기에 대한 로마 가톨릭의 입장이 잘 설명되어 있다.

　아직도 코로나는 한국은 물론 전 세계적으로 맹위를 떨치고 있다. WHO를 비롯한 보건당국에서는 백신을 개발한다든지, 효과적인 방역 지침들을 내놓고 있다만 근본적으로 코로나 사태는 인간의 문제이며 인류가 직면한 문제이다. 코로나는 국경과 인종, 종교, 빈부와 뛰어넘어 우리 시대를 살고 있는 모든 인간이 맞닥트린 재난이다. 그러므로 코로나

1　제2차 바티칸공의회(The Second Vatican Council), 1962–1965. 제1차 세계복음화대회–로잔회의(The First International Congress on World Evangelization: Lausanne Congress), 1974.

2　Heinrich Denzinger, "Enchirdion symbolorum Defintionum et declarationum de rebus fidei et Morum", 하인리히 덴칭거, 『신경, 신앙과 도덕에 관한 규정 · 선언 편람』 (서울:한국천구교중앙협의회, 2017),749–51.

에 대한 다양한 담론들과 대안들, 분석들이 제시될 수 있겠지만 가장 본질은 바로 '인간론'(Anthropology)인 것이다. 산업혁명으로 인간과 기계가 노동시장의 경쟁자로 만나게 될 때 로마 가톨릭은 인간의 정체성을 '호모 라보란스'(Homo Laborans)로 일갈했다. 이번 코로나는 인간의 정체성을 '호모 케리어스'(Homo Carriers)의 측면에서 성찰하게 한다고 생각한다. 인간은 문명의 지배자이자 청지기로 소명을 받았지만 그 권리를 창조원리에 맞게 사용하지 않았을 때, 인간의 지위는 매개자로 전락할 수밖에 없다는 것을 보여주고 있다.

개혁파 신학에서도 인간론의 지위는 신론 다음에 위치되고 있다. 절대타자를 신앙하기 위해 동료 인간을 타자로 이해하는 일은 중요한 신학의 사색 과정으로 받아들여지고 있다. 칼뱅의 전기물을 썼던 에밀 두메르그는 '칼뱅의 인간학은 전적으로 신학이고, 신학은 전적으로 인간학'이라고 말했다.[3] 칼뱅은 주저에서 신지식을 챕터1에, 인간지식을 챕터2에 배치하면서 '참되고 확실한 지혜라 불리기에 합당한 우리 지혜의 모든 총화는 거의 다음 두 부분에 포함된다. 즉 하나님에 대한 지식과 우리 자신에 대한 지식이다'[4] 라고 말하고 있다. 그러므로 신학은 하나님을 알고 우리 자신에 대해 아는 것이라 할 수 있다. 칼뱅의 인간이해에서 그는 인간의 실존을 '병자'라는 측면에서 접근하고 있다. 칼뱅은 인간의 죄를 '병'(maladie)로 보고 죄인을 '병자'로 묘사하고 있다.[5] 물론 칼뱅은 영적인 측면에서 이 문제를 전개하고 있지만 개혁자가 생존했던 시기는 흑사병의 실제적인 위험에서 멀리 있지 않았다. 칼뱅의 생애와 신학도 이러한 일련의 죽음에 대한 간섭이 그의 사상과 신앙에까지 영향을 미쳤다고 할 수 있다.[6]

---

3 이오갑, 『칼뱅의 인간』 (서울:대한기독교서회, 2012), 5.
4 장 칼뱅, 『기독교강요 프랑스어초판 1541』, 박건택 역 (서울: 부흥과개혁사, 2018), 59.
5 이오갑, 『칼뱅의 인간』, 141.
6 임종구, 『칼빈과 제네바 목사회』 (서울: 부흥과 개혁사, 2015), 95.

필자는 코로나가 시작되고, 특별히 한국에서 가장 극심했던 지역에서 코로나를 경험하면서 코로나가 던져 준 '인간은 과연 어떤 존재인가?'에 대해 깊이 생각하게 되었다. 짧은 글에서 코로나 이후에 일어나게 될 새로운 인간론에 대한 성찰과 반향을 전개하려고 한다. 먼저 개혁파 신학에서의 인간의 이해를 다루고 인간론 성찰의 난맥상을 다룬 다음, 마지막으로 '호모 케리어스'(Homo Carriers)로 전락한 인간 공동체가 회복해야 할 방안을 살피는 것으로 글을 마무리하려고 한다.

개혁파 신학에서의 인간이해

인간의 실존과 인간이해에 대한 진술은 아마도 아우구스티누스의『고백록』에서 출발하는 것이 자연스러울 것이다. 그는『고백록』에서 자신을 '폐허가 된 집', '산산조각 나 흩어져 버린', '바벨론의 흙탕물에 뒹구는', '죽어가는 인생', '불구가 된 나', '노예가 된 의지' 등으로 진술하면서 종국에 가서는 '나의 병을 아시오니 나를 치료해 주소서' 라고 청원하고 있다.[7] 이런 아우구스티누스의 고백은 은총의 신학을 가져오는 배경이 된다. 그러나 중세 스콜라 철학은 인간의 자화상을 불구가 된 병자를 후광이 빛나는 천사로 격상시키기에 이르고 마침내 영광의 신학을 가져오는 배경이 된다. 그래서 이 시기의 대표적인 신학자였던 토마스 아퀴나스는 '천사박사'라고 불렸다. 그러나 종교개혁을 통해 다시 인간론에 대한 진지한 성찰이 시작되었다. 이미 르네상스는 인간이해에 대한 새로운 시각을 촉구하였고, 개혁자들은 성경으로부터 인간론을 끌어내기에 이르렀다.

---

7 어거스틴, 『성 어거스틴의 고백록』, 선한용 역 (서울: 대한기독교서회, 2003), 49, 77, 82, 161, 223, 265, 374.

루터는 진리에 대한 탐구욕이 결여된 성직자들을 향해 '아주 악독하고 끔찍한 전염병'이 돌고 있다고 일갈하면서[8] 인간을 죄인인 동시에 의인(simul iustus et peccator)[9]으로 위치시키고 있다. 중세 천 년 동안 일하는 사람, 싸우는 사람, 기도하는 사람으로 위치하던 인간이해에 신앙적인 인간이해가 '이신칭의'를 통해서 전개되었던 것이다.

특별히 장 칼뱅은 인간의 타락에 대해서 주목하고 있다. 이것을 칼뱅은 '형체를 알아보기 어려울 정도로 처참하게 부수어진' 것으로 묘사하면서 이 타락이 몰고 온 전방위적 죄의 심각성을 설명하고 있다. 그 가운데 삼중적 소외를 언급하고 있다. 그 결과 인간은 이 세상의 창조물들을 다스리고 돌보아야 할 청지기로서의 지위는커녕 동료 인간에게 책임을 전가하고 고통을 주는 존재로 전락하게 되며 창조주 하나님께서 사람을 지으셨음을 한탄하시기에 이르게 된다. 그리고 죄의 결과로서의 죽음에 대해서 주목하고 있다.[10] 특히 '칼뱅의 인간학'[11]을 연구했던 이오갑은 칼뱅이 죄인의 행위나 삶을 병으로 보았던 독특한 인간이해를 가지고 있었다고 말하고 있다.[12] 그는 인간의 과도한 호기심과 망상, 교만, 우상숭배, 자기중심성을 '병'이라는 메타포를 통해서 설명하고 있다.[13] 칼뱅은 인간 지식을 다루면서 참된 인간의 실존이란 '빈곤과 비참'을 성찰하는 것이라고 말하고 있다. 그는 '우리의 창조의 목적은 무엇인가? 우리는 이 목적에서 너무도 이탈하였기 때문에, 우리에게 남은 것이라곤 우리가 우리의 비참을 알고 한탄하고 한탄하면서 우리의 잃어버린 존엄을 갈망하는 것 외에 아무것도 없을 정도다'[14]라고 말한다. 그리고 그는 인간이 받은 하

---

8 마르틴 루터, 『마르틴루터 대교리문답』, 최주훈 역 (서울: 복있는 사람, 2017), 28.
9 한스 마르틴 바르트, 『마르틴 루터의 신학』, 정병식 역 (서울: 대한기독교서회, 2015), 387.
10 *Calvin Institute*, 2.5.19.
11 Lee Okab. *L'anthrologie de jean Calvin, l'homme dans la tension bi-polaire entre le Deus Maiestatis et le Deus nobiscum.*(Facs. de Paris et de Mintpellier), 1992.
12 이오갑, 『칼뱅의 인간』, 142.
13 *Calvin Institute*, 2.1~5.3.
14 장 칼뱅, 『기독교강요 프랑스어초판 1541』, 89.

늘의 형상은 지워졌고, 가공할 전염병[15]이 나타났다고 말하고 있다.

또한 대표적인 개혁파 표준문서인 하이델베르크 요리문답은 제2문에서 하나님의 복된 위로를 누리기 위해서 알아야 할 것으로 '비참'의 문제를 상정하고 있다. '나의 죄와 비참함이 얼마나 큰지 알아야 하고 어떻게 나의 모든 죄와 비참함으로부터 구원받는지를 알아야 하고, 그러한 구원을 주시는 하나님께 어떻게 감사해야 하는지 알아야 한다'고 말하고 있다.[16] 이렇게 볼 때 종교개혁의 흐름에서 개혁파 신학 안에서의 인간론은 죄로 인해서 죽음에 이르게 된 인간의 실존을 솔직하게 드러내면서 죄의 본성을 지닌 인간의 지성과 의지도 전적 무능의 상태에 있다고 주장한다. 아울러 인간의 죄성을 병과 병자의 측면에서 다루면서 코로나 팬데믹에 직면한 우리 시대를 향해 주목할 만한 인간이해의 방향을 제시하고 있다.

코로나와 인간론 성찰의 난맥상

현재 코로나는 WHO가 팬데믹을 선언한 가운데 지구촌 전체에 영향을 주고 있고, 또 제2차 대확산(second wave)이 예고되고 있지만 코로나는 보건과 방역, 의료 차원의 문제로만 받아들여지고 있다. 코로나 발생 초기에 이 문제를 접근할 때에 영적인 차원, 신앙적 차원의 성찰을 근본주의적 태도로 단죄하고 인간론의 성찰 기회가 박탈되었다. 그런 배경에는 현대 인류가 건설한 탄탄한 과학의 발전과 의료와 보건의 능력에 대한 자심감이 바탕에 있었고, 동시에 현대신학의 아버지라 불리는 슐라이어마허 이후 신념과 사유에 있어서 하나님의 창조성과 절대성을 신앙하지 않는 계몽주의적 시대정신도 바탕에 있다. 창조주를 고백하는 신앙에서

---

15 칼뱅, 『기독교강요 프랑스어초판 1541』, 91.
16 케빈 영, 『왜 우리는 하이델베르크 교리문답을 사랑하는가』 신지철 역 (서울: 부흥과 개혁사, 2012), 34.

이탈한 현대 지성은 하나님의 창조섭리와 경륜과 통치를 받아들이지 않고 자아를 동심원으로 사유를 전개하기 때문에 코로나에 대한 신적 개입의 해석을 받아들일 여지가 없는 것이다. 이런 배경에서 코로나로 인한 인간론의 성찰은 설 자리를 잃고 오직 코로나 이후의 대안들만을 모색하는 생산적 담론들로 넘쳐나고 있는 것이다.

그러나 코로나는 교회와 국가와의 관계, 인간과 자연과의 관계, 특히 인간의 실존과 관련하여 질병과 죽음의 문제를 부각시켰다. 코로나를 통해 인간이 건설한 문명이 전염병 상황에서 얼마나 허술하고 유한한 것인지가 드러났다. 또한 인간이 생산과 이동을 물리적으로 멈춤으로 말미암아 오히려 자연이 회복되고 보이지 않던 것들이 드러남으로 인간이 건설한 현대 문명이 철저히 인간의 탐욕을 목적하고 있었다는 것이 분명해졌다. 칼뱅의 표현과도 같이 가려져서 보이지 않던 일반계시[17]가 드러났고, 죄로 인한 인간의 비참과 인간의 유한성도 드러났다. 한국을 비롯하여 코로나 방역 우수 국가도 있지만, 적어도 방역에는 성공했으나 성찰에는 실패했다고 할 수 있다.

호모 케리어스(*Homo Carriers*)를 넘어서

4차 산업혁명은 인간의 노동성 위기에 대한 성찰을 불러왔다. 기계화와 인공지능에 노동 현장을 빼앗긴 인간은 '잉여인간'으로 전락하면서 호모 라보란스의 지위를 잃게 되었다. 또한 이번 코로나는 창세기 2장 28절의 문화명령에서 이탈한 인간의 자화상이 동물의 세계와 간섭하여 세계적인 전염병의 매개체에 불과한 지위에 머물게 되었다. 그러나 팬데믹의 상황에서 국가와 사회, 심지어 교회에서도 이러한 비참의 인간상태에 대한 성찰은 찾아볼 길이 없고, 오히려 서로를 탓하고, 국가와 인종 간의

---

17 칼뱅, 『기독교강요 프랑스어초판 1541』, 76.

갈등과 이기주의가 부각된다. 또한 구원을 하나님에게서 찾지 않고, 인간의 뛰어난 과학과 의학의 기술에 의지하는 것이 현실이다. 코로나는 우리 사회의 어두운 곳을 사회에 고발하듯이 사회 구성원들에게 각인시켰고 의료진들이 제사장의 역할을, 방역 책임자들이 선지자의 위치에 오르게 되었다.

현재 전 세계는 이 팬데믹의 상황에서 구원의 여망이 하나님에게 있는 것이 아니라 백신을 개발하는 데 있다고 믿고 있다. 코로나가 하루 속히 종식되기 위해서 방역과 보건상의 연구와 발전은 필요하다. 그리고 의료진들의 헌신과 수고도 높이 평가되어야 한다. 그러나 이런 노력과 함께 인간의 지위가 호모 케리어스에 불과하다는 자성과 성찰도 진행되어야 한다. 만일 성찰은 없고 대안만을 산출하려는 현재의 문제인식은 인간의 탐욕과 교만의 문제는 덮이고, 오히려 인류는 코로나를 극복한 승리자로만 남기 때문이다. 코로나 이후의 새로운 질서란 바로 하나님께서 설계하고 통치하시는 세상이 되어야 할 것이다. 이것이 하나님께서 이 세상을 창조하시고 인간에게 위임하신 청지기의 지위를 회복하는 것이기 때문이다.

올해 코로나가 유럽에서 창궐할 때 프랑스와 국경을 접한 독일의 3개 주는 프랑스인 코로나 중증 환자를 받아들이고, 이들에게 병상을 허용했다. 프랑스에 병실이 부족했기 때문이다. 라인란트팔츠와 자를란트, 바덴뷔르템베르크주는 모두 과거 2차 대전 직후 프랑스군이 점령하였던 지역이다. 과거 70년간 세 차례의 전쟁을 통해 수십만 명이 죽고 다쳤던 땅에 숭고한 인류애와 사랑과 용서의 역사가 재현된 것이다. 재난의 때에 인종차별과 생명의 존엄성을 무시하는 극단적인 행동들이 등장한다. 하지만 모든 사람은 하나님의 형상을 따라 지음을 받았음을 기억해야 한다.[18] 특히 전염병과 같은 재난의 때에는 국적과 종교, 지역을 뛰어넘어

---

18 창 1:27

위기에 처한 모든 사람을 차별 없이 도와야 한다. 폴 리쾨르(Paul Ricoeur)는 세속 국가에서 복음이 문명에 적용될 때 이웃의 사회학이란 없으며 이웃이란 사회적 대상(2인칭)이 아니라 이웃을 향한 일인칭의 행동이라고 말했다.[19] 그러므로 전염병과 같은 재난의 때에는 심지어 이교도에게까지도 의술을 베풀어야 하고 구호물품을 보내야 하는 것이다.

그러므로 인간실존에 대한 진지한 성찰을 통해 빈곤과 비참을 깨닫고, 경쟁과 적대감이 아닌 사랑과 헌신을 실천함으로써 청지기로서의 소명적 지위를 회복해야 할 것이다. 재난 가운데 빛나는 것은 인류애와 사랑, 헌신과 같은 것이다. 특히 전염병과 같은 재난에서 가장 빛을 발해야 하는 것이 바로 기독교 신앙이며, 교회와 성도들이다. 재난의 때에 교회가 권리만을 주장하면 재난이 극복되고 난 후에 교회는 고립되며 복음의 기회를 잃게 될 것이다. 교회는 국가와 협력하면서 재난 극복의 선두에 서야 한다. 교회가 가용한 모든 것을 동원해서 사랑을 실천해야 한다. 성도들은 재난 가운데 겸손과 겸비를 통해 자신을 돌아보고, 교회는 교회의 본질을 회복할 기회로 삼아야 할 것이다.

---

19 폴 리쾨르, 『계시와 문명』, 박건택 역 (서울: XR, 2016), 119.

임종구
대신대학교
총신대학교 일반대학원 종교개혁사(Ph.D.)
(현) 푸른초장교회 담임목사
　　세계개혁주의협의회(WRF)이사, 칼넷(CAL-NET)이사
(저서) 『칼빈과 제네바목사회』, 『단단한 교회』, 『강구가다』

교회의 본질과 사명,
코로나가 묻고 교회가 답하다

라영환

언택트, 새로운 기회

코로나가 가져올 구조적 변화는 무엇일까? 그리고 우리는 그 변화된 세계를 어떻게 준비할 것인가? 미래에 대한 논의는 현재에 대한 주도권 싸움이다. 앞으로 만들어질 세계를 누가 어떻게 그려 가는가에 관한 것이다. 과거는 인식의 세계이지만 미래는 의지의 세계라는 말이 있다. 미래와 관련된 많은 주장이 있지만, 한 가지 확실한 것은 미래는 알 수 없다는 것이다. 알 수 없는 미래, 어떻게 준비할 것인가? 앨런 케이(Alan Kay)는 "미래를 예측하는 가장 좋은 방법은 미래를 만들어 가는 것이다"라고 말했다. 어떻게 만들어 갈 것인가? 방향이 중요하다. 어디로 가는 배일지 모를 때는 절대로 노를 젓지 말아야 한다는 말이 있다. 우선 열심히 하다 보면 좋은 일이 있겠지 라는 무책임한 사고는 항구로부터 더 멀리 떨어지게 된다. 길을 잃어버렸을 때는 지나온 길을 되돌아보아야 한다. 지나온 길을 돌아보는 것은 방향성과 관련이 있다. 코로나19로 인해 모든 것이 혼란스러운 이 시기에 교회의 출발점을 돌아보는 것에는 상당히 중요한 의미가 있다.

초대교회는 오늘날 우리가 처한 것보다 더 어려운 상황 속에서 살았다. 당시 사람들에게 복음은 그렇게 매력적이지 못했다. 그들은 신앙 때문에 모든 것을 버려야 했다. 심지어는 목숨을 버려야 했다. 로마로부터 엄청난 박해를 받고 있었고, 소문도 좋지 못했다. 그런데 그 시기에 아이러니하게도 교회는 엄청난 부흥을 경험했다. 지금도 그렇다. 코로나가 종식되어도 온라인예배의 편의성에 익숙해 버린 성도들이 랜선 크리스천에 머물 것이라는 이야기가 심심치 않게 나온다. 예배가 쇼핑이 되어 버릴 것이라는 걱정스러운 말도 나온다. 코로나 사태 때 경험했지만, 교회는 가십거리가 되기에 너무도 좋은 자료였다. 교회의 미래에 관한 전망은 대부분 암울하다. 하지만 코로나는 교회에 새로운 기회가 될 수 있다고 생각한다.

그동안 교회는 공동체의 소속감을 강조했다. 하지만 많은 교회가 예배와 교회의 모든 공적 모임의 비대면화로 공동체의 소속감을 강화하는 데 어려움을 겪고 있다. 앞으로는 소속감보다는 비전, 가치 혹은 정체성이 더 강조되어야 한다. 초대교회는 모든 것을 버리고 따라갈 가치를 발견했다. 제자들이 예수님을 따랐던 것은 소속감 때문이 아니었다. 그들이 예수 그리스도를 따랐던 것은 그들의 가슴을 설레게 하는 그 무엇을 복음에서 발견했기 때문이다. 초대교회를 하나로 묶었던 것은 소속감이 아니라 정체성이다. 그들은 이 세상에 살고 있지만, 이 세상에 속하지 않은 사람들이다. 그들은 다른 사람들과 같은 옷을 입고 같은 음식을 먹었지만 다른 가치관을 가지고 살았다.

"우리의 숫자가 날마다 증가하고 있다. 우리는 위대한 설교를 하는 것이 아니라 위대한 삶을 살아내고 있다. 신앙으로 어려움을 당하고 있지만, 그러나 우리가 추구하는 그 가치가 너무 귀해 우리를 인내하게 한다." 200년경에 북아프리카에 살던 한 그리스도인의 고백이다.

초대교회 교인들은 많은 어려움을 당했다. 사람들에게 손가락질당하고, 경기장에서 순교를 당해야 했다. 하지만 그들의 소속감이 아닌 정체성이 그들을 보는 사람들에게 감동을 주었고, 그들을 교회로 인도했다. 그들은 세상 속에서 믿음으로 살았다. 사회문화적으로 영향력이 미미했던 사람들이 세상을 변화시켰다. 신자들은 예배를 통해 하나님의 말씀대로 살아가며 세상에 있지만, 세상에 속하지 않은 다른 삶의 가치를 보여주기 위한 훈련을 받았다. 성장이 아니라 성숙이다. 교회는 코로나19가 몰고 온 위기를 기회로 삼아야 한다. 이 위기를 교회의 본질을 찾는 기회로 만들어 가야 한다.

교회의 본질과 사명: 코로나가 묻고 교회가 답하다

코로나19로 인한 언택트의 일상화는 교회에서의 예배를 비롯한 모든 교회의 공적 모임을 어렵게 만들었다. 현장예배가 재개되었지만 주일 참석교인 수는 코로나 이전과 비교하면 60%대에 이르고 있다. 교인들의 주일성수 인식과 소속감의 약화, 그리고 다음세대 교육의 어려움 등을 염려하고 있다. 향후 한국교회는 어떻게 변할까? 출석 교인의 감소, 교회학교 학생 수의 감소, 교회 모임의 축소와 같은 부정적인 상황에 대한 응답률이 높게 나왔다. 많은 사람이 염려하는 것 같이 코로나는 일시적으로 한국교회에 충격을 줄 것이다. 그러나 긴 안목에서 보자면 코로나는 교회가 교회 되는 데, 교회가 교회로서의 본질과 예수 그리스도께서 이 땅에 교회를 세우신 그 목적을 회복하는 데 도움을 줄 것이라고 나는 믿는다. 예루살렘에서의 핍박이 복음이 확산하는 계기가 되었던 것처럼, 초대교회를 향한 핍박이 오히려 교회를 성장시켰던 것처럼 지금 우리가 맞이하는 위기가 성장과 풍요에 안주해 버린 교회가 교회로서의 모습을 회복할 기회가 될 수 있다. 코로나 이후의 한국교회, 어디로 가야 할까? 이에 대한 대답은 교회가 무엇이냐는 질문으로부터 출발해야 한다.

구약성경에서 교회를 지칭하기 위해 사용된 단어는 '에다'(עֵדָה)와 '카할'(קהל)이 있다. 구약성경에서 '에다'는 관용적으로 이스라엘 회중을 가리킨다. '에다'는 주로 출애굽기로부터 민수기까지의 본문에 등장한다.

구약에서 교회를 지칭하는 또 다른 단어인 카할은 '부르다'에서 온 말로 '모임', '집회', '회중'을 의미한다. 두 용어 사이에 의미상의 차이는 크게 없지만 구태여 번역하지만 '에다'는 더 경험적이고 실제적인 모임을 가리켰고, '카할'은 하나님의 백성으로서의 이스라엘을 나타내기 위해 사용되었다. 아마도 구약성경의 기자들이 '에다'라는 용어보다 '카할'이라는 용어를 선호한 것은 이 단어가 이스라엘과 하나님 사이의 언약 관계를 잘 나타냈기 때문이었을 것이다. 신명기를 보면 하나님과 이스라엘 백성들이 하나님의 말씀을 듣기 위해 모인 것을 '카할'로 모였다고 말한다(신9:10). 구약시대의 이스라엘은 하나님을 경외하도록 부름을 받아 모인 백성이다. 구약의 이스라엘 백성들은 하나님께 대하여 '제사장 나라가 되며 거룩한 백성이' 되어야 했다(출 19:6). 그리고 신약시대에 와서 이스라엘 백성은 하나님의 거룩한 나라, 왕 같은 제사장인 교회로 대체된다(벧전 2:9). 신약의 교회는 '하나님의 이스라엘'(갈 6:16)이다.

신약성경에서 교회를 지칭하는 단어로는 '시나고게'와 '에클레시아'가 있다. 신약성경에서 '시나고게'(synagoge)는 대체로 유대인들의 종교적 모임과 그들이 종교적인 모임을 위해서 모이는 장소나 건물을 나타내기 위해서 사용되었다. 하지만 신약성경에서 교회를 지칭하는 가장 중요하고 보편적인 용어는 '에클레시아'(ekklesia)이다. 에클레시아는 '~ 로부터'를 의미하는 '에크'(ek)와 '부르다'를 의미하는 '칼레오'(kaleo)의 합성어이다. 원래 이 단어는 정치적이거나 공적인 일을 처리하기 위하여 각자의 처소로부터 부름을 받고 나온 자유 시민들의 모임, 곧 민회를 의미했다. 신약성경의 기자들은 '카할'을 나타내기 위해서 '에클레시아'를 사용했다. 헬라시대에 '에클레시아'는 다음과 같은 세 가지 특징을 가졌다.

① 전령관에 의해 ② 각자의 처소로부터 부름을 받고 나온 ③ 도시 국

가의 자유 시민들의 모임 곧 '민회'를 의미했다. 그리고 이 민회의 구성원은 자신을 소집한 국가나 지도자, 그리고 더불어 사는 이웃 시민들에게 일정한 의무와 책임을 져야 했다. 이러한 의미에서 신약에 쓰인 '에클레시아'를 다시 정의하자면 ① 하나님에 의해 ② 이 세상으로부터 부름을 받고 나온 ③ 하나님 나라 시민들의 모임이다. ④ 그리고 교회는 자신을 교회로 불러주신 하나님과 더불어 사는 이웃들에 대해서 일정한 의무와 책임을 져야 한다.

이러한 정의를 통해서 우리는 교회와 세상과의 본질적인 관계, 곧 양자 사이의 구별성과 연관성을 발견하게 되며, 나아가 역사 속에 하나님의 교회로 존재하는 교회의 사명이 무엇인지 발견하게 된다. 교회는 하나님으로부터 부름을 받고 나온 하나님 나라 시민들의 모임이다. 교회의 첫 번째 본질은 부름을 받아 나오는 것이다. 교회는 하나님께서 이 세상으로부터 불러내신 사람들의 모임이다. 교회는 세상에서 나왔기 때문에 세상과 달라야 한다. 거룩한 교회라는 말은 교회는 세상과 구별되었다는 것을 의미한다. 교회가 세상과 다르지 않다면 그것은 교회가 아니다.

동시에 교회는 세상으로 보냄을 받은 공동체이다. '아버지께서 나를 불러내신 것 같이 나도 저희를 세상에 보내었고'(요 17:8) 교회는 세상으로 보냄을 받은 공동체이다. 전술한 것처럼 초대교회의 예배는 외부인에게 닫혀 있었다. 지금과 같은 체계적인 조직도 없었다. 오해와 박해 속에서 살아야 했다. 그런데도 초대교회는 다양한 형태로 로마 전역에 뻗어나갔다. AD 100년에 2만 5천 명 정도였던 크리스천이 AD 310년경에 이르면 2천만 명에 육박했다고 한다. 200년이라는 짧은 시간에 폭발적인 성장을 가져온 것은 세상으로 보냄을 받은 성도들 때문이다. 그들은 언약 공동체로서의 자신의 정체성을 분명히 인식하였으며, 고백대로 살고 고백대로 죽었다. 그들의 믿음으로 인해 많은 어려움을 겪었지만, 오히려 그것을 믿음의 증거로 여겼다(요 15:19). 소속감의 강조가 모이는 교회라고 한다면 정체성의 강조는 흩어지는 교회이다. 성도들이 복음의 담지자들이 되어 세상에 들어가 세상에서 복음을 증거해야 한다. 예루살렘교회의 박해, 그리고 2세기와 3세기의 박해는 성도들을 흩어질 수밖에 없는 극단적인 상황으로 몰고 갔다. 그리고 역설적으로 모임이 불가능한 그 시점에 흩어짐을 통해서 복음이 확장되었다. 예루살렘교회의 흩어짐이 부흥의 원동력이 되었던 것처럼 함께 모이지 못하는 이 상황을 교회가 교회 되고 하나님의 말씀이 흥왕하는 계기로 삼아야 한다. 모이는 교회에서 흩어지는 교회로 패러다임이 전환되어야 한다.

그런데 오늘날 우리가 사용하는 교회(church)라는 단어는 에클레시아에서 온 것이 아니라 '주께 속하였음'을 의미하는 '퀴리아코스'(κυριακός)에서 나왔다. 이 단어는 교회의 기초가 무엇인지 잘 보여준다. 예수님께서는 베드로에게 "내가 네게 이르노니 너는 베드로라 내가 이 반석 위에 내 교회를 세우리니"(마 16:18)하고 말씀하셨다. '베드로'라는 이름의 본래 뜻이 '반석'이다. 이 반석 위에 교회를 세우겠다는 말은 베드로 개인 위에 교회를 세운다는 것이 아니라, 베드로의 신앙고백 위에 교회를 세운다는 뜻이다. 여기서 우리는 교회의 기초가 신앙고백임을 본다. 교회는 예수 그리스도를 나의 생명의 구주시고, 내 인생의 주인이심을 믿고 고백하는 사람들의 모임이다. 교회는 고백 공동체이다. 교회는 하나님이 왕이시고 나는 하나님의 법대로 살아가겠다고 고백한다. 왕 같은 제사장이며 거룩한 나라임을 고백하는 것이다. 그리고 하나님의 말씀대로 살아가겠다고 고백하는 공동체이다. 초대교회를 특징짓는 것은 소속감이 아니라 정체성이다. 초대교회 성도에게 그들이 예루살렘교회에 소속인가 아니면 안디옥교회 소속인가 하는 것은 결정적인 것이 아니었다. 그들에게 중요한 것은 정체성이다. 초대교회 성도들이 그 어려운 시기를 지나면서 믿음을 유지하고 세상을 변화시킬 수 있었던 것은, 그들이 누구이며 무엇을 위해 부름을 받았는가를 분명히 알고 있었기 때문이다.

2세기와 3세기에도 두 번에 걸친 전 세계적인 팬데믹(pendemic)이 있었다. 첫 번째 팬더믹은 AD 165년 겨울에 발생하여 15년간 로마 전역으로 확산되어 로마 인구의 1/4 이상의 목숨을 앗아간 '안토니우스 역병'이다.

두 번째 팬데믹은 AD 251년에 시작되어 262년까지 계속된 '키푸리아누스 역병'이다. 두 번에 걸친 팬데믹으로 인해 많은 사람이 목숨을 잃었고 사회적 시스템은 완전히 무너져 버렸다. 당시 지식인들과 종교적 지도자들은 재앙이 던진 시대적 질문 앞에 대답을 주지 못했다. 하지만 당시 교회는 팬데믹이 던진 시대적 질문에 대답할 뿐만 아니라, 감염된 환자들을 헌신적으로 돌봄으로 그리스도의 사랑을 세상에 보여주었다. 안타까운 것은 2세기와 3세기에 일어난 두 번의 팬데믹 기간에는 교회의 현존(presence)이 사람들에게 감동이 되었고, 사람들 역시 그러한 팬데믹 속에서 교회의 현존을 원했는데, 지금은 교회의 부재(absence)를 원하고 있다는 것이다. 지금 교회는 혼돈의 시기를 보내고 있다. 이 혼돈의 시기를 극복하기 위해서는 초대교회가 걸어간 길을 되돌아보면서 오늘의 문제에 대한 혜안을 발견하여야 한다.

신약성경은 교회를 '성령의 전'(고전 6:19), 혹은 '하나님의 성전'(고전 3:16)으로 부른다. 구약시대에 하나님께서는 특별한 방식으로 지상의 성소에 거하셨지만, 신약에 들어와서 하나님의 임재의 초점은 건물이 아니라 하나님의 백성들이 된다. 성령이 우리 가운데 거하신다는 것은 윤리적으로 대단히 중요한 의미가 있다. 우리는 성령의 전이기에 거룩한 삶을 살아야 한다.

'하나님의 성전과 우상이 어찌 일치가 되리요 우리는 살아 계신 하나님의 성전이라 이와 같이 하나님께서 이르시되 내가 그들 가운데 거하며 두루 행하여 나는 그들의 하나님이 되고 그들은 나의 백성이 되리라. 그러므로 너희는 그들 중에서 나와서 따로 있고 부정한 것을 만지지 말라 내가 너희를 영접하여, 너희에게 아버지가 되고 너희는 내게 자녀가 되리라 전능하신 주의 말씀이니라 하셨느니라'(고후 6:16-18).

신약성경은 또한 교회를 그리스도의 몸(엡 1:22, 5:23, 골 1:18)에 비유한다. 성경이 교회를 '그리스도의 몸에 비유한 것은 교회가 그리스도와 유기적으로 연합되었음을 나타내는 것이다. 하나의 몸 안에 여러 지체가 유기적으로 연결되어 있기에 연합된 지체들은 각각의 다양성을 지니면서도 동시에 그리스도로 인하여 통일성을 갖는다. 통일성은 지역 공동체의 다수성과 다양성에 앞선다. 교회의 통일성은 신자들 사이에 존재하는 다양성을 제거하지 않는다. 교회가 그리스도와 연합된 공동체이기에 교회가 없는 곳을 제외하고는 공동체를 떠난 성도는 있을 수 없다. 삶의 동선이 겹치지 않으면 몸이 아니다. 코로나19로 인해 언택트가 일상화되었지만, 교회는 성도들이 삶을 나눌 방법들을 찾아야 한다. 코로나 이전에 다 같이 모였다면, 이제는 두 사람이나 세 사람이 모일 수 있도록 도와야 한다. 두세 사람이 예수님의 이름으로 모이고, 예수님께서 말씀을 나누고, 예수님께서 보여주신 발자취를 따라갈 수 있도록 해야 한다. 그동안 모이는 중심의 신앙생활을 강조해 왔다면, 이제는 그것에 더해 작은 규모의 공동체로 나누어져 세상 속에서 복음을 실천하는 일상 중심의 신앙을 강조해야 한다.

언택트 시대의 신앙교육

교회는 비대면 방식의 언택트 시대를 대비하여야 한다. 안타깝게도 교회교육은 갑자기 밀려오는 언택트의 파도를 타고 넘어갈 준비가 되어 있지 않다. 이로 인해 우리의 다음 세대들은 예배와 신앙교육이 무너질 위기에 직면했다. 대면 방식으로 어렵다면 온라인으로 해야 한다. 비대면으로 전환되는 시기에 우리의 고민은 대면과 비대면을 어떻게 조화시킬 수 있는가가 되어야 한다. 하지만 온라인 교육은 보조재이다. 온라인을 통해서 오프라인으로 이끌고, 오프라인은 다시 온라인으로 확장되는 선순환의 고리를 형성해야 한다. 주중에는 부모와, 그리고 주일에는 교사들과 대면 비대면을 통한 신앙교육을 할 수 있는 체계를 구축해야 한다.

주말에는 주중에 받았던 교육을 함께 나누고 체험할 수 있는 확장 주일학교 개념을 적용해야 한다. 주일은 교회교육의 시작이자 완성이다. 오프라인 교육의 장이 교회라고 한다면, 온라인 교육의 장은 가정이 되어야 한다. 그리고 그 핵심은 부모이다. 과거에는 자녀교육이었지만 지금은 부모교육이다. 코로나로 인해 학교와 학원으로 바빴던 아이들이 집에서 부모와 함께 보내는 시간이 많아졌다. 코로나가 가져온 이 변화를 아이들이 신앙 안에서 올바로 설 수 있는 교육의 기회로 삼아야 한다. 기독교적 인격과 성품을 형성하는 가장 근본적인 장소는 가정이다. 가정은 교회에서 배운 것을 내면화시키고 습관화하는 곳이다. 기독교적 인격과 성품을 형성하는 가장 근본적인 장소는 가정이다. 부모들에게는 자녀들을 하나님의 말씀대로 양육할 책임이 있다(신 6:6-7). 개혁파 전통에서 가정을 신앙교육의 가장 근본적인 장으로 놓치지 않고 붙잡았던 이유도 바로 여기에 있다. 최근에 기독교 교육에서도 '교사-학생'의 교수형 패러다임 대신 '신앙 공동체-문화화 패러다임(Faith Community - Enculturation Paradigm)'을 이야기하고 있다. 신앙 공동체 문화화 패러다임이란, 한 개인의 신앙은 신앙 공동체 안에서 문화화를 통해 형성된다는 것이다. 즉 교육의 주체가 교사 개인으로부터 공동체로 확장되는 것이다. 교회에서 배운 것을 가정에서 습관화시켜서 삶 속에서 실천하게 하여야 한다.

신앙교육의 목적은 지식의 전달을 넘어 성경적 세계관을 가지고 다음 세대를 이끌어 갈 지도자를 만드는 데 있다. 지식의 전달에 머무르지 말고 역량의 개발로 확장되어야 한다. 사고 중심의 교육과 실현 중심으로 교육이 함께 가야 한다. 사고 중심의 교육은 대면 교육과 온라인으로, 그리고 실현 중심의 교육은 가정에서 부모와 함께 부모를 통해 이루어져야 한다. 코로나가 가져온 언택트라는 환경이 아이들의 역량을 강화할 기회가 될 수 있다. 교회는 다음세대가 자신만의 독특한 열매를 맺을 수 있도록 도와야 한다. 52주의 통합공과 방식에 전환이 있어야 한다. 코로나로 인해 그것이 불가능한 시대가 되었다. 통합공과는 유지하되, 교회의 상황과 아이들의 필요에 맞게 각자 커리큘럼을 구성할 수 있는 블록과 같은 교과 과정도 제공되어야 한다. 세상은 빅데이터의 시대이다. 데이터로 사람의 취향을 읽고, 소비도 예측한다. 그러나 교회에는 이런 데이터가 없다. 아이들이 무엇을 원하는지, 무엇을 궁금해 하는지, 무엇을 필요로 하는지 데이터가 없다. 이제라도 데이터를 쌓아야 한다. 다음세대들의 고민을 듣고 그에 대한 성경적 대답을 들려주어야 한다. 그동안 교회교육은 개인의 역량 강화에 초점을 맞추었다. 세상은 개인적 성취에서 사회적 실현으로 그 강조가 바뀌고 있다. 사고 중심의 교육에 실현 중심의 교육을 더해야 한다. 미래세대가 더 나은 세상을 만들 수 있는 역량을 개발시켜야 한다. 지식에서 행동으로, 성취에서 실현으로 그 강조점이 변해야 한다. 미래를 예측하는 가장 좋은 방법은 미래를 만들어 가는 것이라는 말처럼, 우리의 다음세대가 종교개혁 정신을 이어받아 아직 확정되지 않은 미래를 성경에 기초한 개혁주의적 인생관과 세계관을 토대로 만들어 갈 수 있도록 도와야 한다.

라영환
아세아연합신학대학 (B.A.)
총신대학교 신학대학원 (M.Div.)
Trinity College, University of Bristol (M.A.)
University of Cambridge (Ph.D.)
(현) 총신대학교 교육개발원장
　　드림포틴즈 대표, 한국복음주의조직신학회 총무
(저서) 『반 고흐의 예술과 영성: 반 고흐 꿈을 그리다』, 『천국을 소유한 사람들』,
　　『모네, 일상을 기적으로』, 『복음은 광야에서 시작된다』

코로나 사태의 전망과 교회의 대응

김성원

WHO가 코로나19(Corona Virus Disease of 2019)으로 이름 붙인 이번 사태는 여러 측면에서 우리에게 충격을 주고 있다. 이와 같은 세계적인 위기 상황은 세계대전이나 미소 냉전의 위험 등 과거의 유사한 사건들을 몸으로 겪어 보지 않은 대부분의 인류에게 초유의 위험으로 느껴지고 있다. 더 나아가서 보이지 않는 바이러스가 전 세계와 인류의 생명을 동시에 위협하고 있는 이러한 상황은 더욱 그러하다. 그리고 세계 각국이 바이러스의 전파를 막기 위해서 취하고 있는 사회적 거리두기는 우리의 생활과 행동양식을 극적으로 바꾸어 놓았다.

이러한 전 지구적인 비상사태로 인해서 많은 전문가들은 코로나19 이전과 이후의 역사는 본질적으로 달라질 것으로 예상하고 있기도 하다. 그러나 이번 사태로 세계와 역사가 어떻게 변화될 것인가 하는 것은 아무도 단언할 수 없다. 너무나 많은 변수들이 있기 때문이다. 그럼에도 불구하고 우리는 이러한 변화를 예측하면서 준비해야 하며, 또한 우리 자신이 그러한 변수의 역할을 해야 하는 상황에 있다. 이 글은 코로나바이러스 사태가 가져올 변화를 큰 틀에서 예측해 보고, 이러한 예측에 기반하여 한국의 기독교가 대응해야 할 바를 신학적으로, 시론적으로 제시해 보고자 한다.

코로나19 사태와 앞으로의 전망

코로나19 이후의 자국중심주의의 발흥

코로나19 사태는 그동안 진행되어 오던 세계화, 지구화의 큰 흐름을 일시에 단절시키고 있으며 이러한 상황은 한동안 지속될 것으로 보인다.

그동안 세계화 주도 세력들은 자본시장을 포함하여 세계적인 단일시장을 구축하는 일에 성공해 왔으며 EU, NAFTA 등 권역별로 국가주권의 양도를 포함하는 지역적 국가연합체들을 형성하는 방향으로 세계화를 강화해 왔다. 그러나 Brexit나 미국의 트럼프 대통령의 국수주의적 정책들을 통해서 세계화의 흐름은 일시적으로 정체되어 온 것도 사실이다. 그런데 이번 코로나19 사태는 세계화와 지구화의 흐름을 일시에 단절시켜 버리고 있다. 코로나바이러스의 위협 앞에서 국가별로 생존을 추구하고 있는 각자도생의 상황이 된 것이다. EU국가들 간에 일어나고 있는 자국우선주의 조치들은 충격적이기까지 하다. 지구촌의 주민들은 위급할 때 믿을 것은 국제적 연합체나 국제기구가 아니라 '우리 나라'라는 것을 체감하고 있는 것이다. 따라서 지금까지의 무조건적이고 전면적인 세계화의 흐름들은 변화가 불가피할 것으로 보인다. 물론, 코로나 사태가 진정되고 치료제나 예방약이 만들어지게 된다면 글로벌 자본주의 시스템은 다시금 회복되어 갈 것이다. 그러나 인류가 체감한 국경의 중요성과 위기 때의 각자도생의 경험이 무조건적인 세계화에 대해 심리적 저항감을 가져다준 것은 사실이며, 이것은 앞으로의 글로벌 자본주의에 대한 경계심으로 작용할 가능성이 크다고 생각된다.

코로나19 이후 미중 갈등의 심화

이번 코로나바이러스 사태는 기존의 국제적 갈등 요인들을 증폭시키는 결과를 가져오고 있다. 경제적 정치적 국제질서의 주도권 장악을 위해서 무역분쟁을 지속해 온 미국과 중국은 이번 바이러스 사태에 대해 책임논쟁을 시작했다. 미국의 다양한 지도층 인사들은 중국을 비난하고 있으며, 중국에 대한 책임론을 전개하고 있다. 이에 맞서서 중국은 바이러스가 미국에서 생산되고 미군을 통해서 중국에 전파되었다는 음모론을 전개하고 있는 상황이다. 무역분쟁과 달리 많은 사람들이 생명을 잃고 경제와 사회생활이 극도로 마비된 이 사안을 둘러싼 국가 간 분쟁은 무역분쟁보다 훨씬 심각한 양상으로 전개될 가능성이 많으며, 최악의 경우 군사적 충돌의 실마리가 될 수도 있을 것이다. 실제로 미국은 현재 남중국해 해역으로 제7 함대를 포함한 군사력을 집중 전개하고 있는 상황이다. 미국의 대통령 선거를 앞두고 있는 상황에서 트럼프 대통령은 코로나바이러스로 인한 국내 정치적 위기를 중국, 혹은 그 영향권 안에 있는 북한과의 긴장이나 충돌을 통해서 극복하려고 할런지도 모른다. 이것은 중국 내에서 지도력의 위기를 겪고 있는 시진핑의 경우에도 크게 다르지 않을 것이다.

코로나19 사태의 최대 수혜자는 제4차 산업혁명 세력

이번 바이러스 사태가 국가 간 고립을 심화하며 미중 갈등을 심화하는 상황에서 혜택을 보는 세력은 누구일까? 그것은 우선 치료제나 백신을 개발하는 의료−자본 복합체일 것이다. 그리고 온라인 기술혁명을 주도하는 세력일 것으로 예상된다. 치료제나 백신을 개발하는 기업은 전 세계적인 영향력과 힘을 행사할 수 있을 것이며, 온라인 세상으로 옮겨 갈 수 밖에 없는 현상황은 이러한 기술을 보유하고 주도하는 제4차 산업혁명의 주도 세력에게 크게 의존할 수밖에 없을 것이다. 4차 산업혁명의 방향은 물류나 인적인 이동을 최소화하고 노동력을 최소화하면서 ICT 기술과 인공지능을 통한 효율적인 경제활동을 수행하는 것이다. 이러한 방향은 바이러스로 물류와 노동이 정체된 현상황에서 가장 현실적인 대안이 될 것이다. 이렇게 되면 기술기업의 약진이 예상되며, 또한 첨단기술을 지배하고 있는 자본가들의 발언권은 앞으로 더 커질 것으로 예상된다. 그리고 이들의 요구에 따라서 4차 산업혁명의 논리는 더욱 강화될 것으로 생각된다. 이러한 4차 산업혁명 세력의 득세는 세계 경제의 체제에 있어서도 근본적인 변화를 야기할 가능성이 많다. 각국이 바이러스 사태로 인한 경제 위기에 대처하기 위해서 현금을 찍어내는 양적 완화의 극단적인 처방을 하는 이 상황으로 인해서 이미 불안정한 세계 경제와 금융시장이 앞으로 극심한 혼란에 빠질 수 있다. 이를 통해서 달러화를 포함하여 각국이 디지털 화폐로의 화폐개혁 등 근본적인 변화도 가능한 상황이다.

코로나19 사태 이후의 한국

앞에서 간략히 제시한 국제 관계의 변화와 경제적 양식과 체제의 변화를 전제할 때 한국의 상황은 어떻게 될 것인가? 한국은 미국과 중국의 심화되는 갈등 가운데서 어려운 선택을 강요받고 있다. 그리고 바이러스 사태로 인한 글로벌 경제의 위기 상황 가운데 미국의 북한 공격이나 북한의 정권 붕괴 등 돌발 변수가 생길 경우 한반도의 상황은 예측불허의 위기국면으로 들어갈 확률도 있어 보인다. 경제적인 측면에 있어서 한국은 가장 어려움을 겪는 나라가 될 가능성이 높아 보인다. 한국은 수출 주도형 경제로, 대외 의존도가 절대적으로 높은 나라이다. 무역이 줄어드는 상황에서 한국의 경제 침체는 불을 보듯 뻔하다. 그리고 분배 정의에다가 정책적, 제도적인 강조점을 두어 온 현 정부의 경제 기조는 기업 중심의 기술혁신이 주도하는 제4차 산업혁명의 흐름과는 동떨어져 있는 것이 사실이며, 기술혁명의 글로벌 주체들과의 교감도도 낮은 것으로 보이기 때문에, ICT산업기술에 대한 의존도가 급격히 높아질 앞으로의 경제적 변화에 취약할 것으로 예상된다.

코로나19 사태 이후의 감시사회 강화

　미국이 9.11 사태 이후에 테러와의 전쟁을 명분으로 대통령의 권한을 강화하고, 대통령령의 범위를 확대하며, 국민들에 대한 감시를 강화하고, 이로 인해서 민주주의가 후퇴한 것처럼, 이번 코로나바이러스 사태로 인해 대부분의 국가에서 민주주의가 후퇴할 것으로 예상된다. 검역과 감염 예방의 명분으로 이미 거주, 이동, 집회에 있어서 심각한 제제가 시행되고 있으며, 개인정보에 대한 정부의 접근은 전방위적으로 확대될 조짐을 보이고 있다.

　역사학자 유발 하라리는 『파이낸셜 타임즈』에 3월 20일 기고한 '코로나 바이러스 이후의 세계(World After Coronavirus)'라는 칼럼에서 이러한 독재 정부들의 출현을 경고하고, 시민사회의 자발적인 협조와 노력에 의해서 코로나바이러스 위기가 극복되어야 한다고 강조하고 있다. 그의 우려와 경고는 타당하다. 앞으로 정부의 시민 감시는 단순한 소재파악을 넘어서서 체온과 맥박 등의 감시로 나아갈 수 있으며, 이러한 추세는 앞으로 상상 이상의 감시사회를 만들어 낼 것으로 그는 우려한다. 다시 말해서 이번 코로나바이러스 사태는 시민역량사회(citizen empowerment)로 남을 것인가, 아니면 전체주의적 감시정치(totalitarian surveillance)로 회귀할 것인가를 가늠하는 시험대가 될 것이라고 그는 말하는 것이다. 실제로 중국을 선두로 하여 유럽을 포함한 많은 국가에서 이러한 전체주의적이고 일방적인 조치들이 시행되고 있는 실정이다. 다행히도 우리나라는 선진화된 의료시스템과 의료진들의 헌신적인 활약, 그리고 시민사회의 자발적 협동을 통해서 이 위기에 잘 대처하고 있으며, 아직은 극단주의적이고 전체주의적인 담론은 주변을 맴돌고 있는 상황이라고 할 수 있다. 그러나 위기의 장기화, 심화는 이러한 극단적이고 퇴행적인 방향을 요구할 수 있다.

코로나19 사태의 교회에 대한 도전과 대응

종말론적 도전과 종말론적 신앙

앞에서 전망한 바와 같이 이번 코로나바이러스 사태는 인류 전체에게 큰 충격을 주고 있으며 앞으로도 국제 관계와 경제·사회 전반에 걸쳐서 근본적이고 심각한 도전이 될 것이다. 이것을 우리는 종말론적인 차원의 도전이라고 불러도 부족함이 없을 것이다.

이러한 종말론적인 도전 앞에서 교회는 종말론적인 신앙을 가르치고 회복할 필요가 있을 것이다. 이번 사태는 과거의 경기 침체나 성도들의 질병이나 가정의 위기 등 부분적이고 일시적인 도전이 아니라 교회 전체에 미치는 도전이며, 쉽게 회복되거나 해결될 수 없는 문제가 되고 있는 것이다. 이러한 상황에서 교회는 이 땅의 문제 해결적 복음이 아니라 영원한 복음에 집중할 이유와 필요성을 깨닫지 않을 수 없다. 성도들의 소망을 이 땅이 아니라 주님의 재림과 영원한 구원에 두도록 교회는 가르치고 강조할 때가 온 것이다. 지금까지 교회는 이러한 영원한 복음을 전제하고 또 가르치기도 했지만, 성도들의 현세적인 필요와 요청에 급급했던 것도 사실이다. 영원한 구원은 현세적인 구원에 가려져 있었으며 주님의 재림과 영원한 구원의 복음을 소홀히 한 결과 이단종파에서 이것을 독점하다시피 했던 것도 사실이다. 이제 성도들이 이 땅에서의 삶에서 해결책이 보이지 않는 위기를 경험하면서 교회는 비로소 성도들과 함께 영원한 하나님의 나라에 관하여 묵상할 수 있게 되었다. 한 성도를 재림신앙으로 무장하며, 주님의 재림을 예비하는 삶을 준비하도록 하는 것이 교회의 새로운 미션이 되고 있다.

비대면적 사회의 도래와 비회당적 사역의 강화

이번 바이러스 사태가 사회적, 교회적으로 준 가장 큰 충격은 비대면적 사회의 도래였다고 할 수 있을 것이다. 대면적이고 인격적인 만남과 교제를 본질로 하는 교회에게 있어서 비대면적 사회의 도래는 충격 그 자체가 아닐 수 없다. 모이기에 힘쓰는 교회의 구호는 하루아침에 반사회적 구호가 되어 버린 것이다. 이 충격 앞에서 오늘의 교회는 다양한 반응을 보이고 있다. 혹은 예배 사수의 결의를 다지고 있고 혹은 사회적 요청에 응답하여 비대면적 예배를 적극적으로 도입하고 있다.

교회론적 관점에서 이번 사태가 한국교회에 주는 한 가지 중요한 교훈이 있다면, 그것은 회당 중심의 신앙생활에 대한 반성일 것이다. 회당 중심의 교회론이 강한 가톨릭교회뿐만 아니라 개신교회도 그동안 교회당 중심의 교회를 강조해 왔다. 그러나 이러한 교회론적 강조점은 필연적으로 구심력 교회를 만들어 왔으며 사역자들에게 의존하는 수동적인 회중을 양산한 것도 사실이다. 세상으로 파송하는 교회, 가정으로 파송하는 교회라는 원심력을 갖지 못한 회중과 교회들은 오늘날 구심력 모임이 불가능한 상황에서 당황하고 있다. 이 상황 가운데서 우리는 이러한 교회론적 균형의 부재를 절실히 느끼게 되는 것이다. 교회는 이번 코로나바이러스 사태가 빨리 진정되고 교회의 모임이 회복되기를 위해서도 기도하겠지만, 동시에 이번 사태를 통해서 드러난 취약점을 빨리 보완하여, 성도들이 가정에서도 신령과 진정으로 예배하는 예배자요 사역자로 설수 있도록 도와야 할 것으로 생각된다. 이것은 만인이 사제라고 하는 종교개혁 신학의 본질적인 강조점이기도 하다. 그래서 마치 중국의 문화혁명기에 교회당 예배가 금지되고 목회자들과 선교사들이 투옥되고 추방되었을 때 가정교회가 폭발적으로 성장하고 평신도 지도자들이 신앙의 순수성을 지닌 사역자로 성장했듯이 한국교회도 가정교회가 폭발적으로 성장하는 계기가 될 수 있을 것이다.

또한 보내고 흩어지는 교회, 파송하는 교회의 원심력을 회복한다고 하는 것은 목회자의 역할에 대한 근본적인 인식의 전환을 의미한다. 18

세기 존 웨슬리는 성도들 가운데 설교자들을 세우고 가정교회들을 세우며, 그들을 위해서 순회전도자들을 세웠다. 그들, 순회전도자들은 가정교회들을 심방하고 설교자들을 격려하며 세워주는 감독의 역할을 감당했다. 이제 목회자들은 회당을 지키는 사역자가 아니라, 사역자들의 코치로서의 역할이 강화되어야 할 것이다. 이를 위해서는 실천신학자 폴 스티븐스가 누누이 강조하듯이 성직자와 평신도의 계급적 이분법이 철폐되어야 하며, 모두가 사역자로 부름받았음을 인정하고 훈련받은 성직자들은 회중 사역자들을 코칭하는 사역을 전개해야 할 것으로 생각된다. 폴 스티븐스는 평신도라는 말은 성경의 단어가 아니며, 교황이 성직계급과 차별화하는 의도로 만든 단어임을 밝힌다. 목사의 역할은 성도를 온전케하며 하나님의 일을 하도록 세우는 자(equipper)라는 것이다.

경제적 위기의 도래와 교회적 돌봄의 강화

이번 코로나바이러스 사태가 장기화된다면 이는 절대다수에게 경제적 위기를 가져다줄 것으로 예상된다. 정부는 양적 완화라는 극단적인 방법으로 대처하고 있으나, 공적인 사회안전망들은 이러한 위기를 감당하기에 턱없이 부족한 형편이다. 이제 교회는 초대교회가 그랬던 것처럼, 사회안전망이 받쳐 주지 못하고 추락하는 성도들과 이웃들의 피난처가 되어 주어야 할 역사적 사명을 발견하게 된다. 콩 한 쪽도 나눠 먹는 이웃 공동체가 붕괴된 현대인의 삶에서 이러한 나눔을 실천하는 교회의 모습은 오늘의 위기를 교회의 선교적 기회로 전환할 것이다. 이제는 복음을 선포하던 교회가 복음을 실천할 교회로 업그레이드될 수 있는 기회라고 생각된다. 이러한 교회의 돌봄은 필연적으로 교회가 재정정책의 초점을 나눔에 두면서 재정정책의 전환을 모색할 것을 요청한다. 이러한 돌봄의 사역을 통해서 교회는 역사에 동참하며 역사를 이끄는 리더십을 회복할 수 있을 것으로 기대된다.

감시사회의 도래와 민주주의의 수호

이번 코로나바이러스 사태로 인해서 가장 우려되는 일 가운데 하나가 위기 상황에 대한 전체주의적이고 독재적인 정책들이 난무하는 것과, 이로 인해서 시민의 자유와 민주주의적 질서가 붕괴되는 것이다. 교회는 시민의 자유와 인권, 그리고 민주주의적 정치체제와 의사결정방식이 지켜지도록 감시하며 필요시에 사회적 압력을 행사할 수도 있을 것이다. 이러한 감시와 실천의 한 중요한 부분이 종교와 신앙의 자유에 대한 필요 이상의 제약과 도전들이다. 위기상황의 타개라는 명분으로 정교분리의 원칙이 훼손되는 것은 모든 교회들에게 경각심을 주고 있으며, 이에 대한 공동의 대응이 필요할 것이다.

기술혁명에 대한 국제적 윤리적 감시

이번 코로나바이러스 사태가 우리에게 주는 가장 큰 경각심 중에 하나가 무분별하고 맹목적인 기술발전에 대한 문제의식이다. 이미 많은 전문가들이 무분별한 유전자 연구가 인류를 멸종시킬 수도 있음을 경고해 온 상황에서 이번 사태가 발생한 것은 예고된 사고라고 말할 수 있다. 현재 많은 언론들이 이번 코로나바이러스가 자연적으로 발생한 것이 아니라 연구소에서 가공된 생물학 무기일 것이라는 가능성을 지적하고 있다. 실제로, 선진국들은 생물안전 4등급(Biosafety Level 4)의 생물학연구소, 즉 치명적인 미생물들을 다루는 연구소들을 운영하고 있다. 이번 사태를 통해 모두가 힘을 합하여 성취할 일이 있다면 이러한 연구소들을 폐쇄하는 일이다. 교회는 시민사회와 힘을 합하고 국제공조를 통해서 이러한 가공할 만한 연구소들을 폐쇄하고 연구를 중지하도록 공론화해야 할 것이다.

그리고 이러한 문제의식은 생물학 기술에만 국한되지 않는다. 현재 제4차 산업혁명의 미래 먹거리로 진행되고 있는 수많은 영역의 연구들이 인류를 위협할 가능성이 많다. 그중에 하나가 인공지능무기의 개발이다. 인공지능이 자기결정권을 가지게 될 때, 또 로봇과 결합할 때, 인간의 생명과 인류의 생존이 인공지능의 이해할 수 없는 결정에 달리게 될 수 있다. 그래서 수많은 과학자들이 이것에 반대하고 있다. 교회는 기술혁명의 과정을 더 이상 방관하지 않고 지속적으로 감시하며 윤리적 조언과 저항을 아끼지 말아야 할 것으로 생각된다.

글로벌 자본기술 세력의 리더십 강화에 대한 글로벌 교회의 견제

교회의 윤리적 노력은 국제적인 범위에서는 글로벌 자본-기술 연합체의 영향력에 대한 견제로 나아갈 필요가 있다고 생각된다. 그들의 영향에 대한 견제와 감시가 없이는 4차 산업혁명의 큰 흐름과 그로 인한 세계 경제체제의 재편의 과정에서 수많은 사람들이 소외되고 배제될 것이기 때문이다. 물질주의적 이윤을 배타적 목적으로 하는 기술기업들과, 세계적 지배력을 강화하려는 자본가들의 연합체가 가지는 힘이 각 나라의 정부의 힘을 능가하는 실정에서 영적이며 인간적인 가치관을 공유하는 가장 큰 압력집단인 세계교회는 인간을 위한 기술과 자본이 될 수 있도록 한목소리를 내어야 할 것이다.

절망과 불안의 시대에 분명한 희망을 주는 교회

지금 인류는 미래에 대해서 어느 나라도, 어느 집단이나 전문가도 낙관적인 견해를 줄 수 없는 상황에 와 있다. 어쩌면 가장 큰 위험은 인간이 미래에 대한 소망을 잃어버리는 일이 될 수 있다. 코로나바이러스가 인간의 호흡기관과 몸을 좀먹는다면, 그로 인한 불안과 절망은 인간의 정신과 영혼을 좀먹는 더욱 치명적인 바이러스일 것이다. 이러한 암울한 상황 속에서 교회는 그리스도 예수 안에 있는 생명과 부활과 영생의 분명한 복음을 들고 사람들을 위로하며 격려할 시대적 사명을 발견하게 된다. 생명의 주관자가 되시는 하나님 아버지, 부활과 영생으로 우리를 인도하시는 예수 그리스도의 재림의 약속, 그리고 우리와 지금 함께하시는 성령 하나님 안에서 인류는 오늘과 내일에 대한 소망을 지킬 수 있다. 어둠이 깊을수록 새벽별은 빛난다.

김성원
서울신학대학교 신학과 (B.A.)
미국 Claremont School of Theology (M.A.T.S.)
미국 Claremont Graduate University (M.A., Ph.D.)
(현) 서울신학대학교 교수, 기독교세계관 네트워크(CWN) 총무코디,
　　한국개혁신학회 학술정보 이사
(저서) 『인생이 묻고 기독교가 답하다 - 세계관을 엮어 가는 6개의 질문』,
　　『21세기를 움직이는 신학포인트』, 『구원의 허리를 동이고』
(공저) 『성령론』

코로나19 시대의 교회의 환경 책임

조용훈

    코로나19가 불러온 팬데믹(감염병 세계 유행)은 금세기 인류가 만난 최대 재난이다. 그럼에도 불구하고 국가마다 초미의 관심사는 언제 경제활동을 재개하는가다. 정치인들은 코로나19가 다음 선거에 어떤 영향을 줄지 표 계산에 바쁘다. 종교인들은 집회가 금지되면서 교인과 헌금이 줄어서 미래를 걱정하고 있다. 과거에도 그랬듯이 인류는 언젠가 백신과 치료책을 내놓을 것이다. 하지만 지금 인류가 겪고 있는 재난 속에서 개인적으로나 사회적으로, 그리고 문명사적으로 교훈을 얻지 못하면 인류는 머지않은 미래에 더 큰 재난에 빠질지도 모른다. 재난은 고통이지만 삶을 뒤돌아보게 만들며 새로운 삶을 모색하게 한다.

    이런 자기반성에서 출발한 이 글은 인간과 자연(동물) 관계를 어떻게 재정립할까에 관심한다. 왜냐하면 코로나19의 출현이 인간의 자연파괴 행위와 연관되어 있기 때문이다. 전문가들은 지금과 같은 자연파괴 행위가 그치지 않으면 제2, 제3의 코로나19와 같은 바이러스들이 계속해서 출현할 것을 예언하고 있다. 이 걱정스런 미래를 전망하면서 그리스도인과 교회가 지금의 재난에 어떤 책임이 있으며, 팬데믹 없는 미래를 위해 어떤 역할을 해야 할지 살피는 데 목표를 둔다.

잠시 회복된 자연

코로나19에 대한 처방으로 사회적 거리두기가 강조되면서 일상이 멈추었다. 집합이 금지되고, 심지어 여러 나라에서 도시가 통째로 봉쇄되기도 했다. 역설적이게도 사람들의 이동이 차단되고, 영업활동과 공장의 생산활동이 멈추자 그간 사람 눈에 보이지 않았던 동물들과 자연세계가 모습을 드러내고 있다. 예로써 이탈리아의 유명 관광지인 베네치아에서는 유람선이 멈추면서 해파리는 물론 돌고래까지 수많은 종류의 바다생물들이 운하에 나타났다. 인도 북부 펀자브 지방에서는 멀리 160킬로미터 떨어진 히말라야 설산이 선명하게 카메라에 잡혔다. 지난 30년간 안개와 먼지에 가려 보이지 않던 모습이다. 태국 북부 치앙마이에선 코끼리 투어 관광객이 급감하면서 코끼리의 먹이 값을 댈 수 없게 된 주인들이 100여 마리를 고향으로 돌려보내기도 했다. 우리나라에서도 몇 년 만에 황사와 미세먼지에 대한 걱정이 없는 쾌적한 봄을 보냈다. 그간 인간의 경제활동이 얼마나 많은 환경문제들을 일으켰는지 새삼 깨닫게 되었다.

하지만 팬데믹 상황은 예상하지 못한 새로운 환경문제들을 불러오기도 했다. 위생상의 이유로 무차별적으로 사용된 일회용품 쓰레기가 넘쳐났고, 오염된 방역폐기물의 처리는 새로운 환경이슈가 되었다. 생각 없이 내버린 비닐장갑과 플라스틱 용품들이 바다로 흘러들면서 해양생태계가 생각하게 오염되고, 버려진 마스크와 비닐장갑을 먹이로 착각한 바다생물들의 목숨이 위협을 받고 있다. 사회적 거리두기가 지속되면서 온라인 구매와 택배 이동이 급속히 늘면서 엄청난 양의 포장재 쓰레기라는 문제도 불러왔다. 그리고 보면 인간이란 살아있는 동안 어쩔 수 없이 에너지를 사용하고, 자원을 소모하며, 폐기물을 배출하면서 환경에 부담을 주는 존재다.

얼마간의 세월이 지나면 인류는 항상 그랬듯이 코로나19 백신과 치료제를 개발할테고, 예전처럼 생산하고 소비하며 환경을 파괴하면서 살아갈 것이다. 그러면 돌아왔던 동물들은 다시 떠날 테고, 인류는 언젠가 새로운 형태의 팬데믹에 사로잡히게 될 것이다. 이런 재난과 불행을 반복하지 않으려면 무엇보다 먼저 그동안 인간이 자연과 맺은 잘못된 관계방식을 반성하고 고쳐야 한다.

코로나19와 자연과의 연관성

코로나19는 인수공통전염병 가운데 하나로 사람과 동물 간에 서로를 감염시키는 바이러스다. 인수공통전염병은 여럿인데 천연두와 홍역은 소를 통해서, 인플루엔자와 백일해는 돼지를 통해서, 중동호흡기증후군(메르스)은 박쥐를 먹은 사향고양이를 거친 낙타를 통해서, 말라리아는 조류를 통해서, 에이즈는 아프리카 원숭이를 통해서, 그리고 사스와 코로나19는 박쥐를 통해서 전염되는 병으로 알려져 있다.

본래 동물에게만 있는 바이러스가 동물만 아니라 인간까지 감염시키게 된 이유는 인간과 동물의 접촉이 많아졌기 때문이다. 우선, 인간의 무분별한 개발 행위로 말미암아 동물의 서식지가 파괴되고, 인간과 야생동물 사이의 직접적 접촉이 많아졌기 때문이다. 세 차례 산업혁명으로 말미암아 기후체계가 급변하면서 동물의 면역체계가 교란되고, 병원체의 성장 속도가 빨라진 데에도 원인이 있다. 유전적 종 다양성 감소는 수천 년 기간 동안 서서히 만들어진 생태학적 안정과 균형을 뒤흔들고 있다. 뿐만 아니라 야생동물까지 무차별적으로 식용하는 인간의 보신문화도 한몫을 했다고 한다. 축산마저 공장식으로 변하면서 동물의 면역력이 약해지고, 사육되는 동물들 사이의 집단감염 위협이 커지면서 우려할 만한 현상이 생겼다. 동물공장은 세균과 바이러스가 배양되고 확산하는 새로운 위험 공간이 되어 가고 있다.

그간 인류는 동물과 자연세계를 더불어 살아야 할 생명체가 아니라 인간의 쾌락과 복지를 위한 도구나 재료쯤으로 생각했다. 자연을 어머니로 생각했던 근대 이전 사람들과는 달리 현대인은 자연을 하나의 기계쯤으로 생각한다. 자연을 살아있는 유기체가 아니라 죽은 물건처럼 다룬다. 이런 잘못된 행동들은 동물이나 자연세계에 대한 인간 중심적 사고에 그 뿌리가 있다. 자연의 위계질서 속에서 인간은 '창조의 면류관'인 반면에 동물은 열등한 위치에 있기 때문에 인간을 위한 희생이 당연하다고 생각했다. 일반적으로 사람과 달리 동물은 언어가 없고, 이성이 없으며, 문화가 없고, 결정적으로 영혼을 지니고 있지 않다고 생각했다. 그간 사람들이 끊임없이 인간과 동물의 차이점에 관심을 갖은 것은 자신들의 동물지배 행동을 정당화하기 위해서였다.

코로나19 시대 교회의 환경 책임

우리가 코로나19 재난의 고통 한가운데서 해야 할 일은 이같은 재난을 불러온 우리 자신의 삶의 방식에 대한 신앙적인 회개와 윤리적인 반성이다.

무엇보다 먼저 하나님이 창조주이심을 망각한 일에 대한 회개와 반성이다. 우리가 고백하고 믿는 하나님은 구속주이시며 동시에 창조주시다. 우리가 창조주를 믿는다는 말뜻은, 인간이란 그분의 피조물일 뿐 결코 피조물의 주인이 될 수 없다는 진리다. 인간은 기껏해야 자연세계의 관리자가 될 수 있을 뿐 주인이 될 수 없다. 하지만 스스로 하나님이 되려 하다가 에덴동산에서 추방된 인간은 여전히 창조주에 도전한다. 과학과 기술이라는 힘을 갖고, 문명을 일구면서 마치 창조주나 된 것처럼 자기 기준대로 곤충을 해충과 익충으로 나누고, 야생초를 잡초라고 불러 평가했다. 자연세계에 제일 늦게 등장한 종이면서도 다른 피조물들과 더불어 살기보다는 자신들만의 이익을 추구하며 다른 생명체의 생존을 위협했다. 파괴되는 자연세계와 멸종되는 동물들은 인간이 성실한 청지기로서의 역할에 실패했음을 고발한다. 인간은 자연생명을 가꾸고 돌보아야 한다는 하나님의 첫 위임을 수행하는 데 있어서 실패한 무능하고 부도덕한 존재다.

다음으로 창조 신앙은 인간과 자연의 관계를 성서적 관점으로 재정립하길 요청한다. 물론 성서는 인간이 다른 피조물과 달리 하나님의 형상으로 지음을 받았으며(창 1장), '땅을 지배하고 다스리라'(창 1장)는 명령을 받은 특수한 존재요, '동물에게 이름을 지어 주라'는 특별한 권한을 받았음을(창 2장) 서술한다. 하지만 성서의 이런 표현은 하나님의 창조질서 속에서 오직 인간이라는 종만이 존귀하다든가, 동물을 마음대로 이용하고 착취해도 된다는 생각을 정당화하지는 않는다.

성서는 인간이 동물과 어떤 점에서 다른가에 대해서만 기술하고 있는 아니라 어떤 공통점을 가지고 있는지도 강조하고 있다. 성서의 창조 이야기에는 인간이 동물과 같은 여섯째 날에 지음을 받았고, 흙이라는 동일한 재료로 만들어졌다고 말한다. 동물도 인간과 마찬가지로 '생육하고 번성하라'는 축복을 받았고, 자신들의 먹거리를 창조주로부터 보장받았다(창 1장). 하나님은 그분의 창조질서 안에서 모든 생명체가 고유한 생활 영역을 지니고 있으며, 각기 존중받아야 함을 힘주어 강조한다. 하나님은 들짐승과 까마귀 새끼까지 돌보시는 분으로 묘사되며(시 147편), 안식일에는 인간과 마찬가지로 쉴 권리를 보장하신다(출 23장). 지구는 인간만 아니라 자연 생물종들이 함께 거주하고, 함께 생활해야 할 집(오이코스)이다.

성서가 인간을 하나님의 형상이라고 표현하는 것이나, 자연세계를 지배하고 정복하라는 말뜻은 자연세계의 착취나 동물에 대한 학대가 아니라 돌봄과 책임으로 읽어야 한다. 창세기의 대홍수 이야기(창 6-9장)에는 이런 생각이 잘 나타나 있다. 인간은 자신들의 죄악 때문에 생존위기에 빠진 무고한 생명체를 보존하고 대를 잇게 할 의무가 있다. 인간에게 모든 먹거리가 허용되지만 동물의 피를 먹어선 안된다. 왜냐하면 동물의 피는 생명의 자리로서 창조주께 속한 것이기 때문이다(창9장).

기독교 역사에는 이런 자연 친화적인 가르침대로 살려고 힘썼던 신자들이 많이 있었다. 한 예로 중세의 성 프란치스코는 '태양에 대한 노래'라는 시에서 태양과 바람을 가리켜 자기 형제라고 했으며, 물을 가리켜 자기 자매라고 묘사했다. 그는 동물들과도 교감을 나누었을 뿐만 아니라 새들에게 하나님의 말씀을 들려주기도 했다고 전해진다. 기독교가 인간의 취미활동이었던 사냥을 금지하고, 동물의 복지를 생각하게 된 일은 뒤늦게나마 깨닫게 된 성서의 교훈이다.

마지막으로 창조 신앙은 안식일의 교훈을 되새기게 한다. 안식일 계명은 유대인이 바벨론 포로생활 속에서도 신앙적, 민족적 정체성을 유지하게 만든 핵심적인 계명이다. '안식하다'는 히브리어 '사바트'로 그치다, 중지하다, 멈추다는 뜻이다. 하던 일이 제아무리 중요해 보이더라도 안식일이 되면 반드시 일에서 손을 떼고 멈추어야 한다. 안식일에는 자유인만 아니라 집안의 종과 가축들까지 함께 쉬어야 한다. 매7년마다 맞이하는 안식년에는 인간과 동물뿐 아니라 땅까지도 쉴 수 있어야 하기에 일체의 파종과 경작이 금지된다.

인간의 삶이란 노동과 쉼의 연속적 리듬 속에 있다. 중단 없는 노동, 쉼 없는 파종은 인간은 물론 땅까지 황폐화시켜 모두를 위태롭게 만든다. 그럼에도 불구하고 경제적 가치가 지배하는 현대 자본주의 사회에서는 팬데믹 상황에서조차 경제활동의 재개 시기만 생각한다. 끊임없이 생산하고, 끝없이 소비해야만 지탱해 나갈 수 있는 자본주의 체제 아래 그침과 쉼은 경제파탄과 동의어가 되었다. 자본주의 사회에서 중단은 실패로 생각되고 멈춤은 퇴보로 생각된다. 쉼 없이 바쁘게 사는 개인이 성공한 사람이요, 중단 없이 생산하는 사회가 성공한 사회의 상징이 되었다.

중단을 실패나 후퇴쯤으로 보는 자본주의의 생각과 달리 성서는 중단과 멈춤을 나쁜 것으로만 보지 않는다. 오히려 그 반대다. 하나님은 엿새 동안 힘써 세상을 창조하셨다. 그리고 일곱째 날을 거룩하게 하셨고, 축복하셨고, 쉬셨다. 이제 일을 그치는 것은 실패가 아니라 완성이요, 쉰다는 것은 창조라는 행위의 목적이 된다. 그래서 신약성서는 안식일을 인간이 추구해야 할 영원한 안식의 예표로 생각한다(히 4장).

코로나19는 자본주의 사회가 두려워하는 경제활동의 중단과 쉼을 강제하고 있다. 어찌 보면 코로나19는 우리에게 안식일 계명 준수를 강요하고 있는 셈이다. 원치 않는 중단이요, 강요된 쉼이기에 사람들은 이 사태를 재난으로만 생각하고 하루빨리 극복해야 할 대상으로만 여긴다. 그런데 역설적으로 이 강요된 중단과 쉼의 재난 속에서 우린 삶을 뒤돌아볼 기회를 얻고 있다. 우리가 무엇을 위해 그렇게 분주하게 살고 있는지? 무슨 이유로 그렇게 바삐 이동하는지? 유사 이래 국민소득이 가장 높은 경제적 풍요의 시대에 살면서도 왜 그렇게 궁핍감을 느끼는지?

코로나19 재난이 우리에게 주는 중요한 교훈 가운데 하나는 인간과 동물, 인간과 자연세계는 서로 연결되어 있다는 진리다. 인간과 자연이 운명을 함께한다는 진리는 일찍이 성서도 강조하고 있는 생각이다. 성서는 자연재앙이 대개 인간의 죄악과 연결되어 있어서 함께 고통 가운데 신음하며, 함께 구원을 소망한다고 말한다(롬 8장). 장차 메시아가 통치하게 될 종말론적인 세상에서는 인간과 짐승이 서로 두려워하거나 갈등할 일이 없을 것이라고 예언한다. '젖 먹는 아이가 독사의 구멍 곁에서 장난하고, 젖 뗀 아이가 살무사의 굴에 손을 넣는다'(사 11:8).

그런 샬롬의 세상을 꿈꾸고, 그런 평화의 왕국을 위해 부름받은 그리스도인과 교회는 인간의 경제활동과 개발 행위로 생존의 위협을 받고 있는 자연생태계를 보전하고 보호해야 한다. 그러기 위해서는 지금까지 당연시해 왔던 끝없는 탐욕과 욕망을 다스릴 수 있어야 한다. 일찍이 간디는 지구가 인간의 필요를 채워 줄 수는 있어도 인간의 욕망을 충족시킬 수 없다고 했다. '더 많이'를 아우성치는 욕망에 대해 '그만'이라고 말할 수 있어야 한다. 말하자면, 주어진 삶에 자족하는 가치관을 세우고, 더 풍요로운 물질적 생활수준이 아니라 더 깊은 영적 만족을 추구해야 한다. 교회는 끝없이 물질을 추구하는 인간 욕망을 충동질하는 대신 영적 만족과 내면의 풍요로움을 누리며 사는 새로운 삶의 모습에 본을 보이는 모범자가 되어야 한다. 그리고 자연의 파괴자가 아니라 조화를 이루며 사는 자연친화적인 삶을 실천해야 한다.

조용훈
장로회신학대학교 (학사)
장로회신학대학교 (M.Div.)
Bonn대학교 (Th.D.)
(현) 한남대학교 교수
(전) 한국기독교사회윤리학회 회장, 기독교윤리학회 회장
(저서) 『기독교 환경윤리의 실천과제』, 『사회이슈와 기독교』,
　　　『지구화시대의 기독교』, 『동서양의 자연관과 기독교 환경윤리』

코로나 시대 '성도의 교제'와 성육신 모델

권문상

　지금 우리는 코로나 19바이러스(코로나19)의 전 세계 감염 확산으로 고통을 겪고 있다. 이 전염병으로 인한 사망자는 우리나라의 경우에는 2020년 6월 현재 약 300명이고 전 세계적으로는 약 50만 명에 육박하고 있다. 확진자는 전 세계적으로 약 1천만 명 가까이 이르고 있고 지금도 계속 그 수는 늘어나고 있다. 사람들은 정상적인 일상을 유지하기 힘들게 되었고, 이로 인한 경제적 타격은 심각하며 교회사역도 상당히 위축된 상태에 이르렀다.

　주일에 교회에 출석하여 예배를 드리며 성도 간에 친밀한 사랑의 교제를 나누는 일은 이제 과거의 일이 되었다. 예배를 드린다고 해도 아주 작은 교회를 제외한 다수의 교회가 오프라인 예배와 온라인예배를 동시에 실시하고 있어서, 예전과 같이 예배가 역동적이지 않다. 찬양을 드려도 마스크가 우리의 노랫소리를 막고 있다. 성도들이 만나도 '사회적 거리두기' 때문에 왠지 서로 거리가 멀어진 느낌이다. 찬양대가 마스크를 벗고 찬양할 때에는 더욱 불안하다. 이것이 심리적으로 많이 위축된 현재의 예배 모습이다. 이러한 새로운 교회 현장은 교회가 감염 확산의 도화선이 되어 사회적 지탄의 대상이 될까 염려해서 생겨난 모습이다.

　이러한 새로운 형식의 교회 '출석'이 참교회의 모습인지 의심하게 만든다. 예배는 물론 성도 사이의 관계에 있어서도 인격적이지 않거나 적어도 덜 친밀하게 한다. 그래서 예배에 더 집중하지 못하여 현장은 물론, 특히 온라인으로 예배드리는 성도들에게 이게 진정한 예배인지, 자신이 교회의 일원인지, 성도로서의 정체성에 의심을 갖게 만든다.

이러한 '제한된' 방식의 예배와 교회 출석은 우리가 하나님을 인격적으로 만나는 경험을 방해한다. 교회에 참석한다고 해도 그 교회의 일원으로서 교회사역을 실제로 하는지 의심이 들게 한다. 온라인으로 예배드리는 경우에는 더 말할 필요도 없다. 예배에 임하는 몸과 마음의 자세가 현장예배만 못하기 때문이다. 성도들을 만나지도 못하기에 서로를 섬기는 사역을 못하니 교회가 해야 할 일을 할 수 없게 되는 사태에 이르기도 한다. 작은 교회는 교회의 존립을 걱정해야 할 상황에 이르게도 되었다.

자칫 이런 비상시국의 '뉴노멀'(New normal) 방식이 '노멀'(normal)이 될까 두렵다. 왜냐하면 교회는 단순히 예배하는 곳이 아닌 성도들의 모임이며, 또한 성도들이 교제를 나누면서 친밀함을 극대화하여 유기체적 의식을 심화시키고 교회의 공동 사역인 선교와 교육과 구제를 하는 공동체이기 때문이다. 이제 교회는 코로나19 바이러스 감염 확산이라는 특이한 사태를 맞이하여 교회 본질이 심각하게 무너지게 될 위험에 처해 있다. 이 짧은 글에서 우리는 교회 본질 해체라는, 새롭게 도전받는 현실을 직시하고 이를 이겨 낼 방안을 함께 나누고자 한다.

그것은 바로 인류의 생명을 살리기 위해 이 땅에 내려오신 예수 그리스도의 성육신을 따르는 행동이다. 하나님으로서 하늘에서 영광과 위엄가운데 계실 수도 있었지만, 죽음에 이른 인류를 구원하기 위해 스스로이 땅에 내려오신 예수 그리스도의 마음과 삶이 그것이다. 이러한 그리스도 예수의 마음은 생명 구원이 그 동기이다. 비록 자신이 희생해야 하는 경우에라도 그 위험한 현장에 내려오는 이 일을 감행하셨던 자세가그것이다.

이것은 마치 불 속에 뛰어드는 소방관처럼 화염에 휩싸인 생명을 구조하는 자세와 비슷하다. 소방관의 본질 사역은 주로 화재를 진화함으로써 재산 피해를 최소화하고 인명을 구조하는 일일 것이다. 그렇게 하려면 불연재로 무장하고 화재 현장 가까이 가야한다. 아무리 화재 현장이 위험하다고 하더라도 소방관이 그 자리를 떠난다면 이미 그 직분의 사람이 아니기 때문이다. 마찬가지이다. 아무리 팬데믹(pandemic, 전 세계적 전염병 확산)으로 예배 모임과 성도들의 모임과 행사를 절제해야 한다고 해도, 교회는 현장예배 없이, 성도들의 모임과 사역 없이는 이미 그 존재가 사라지는 것이다. 교회가 사회적 거리두기를 포기하자는 것은 아니다. 그리고 이러한 교회의 사회적 의무는 여기서 다룰 내용과는 다른 차원의 문제이다. 이 글은 오직 교회의 본질 상실의 위험을 심각하게 인식하고 교회가 성도의 교제라는 본질을 지켜야 한다는 대의를 고수해야 한다는 하나의 원리 제시할 뿐이다. 그 모델은 앞에서 언급한 그리스도의 성육신이다. 우리는 주님의 성육신적 마음과 행동을 본받아 교회 본질 파괴를 막을 용기와 결단, 그리고 지혜로운 시행을 모색해야 한다는 것이다.

교회의 본질은 무엇인가? 교회는 건물이 아니다. 만약 교회가 건물이라면, 공간만 확보되는 곳이라면, 그곳이 교회일 것이다. 그래서 오늘의 온라인예배도, 온라인예배가 드려질 수 있는 공간만 있으면 교회로서 전혀 손색이 없을 것이다. 그 예배가 안방일 수도, 거실일 수도 있다. 구태여 강대상이 있고 마이크 시설과 성도들이 앉을 의자들이 없어도 된다. 왜냐하면 안방도 거실도 교회 '건물' 즉, 공간이 확보된 자리이기 때문이다. 온라인예배의 우선적인 문제는 바로 여기에 있다. 온라인으로 시청할 '공간'만 확보되면 그것으로 충분하기에 구태여 지역교회에 참석할 필요는 없다는 것이다. 물론 성도들에게는 하나님의 말씀을 대행하여 전하는 설교자와의 인격적 만남이 없는 상태가 더 큰 문제이기는 하지만 말이다.

그래서 교회는 사람들이지 건물이 아닌 것이다. 더 정확히 말하면 사람들 사이의 '관계'가 역동적이고 유기체적으로 이루어지는 곳이다. 이런 의미에서 교회는 '성도의 교제'(communio sanctorum)라고 말하는 것이다. 여기서 말하는 '교제'란 사람들 사이의 '인격적' 만남을 전제한다. 남녀 사이의 교제나 직장 동료 사이의 교제, 사제지간의 교제 등 모두는 실제로 구체적인 인격체들이 모여서 정서 교감과 신체적 접촉을 통해 상호 인격적 대화와 토론 또는 공동의 일을 수행하는 것을 의미한다. 물론 온라인 '만남'을 전적으로 배제시키는 것은 아니다. 오늘날 언택트(untact) 문화가 자리 잡고 있고, 조만간 닥칠 홀로그램(hologram, 3차원 형상의 입체 사진) 시대를 거스르는 구석기적 방식의 '교제'를 제안하는 것은 아니다. 그러나 교회가 '성도의' 교제라고 말할 때, 이 교제는 '인격적' 방식을 전제한다는 말이다. 앞에서 말한 가상공간에서의(virtual space) 교제가 전혀 무의미한 공동체적 활동이라고 볼 수는 없지만, 교회는 버튼과 키보드로 조작되는 '기계적' 교제가 아니다.

전자가 효율성이라는 측면에서 미래 사회에서 각광받을 것이기는 하지만 적절성이라는 측면에서는 수용되기 어렵다. 왜냐하면 전자의 '교제'는 '편리'를 추구하되 후자, 곧 교회의 '교제'는 '불편'을 감수하는 것을 의미하기 때문이다. 물론 버튼으로 헌금하면 되고, 선교후원자 명부에 가입할 수는 있다. 이런 식의 교인으로 남는 것은 쉽다. 그러나 몸과 마음으로 선교의 현장과 구제의 자리에 참석하여 시간을 들여야 하고 집에서 먼 그 현장과 자리에 가기 위해 걸어가든 차를 타고 가든 비행기를 타고 가든 작은 '불편'이라도 감수해야 하는 것은 결코 쉽지 않는다. 어느 것이 그 현장의 절박하고 아픈 목소리를 실감나게 듣고 공감할 수 있을까?

이처럼 성도의 교제란 철저하게 '인격적'인 만남을 전제하는 것이다. 이런 의미에서 오늘날 온라인예배라는 뉴노멀이 노멀이 되길 희망하는 사람이 있다면 이미 코로나19 바이러스 아래 자신의 정체를 숨기고 있는 사탄에게 포섭된 자이다. 왜냐하면 사탄은 우리가 구체적으로 헌신하고 이것을 큰 보람으로 아는 것을 싫어하기 때문이다. 사탄은 '거리두기'를 사람이 즐겨하여 궁극적으로 서로 남남으로 살든지 상호적대적으로 살게 되길 희망하는 것이다. 그래서 '형식적' 교인이 되면 그것으로 족하다고 유혹하는 것이다. 그러나 진정한 성도의 교제란, 즉 참된 교회의 본질은 구체적인 사역 현장에 함께 모여서 예배드리고 기도하며 가족적 친밀도를 높이고 봉사하며 섬기는 것이다. 이를 통해 상호의존적 관계를 심화시켜 친밀성을 극대화하는 행동을 주기적으로 만들어내는 것이다. 이렇게 하려면, 현재의 '뉴노멀'을 '노멀'로 즐기려는 유혹과 생각을 하루빨리 제거하는 것이 필요하다.

이러한 노력의 일환으로 온라인예배를 현장예배와 일시적으로 병행하는 것을 '예외의' 경우로 한정한다는 선언이 이루어져야 하겠다. 그것은 교회의 본질과 거리가 먼 것임을 알려주어야 할 것이다. 혼자 혹은 지인과 함께, TV 혹은 컴퓨터 모니터나 모바일 앱으로 온라인예배와 모임을 갖는 것은 실질적으로 성도들이 인격적 만남을 불가능하게 하여, 교회가 갖는 구체적이고 공감을 극대화할 자리와 시간을 갖지 못한다는 것을 알게 해야 하는 것이다. 이것은 '적절한' 교회의 모습이 아니라고 가르쳐야 한다.

나아가 현재 시행 중인 온라인예배를 줄이되 궁극적으로 교회에 나올 수 없는 특별한 경우, 예를 들어 병원에 입원했거나 자택 치료로 인해 외부 출입이 불가능한 경우, 또는 지진이나 홍수 등 자연재해로 인해 교회에 나올 수 없는 경우, 현재의 코로나19 감염의 정도가 매우 심각하여 전국적 혹은 특정 지역 내에서 거의 집 밖 출입이 불가능한 '전쟁' 상태의 경우 등을 제외하고는 의무적으로 교회에 출석해야 함을 공지하여야 한다.

왜냐하면 현장예배를 통한 하나님과의 인격적 만남, 성도 교육, 성도들의 필요 채움, 약자 돌봄, 선교, 구제와 봉사 등 경건과 선행의 활동이 교회를 역동적으로 만들고 신앙을 더욱 견고하게 만들기 때문이다. 예수님도 고난의 자리를 일부러 택하시려 성육신하셨다. 심지어 길거리에서 돌 맞아 죽을 위험도 감수하며 내려오셨다. 아마도 우리는 이런 현장 예배와 교회 출석을 물리적으로 방해받을 수도 있다. 그러나 이러한 경건과 선행이 위협받는다면 그것은 우리에게 복이 될 것이다(마 5:11). 존 파이퍼(John Piper)가 말한 바와 같이 마태복음 5장이 전제하는 것은 코로나19 바이러스 질병이 아닌 박해라도 그 원리는 같아서 '질병이든 박해든 위험 상황 속에서 행하는 사랑의 행위'인 것이다. 그 행위는 선한 것이다. 예배와 교육은 하나님 앞에서 선한 것이고 구제와 봉사는 사람 앞에서 선한 것이다. '그리스도인들은 안락함을 추구하기보다 타인의 필요를 채워 주기 위해 힘쓰고, 안전을 추구하기보다 사랑을 베풀려고 힘써야 한다. 우리의 구원자이신 주님을 닮은 모습은 바로 그런 것이다.'

교회는 가난하고 병약하며, 이번 코로나19에 감염된 사람과 그 가족, 특히 치료 일선에서 목숨 걸고 환자를 대하는 의료진과 그의 가족을 돕는 선행을 해야 한다. 초대교회를 보라. 초대교회 성도들은 3세기 중반에 알렉산드리아시에 큰 전염병이 휩쓸 때 병자들 곁을 지켰다. 간호하던 중 감염되어 죽은 그리스도인들도 많았다. 그러나 결국 이들의 목숨을 건 헌신은 이교도들의 회심으로 이어졌다. 이들은 그리스도의 성육신 정신을 이어받은 참된 성도들이다.

오늘날 교회가 세상으로부터 인정받는 길은 무엇일까? 그리스도 예수를 닮아 교회의 본래 모습을 회복하는 것이다. 위험 현장으로 내려가야 한다. 전염병 확산은 우리 교회의 신뢰도 회복의 기회가 될 수 있다. 교인들 가정과 직장에서의 철저한 방역생활 습관은 물론이다. 특히 우리는 전염병 예방 방역시스템 아래 교회 안에서 적극적으로 교제를 나누는 일, 봉사와 섬김, 특히 코로나19 환자와 진료진을 돕는 일, 관공서의 방역시스템 제공, 사회적 약자에 대한 방역 지원 등으로 인하여 교회가 지역사회, 특히 재난적 상황을 맞이하여 얼마나 적극적으로 선행에 힘썼는지 교회 밖에서 인정할 수 있게 하여야 한다. 이를 통해 우리는 사람을 구원하는 보람을 갖도록 해야 할 것이다.

권문상
한국외국어대학교 (B.A.)
총신대신학대학원 (M.Div.)
Fuller Theological Seminary (Th.M.)
University of Aberdeen (Ph.D.)
(현) 웨스트민스터신학대학원 대학교 조직신학 교수
　　　한국복음주의조직신학회 회장
(저서) 『성경적 공동체』, 『초신자의 질문』,
　　　『비움의 모범을 보이신 예수 그리스도』, 『부흥 어게인 1907』

코로나19 이후 교회와 생명신학

김윤태

코로나19 이전의 세계적 전염병

역사상 세계적 대유행(팬데믹)을 일으킨 전염병으로는 14세기 거의 1억 명의 희생자를 냄으로 중세 유럽을 초토화한 흑사병(패스트)과, 16세기 잉카와 아즈텍 문명을 파멸시킨 천연두, 그리고 19세기 초 인도에서 시작된 콜레라와, 1918년에 유행한 스페인 독감 등이 있다. 한편, 1948년 유엔 산하 기구로 세계보건기구(WHO)가 설립된 이후 WHO가 팬데믹을 선언한 경우로는 1968년 세계적으로 거의 100만 명이 사망한 것으로 알려지는 홍콩 독감과, 2009년 미국과 멕시코에서 발발하여 1만 8천여 명의 사망자를 냈던 신종플루가 있으며, 2019년 말에 처음 발생한 이래 2020년 7월 초를 기준으로 214개 나라에서 1170만 명 이상의 확진자를 내고 그중 54만 명이 넘는 사망자를 기록하고 있음에도 여전히 끝을 예측할 수 없이 현재에도 진행형인 코로나19는 WHO가 선언한 세 번째 팬데믹이다.

인류와 질병의 전쟁

건강과 장수는 모든 인간이 바라는 바이고 인류가 역사 속에서 항상 추구해 온 것이다. 그러나 이런 인간의 염원과 달리 질병과 죽음은 건강과 장수를 바라는 인간의 최대의 적이 되어 왔다. 인간은 자신을 만물의 영장이요 자연의 지배자로 여기면서 자연 위에 군림하려 해 왔다. 그러나 자연의 질병은 이런 인류의 지위에 항상 도전장을 내밀어 왔으며 인류의 적이 되어 왔다. 인류의 역사는 인류의 생명과 건강을 위협하는 인류의 적으로서 자연의 질병과 맞서 싸워 온 역사로 보아도 무방할 것이다.

오늘날 그 어느 때보다 발달한 과학과 의학에 힘입어 인류는 질병과의 오랜 전쟁에서 마침내 승기를 잡아 가는 듯 보였다. 과거 알지 못하던 시대와는 달리 이제 인류의 생명과 건강을 위협하는 세균과 바이러스의 정체를 잘 알게 되었고 또 각종의 질병의 원인과 치료법을 과학적 의학적으로 규명하게 되어 이제는 이전 어떤 시대와도 비교할 수 없는 건강 장수 시대에 살게 되었음에 자부심을 가지게 되었다. 과거에는 생각할 수 없었던 각종 신약과 백신의 개발, 그리고 최첨단 의료기기와 대체장기의 실용화 등 역사상 최고조로 발달한 과학과 의학기술의 혜택에 힘입어 21세기를 사는 현대인들은 획기적인 생명연장의 시대, 초고령화의 시대를 살아가고 있다.

그러므로 오늘날과 같은 과학문명을 발달시킨 인류의 능력에 대한 신뢰의 바탕 위에서 진화론적이고 낙관적인 역사관을 갖는 사람들은 조만간 이제 인류의 최후의 적이자 마지막 과제로 남은 노화와 죽음만 극복하게 된다면 자연의 지배자로서 인간이 마침내 무병영생하는 시대가 올 것으로 기대하기도 한다. 이번 코로나19의 세계적 대유행은 한편으로는 자연의 지배자로 군림하기 원하는 인류의 자만심과 죽음을 넘어 영생을 쟁취하기를 바라는 인간의 과욕에 자연이 던지는 회심의 반격이 되고 있다. 그러면서 동시에 인류는 그럴수록 더더욱 과학과 의학을 발전시켜 온 인류의 능력을 다시 한 번 신뢰하면서 무병장수 영생불사에 대한 더 큰 도전의식을 키우는 계기로 삼고자 하고 있기도 하다.

영생불사하는 인간(트랜스휴먼)의 등장

인류는 이번 코로나19의 역습에 대해서도 과학과 의학에 힘입어 조만간 치료제나 면역제제를 개발함으로 이번 전쟁 또한 승리를 선언하게 될 수 있을 것이다. 그러나 비록 이번 코로나19 팬데믹이 마침내 종식되는 때가 온다 하더라도, 인류는 앞으로 계속해서 다가올 또 다른 전염병과 질병의 역습을 피할 수는 없을 것이다. 사실 이번 코로나19 대유행도 자연의 지배자로서 인간이 자연생태계의 질서를 교란하고 파괴한 데 대한 자연의 역습의 측면이 크다. 문명화의 이름으로 자연생태계의 질서를 교란하고 파괴하는 행위가 지속되는 한 자연의 역습은 계속될 것이 틀림없다. 교통통신의 발달에 따른 지구촌화가 더 진행될수록, 그럼으로 사람과 물건의 왕래가 더욱 빨라지고 대도시를 중심으로 한 문명의 집중화와 그로 인한 자연과 환경의 파괴가 더욱 진행하면 할수록, 국가의 경계를 허무는 전 지구적 전염병의 위기는 더 자주, 더 강력한 모습으로 인류의 삶을 위협하며 다가올 것이다. 한편, 이에 대한 인류의 앞으로의 응전은 기하급수적으로 발전하는 과학과 의학기술을 새로운 차원으로 끌어올려 마침내 영생불사하는 인간을 완성함으로 최후의 승리를 선언하려 할 것이다.

지금 우리는 4차 산업혁명 시대를 살고 있다. 4차 산업혁명 시대는 컴퓨터 기술, 초인공지능, 로봇 기술, 그리고 유전학과 생명공학이 기하급수적으로 발달하는 시대이고, 동시에 이 모두를 융합하는 시대이다. 학자들은 4차 산업혁명의 결과로 멀지 않은 장래에 새로운 인류가 등장하게 될 것을 예고한다. 곧 병약하고 늙고 죽을 수밖에 없는 육체를 영생할 수 있는 육체로 대체하고 인간의 정신을 디지털화함으로 인류의 역사 속에 끊임없이 계속되어 왔던 질병과 죽음과의 전쟁을 마침내 끝내고 영생하는 신인류, 곧 트랜스휴먼(transhuman)이 등장하게 된다는 것이다. 이런 트랜스휴먼은 최고의 완성된 인간으로서 호모 데우스(Homo Deus)라고 불려질 수 있는 인간이다. 그러므로 인간은 더 이상 죽음을 두려워할 필요가 없고 종말을 염려할 필요가 없게 된다는 것이다.

인간 생명의 본질

그러나 이런 트랜스휴먼의 등장과 관련하여 보다 근본적인 질문은 트랜스휴먼이 인간 생명을 지닌 것으로 볼 수 있는가 하는 것이다. 이는 다시 인간 생명의 본질은 무엇인가 하는 질문과 연결된다. 먼저 생명이 무엇인가 하는 것과 관련하여 과학적으로 명료한 답은 찾을 수 없다. 오늘날 최첨단으로 발달한 과학이 생명에 관해 많이 알게 되었다 하더라도 과학은 생명현상에 관해서 말할 수 있을 뿐, 생명의 본질에 관한 질문에는 답을 주지 못한다. 더욱이 인간 생명의 본질에 관해서는 더더욱 과학에서는 답을 찾을 수 없다. 인간 생명의 본질과 관련하여 두 가지 설이 있다. 하나는 계몽주의 이후 등장한 기계설이고 또 다른 하나는 그보다 훨씬 오래전부터 있어 온 생기설(영혼설)이 그것이다. DNA의 발견 이후 발전한 분자생물학적 관점에서 보면 생명체는 일종의 정밀한 분자기계일 뿐이다. 이처럼 인간을 물질로 보는 진화론적 관점에서 인간 생명은 육체에 속한 기계적인 것으로 이해된다. 그러나 기독교는 성경의 가르침을 따라 인간 생명의 본질을 물질인 육체에서 찾기보다는 비물질인 영혼(생기)에서 찾는다.

인간 생명은 단순한 물질적 조합이나 그것들의 기계적 연결에 있지 않고, 육체와 영혼의 결합에 있다. 곧 인간존재는 영육의 합일체이다. 여기서 인간존재를 규정하는 더 중요한 부분은 육체보다는 영혼에 두어진다. 그런 점에서 기독교는 인간의 생명을 육체적 생명뿐만 아니라 영적 생명도 말하며, 육적 생명보다는 영적 생명을 더 중요하게 여긴다. 인간존재의 본질은 단순히 대체장기와 디치털화된 지능에 있지 않고 영혼에 있는 것이다.

하나님께서 인간을 영혼과 육체를 가진 영육의 합일체로 창조하신 것은, 인간으로 하여금 육적 지상적 한시적 생명뿐만 아니라 영적 천상적 영원한 생명도 가질 수 있게 하기 위함이다. 오히려 육적 지상적 한시적 생명은 영적 천상적 영원한 생명을 알게 하시고 그것을 목표로 살아가게 하기 위함이다. 이런 점에서 최고의 인간은 천상적 인간이 되는 것이며, 인간 생명의 최고 목적은 천상적 생명을 얻는 것이고, 인간의 최고 행복은 천상적 삶에 들어가는 것이다.

성경은 인간에 대한 하나님의 관심과 인간을 위한 사역에 관한 이야기로서, 영적 천상적 영원한 생명은 성경의 중심 주제이고 인간을 창조하신 하나님의 인간에 대한 관심의 중심을 이루고 있다. 성경 이야기를 하나의 패러다임으로 요약한다면, '창조−타락−구속−완성'으로 말할 수 있다. 이는 다시 '영생을 얻도록 창조된 인간−영생에서 끊어진 인간−영생을 다시 회복받는 인간−영생에 들어간 인간'으로 말해 볼 수 있다. 요한복음 1장에서 세상은 인간에게 영원한 생명을 주시기 위한 하나님의 뜻을 알려주도록 창조된 것으로서 창조세상은 영원한 생명을 빛처럼 분명하게 보여주고 있음을 말하고 있다.

인간은 이러한 하나님의 뜻을 알 수 있도록 창조되었고 또한 그것을 얻을 수 있는 존재로 창조되었다. 그러나 죄로 타락한 인간은 더 이상 창조세상에 보여지고 있는 영생에 관한 하나님의 뜻을 알 수 없게 되었고 죽음을 피할 수 없게 되었다. 이런 인간에게 다시금 영생을 얻게 하기 위해 하늘로부터 오신 분이 성자 예수 그리스도이시고, 그를 믿는 자에게는 그분 안에 있는 생명, 곧 그분이 세상을 창조하기 전부터 성부와 함께 가지고 계신 그 생명(영원한 생명)을 주시는 것이 그를 보내신 성부의 뜻이라고 말하고 있다.

코로나19 이후 진정한 생명신학

여기서 우리는 진정한 생명신학의 본질이 무엇인지를 알 수 있다. 진정한 생명신학, 성경의 가르침을 따라 인간이 진정으로 추구해야 할 생명의 본질은 다만 창조된 이 세상에서 육체적으로 무병장수하고 영생불사하는 그런 생명이 아니라, 창조되지 않은 하나님 나라에서 영원한 신적 생명을 추구하는 것이라는 것이다. 인간의 진정한 불멸의 목표는 육적 영원한 생명이 아니라 신적 영원한 생명이고, 인간의 지고한 행복은 지상적인 영생이 아니라 천상적 영생을 얻는 데 있다는 것이다.

하나님께서 인간을 창조하신 것은 다른 피조물의 창조와는 매우 구별된다. 인간은 '하나님의 형상'(image of God)이라고 일컬어진다. 그것은 인간은 하나님의 형상대로 창조되었기 때문이다. 그런데, 하나님의 모든 피조물들 가운데 오로지 인간만이 하나님의 형상대로 창조되었다. 인간이 하나님의 형상이라는 말은 인간은 다른 모든 피조물들과는 구별되는 존엄하고 탁월한 존재라는 의미로서, 인간의 인간다움(인간성)은 바로 인간이 하나님의 형상인 것에 있다. 인간이 하나님의 형상으로 창조되었다고 할 때 이 말의 의미는 인간의 육체보다는 영혼을 가리킨다고 할 수 있다. 하나님의 형상의 좌소는 영혼인 것이다.

하나님이 인간을 하나님의 형상으로 창조하신 목적은 그러므로 하나님의 영원한 생명, 신적 천상적 생명에 참여하게 하시기 위함인 것이다. 하나님의 나라에서 삼위일체 하나님의 생명과 사랑의 사귐에 참여하는 것, 이것이 인간의 탁월함의 극치이고 인간의 지고한 행복이며 창조된 인간이 추구해야 할 궁극의 목표인 것이다. 하나님은 다른 어떤 피조물, 심지어 천사도 삼위일체 하나님의 생명과 사랑의 사귐에 참여할 수 있는 존재로 창조하지 않으셨고 이런 생명과 사귐의 약속을 주지 않으셨다.

코로나19를 겪고 있는 인류는 짧게는 이번 팬데믹을 극복·승리하는 것을 목표로, 그리고 길게는 앞으로 무병장수하고 행복한 삶을 사는 미래를 희망하면서 그 목표를 위하여 4차 산업혁명을 더욱 가속화하게 될 것이다. 그러면서 신인류, 곧 영생불사할 수 있는 트랜스휴먼의 등장을 더욱 재촉하게 될 것이다. 그러나 4차 산업혁명의 시대에 이런 신인류의 등장으로 인간이 정말 행복하게 영원히 유토피아적 삶을 살 수 있는가 하는 것은 심히 회의적이다. 과연 자연재난을 영구히 피할 수 있을지, 분쟁과 싸움이 종식될 수 있을지, 더 이상 늙지 않고 죽지 않는 인간이 늘어난다면 지구와 인류의 미래는 어떻게 될지… 심히 우려되지 않을 수 없다. 오히려 이런 시대에 자연재난과 더 강력한 질병, 그리고 또다른 형태의 질병(디지털 질병)이 등장하게 될 것이고, 가진 자와 갖지 못한 자, 지배계급과 피지배계급 사이의 갈등과 여러 가지 다른 형태의 분쟁과 싸움은 이전의 모습과는 비교할 수 없는, 현재에는 상상할 수도 없는 고통과 재난으로 다가오게 될 것이다.

코로나19 이후 사람들은 과학기술과 의학기술의 발달에 희망을 더욱 걸게 되겠지만, 그럴수록 더욱 커지는 고통의 시대를 맞게 된다는 것이 성경의 가르침이다. 세상의 종말을 조롱하면 할수록 오히려 반대로 종말의 현실을 더욱 절감하게 되는 상황이 오게 될 것이고, 고통을 없애려 할수록 더욱 고통하는 세상의 현실에 직면하게 될 것이다(딤후 3:1-9). 사람들이 의지하던 것들이 도리어 사람들을 더욱 고통스럽게 억압하고 지배하는 것으로 변모하게 될 것이다. 여기에 물론 교회도 이런 어려움과 고통을 피해 갈 수 없겠지만, 그럼에도 그런 세상에서 교회의 사명은 사라지지 않을 것이고 오히려 교회의 존재가치는 더욱 밝게 빛나게 될 것이다. 문제는 영적 생명을 위한 말세의 방주가 되어야 할 교회가 영적 시각을 잃어버리고 세상의 발전하는 과학과 문명에 맞추어 과학적 합리적 교회의 모습을 취함으로 교회의 본질을 잃어버리거나 세상의 과학문명과 타협하여 교회의 본질을 훼손해 버리지 않아야 한다는 것이다. 이런 점에서 코로나19 이후 진정한 생명신학은 교회의 사명과 본질을 잘 지키는 것이며, 예수 그리스도 생명의 복음을 전파하는 것이다. 코로나19 이후 교회의 미래는 두 가지 다른 갈래길로 나누어질 것이다. 한쪽은 더더욱 발전하는 모습을 보이는 과학과 의학 세상문명을 주목하면서 스스로 이에 맞추어 세속화되고 합리적인 길로 나아갈 것이고, 또 한쪽은 그럴수록 성경의 분별력을 가지면서 생명의 복음을 붙들고 전파하고 진정한 생명을 살리는 교회의 길을 고수하게 될 것이다. 트랜스휴먼이 등장하게 되더라도 예수 그리스도의 영원한 생명의 복음의 가치는 결코 사라지거나 축소되지 않을 것이다.

김윤태
중앙대학교 약학대학 (B.Pham.)
고려신학대학원 (M.Div.)
Nottingham University (M.Phil., Ph.D.[수학])
백석대학교 (Ph.D.)
(현) 백석대학교 기독교전문대학원 원장
    한국개혁신학회 부회장, 조직신학연구 편집위원장
(전) 한국복음주의조직신학회 회장
(논문) "삼위일체 신학과 언약사상의 관점에서 본 칼뱅의 신학원리",
    "현대 보편구원론", "칼뱅과 언약신학", "칼 바르트(K. Barth)와 보편구원론의 문제"

PART 03

—

코로나19 · 뉴노멀 · 언택트 시대
교회사의 거울로 보기

어거스틴의 사랑을 통한 성도의 치유

이우금

코로나19는 보이는 적보다 더 빠르게 세계를 불안감과 좌절감에 휩싸이게 했다. 불안감과 좌절감은 인간의 잠재된 역기능적 요소를 건드려 심각한 절망감에 빠지게 하고, 결국에는 인간의 의지를 왜곡시키는 부작용을 유발케 한다.

첫 번째 부작용은 소속감이 무너져서 오는 소외감이다. 두 번째 부작용은 소외감이 주는 무가치감이다. 세 번째 부작용은 소외감과 무가치감에 기반을 둔 불안정감이다. 소외감, 무가치감, 불안정감은 인간의 정체성까지 흔들어 자아붕괴까지도 경험할 수 있다. 전염병으로 인해 증폭되는 부정적 감정들은 육체적 질병보다 더 큰 심리적인 장애로 이어질 수 있다. 엘렉시스 캐럴 박사는 '심리적 장애를 입는 것이 전염병보다도 더 큰 인간 문명에 대한 위험'이라고 했다.

그렇다면 어떻게 내면의 심리적 부적응을 극복할 수 있을까?

행복의 전도자라고 지칭되는 신학자 어거스틴은 그의 저서 『고백록』에서 보이지 않는 내적인 움직임을 세미하게 묘사했다. 소외감, 무가치감, 불안정감으로 자아붕괴까지 이르는 자신의 심리적 과정과 치유의 과정을 진솔하게 고백하고 있다. 어거스틴의 내적인 치유 경험이 전염병으로 발생된 내면적 감정들을 치유하는 데 도움이 되리라 기대하며 그의 치유 과정을 단계적으로 분석했다.

사랑의 전향 단계: 사랑의 방향을 바꾸다

"내가 누구인가? 어떻게 살아야 하는가?" 하는 물음은 행복한 삶을 살기 위한 기본적 질문이다. 이것은 자기 정체성의 문제이고 자기 정체성은 내적, 외적 관계에 의존한다. 젊은 어거스틴도 자기 발견과 자신의 행복을 찾기 위해 방황한다. 그는 육신의 정욕과 안목의 정욕, 또한 이생의 자랑에서 자기가 누구인지를 확인하려 했다. 사회적인 평판, 지위, 성공으로 자기를 발견하려고 했다. 감각적인 쾌락만을 추구하다가 거짓 사랑, 허망한 사랑에 빠지게 된다. 그는 거짓 사랑에 빠진 상태를 다음과 같이 진술했다.

어디를 가나 그 영혼은 탐욕에 사로잡히고 사치에 멍들고 야망에 부풀고, 교만에 사로잡히고, 질투심에 시달리며, 나태에 빠지고, 음란하게 되고, 이기주의에 빠지며, 기타 욕정의 세계에 속하는 여러 가지 이루 헤아릴 수 없는 온갖 감정들에 시달리게 된다. 지혜를 추구하지 않는 모든 사람이 추구하고 있는 사랑은 형벌이다.

거짓 사랑, 잘못된 사랑을 하는 것은 의지의 왜곡으로 인한 선택의 결과이다. 자기 발견의 외적인 추구는 내적인 결핍감을 조장할 뿐이다.

어거스틴은 자신을 사랑하는 자기애에서 진정한 행복과 안정을 찾을 수 있었는가? 타락하기 시작한 어거스틴은 더 깊은 심연(深淵)으로 타락해 들어간다. 타락은 인간이 하나님에로의 사랑에서 떠나 자기 사랑으로 향할 때 시작되었다. 그는 이제 세상의 사물에서 자기의 존재감(가치)을 찾아보려다가 더 깊숙이 변천하는 사물 속으로 빠져들고 만다. 이제 자기 사랑은 세상을 좋아하는 사랑으로 떨어져 어거스틴이 말하는 탐욕(쿠피티타스)으로 빠지게 된 것이다. 탐욕(쿠피티타스)의 사랑은 세상을 향한 사랑이고, 무질서한 사랑이고 모든 악의 뿌리이다. 쿠피티타스는 낮은 존재에로의 열망이며, 낮은 존재에로 향함이기 때문이다. 쿠피티타스는 결국 하나님을 스스로 소외한 사랑이다. 『고백록』에서 어거스틴은 하나님 밖에서 순수하고 깨끗한 것을 찾으려고 하는 것이 죄를 짓게 하는 교만한 행위였다고 고백한다.

결국, 사랑의 대상에 따라서 그 사랑의 질이 결정된다는 것을 어거스틴은 "너의 사랑이 어떤 종류의 사랑인지 알고 싶어 하느냐? 그러면 그 사랑이 어떤 방향으로 가는지만 보아라"라고 말한 것이다. 욕망 속에 곤고했던 영혼을 하나님의 사랑이 만져주시므로 그 영혼은 하나님의 사랑에 대한 갈증과 욕망을 느끼게 되는 변화가 일어났다고 고백한다. 하나님의 사랑을 찾아 사랑의 전향을 하게 되었다. 이 귀환의 시작은 신의 은총으로 시작되었다. 세상에 속한 탕자가 '본연의 자리'로 돌아가는 방향을 안내받은 것이다.

불안한 영혼이 안정을 찾기 위해서는 잡다한 세계를 초월하여 존재와 선의 원리인 하나님께 올라가야 함을 알게 되었다. 즉 잡다한 세계에서 하나님에게로, 외적 세계에서 내면의 세계로, 시간에서 영원으로 올라감으로써 인간은 헷갈림과 불안에서 벗어날 수 있다는 것을 알게 되었다. 하나님은 우리를 그의 사랑의 대상으로 먼저 부르시고, 우리가 그를 믿게 하셨다. 어거스틴의 사랑의 전향은, 하나님과 인간의 사랑은 하나님의 먼저 부르신 사랑임을 믿는 것부터 시작된다.

사랑의 연합 단계: 하나님 사랑에 성령께서 묶으시다

하나님과 인간은 상호관계적 사랑을 할 수 있는가? 어거스틴은 하나님과 인간의 관계적 사랑(카리타스)을 삼위일체론으로 증거했다. 사람은 하나님의 이미지에 따라 창조되었기 때문에, 신적인 닮음은 인간존재 위에 불멸의 특징으로 새겨져 있다고 본다. 이런 신의 이미지(흔적)는 죄에 의해서 내적 인간 안에서 훼손되었고, 또 은총에 의해 다시 형성되어야 한다고 주장한다. 그러나 하나님의 흔적(이미지)은 훼손될 뿐 상실될 수는 없다는 것이다. 아담의 죄로 인해 시간과 공간의 한계성을 갖고 태어난 인간이 죽음과 유기에서 벗어나려는 몸부림은 죄의 노예로 전락할 뿐이다. 어거스틴은 이러한 문제를 해결하기 위해서는 인간의 영혼이 하나님을 향해 있어야 하고 그와 연합해야 한다고 말한다. 하나님과의 연합은 하나님의 흔적이 훼손된 자가 치유의 자리, '본연의 자리'로 돌아가는 것이다.

그는 신께로 향하는 영혼의 결정적 회심을 통하여 영혼이 믿기 힘든 확신을 가지고, 즉 진리의 관상으로 나아간다. 인간의 영혼에 나타나 있는 흔적인 삼위일체론적 삼중구조에 대하여 살핀다. 영혼에 나타난 신의 이미지(형상)의 닮음에서 신을 알 수 있는 가능성을 두었다. 인간의 영혼을 자세히 보면 삼위일체의 신비를 알 수 있다. 특히 사랑은 인간의 영혼이 가지는 기능 가운데 삼위일체에 대한 가장 명료한 형상이다. 삼위일체이신 신의 모습은 십자가의 구원 사건에서 확실하게 드러난다. '사랑받으시는 분'이신 그리스도는 십자가에 달리시고, 사랑의 연합이신 성령께서는 성부와 성자를 하나로 연합한다. 성부는 성자를 사랑하신다. 성자는 성부의 사랑에 응답하신다. 그리고 성령은 삼위일체를 모두 하나의 사랑으로 묶으신다.

성령은 우리의 삼위일체적 흔적을 통하여 우리도 그 사랑 안에 묶으신다. 어거스틴적인 표현을 쓴다면 우리가 하나님을 사랑하게 된 것은 하나님이 우리가 그를 사랑하도록 우리 안에 성령을 부어주셨기 때문이다. 하나님의 은혜 역사는 성령을 통해서 우리 마음에 불어넣어 주시는 사랑의 주입, 혹은 새롭고 선한 의지를 재창조해 주시는 것이다. 창조와 보전, 그리스도의 성육신에서 나타난 하나님의 은총은 이제 성령을 통해서 선한 의지를 내면화되도록 역사하시는 것이다. 이 상태를 하나님과의 의지의 연합이라고 어거스틴은 말한다. 신과의 의지의 연합은 우리에게 향한 하나님의 은혜이다.

우리 안에 성령의 내재로 인하여 '우리 안에' 계시는 하나님으로 체험하게 된다. 신을 사랑으로 정의한 어거스틴은 '사랑을 사랑하는 자'(the love in lover)는 바로 '신을 사랑하는 자'(the lover of God)라고 말한다. '사랑한다는 것은'(loving)은 신의 영감을 받은 행동이며, 신께서 바로 그 사랑을 촉발(觸發)시키는 분이다. 신은 사랑의 저자(author of love)이시므로 오직 신을 보고, 알고, 경험한 자만이 사랑을 행할 수 있다. 이웃(친구)을 사랑하는 것은 하나님에게서 받은 것으로 사랑하는 것이다. 그렇다면, 사랑이 일어나는 그 자리에 신은 현존하신다. 현존하시는 하나님의 사랑(카리타스)에 연합될 때, 인간은 치유될 수 있음을 분명히 한다. 어거스틴은 이렇게 하여 하나님과의 교제의 사랑에 도달한다. 하나님 안에서 재창조된 존재로서 소속감, 가치감, 안정감을 회복하게 되었다. 하나님 사랑에 의해 자신을 기뻐하는 자가 되었다.

사랑의 향유 단계: 오직 하나님만 바라보기

어떻게 하나님과 사랑해야 하는가? 어거스틴은 그리스도인의 사랑의 방법을 '이용'(사용)과 '즐김'이라는 개념으로 설명한다. 어거스틴은 사랑의 질서를 더 자세하게 설명하기 위해서 사랑의 대상을 네 가지로 나누어 그에 대한 사랑의 순서도 설명하고 있다.

첫째는, 사랑의 진정한 대상은 삼위일체 하나님이다. 그분만이 '즐김'의 대상이 된다. 우리를 행복하게 만드는 하나님을 즐기며, 그 앞에 기쁨이 있다고 기대하는 하나님께로 온 것을 기뻐하기 때문이다. 둘째는 인간 자신이다. 인간이 자신을 사랑할 때 교만한 태도로 임할 것이 아니라,

하나님과의 관계 아래 해야 한다. 인간이 스스로 자신을 중심으로 사랑한다는 것은 진정한 의미에서 자신을 사랑하는 것이 아니다. 셋째는 자기 이웃, 즉 자기와 또 같은 차원에 있는 사람들이다. 이웃을 사랑할 때는 하나님과의 관계 아래에서, 하나님을 위해서 이웃을 '즐김'하는 사랑을 해야 한다. 만일 인간이 최고의 선이신 하나님과의 관계 아래에서 이웃을 '이용'(사용)하지 않으면 이웃을 진정으로 사랑하는 것이 아니다. 그러므로 이웃사랑은 '즐김'하면서 동시에 '이용'(사용)하는 사랑이다. 즉 자기와의 관계에서는 목적으로 대하는 사랑이요, 하나님과의 관계에서는 수단으로서의 사랑이다. 이 말은 하나님 사랑을 위해 이웃을 사랑해야 진정한 이웃사랑이 이루어진다는 뜻이다. 넷째는 인간 밑에 있는 세계의 사물들이다. 인간이 그들을 사랑하되 인간의 영적인 목적을 달성하기 위한 수단으로 사랑해야 한다는 것이다. 그들에 대한 인간의 사랑도 하나님 사랑에 예속되어야 한다. 어거스틴의 사랑의 의미는 '하나님을 마음을 다해, 뜻을 다해, 힘을 다해 사랑하라'와 '네 이웃을 네 몸과 같이 사랑하라'는 메시지를 담고 있다.

어거스틴은 "당신이 명하시는 것을 행할 수 있도록 해 주시고 당신이 원하시는 것을 명하소서"라고 했다. 사랑을 향유하기를 원하는 자의 순종의 고백이다. 그렇다고 하나님의 은혜는 인간의 사랑이나 자유의지를 말살하시지는 않는다. 오히려 하나님의 사랑(카리타스)은 인간의 왜곡된 의지와 사랑을 치유, 변화시켜 하나님을 진정으로 사랑하게 한다. 그러므로 그는 하나님과의 관계에서 바람직한 인간의 태도란 삶 전체가 오직 하나님만을 바라보는 것이 즐거움이 되어야 한다고 말한다. 어거스틴은 하나님께서 주시는 자애의 선물, 그분의 사랑 덕택에 그분을 창조주로 하여 우리가 살아있고, 그분을 통하여 쇄신됨으로써 지혜롭게 살아가며, 그분을 사랑하고 그분을 향유하는 가운데 우리가 행복하게 산다고 말한다. 결국, 하나님을 향유하며 사는 것이 하나님의 사랑에 대한 우리의 응답이라고 말한다. 우리에게 있는 모든 것을 주신 하나님께 우리의 생명과 지혜(지력)를 남김 없이 마음을 다하여 뜻을 다하여, 힘을 다하여 완전히 집중하라는 것이다.

어거스틴은 내적인 것을 내적 인간이라고 하고, 외적인 것은 외적 인간이라고 표현한다. 외적 인간의 외적 추구는 외적 평판, 성공, 출세를 좇아 다니다가 타락하고 빈털터리가 되었다. 내적 인간으로 돌아온 탕자는 하나님께서 주시는 행복을 누리며 세상을 선도하는 영적 지도자가 되었다. 그것은 허구가 아닌 어거스틴 자신의 이야기이다. 하나님과 깊은 사랑의 연합은 내적 인간이 행복감을 향유하는 데 부족함이 없다. '하나님의 사랑을 받은 자' 성자 예수 그리스도를 믿는 자에게 소유되는 소속감, 가치감, 안정감은 인간의 심리적(지·정·의) 행복감을 충족시키기 때문이다.

하나님은 사랑이므로 세상을 창조하시고(create) 또한 재창조(recreate)하신다. 그의 말씀을 통해서 부르시고(call) 또 부르시는(recall) 것이다. 하나님의 사랑은 어떤 좋은 명약보다 신비한 회복 탄력성을 부여하셔서 인간을 회복시키고 재창조하신다. 인간이 하나님의 사랑에 응답하게 하셔서 사랑을 완성시키신다.

어거스틴의 사랑개념의 형성 배경에는 주변 야만족의 침입과 로마 제국의 쇠퇴라는 불안감을 가지고 있었다. 그의 대저작(大著作) 『하나님의 도성』에서도 정치 경제, 그리고 일상생활 책무들로 이루어진 물질세계의 초조한 좌절을 벗어나고 싶은 희망을 유추할 수 있다. 그러한 상황에서 탄생한 사랑(카리타스)개념은 팬데믹 시대를 사는 우리에게 공감적 해답을 제공한다.

그렇다면 우리는 팬데믹의 시대에 어떻게 살아야 하는가? 어거스틴은 "하나님 사랑을 기뻐하며 향유하라"고 말한다. 하나님 사랑을 기뻐하고 향유하는 것은 '마음을 다하여, 뜻을 다하여, 힘을 다하여' 하나님을 사랑하고, '이웃을 내 몸처럼' 사랑하는 것이다. 어거스틴의 말대로 그리스도인은 어느 때보다 '하나님의 사랑받은 자'의 소속감, 가치감, 안정감을 가지고, 하나님 사랑(카리타스)을 향유하는 자로 평강 속에 살아야 할 것이다. 또한 그렇게 살기를 기도해야 할 것이다.

이우금

이화여자대학교 국어국문과 학사
성균관대학교 경영대학원
서울신학대학교 상담대학원 (M.A.)
평택대학교 피어선신학전문대학원 상담학, 조직신학 (Ph.D. Ph.D.)
(현) 한국목회상담협회 감독
(전) 한국목회상담협회 운영위원, 가나안교회 상담코칭센터장
(저서) 『이야기심리학』, 『어거스틴의 사랑개념』

루터가 짚어주는 한국교회의 본질적 과제

김선영

2020년 신년 벽두, 육안으로는 볼 수도 없는 코로나19 바이러스가 순식간에 세계의 패권자로 등장했다. 기존에 바이러스의 습격과 인류의 대응 경험이 없었던 것도 아닌데 이 신종 바이러스가 초래한 결과는 상당히 이례적이다. 끝을 모르고 돌진하는 인간의 탐심에 의한 자승자박이라는 반성과 후회는 너무 늦은 듯하다. 한순간에 세상을 제패한 이 패권자로 인해 수많은 사람이 무기력하게 고통을 당하고 때 아닌 죽음을 맞이하고 있으며, 이 패권자에게 맞설 방법을 찾기 위해 전 세계의 지도자들이 전전긍긍하고 있다. 온 인류는 완전히 바뀐 일상을 비롯해 새로운 시대적 도전에 직면했다. 이러한 미증유의 사태를 놓고 많은 의견이 나오고 있다.

예수 그리스도의 탄생에 기준을 둔 연대 표시인 BC(Before Christ)와 AD(Anno Domini)/AC(After Christ) 대신 BC(Before Corona)와 AC(After Corona)라는 신개념도 제시되었다. 이제 뉴노멀(New Normal)의 시대가 왔고, 언택트(Untact)와 비대면문화가 정착될 것이라 한다. 이 변화를 선도하기 위해 기술력과 자본력이 결합하여 제4차 산업혁명을 가속화하고 있다. 무엇보다 현실세계와 가상세계의 연결이 강화되고 온라인과 오프라인이 더욱 중첩되는 장의 개발이 속도를 더할 것이며, 홀로그램과 같은 기술이 더욱 발전하면서 인류는 새로운 문명을 경험하게 될 것이다.

교회 역시 코로나19로 인해 커다란 타격을 받았고, 팽배한 위기의식에 탈출구를 찾고자 고전하고 있다. 사회적 거리두기라는 감염 관리 지침은 교회에 치명타를 가했고, 많은 문제와 과제가 수면 위로 떠올랐다. 하지만 비관적인 상황만은 아니다. 교회가 어떻게 대처하느냐에 따라 위기가 호기가 될 수 있기 때문이다. 아놀드 토인비(Arnold Toynbee)는 인류 문명은 도전과 응전의 역사라고 말했다. 이 시대적 도전에 지혜롭게 응전할 수 있다면 교회는 오히려 더 단단한 토양 위에 굳건히 설 수 있게 될 것이다. 이를 위해 현상황을 최대한 정확히 진단하고 적절한 조치를 취해야 할 것이다.

5월 28일부터 6월 1일까지 대한예수교장로회 통합 총회 소속 목회자 1,135명을 대상으로 한 포스트 코로나19 설문조사 보고서가 목회데이터연구소 주간리포트『넘버즈』52호에 게재되었다. 이에 의하면 코로나19로 인한 교회의 어려움 중 '교인들의 주일성수 인식 및 소속감 약해짐'이 39.0%로 가장 높게 나타났다. 코로나19 사태를 겪으며 한국교회가 가장 관심을 가져야 할 주제로서는 '예배의 본질에 대한 정립'이 43.8%로 1순위를 차지했다. 그다음으로 '교회 중심의 신앙에서 생활신앙 강화'(21.2%), '교회의 공적인 역할'(12.9%), '온라인시스템 구축 및 다양한 콘텐츠 개발'(6.9%)이 차례로 높은 순위를 차지했다. 코로나19 종식 이후 목회 중점을 어디에 두겠느냐는 질문에는 '설교력 강화'(19.0%)와 '성도간의 교제 및 공동체성 강화'(18.9%)가 가장 높게 나타났다. 그다음으로 '예식, 예전/모이는 예배 강화'가 16.5%, '교회 공공성/지역사회 섬김' 및 '심방/전도 강화'가 각각 8.7%를 차지했다. 여기서 응답 1순위와 2순위를 합친 결과를 보면 '성도 간의 교제 및 공동체성 강화'가 41.4%로 가장 높게 나타났고, '설교력 강화'는 29.9%로 나타났다.[1]

---

1 "대한예수교장로회 통합 총회 소속 목회자 대상 포스트 코로나19 설문조사 보고서", 목회데이터연구소 [넘버즈] 52호. 2020. 6. 19. http://mhdata.or.kr/mailing/Numbers52th_200619_Full_ Report.pdf. 2020년 6월 20일 접속. 참조. "코로나19로 인한 한국 교회 영향도 조사 보

교회가 해결해야 할 많은 문제들 중에서도 이 보고서는 무엇보다 교회와 주일성수와 예배의 본질을 다시 한 번 확고히 정립하고 가정예배를 확립할 필요성을 알려준다. 이 과제를 푸는 데 도움이 될 수 있도록 프로테스탄트 개혁을 선도하고 개신교회를 처음 시작한 마르틴 루터의 제언을 간단하게나마 나누어 보고자 한다.[2]

루터의 제언

교회의 본질

루터에게 교회의 본질은 '코뮤니오 상크토룸'(*communio sanctorum*)이다. 이는 '성인들/성도의 공동체' 또는 '성인들/성도의 교제'를 뜻한다.[3] 우선 루터는 중세 로마 가톨릭교회의 전통과는 달리 '성인'(saints)이란 그리스도를 믿는 모든 그리스도인임을 강조한다. 그리고 '코뮤니오'를 회중/공동체/집회라는 의미와 함께 상호 나눔의 행위라는 뜻으로도 사용한다. 후자의 의미는 전자의 의미에 포함되어 있으며, 교회의 본질을 이해하는 데 매우 중요하다. 성령은 모든 믿는 자들을 그리스도의 몸의 구성원으로 만들기에 그들은 그리스도와 더불어, 그리고 서로와 더불어 한 몸 또는 한 덩어리의 빵이 된다. 몸의 한 구성원에 관련된 문제는 무엇이 되었든 몸 전체의 문제가 된다(갈 6:2; 고전 12:22-26). 따라서 이 공동체에 속한 이들은 삶과 죽음의 모든 순간을 함께하며 서로 보살펴주고, 소유물을 공유하고, 서로의 고난과 짐을 나눈다. 루터에 의하면 이것이 바로 교회

고서(요약 보고, 개신교인 대상)", 목회데이터연구소 [넘버즈] 42호. 2020. 4. 10. http://mhdata.or.kr/mailing/ Numbers42th_200410_Full.pdf. 2020년 4월 11일 접속.

2 루터와 흑사병에 관해서는 다음 글 참조, 안명준 외 17명 저, 『전염병과 마주한 기독교』 (다함, 2020), 126-140.

3 *D. Martin Luthers Werke*, Kritische Gesamtausgabe, 73 vols., eds., J. F. K. Knaake et al. (Weimar: Hermann Böhlau, 1883 – 2009), 30/I:92(이후로는 WA 30/I:92와 같이 표기); *Luther's Works* in American edition, 75 vols., eds, Jaroslav Pelikan, Helmut T. Lehmann, and Christopher Boyd Brown (St. Louis, MO: Concordia Publishing House, 1955 ff.; Philadelphia, PA: Fortress Press, 1955 – 1986), 51:166 (이후로는 LW 51:166과 같이 표기).

의 본질이다.

이 관점에서 루터는 화려한 건물이나 요란한 예식 등은 물론이거니와 제도나 성직자 중심의 위계 체계 등이 교회의 본질이 아님을 거듭 강조하며, 선행과 공로를 통해 자기 의(self-righteousness)를 세워 가고 구원을 얻는다는 중세교회의 신학과 종교적 관행을 비판한다. 이는 단순히 죄인인 인간이 어떻게 자기 의를 이루고, 자기 의를 내세워 구원을 얻을 수 있느냐의 문제가 아니다. 성경에 의하면 구원에 관한 한 하나님은 예수 그리스도 외에 다른 방법을 약속한 적이 없다. 구원에 관한 하나님의 계획과 약속을 무시하고 인간적 발상을 따른 이런 신학과 종교적 관행 위에 참된 성도의 공동체와 성도의 교제가 세워질 수 없다. 이와 함께 루터는 이 같은 신학적 사상과 종교적 관행이 실제 그리스도인들의 삶 속에서 야기하는 다양한 문제를 직시한다. 그중 가장 큰 문제는 그리스도인으로서의 삶이 자기 의를 쌓기 위한 삶이 됨으로써 비록 이타적인 선행을 하고 있다고는 하지만 사실은 자신의 구원을 확보하고 자신을 내세우려는 이기적인 동기와 목표가 내재해 있다는 점이다. 이것은 자신이 쌓은 공로에 따라 자신을 다른 사람보다 우월하게 여기거나 다른 사람들을 자신의 구원을 확보할 수 있는 수단으로 삼는 신앙 이기주의를 낳는다. 이런 자기중심적인 신앙생활 속에서는 성도의 공동체와 성도의 교제로서의 진정한 교회는 결코 존재할 수 없다.

'코뮤니오 상크토룸'에 대한 이러한 입장은 인간이 어떻게 구원받는가의 문제와 함께 왜 구원받는가의 문제를 다루고 있다. 구원에 관한 하나님의 계획과 약속과 성취를 다시 확고히 세우는 일은 어떻게 구원받는가의 문제요, 하나님께서 어떻게 코뮤니오 상크토룸을 세우시는지의 문제이다. 하지만 루터의 신학은 여기서 끝나지 않는다. 그는 왜 구원받는가, 하나님께서 왜 코뮤니오 상크토룸을 세우시는가의 문제도 다룬다. 이에 대해 루터는 사랑하게 하기 위해서라고 답한다. 이 사랑은 중세 로마 가톨릭교회에서 강조한 자기 의를 쌓아 구원에 이르기 위해 행하는 공로로서의 선행과는 전혀 다르다. 왜냐하면 구원에 대한 하나님의 유일한 계획과 약속과 성취인 예수 그리스도를 믿는 믿음만으로 이미 구원을 확보한 그리스도인은 자기 의를 쌓아야 할 필요에서 자유롭게 됨으로써 순수하게 이웃을 사랑할 수 있게 되기 때문이다. 즉, 믿음으로 가슴속에 모신 예수 그리스도와 그의 거룩한 영의 이끄심에 따라 예수님처럼 하나님의 나라와 그의 의를 위해 일하며 사랑이라는 믿음의 열매를 맺게 되기 때문이다.[4] 루터가 『그리스도인의 자유』에서 역설했듯이 그리스도가 자기를 비어 종의 형체를 입고 인간을 섬기는 삶을 보여준 것처럼(빌 2:6-8) 그리스도인도 자신을 비우고 종의 형체를 입고 이웃을 섬겨야 하는 것이다.[5] 이처럼 믿음과 사랑으로 이루어진 성인들/성도의 공동체, 그리고 성인들/성도의 교제가 바로 루터가 강조한 교회의 본질이다.

주일성수의 본질

루터는 하나님께서 예수 그리스도 안에서 이룬 새 창조를 통해 이 땅에 새로운 통치가 시작되었음을 강조한다. 그리고 이에 따라 안식일 준수 명령은 공적 예배와 안식의 날로 준수해야 한다는 점에는 변함이 없지만 예수 그리스도로 인해 새로운 의미를 갖게 되었다고 설명한다.[6] 루터는 우선 어떤 날이나 시간을 거룩하게 하거나 지키는 것의 의미를 묻는다. 그리고 '거룩'이란 모든 세속적 사용에서 벗어나 하나님을 위해 따로 떼어 둔 것이라고 대답한다. 즉, 거룩하게 한다는 것은 신성한 목적,

4 믿음과 사랑에 대한 루터의 가르침에 대해서는 다음 글 참조. 김선영, 『믿음과 사랑의 신학자: 마르틴 루터』(대한기독교서회, 2014); 『루터의 프로테스탄트 개혁: 신학·교회·사회개혁』(대한기독교서회, 2019).

5 WA 2:748; LW 35:58.

6 Martin Luther, "The Large Catechism", in *The Book of Concord: The Confessions of the Evangelical Lutheran Church*, eds., Robert Kolb and Timothy J. Wengert (Minneapolis: Fortress Press, 2000), 397. 83.

또는 하나님께 드리는 예배를 위해 따로 떼어 놓음을 의미한다.[7] 따라서 안식일을 거룩하게 지킨다는 것은 아무 일도 하지 않으면서 가만히 앉아 있는 것이 아니라 거룩한 일을 하는 것을 뜻한다. 그 거룩한 일은 무엇보다 '하나님의 말씀을 순수하고 거룩하게 선포하는 설교'이다.[8]

하나님의 말씀이야말로 가장 거룩한 것이며 모든 것을 거룩하게 만드는 보물이기에, 하나님의 말씀이 선포되고 사람들이 그것을 듣고 배우며 그 말씀이 순전히 선포되고 지켜졌는지를 보는 공동체는 하나님을 올바르고 거룩하게 섬기고 있는 것이다. 여기서 말씀의 선포는 믿음과 연결되어 있다. 말씀을 받아들일 수 있는 유일한 수단은 믿음이기 때문이다. 따라서 루터는 안식일 준수의 핵심적 의미는 하나님이 말씀을 통해 우리와 대화하시고 우리는 그에 대한 응답으로 기도와 믿음을 통해 그분과 대화하는 것이라고 말한다.

이처럼 안식일 준수에서 말씀과 믿음이 근간을 이루고 있음을 강조한 후 루터는 안식일 준수에 믿음의 열매로서의 사랑이 빠질 수 없음을 역설한다. 사랑의 차원에서 루터는 두 가지 문제를 다룬다. 하나는 장소나 시간과 같은 안식일의 외적인 요소들에 관련된 문제이다. 루터는 믿음과 사랑의 개념을 가지고 안식일 준수를 위해 반드시 지켜야 할 본질(must)과 그렇지 않고 각 공동체의 질서와 화평을 위해 서로 합의하여 지킬 수 있는 비본질적인 것, 즉 아디아포라(ἀδιάφορα)를 구분한다. 루터는 안식일 준수와 관련해 장소, 시간, 의식(ceremonies) 등에 관한 문제들은 각 공동체에서 논의하여 선택할 문제로 보았다. 특히 일요일을 안식일로 지키는 것과 관련해 루터는 보편적으로 일요일을 안식일로 지켜 왔으므로 그대로 유지하자는 상당히 실용적인 의견을 개진한다.

다른 하나는 안식의 본질과 관련된 사랑의 행위에 대한 문제이다. 믿

---

7   WA 42:60; LW 1:79.
8   WA 49:599; LW 51:342.

음의 차원에서 안식의 본질은 예수 그리스도를 믿는 믿음으로 하나님과 하나님의 말씀에 집중하기 위해 우상숭배적 사고와 행위를 포함하여 모든 죄의 생각과 행위를 내려놓는 것이다. 진정한 안식이란 무엇보다 죄를 그만 짓는 것이며, 죄 중의 죄는 인간의 구원에 대한 하나님의 약속이 예수 그리스도를 통해 성취되었음을 믿지 않는 죄이다. 이런 관점에서 루터는 인간의 선행과 공로가 구원에 한 몫을 한다고 가르친 중세 로마 가톨릭교회가 이 죄에서 벗어나지 못했으며, 그런 의미에서 안식일을 올바로 준수하지 못했다고 보았다.

사랑의 차원에서 안식의 본질과 관련해 루터는 누가복음 13장 11-17절, 14장 1-11절 등을 예로 들면서 안식의 본질은 오히려 사랑이라는 믿음의 열매를 맺는 일을 중단하지 않는 것임을 강조한다. 하나님의 말씀을 선포하고 듣는 일을 방해하지 않는 한, 특히 어려움이나 위기에 처한 자들을 돌보는 사랑의 실천을 중단해서는 안 된다. 이들은 하나님의 형상으로 창조되었고, 하나님이 사랑하라고 명하셨기 때문이다. 이러한 사랑의 열매를 통해 어려움에 처한 자들을 시련과 고통에서 해방시켜 안식할 수 있게 해 준다면 그것이야말로 안식일 준수 계명을 충실히 지키는 방식이다.

더 나아가 루터는 이처럼 안식일 준수의 본질을 믿음과 사랑의 관점에서 풀면서, 이 본질에 충실해야 하는 그리스도인은 주일만이 아니라 매일을, 그리고 삶 전체를 주일을 성수하듯 살아야 한다고 주장한다. 주일 준수를 위한 패러다임이 그리스도인의 삶 전체, 매일의 삶을 위한 패러다임도 된다는 것이다.

예배의 본질

루터의 작품 중 1520년 상반기에 쓴 『선행에 관하여』라는 중요한 글이 있다. 여기서 루터는 신령과 진정으로가 아니라 아무 생각 없이 형식적으로 예배를 드리는 그리스도인들의 태도를 개탄하며 다음과 같이 말한다. "미사는 눈으로 보고, 설교는 귀로 듣고, 기도는 입으로 말하는 것으로 충분하다고 생각하는 지경에까지 거의 이르렀다. 사람들은 외적인 행위로 천국을 얻으려는 경지에 도달했다."[9] 이처럼 전혀 영적이지 않고 외식적인 예배를 비판하면서 루터는 진정한 그리스도교적 예배란 근본적으로 하나님의 주심과 우리의 받음에 관한 것이라고 역설한다. 하나님은 선물로 말씀을 주시고, 우리는 믿음으로 그것을 받아들인다.[10] 그리고 하나님께 기도와 감사를 드린다.

루터에 의하면 제1계명은 하나님은 도와주는 분이심을 믿을 것을 요구한다. 제2계명은 하나님의 이름을 부르고 기도하며 하나님께 감사할 것을 명령한다. 제3계명은 진리를 가르치고 건전한 교리를 방어하며 보존할 것을 촉구한다. 루터는 이것들이야말로 '하나님이 요구하는 참되고 유일한 예배의 형태들'임을 강조하면서 다음과 같이 말한다. "하나님은 제물도 돈도 다른 어떤 것도 요구하지 않는다. 하나님은 첫 번째 돌판, 즉 당신이 하나님의 말씀을 듣고 묵상하고 가르치는 것, 당신이 기도하는 것, 그리고 당신이 하나님을 두려워하는 것을 요청한다. 이렇게 행할 때면 언제든지 자연스럽게 두 번째 돌판의 예배의 형태들 또는 행위들이 따라올 것이다. 첫 번째 돌판에 따라 예배하는 자가 두 번째 돌판 역시 지키지 않는 일이란 불가능하다."[11] 이것은 곧 루터가 항상 강조하듯 좋은 나무가 있으면 마땅히 좋은 열매가 맺히듯, 참된 믿음이 있는 곳에 참된 사랑이 따라오기 때문이다.

만인제사장론과 소명론
루터의 코뮤니오 상크토룸 개념은 그의 만인제사장론에도 잘 나타난

---

9 WA 6:229-30; LW 44:55.
10 WA 6:521; LW 36:48.
11 WA 42:243; LW 1:329.

다. 루터는 성직자와 일반 성도를 두 계층으로 엄격히 이분화한 로마 가톨릭교회의 전통을 과감히 거부한다. 루터에 의하면 모든 그리스도인은 세례에 의해 제사장이 된다. 그리고 교회는 그리스도의 제사장직 위에 세워졌기에 교회 구성원인 모든 그리스도인은 서로를 위해 제사장직을 감당해야 한다. 제사장의 주요 직무는 두 가지이다. 하나는 사람을 향하여 하나님의 말씀과 교리를 가르치는 일이고, 다른 하나는 하나님을 향하여 자신과 백성을 위해 기도하는 일이다. 가르침과 기도라는 제사장의 이 두 직무는 곧 '하나님께서 말씀하시는 것을 듣는 일과 우리의 말을 경청하시는 하나님과 대화하는 일로, 곧 내려가는 일과 올라가는 일이다. 축복과 설교와 성찬 집례를 통해 하나님은 내려와서 나와 이야기를 나누신다. 거기서 나는 듣는다. 반면에 나는 올라가서 나의 기도를 들으시는 하나님의 귀에 대고 말한다.'[12] 이 관계에 대해 루터는 '하나님은 말씀을 통해 우리와 대화하시고, 우리는 기도와 믿음을 통해 하나님과 대화한다'라고 설명한다.[13] 무엇보다 세상과 이웃의 고통과 짐을 지고 하나님 앞에 나아갈 수 있는 것은 제사장으로서 그리스도인이 가지고 있는 특권이다. 특별히 루터는 가정에서 부모가 자녀에 대해 제사장 역할을 충실히 감당해야 함을 거듭 강조한다. 이것은 곧 그리스도인의 삶의 장은 하나님께서 불러주신 소명의 장임을 깨닫고 맡겨주신 일에 최선을 다해야 한다는 루터의 소명론과도 관련되어 있다.

코로나19를 위한 백신이 개발된다 해도 전문가들은 이러한 감염병 사태가 되풀이 될 가능성이 상당히 높다고 예측한다. 따라서 코로나19 이후를 위한 교회의 대책은 단순히 코로나19 이전의 교회로 돌아가 사람들을 교회 건물로 다시 모으고, 현장예배를 진행하는 것이 될 수 없다. 이

---

12 WA 43:564; LW 5:197.
13 WA 42:61; LW 1:81.

번 사태에서처럼 사회적 거리두기 지침에 따라 언택트와 비대면 상황이 요구되면 교회는 친밀성뿐만 아니라 안전성도 동시에 충족할 수 있는 존재 방식을 찾을 필요가 있기 때문이다. 루터는 교회의 본질이 성인들/성도의 공동체요 성인들/성도의 교제임을 강조한다. 이제 교회는 현장 모임과 더불어, 함께 있지 않으면서도 함께하는 듯한 비대면 현존감(Untact Presence)을 구현하면서 성인들/성도의 공동체를 세워 나가고, 성인들/성도의 교제를 촉진하며 결속력을 더욱 강화할 수 있는 방법을 모색해야 한다. 이를 위해서는 미디어 혁신에 과감히 참여하고, 다채롭고 수준 높은 온라인시스템 구축과 콘텐츠 개발에 관심을 기울여야 한다. 특히 다음세대를 위한 신앙 전수와 교육을 위해 적극적으로 투자할 필요가 있다. 본질은 변질시키지 않은 상태로 보존하고 전수해야 하지만, 미디어는 시대에 따라 변하기에 다음세대에게 시대착오적인 미디어를 사용하게 되면 그 미디어에 대한 거부와 함께 그것이 담고 있는 본질조차 전달되지 않는 상황이 벌어질 수 있기 때문이다.

더 나아가서 코뮤니오 상크토룸으로서의 교회는 코로나19 사태로 인해 지구촌이 절실히 필요로 하게 된 협력과 연대와 공존과 같은 가치를 추구하는 공동체가 되어야 한다. 그리고 자본주의 체제 또는 신자유주의 체제, 무한경쟁 체제, 빈익빈 부익부 체제하에서 삶의 장과 살맛을 잃은 채 고통당하고 신음하고 있는 자들을 보살펴주어야 한다. 작은 교회들이 겪는 고난에 동참하면서 교단 차원에서 체계적 변화를 주도하는 일도 필요하다. 루터가 말하는 코뮤니오 상크토룸으로서의 교회는 한국 개신교회가 그동안 치중해 온 양적 성장, 거창한 건물 짓기, 행정적 차원에서의 교인 관리하기 등과 함께 하나님의 통치가 아닌 인간의 통치, 그리스도를 말하지만 실제로는 그리스도가 부재한 그리스도교, 개인 중심적 신앙생활, 교회의 게토화, 교회 내에서 및 교회 간의 빈부 격차, 생태계에 대한 무관심 등이 교회의 본질에서 벗어난 것임을 알려준다.

주일성수에 대한 문제 역시 루터는 교회 건물에 가서 예배를 드렸느냐가 본질적 문제가 아니라 근본적으로 하나님의 말씀을 순수하고 거룩하게 선포하는 설교가 있는지를 질문한다. 그리고 하나님의 말씀을 신뢰하고 확신하며 받아들이는 믿음이 있는지를 묻는다. 더 나아가서 예수 그리스도를 믿는 믿음의 열매인 사랑이 있는지를 확인한다. 이것이 주일성수의 본질이기 때문이다. 또한 루터는 주일만이 아니라 주중에도 매일을 주일처럼 살아야 함을 강조한다. 주일을 준수하는 패러다임이 그리스도인의 삶 전체의 패러다임이 되어야 하기 때문이다. 이것은 주일 또는 교회 건물 중심 신앙생활이 아니라 생활신앙을 강화할 필요성을 잘 보여준다. 교회 건물 안에 모여 그 안에서 그리스도인 역할을 하고, 건물 밖에 나가는 순간 세상 사람이 되는 것이 아니다. 정치인, 경제인, 문화인 등이 그리스도인으로서 교회에 오는 것뿐만 아니라, 그리스도인으로서의 정치인, 경제인, 문화인 등이 세상에서 하나님의 나라와 그의 의를 위해 일할 수 있게 해야 한다. 세상에서 맡은 직분을 소명으로 여기고 하나님의 백성이요 하나님의 동역자로서의 역할을 감당할 수 있는 그리스도인이 되게 양육해야 한다. 이것이 주일성수의 의미에 포함되어 있음을 알아야 한다.

이제 사람들은 굳이 교회 건물에 가지 않아도 다른 방식으로 예배를 드릴 수 있음을 경험했다. 이런 상황에서 그들을 다시 교회 건물로 모으고 현장예배를 드릴 방도를 찾는 것도 중요하지만, 좀 더 근본적으로 온라인이나 영상예배, 심지어는 드라이브인(Drive-in) 예배가 될지라도 루터가 말하는 본질이 살아있는 예배가 되도록 노력해야 한다. 게다가 코로나19 사태로 인해 가정예배를 시도하면서 많은 목회자가 그동안 가정예배를 위한 준비가 너무 취약했음을 깨달았다. 교회 건물과 성직자 중심의 목회를 벗어나 일반 성도도 제사장으로 세우는 목회를 지향할 필요가 있다. 더욱이 가정은 신앙의 전승을 위해 너무나 중요한 장이다. 부모가 제사장 직분을 올바로, 그리고 충실히 감당할 수 있도록 세워주어야 한다.

루터는 '아버지의 나라가 오게 하시며'는 말씀과 믿음과 하나님께 드리는 모든 예배를 없애려하는 사탄의 왕국에 떨어지지 않도록 당신의 성령을 주셔서 우리를 통치하고 지키게 하소서를 의미한다고 말했다.[14] 이 기도가 이 시대에 더욱 절실히 필요한 것 같다.

---

14 WA 43:136; LW 3:364.

김선영
이화여자대학교(B.A., M.A.)
연세대학교(M.A., Ph.D.)
Princeton Theological Seminary (M.Div., Ph.D.)
(현) 실천신학대학원대학교 교수, 한국루터학회 부회장
(전) 한국교회사학회 회장, 한국기독교학회 국제교류위원장
(저서) *Luther on Faith and Love: Christ and the Law in the 1535 Galatians Commentary*,
『믿음과 사랑의 신학자: 마르틴 루터』, 『루터의 프로테스탄트 개혁: 신학 · 교회 · 사회개혁』

츠빙글리의 하나님의 섭리와 코로나19

주도홍

    21세기 온 세상은 코로나19로 세기적 재앙을 맞고 있다. 특히 기독교 국가라는 미국, 캐나다, 독일, 스위스, 영국을 위시하여 지구촌은 하나같이 죽음의 절규를 하고 있다. 부활절은 기독교 최대의 절기이지만 2020년 부활절 예배는 예배당에 나가지 못한 채 온라인예배를 드려야 했다. 아마도 이런 경우는 교회사에서 처음이지 않을지! 교인들은 전혀 이해할 수 없는 일이 벌어졌다고 하나님의 뜻을 찾는다. 과연 이런 재앙은 하나님의 뜻과 상관이 있는 것인지, 하나님의 섭리는 어디에 있는지 질문한다. 이 물음에 그 어디서도, 그 누구도 시원한 답을 주지 못한다. 16세기에도 흑사병의 재앙은 참혹하게 인간의 목숨을 빼앗아갔는데, 어떤 경우에는 도시인구의 반을, 또는 삼 분의 일을 죽음으로 내몰았다. 의술이 발달되지 않았던 당시는 어쩔 수 없었다 치더라도, 21세기는 초 문명사회, 일류과학의 시대, AI 첨단기술문명의 시대임에도 코로나19의 공격에 어느 선진국도 손을 쓰지 못한 채 일방적으로 당하고 있다. 돈이 없어서도, 힘이 없어서도 아니다. 그냥 똑똑한 현대 인류의 허점을 코로나19가 강타한 것이다. 최근 사람들은 코로나19의 역설을 말하기도 하지만, 그것 역시 눈 감고 아웅 하는 식일 뿐이다. 어떻게, 왜, 이런 일이 일어나야 했는지를 지구촌 사람들은 솔직히 모른다. 그저 코로나19가 빨리 지나가길 원하며, 속히 백신이 발견되기를 소망한다. 문제는 코로나19

를 통한 하나님의 섭리는 무엇일지, 다르게는 하나님은 코로나19를 통해 인류에게 무엇을 요구하고 계실지다.

독일에서 행한 설교

16세기 스위스 종교개혁자이며, 독일의 종교개혁자 루터와 함께 2대 종교개혁자, '개혁교회 아버지'로 일컫는 츠빙글리(Huldrych Zwingli, 1484–1531)는 1529년 9월 29일 독일 마르부르크성에서 하나님의 섭리를 주제로 설교했다. 츠빙글리는 당시 헤센주의 선제후 필립의 주선으로 며칠 있으면 이곳에서 열릴 종교개혁자 루터, 멜란히톤 등과 성례를 주제로 담화하기 위해 스위스 취리히에서 먼 길을 왔다. 16세기 종교개혁을 위한 츠빙글리의 해결책은 의외로 간단명료한데, 크고 작은 소소한 차이점에도 불구하고 신앙의 근본을 굳건히 지키는 것이다. 츠빙글리는 설교에서 최고의 선이신 하나님의 섭리(providentia dei, die Vorsehung Gottes)를 예정과 선택의 관점에서 인식하고, 그분의 주권을 순종하며 따라야 함을 강조했다. 그럴 때 하나님의 뜻대로 부르심을 받은 사람들에게는 모든 일이 합력하여 선을 이룬다(롬 8:28)는 것이다. 츠빙글리 논증의 결정적 근거는 성경으로, 그는 성경을 흔들리지 않는 사고의 기초로 제시했다. 츠빙글리가 글에서는 비록 철학적 논리와 언어를 보이며 자연신학 요소를 숨기지 않지만, 기독론을 중심축으로 하여 계시신학에 둘러싸여 있다. 츠빙글리가 이러한 논증법을 가져온 이유는 신학적으로, 논리적으로 복잡하게 뒤엉킨 마부르크 종교담화(1529년)를 염두에 두었다 할 것이다. 이 설교는 츠빙글리를 섭리의 신학자로 일컫게 했다.[1]

---

1 Huldrych Zwingli, *Schriften IV* (Züerich, 1995), 133–280: "Die Vorsehung 1530". 훌트라이트 츠빙글리, 『츠빙글리 저작 선집 4』, 임걸 역 (서울: 연세대학교 대학출판문화원, 2015), 141–283: "하나님의 섭리".

하나님의 선한 섭리

츠빙글리는 하나님의 섭리를 다루기 전에 '최고의 선'인 하나님을 먼저 설명한다. 하나님을 여러 가지로 설명할 수 있지만, 츠빙글리는 '신앙적 이해와 더불어' 하나님을 '최고의 선'이라 부른다. 츠빙글리에게 하나님은 본성적으로 선하며, 최고로 선하고, 항상 선하며, 스스로 선하며, 진리 그 자체이다. '최고의 선'이란 하나님은 유일한 선이며, 본성으로부터 선하기 때문이다. 하나님만이 선하고, 절대적이고 완벽한 선이기에 (마 19:17), 하나님이 만드신 모든 것은 매우 좋으며(창 1:31), 하나님이 만든 모든 것은 좋은데(딤전 4:4), 가장 좋은 것은 최고의 선에서 나왔고, 최고의 선 안에 있을 때다. 그 최고의 선 안에 존재할 때, 그 선은 최고의 선인 하나님께 영광을 돌린다. '최고의 선'인 하나님의 섭리는 반드시 존재해야 하고, 부정할 수 없는데, 하나님은 모든 것을 반드시 돌보고, 질서를 정해 주시기 때문이다. 모든 걸 할 수 있고, 모든 것을 볼 수 있는 최상의 존재는 또한 모든 걸 선하게 다스리고 주관하며 돌본다. 최상의 선인 하나님과 상관없이 그 무엇이 우연히 일어날 수 있을까? 이 경우는 크게 두 가지로 먼저, 그가 어떤 무엇을 돌보는 것을 포기하거나 거부했을 경우와 더 지배할 수도 도울 수도 없는 경우일 것이다. 그러나 이런 일은 최고의 선인 하나님께 일어날 수 없다. 하나님의 섭리가 반드시 있어야만 하는 이유는 최고의 선은 신성한 빛, 바름, 순수, 단순으로 이루어진 진리이기 때문이다. 성부 하나님, 성자 예수, 성령 하나님이신 삼위일체 하나님은 모든 사물에 대하여 선하고 공평하다. 츠빙글리는 성경에 근거하여 최고의 선이신 삼위일체 하나님의 섭리를 균형적으로 묘사한다.

하나님의 통치

츠빙글리는 철학자의 지혜와 구별하여 하나님의 섭리를 이해한다. 츠빙글리는 지혜와 사려 깊음, 조심성, 예측을 나누어 설명하는데, 지혜는 철학자의 개념을, 사려 깊음, 조심성, 예견은 하나님의 섭리와 연관성 속에서 바라보면서도, 성경은 두 개념을 번갈아 가며 비슷한 의미로 사용한다고 본다. 지혜는 뛰어난 지성이 지니는 능력으로 진리, 빛, 순수를 말하고, 섭리는 그 지혜가 처리하고 주관하는 행위에 무게를 두는 능력으로 구별한다. 지혜를 결정과 행동으로 옮기는 현명한 사람은 사려 깊은 사람이다. 지혜는 파악하는 능력을, 사려 깊음은 행동하는 능력이다. 바람직한 경우는 이 두 가지가 함께할 때다. 성경 인물 중 요셉, 모세, 요시야는 지혜를 행동으로 옮긴 사려 깊은 지도자이다. 이런 전제를 근거로 츠빙글리는 하나님의 섭리를 모든 사물에 대한 영원불변한 통치와 주관으로 정의한다. 하나님의 통치는 참으로 신실하고, 참으로 치유하며, 참으로 환영할 만하며, 전혀 부담이 없이 편안하다. 하나님의 섭리는 하나님의 본성을 따라 모든 만물을 다스리고 주관하는 것으로, 모든 사람에게 제공되며 거저 받아 감사와 기쁨을 누리는 것으로 족하다. 그 외 하나님은 아무것을 요구하지 않는다.

찬란한 창조

츠빙글리의 섭리 이해는 하나님의 사랑과 깊이 상관된다. 하나님의 사랑 안에서 츠빙글리는 하나님의 섭리를 확신있게 이해하고, 복된 소식으로 설교한다. 그저 메마른 교리, 신학적 논리 전개, 교리 해설만이 아니라, 하나님의 섭리는 그 자체로 하나님의 사랑 메시지이다. 스스로 존재하는 것은 없다. 무에서 나온 것은 창조된 것으로, 과거에 존재하지 않았지만, 존재하는 것은 창조된 것이다. 우주는 시간에 종속되어 있고, 영원하지 않다. 땅은 그 어떤 물질로부터 만들어지지 않았고, 무에서 생성되었다. 츠빙글리는 성경을 가져와 세계의 종말이 있다고 말한다(마 24:35; 고전 15:51-52; 히 12:26-27; 벧후 3:10). 만물의 창조에 대해 츠빙글리는 논리적이고 철학적 사유를 제시하면서도, 이성적 이해를 통해 만물의 생성을 이해한다면, 허무맹랑한 일이라고 단언한다. 철학자들이 모든 것은 그 어떤 무한한 존재로부터 생성되었다고 생각하는데, 츠빙글리에게는 그 '최초의 운동자'가 바로 하나님이다. 하늘의 별처럼 어떤 사물이 뛰어난 완성도를 가질수록 그 사물 생성자의 완전함을 보여준다. 세상에 존재하는 어떤 것도 자의적으로 일어날 수 없다. 하나님 없이 존재하는 세상이라면 거칠고 조잡하고 무능력하며 스스로 종국을 맞게 될 수밖에 없다. 하나님의 섭리 가운데 있는 우주 만물이 되어야 하고, 그 하나님의 섭리 안에 있을 때 만물은 하늘의 별처럼 질서와 아름다움을 갖는다.

섭리와 타락

율법은 하나님의 섭리 안에서 사람을 다스리는 하나님의 질서였다. 율법은 하나님을 아는 길이다. 하나님의 섭리는 율법을 통해 사람을 다스리는 것이다. 인간의 타락을 미리 알았으면서도, 하나님은 인간을 만드시고, 인간에게 율법을 내리셨는데, 여기에 분명 하나님의 깊은 뜻이 있다. 선하신 하나님의 섭리는 두 가지를 보여주셨는데, 세상의 창조와 타락한 그 세상의 치유이다. 하나님은 주권적으로 사람의 창조자로서 타락한 피조물을 구원하기 위해 스스로 구원자가 되는 길을 택했다. 하나님의 선하심은 창조와 마찬가지로 피조물의 치유와 회복을 통해서도 찬란하게 빛난다. 하나님의 구원에서도 창조와 마찬가지로 하나님의 선함과 정의를 분명히 보여준다. 하나님의 독생자 예수 그리스도가 사람의 불의를 대속했기에 하나님에게 대항하는 죄는 찾아볼 수 없다. 하나님의 구원사역이 인간에게 바라는 것은 정의와 순결한 삶을 위한 열정이다. 하나님의 구원은 창조와 마찬가지로 영원 전부터 결정되었다. 하나님의 지혜는 인간의 타락을 치유하는 묘약을 미리 가지고 있었다. 하나님의 지혜는 인간의 처음과 마지막을 알았다. 츠빙글리에게 하나님이 하신 일에 대해 논리적 설명은 있어서는 안 되는 것이었다. 인간은 마땅히 감사하는 마음으로 하나님의 놀라운 지혜와 능력을 찬양해야 하기 때문이다. 하나님은 모든 것을 만들기 전 이미 모든 것에 대해 알고 있었다. 하나님에게 우연은 있을 수 없는데, 하나님은 불확실한 그 어떤 것을 검토하지도 않고 결정한 적이 없다(전 3:15).

츠빙글리에게 하나님의 선택, 곧 예정은 하나님의 선과 지혜의 출발점이며, 시편 31편 1절이 말하듯, 하나님의 의가 죄악에 빠진 인간을 구원했는데, 최상의 개념인 하나님의 정의가 선택과 예정의 출발점이다. 선택은 하나님이 구원하기를 원하는 사람을 향한 하나님 의지의 자유로운 결정으로, 하나님의 권위와 위엄을 제대로 보여준다.

츠빙글리는 처음에는 토마스 폰 아퀴나스가 생각하는 예정론과는 거리를 둔다. 인간이 나중에 타락할 줄 안 후에야 하나님은 그로부터 인간을 선택하셨다는 토마스의 입장에 츠빙글리는 동의하지 않는다. 토마스야말로 하나님을 인간의 위치로 깎아내리는 잘못을 범했다고 비판한다. 초월적 하나님은 세상을 창조하기 전에 인간의 타락을 알았고, 그 타락을 두려워하지 않았는데, 하나님의 예정은 만세 전에 인간의 악과 선에 무관하게, 구원하기를 원하는 자들을 향한 하나님의 자유로운 의지의 결정이다. 츠빙글리는 이중 예정론보다는 하나님의 축복을 받을 사람들을 향한 예정론을 지지한다. 구원과 심판은 오직 하나님의 자유로운 절대주권이지, 인간의 선행이나 공로와는 전혀 무관하다. 성찬식도 같은 맥락에서 이해되어야 한다. 성찬의 떡과 포도주가 하나님의 능력을 주는 것으로 보일 수 있지만, 그리스도의 십자가의 피만이 속죄할 수 있다. 형식적인 세례가 죄를 사하는 것으로 보이지만, 이미 십자가에서 속죄가 이루어졌다. 성찬식은 오직 그 십자가의 속죄에 대한 기억과 감사, 곧 하나님이 내리신 구원의 은혜에 대한 감사만 있을 뿐이다. 오직 성령만이 유일하게 죄로 인해 절망하는 우리의 영혼을 위로하며 새롭게 거듭나게 하는 원천으로 인도한다(히 2:10; 12:2). 성찬식 자체가 무언가 역사를 일으킨다면, 첫 성찬에 참석한 배신자 유다에게 마땅히 회개가 일어나야만 했었다고 츠빙글리는 반문한다. 성찬의 떡과 포도주보다는 성령의 감동으로 사람들은 변화한다. 믿음은 성령의 선물이다.

섭리와 믿음

츠빙글리는 히브리서 11장 1절 말씀을 가져와, 믿음은 근거 없는 피상적 의식이나 생각이 아니라, 영혼의 확고하고 본질적 신뢰로서 소망의 근거가 됨을 설명한다. 츠빙글리는 히브리서 11장 1절의 '바라는 것들'을 최고의 신적 존재로 이해하면서, '믿음은 영혼의 확고하고 본질적인 그 무엇이고, 우리 영혼은 믿음을 통해서 절대 오류가 없는 소망의 하나님께 나아가는 것이다'라고 번역한다. 믿음은 우리 영혼 속에 있는 본질적이고 확고한 것으로, 하나님이 부여한 우리의 희망과 바람의 진정한 기초이며 내용이다.

첫째, 믿음은 참되고 근원적인 본질인데, 이는 드러나고 인식된 하나의 빛이며, 영혼의 확신이다. 둘째, 츠빙글리는 히브리서 11장 1절의 '보이지 않는 것들'을 성례로 가져와 말한다. 성찬식의 '보이지 않는 것들'이란 '성찬에 보이지 않는 것이 임한다'는 말이 아니라, 성례에 임하기 전 성령의 빛과 선물로 주어지는 믿음이 이미 그 사람에게 있다는 말로 해석한다. 신앙고백은 세례보다 앞서며, 성찬에 참여하는 사람의 믿음은 보이지 않는 실체로 이미 마음에 있다. 츠빙글리는 유아세례를 인정한다. 히브리 사람의 자녀들이 부모와 함께 항상 교회에 속한 것처럼, 크리스천의 자녀들도 역시 교회에 속해 있기에 유아세례는 이 약속으로 행해진다. 분명한 것은 세례 때에는 그 어떤 새로운 것도 덧붙여지지 않는다. 세례식 전에 이미 약속이 이루어진 것이고, 이 약속에 근거하여 세례식이 시행될 뿐이다. 그렇지만 어떤 자들은 성찬에서도 마술사의 속임수처럼 말하고 행동한다. 믿음은 넘치는 확신(die volle Ueberzeugung)으로, 하나님을 향한 분명하고 확고한 인식과 소망의 발로, 영혼의 빛이고 피난처이다. 사람은 믿음을 통해 하나님을 알고 하나님의 사랑을 깨닫는다. 믿음은 영혼의 양식과 등대이며, 생명과 능력으로, 사람에게서 나오지 않고, 하나님이 내리는 성령의 선물이다. 하나님이 이끌지 않으면 누구든지 하나님께로 갈 수 없다(요 6:44). 하나님의 자유로운 선물인 믿음은 로마서 8장 30절 말씀을 따라, 하나님은 이미 정한 자들을 부르고, 부른 자들을 의롭게 하며, 의롭게 한 자들을 영화롭게 한다.

재앙과 섭리

꽃이 피는 것처럼, 하나님의 선택이 먼저 있지 않았다면 믿음은 따라오지 않는다. 믿음은 하나님의 선택 후에 오는 것으로, 믿음은 선택의 징표(das Zeichen der Erwaehlung)이다. 이런 맥락에서 츠빙글리에게 공로는 본질이 아니고, 하나의 이름에 불과하다. 하나님의 택함에는 하나님의 넘치는 축복이 함께 뒤따른다. 하나님은 믿는 자들을 상속자로 삼으셔서 하나님의 무한한 보물창고를 열어 제공하시며, 넘치는 풍요와 영광을 누리게 한다. 우리는 우리의 그 어떤 행위를 통해서 그리스도의 형제가 되는 것이 아니고, 하나님의 택함을 받음으로 그리스도를 인정하고 사랑하며 그의 형제가 되기 때문이다. 반복하지만, 믿음은 우리의 행위를 통해 생기는 것이 아니고, 믿음을 통해서 선행이 생긴다. 하나님이 선택한 믿음의 사람의 삶과 성장양식은 출생과 함께 하나님의 섭리에 의한 것이다. 죽음도 이미 정해져 있다. 히스기야 왕의 15년 연장된 삶은 이미 결정되어 있던 것이다. 수많은 성경의 인물들을 통해 하나님의 섭리를 만나게 되는데, 츠빙글리는 절대로 우연은 없으며, 실수가 없는 하나님의 섭리에 의한 것이라 확신한다. 하나님은 미리 알고 결정을 내리기에 그 결정은 변하지 않으며 확고하다. 하나님의 의도를 막거나 방해하는 어떤 일도 일어날 수 없다. 하찮은 일들도 하나님의 섭리에 의한 일이다. 노아 시대 때 홍수를 통한 하나님의 섭리는, 비를 통해 악한 죄인들을 죽게 계획했다. 하늘이 만드는 모든 영향력은 자연이 만드는 것이 아니라, 하나님의 섭리에 의해서임이 명백하다. 엘리야 시대의 비도 하나님의 섭리를 따라 결정된 하늘 질서에 의한 것이다. 창조 전 하나님의 섭리는 별들의 위치와 사람의 위기를 이미 결정했다. 자연재앙도 하나님의 섭리에 의한 것이다. 참종교에서 우연이란 없다. 모든 일이 하나님의 섭리에 의한 것일 때, 우연은 절대 있을 수 없다. 요셉의 생애는 하나님의 섭리를 너무도 잘 보여준다. 다윗의 삶도 다르지 않는다. 우리의 머리털을 세고 계시는 하나님의 섭리가 없으면 두 마리의 참새도 땅에 떨어지지 않는다.

해독제

가장 하찮고, 가장 천대받고, 가장 무시당하는 사물에도 하나님의 섭리가 나타난다. 우주의 주인이신 하나님은 본인 집안의 모든 것을 잘 알고 있으며 항상 돌보고 있다. 츠빙글리는 하나님의 섭리가 선한 것이든지 악한 것이든지, 제대로 사용된다고 믿는다. 택함을 받은 자들의 잘못을 선한 것으로 바꾸며, 저주받은 자들이 선한 일을 하는 것처럼 보이지만 그렇지 않다. 그렇지만 사람들은 하나님의 섭리를 잘 알지 못하기에 불평한다. 모든 것은 하나님의 섭리가 명령하고 규정하는 대로 이루어질 뿐이다.

츠빙글리는 글의 마지막에 와서 하나님의 섭리를 '가장 고귀하고 놀라운 가치를 지닌 주제'라고 일컬으며, '마치 측량할 수 없는 깊은 바다를 노의 끝으로 살짝 표면만을 만지는 식으로 다루었을 뿐인데, 벌써 마지막 항구에 이르렀다'라고 아쉬워한다. 하나님의 섭리는 사물을 돌보며, 사물의 행동, 기능, 결정의 과정을 살피고, 이 모든 사물의 본래 목적에 이르는 과정에 관여한다. 세계에 존재하는 그 어떤 것도 하나님의 섭리와 무관한 것은 없다. 이성을 지닌 사람은 가장 뛰어난 하나님의 작품이다. 하나님의 섭리를 인정하는 사람은 생애 최고의 행복과 최악의 불행 가운데서도 그것에 맞서는 가장 놀라운 해독제(das beste Gegengift)를 지닌 사람이다. 인생이 만나는 모든 삶의 축복과 고난 중에서도 하나님의 섭리를 인정할 때, 우리의 영혼은 평안과 기쁨을 누린다. 그러한 신적 기쁨과 감사는 항상 남을 배려하며 돕고, 더욱 신실하게 살려는 마음을 갖게 한다. 이에 어려운 질병과 고난도 하나님의 섭리에 의한 것임을 인정할 때, 흔들리지 않는 하나님을 향한 신뢰 안에서 어려움을 넉넉히 이긴다. 사람은 동물과 다르게 영혼을 가진 존재이다. 사람은 진리, 정의, 권리, 의무, 성령을 아는 이성을 가졌고, 인식능력을 소유하고 있는 뛰어난 존재이다. 그런데 사람 위에 최고의 선, 최고의 이성, 최고의 능력인 하나님이 없다면, 사람의 영혼에는 평화가 없다. 인간이 가진 이성은 하나님에게로 가는 길이다. 이에 우리는 하나님의 섭리를 찬양하고 힘든 인생길에도 하나님의 섭리를 더욱 소망할 수 있다. 츠빙글리가 말하는 하나님의 섭리는 가장 뛰어난 피조물인 사람에게 주어진 하나님의 사랑이며, 놀라운 은혜이다. 하나님의 섭리가 죄로 인해 죽음에 떨어진 사람에게 다시 찾아온 십자가의 사랑을 가능하게 했다. 우주 안에 존재하는 인생의 생사화복, 곧 재앙은 하나님의 섭리 안에 있다. 그 하나님의 섭리를 신뢰하며 살아가는 사람은 확실히 참평화를 누린다.

세계는 어느 곳도 예외 없이 거대하고 무서운 폭풍 코로나19로 세기적 재앙을 만나고 있다. 분명히 츠빙글리는 코로나19는 하나님의 섭리 안에서 이루어진 일이라고 답할 것이다. 우주 안에 존재하는 인간의 생사화복은 하나님의 섭리 안에 있기 때문이다. 하나님의 섭리는 그것이 악하든지 선하든지 하나님 사랑의 메시지이며, 하나님의 뜻을 이룬다. 그 놀라운 하나님의 섭리를 깨닫는 사람들은 불평과 불만을 거두고 하나님께 감사하고 영광을 돌린다. 머지않아 코로나19는 종식될 것으로 기대한다. 그런데 코로나의 종식으로 끝나서는 안 되며, 하나님의 섭리를 깨닫고, 사람들은 변화된 삶을 추구해야 할 것이다. 코로나가 종식된 후에 그저 이전의 삶으로 복귀할 마음만 갖고 있다면, 생각을 신중히 해야 하겠다. 잘못하다가는 지구촌에 더 몹쓸 독한 바이러스가 찾아올 수 있기 때문이다. 그러기에 코로나19가 끝나면, 변화된 삶을 살려고 해야 한다. 코로나19의 전과 후가 구별되어야 한다는 말이다.

먼저, 지구촌은 국제적으로 한 주간 중 하루는 모두가 쉬고, 일터의 문을 닫는 사바트(Sabbat 안식일) 프로젝트가 가동되었으면 한다. 이는 끝없는 인간의 욕망을 절제하는 삶의 아이디어이며 지구촌 살리기 프로젝트다. 거기다 환경친화적 삶을 위한 변화다. 자연에서 에너지를 가져오는 태양열도 한 방법일 것이다. 승용차도 배기가스가 많은 차보다 전기차와 같은 차종으로, 거기다 용량이 적은 차로 바꾸는 것도 방법이다. 공기를 오염시키는 탄산가스 배출을 최소화하며, 전력 소모가 높은 에어컨 사용도 절제하고, 가능한 선풍기를 대신한다. 물을 오염시키는 샴푸 사용도 최소화하고, 종이 수건이나 화장지 사용도 최소화한다. 팬데믹 전염병은 공해로 몸살을 앓고 있는 지구촌의 병리 현상이기도 하다. 허리케인, 화산 폭발, 지진, 쓰나미, 해일은 지구촌의 병이 밖으로 드러나는 것이라 할 것이다. 한반도에도 점점 화산 폭발과 지진의 징조가 강하게 나타나고 있다. 예상되는 백두산 천지의 화산 폭발은 거기서 나오는 화산재로 인해 한반도를 초토화할 수 있다는 예측이 나오고 있다.

코로나 이후 인류는 작은 것에서라도 생활을 바꾸려는 각성이 있어야 할 것이다. 지구촌에 살아가는 모든 사람이 새로운 구별된 삶을 다짐했으면 한다. 그래서 모두가 건강하고 행복했으면 한다. 하나님이 지으신 자연 사랑은 알고 보면, 인간 사랑으로 귀결되는 것이 사실이다. 성경은 '피조물이 다 이제까지 함께 탄식하며 함께 고통하는 것을 우리가 아나니'(롬 8:22, 개역한글)라고 말한다. 죄로 인한 만물의 탄식과 고통은 인류를 향해 새로운 삶을 위한 죄의 회개를 요청한다. 이런 맥락에서 인류는 먼저 죄로부터 회개해야 할 것이며, 그런 후 새로운 삶으로의 변화를 시작해야 할 것이다. 21세기 위기의 코로나 시대에서 하나님의 섭리를 찾는다면, 회개와 새 삶이 아닐까 생각한다.

주도홍

총신대학교 신학과(BA).
Ruhr-Universitaet Bochum (Mag.theol., Dr.theol.)
(현) 아시아신학연맹(AEA) 신학위원장,
　　쥬빌리 통일기도회 상임위원
(전) 기독교통일학회 회장, 한국개혁신학회 회장, 백석신하교 부총장
(저서) 『처음 시작하는 루터와 츠빙글리』, 『개혁교회사』,
　　『독일 경건주의』, 『종교개혁 길 위를 걷다』

마르틴 부처와 코로나 이후의 한국교회

최윤배

잊혀진 종교개혁자 마르틴 부처[1]

한국 개신교(한국 기독교)에게 모든 종교개혁자들이 다같이 중요하지만, 특히 스트라스부르(Strasbourg; Straßburg)의 종교개혁자 마르틴 부처(Martin Bucer = Butzer, 1491–1551)는 그가 교회와 신학에 공헌한 것에 비하면 역사적으로 가장 많이 '잊혀진 종교개혁자'임에 틀림없다. 왜냐하면, 루터는 독일에서, 칼뱅은 제네바에서는 물론이거니와 그의 전통을 잇고 있는 다양한 국가나 여러 도시에서, 츠빙글리와 불링거는 스위스에서, 존 녹스는 스코틀랜드에서 영웅처럼 존경을 받았지만, 부처는 그의 사후(死後) 어느 나라나 어느 도시에서도 집중적으로 기념되거나 연구되지 않았기 때문이다. 그러므로 종교개혁 연구에서도 부처는 항상 뒷전으로 밀려났다. 그러나 사실상 그가 개혁교회의 원조(元朝)로서 칼뱅에게 끼친 영향은 절대적인 것으로 알려져 있다. 한국 개신교에서 질적으로나 양적으로 큰 비중을 차지하고 있는 한국장로교회가 2009년 칼뱅 탄생 500주년을 맞이하여 칼뱅에 대한 연구를 진행하여 상당한 칼뱅 르네상스를 맞이했다고 볼 수 있지만, '칼뱅의 영적인 아버지'로 알려진 마르틴 부처에 대한 연구는 국내적으로 매우 열악한 상황이다.

[1] 참고. 최윤배, 『잊혀진 종교개혁자 마르틴 부처』(서울: 대한기독교서회, 2012).

182
교회 통찰 : 코로나 · 뉴노멀 · 언택트 시대 교회로 살아가기

토마스 아퀴나스, 에라스무스, 루터, 츠빙글리, 재세례파와 열광주의 운동, 쾌락 · 자유주의파, 기타 당대의 다른 사상과 종교 등은 마르틴 부처에게 부정적으로 또는 긍정적으로 중요한 의미를 지니고 있다. 그럼에도 불구하고, 부처는 '말씀의 신학자, 성령의 신학자, 교회의 신학자'로서 자신의 독특한 신학적 입장을 항상 견지했다.

마르틴 부처는 1491년 11월 11일에 그 당시 남부 독일이었던 엘자스(Elsaß) 지방의 쉴레트쉬타트(Schlettstadt; Sélestat)에서 태어났다. 마르틴 부처는 이곳에 있는 유명한 고전 라틴어 학교를 다니면서, '현대경건운동'(devotio moderna)과 '인문주의'의 영향을 받았다. 그는 15세 때 쉴레트쉬타트에 있는 도미니칸 수도원에 들어갔다. 여기서 그는 토마스 아퀴나스를 철저히 연구했다. 그는 곧 인문주의자 에라스무스(Desiderius Erasmus)의 저서들을 접하게 되었는데, 그가 접한 에라스무스의 작품들 중에 하나가 『비평신약성서』(Novum Instrumentum)였다. 이것은 공식적인 라틴어 성경인 불가타(Vulgata)로부터 벗어난 이탈(離脫)을 정당화하기 위해서 헬라어 텍스트와 함께 실린 에라스무스의 새로운 라틴어 번역본이다. 1515년 말경에 그는 하이델베르크에 있는 수도원으로 옮겨 갔다. 여기서 그는 그가 이미 어릴 때부터 관심을 갖고 배웠던 인문주의에 다시 관심을 기울였다. 이곳에서 하이델베르크에 있는 도미니칸 수도원으로 옮긴 후에 부처는 루터가 1518년 4월 이 도시의 동료 어거스틴파들과 논쟁할 때 여기에 참석하고 있었다. 에라스무스의 지지자였던 부처는 이때부터 루터의 『갈라디아서 주석』에 특별히 심취하면서 루터의 제자, 소위 '마르티안'(Martian)이 되었다.

마르틴 부처가 1523년 5월 중순 스트라스부르에 왔을 때, 이 도시에서는 이미 종교개혁의 불길이 번지고 있었다. 3주 만에 그는 시의회로부터 라틴어로만 요한복음서를 강해할 수 있도록 보장받았다. 8월 중순경에 그는 스트라스부르 교회당에서 설교하기 시작했다. 그해에 그는 그의 최초 작품에 해당되는『사람은 자기 자신을 위해서 살 것이 아니라, 다른 사람들을 위해서 살아야 한다. 우리는 어떻게 거기에 도달할 수 있을까』(*Das ym selbs*, 1523)를 출판했다.[2] 부처는 유명한 대부분의 국제적 종교 간의 대화 모임(가령, Regensburg, 1541)에 참석하는 것은 물론 울름(Ulm), 쾰른(Köln), 특히 헤센(Hessen) 지방 등에 초청되어 종교개혁의 프로그램들을 제공하고 조언했지만, 그는 특별히 교회에 대한 사랑을 가지고 영국에 망명한 해인 1549년까지 내내 스트라스부르에서 사역했다.

스트라스부르에서 사역을 시작한 지 사반세기가 지나서 부처는 1549년 4월에 스트라스부르로부터 추방당하게 되었다. 왜냐하면, 쉬말칼텐 전쟁에서 개신교(종교개혁 진영)를 패배시킨 황제 칼 5세에 의해서 제안된「아욱스부르크 임시안」(*Augsburger Interim*, 1549)에 대해 부처가 결사적으로 반대했기 때문이다. 이 문서는 사제에게 결혼을 허용하고, 평신도에게 떡과 잔을 나누어주는 이중 배찬을 허용한다는 점에서만 종교개혁 진영 입장과 일치하고, 이외의 모든 예배 의식과 교리에서는 로마 천주교회의 입장을 담고 있었다. 그러므로 부처에 의하면, 이 임시안의 해결방법은 개신교에 대한 지엽적인 허용에 불과했다. 여러 곳에서 온 망명 초청장들 중에서 부처는 영국 왕 에드워드 6세와 토마스 크랜머(Thomas Cranmer) 주교의 초청장을 선택했다.

그는 생애 마지막 2년간을 캠브리지 삼위일체 왕립대학교의 명예교수(Regius Professor)로 지냈다. 여기서 부처는『공동기도문』(*Book of Common Prayer*, 1552)의 개정에 공헌하였고, 교회와 사회의 개혁을 위한 탁월하고도 포괄적인 청사진으로서『그리스도의 왕국론』(*De regno Christi*, 1550)을 써서 어린 왕 에드워드 6세에게 새해 선물로 헌정했다.[3] 이 책은 영국교회

---

2 *Das ym selbs* (1523), in R. Stupperich(Hrg.), *Martin Bucers Deutsche Schriften*, I (Gütersloh 1966ff.)(= MBDS), 44–67; 황대우 편저, 『삶, 나 아닌 남을 위하여: 마르틴 부써의 기독교 윤리』(서울: SFC, 2007).

3 최윤배 공역, 『멜란히톤과 부처』(서울: 두란노아카데미, 2011), 219–496; F. J. Taylor (eds,), *The Library of Christian Classics, Melanchthon and Bucer* (Philadelphia: The Westminster Press,

교회 통찰 : 코로나 · 뉴노멀 · 언택트 시대 교회로 살아가기

의 그 당시와 그 이후의 지도자들 중에 많은 사람들, 예를 들면, 존 브래드포드(John Bradford), 메튜 파커(Matthew Parker), 에드문드 그린달(Edmund Grindal) 등에게 큰 영향을 끼쳤고, 임종을 얼마 앞둔 상태에서 진행된 그의 에베소서 강의는 영국의 성경주석의 발전과 부흥에 크게 이바지했다. 남부 독일 스트라스부르의 출신인 부처는 조국으로 돌아오지 못하고, 마침내 1551년 2월 28일 타국인 영국에서 하나님의 부르심을 받았다.

프랑스인 칼뱅이 타국 스위스 제네바에서 묻혔듯이, 부처도 타국 영국 캠브리지의 '성 삼위일체교회'(Holy Trinity Church) 묘지에 묻혔다. 그의 시체는 무덤 속에서도 편히 쉬지 못하고 수난을 당했다. 나중에 로마천주교 교도로서 악명 높았던 '피 묻은 메리 여왕'은 많은 종교개혁운동 옹호자들을 처형할 때, 부처가 종교개혁자였다는 이유만으로 그의 무덤을 파헤쳐 다른 곳에 이장시킴으로써 부처는 무덤 속에서도 모욕을 당했다. 그 후 영국에서 종교개혁 신앙이 꽃이 피었을 때, 엘리사베드 여왕이 부처의 무덤을 원래 위치에 복원시킬 뿐만 아니라, 그의 명예도 회복시키는 비문도 세웠다.

'코로나19' 이후의 한국교회와 대화하기를 원하는 마르틴 부처

16세기의 마르틴 부처는 코로나19 이후의 한국교회에게도 응용될 수 있는 현실성과 접합성을 가진 많은 아이디어와 사상을 가지고 있다.

첫째, 성경과 복음을 신앙과 목회와 신학에서 가장 기초적인 출발점으로 받아들이는 한국 기독교(개신교)는 성서해석학을 절대로 비껴갈 수가 없다. 마르틴 부처는 '렉티오 콘티누아'(*lectio continua*) 전통에서 '오직

1969); *Tomus Anglicanus*, 1–170; *Martin Buceri Opera Latina*, vol. XV: De Regno Christi Libri Duo (1550), eds, F. Wendel (Paris/Gütersloh 1955) vol. XV bis Du royaume de Jésus-Christ, édition critique de la traduction française de 1558, texte établi par F. Wendel (Paris/Gütersloh 1954).

성경으로'(*sola Scriptura*)를 뛰어넘은 전(全) 성경읽기와 주석(*tota Scriptura*)에 큰 애착과 원칙을 가졌다. 그는 본문비평, 문법적 역사학적 해석을 기초로 중세의 알레고리적 성서해석 방법을 비판하면서 랍비적 주석을 비판 수용하고, 기독교적 고유의 주석 방법으로서 '신앙의 유비'(*analogia fidei*)를 중요시하면서 구속역사적, 기독론적, 성령론적 방법을 사용했다. 그의 주석 방법론은 칼뱅에게 그대로 계승되었다. 성경 본문을 사랑하고, 성경주석을 중요시하는 부처의 성서해석학 정신은 말씀 부재의 한국 강단과 그리스도인의 삶으로 하여금 말씀의 근원으로 돌아갈(*ad fontes*) 것을 강력하게 촉구한다.

둘째, 마르틴 부처는 구속사신학자로서 구약과 신약의 일치성과 차이점을 분명히 했다. 구약과 신약은 내용과 본질에서는 동일하나, 형식과 하나님의 경륜의 방식에서 차이가 있다. 다시 말하면, 구약과 신약의 차이는 정도 면에서 비교급적인 차이다. 신약이 구약보다 더 풍성하고, 더 분명하다. 또한 부처는 그리스도의 사역과 성령의 사역을 구속사적으로 밀접하게 잘 연결시켜, 그의 신학을 그리스도론 중심, 성령론 중심으로 전개했다.

셋째, 어느 종교개혁자들보다도 부처의 탁월한 점은 그가 교회 연합과 일치를 추구한 신학자이며, 에큐메니칼운동가이며, 개혁교회의 예배, 직제, 디아코니아, 영성(경건), 선교의 창시자라는 점이다. 사실상 에큐메니칼 신학자와 운동가로서 칼뱅의 특징은 부처로부터 물려받은 유산이다. 부처의 교회론 자체가 비상시에 '교회 안에 있는 작은 교회'라는 사상으로부터 정교일치 상황에서 '국가교회' 사상에 이르기까지 시대에 따라 매우 다양하다. 그는 직접적으로 헤센에서 재세례파와, 기독교 종교 간의 대화에서는 루터와 츠빙글리와 중세 로마 천주교회와의 교회 일치운동을 너무나도 적극적으로 전개함으로써 상대편으로부터 협상자나 타협가로 오해받기도 했다. 심지어 그는 쾰른의 로마 천주교회 주교

(Hermann von Wied)의 교회재건을 위해 고문 역할을 했고, 말년에 영국에 망명하여 궁정목사와 왕립대학 교수로서 그는 영국의 전(全) 교회와 사회에서 그리스도 나라의 실현을 위한 청사진이 담긴『그리스도의 왕국론』(*De Regno Christi*, 1550)을 에드워드 6세에게 헌정했다.

넷째, 마르틴 부처는 개혁교회의 예배와 직제의 창시자이다. 그의 예배양식이 개혁교회의 예배양식의 기초이며, 그가 창안한 4중직(목사, 장로, 교사, 집사)과 외콜람파디우스로부터 받아들여 보급한 교회 치리는 개혁교회의 교회정치 기본 구조를 형성했다는 사실은 너무나도 잘 알려져 있다.[4]

다섯째, 마르틴 부처는 사랑 실천에 적극적인 윤리학자와 실천가로서 디아코니아를 강조했고, 경건주의의 아버지라는 말을 들을 정도로 경건과 영성신학자로서 사랑의 실천가였다. 부처의 경건개념 속에는 하나님에 대한 신앙과, 하나님과 이웃에 대한 사랑이 결합되어 있어서, 경건은 신앙과 사랑이라는 한 동전의 양면과 같다. 신앙과 사랑의 균형을 이루고 있는 부처의 영성사상은 오늘날 한국교회의 목회와 선교 현장에서 귀담아 들어야 할 내용이다. 신앙이 없는 사랑은 자칫 윤리주의나 도덕주의로 전락할 위험이 있고, 사랑이 없는 신앙은 자칫 신앙주의에 빠져 열매 없는 무화과나무가 될 수 있다. 바로 이 점에서 한국교회는 어느 때보다도 더욱 강하게 기독교이단들과 안티기독교와 일반시민들의 비판에 직면해 있다.

여섯째, 더구나 부처의 강한 선교사상은 루터나 칼뱅을 비롯하여 선교사상이 부족하다는 일부 잘못된 로마 천주교회나 일부 개신교 신학자의 주장을 완전하게 불식시킬 수 있다. 최근의 선교신학자들은 루터에게는 선교사상이 좀 약한 것이 사실이지만, 칼뱅에게서는 선교사상이 전혀 약

---

4 참고. M. Bucer, *Von der waren Seelsorge und dem rechten Hirtendienst*, 1538, 최윤배 역,『참된 목회학』(용인: 킹덤북스, 2014).

하지 않고, 부처에게서는 선교사상이 종교개혁자들 중에서 가장 강하다고 말한다. 마르틴 부처의 선교 비전은 넓고, 그의 선교 열정은 뜨겁다.

최윤배
한국항공대학교 항공전자공학과 학사
연세대학교 대학원 전자공학과 공학석사
장로회신학대학교 신학대학원. 대학원 신학석사
De Theologische Universiteit van de Gereformeerde Kerken in Nederland (Drs.)
De Theologische Universiteit van de Christelijke Gereformeerde Kerken in Nederland (Dr. theol.)
(현) 장로회신학대학교 조직신학 교수
(전) 한국칼뱅학회 회장, 한국복음주의조직신학회 회장
(저서) 『개혁신학 입문』, 『잊혀진 종교개혁자 마르틴 부처』,
　　　 『깔뱅신학 입문』, 『성령론 입문』

칼뱅의 눈으로 본 한국교회

안명준

그러므로 함께 하늘의 부르심을 받은 거룩한 형제들아 우리가 믿는 도리의 사도이시며 대제사장이신 예수를 깊이 생각하라. 그는 자기를 세우신 이에게 신실하시기를 모세가 하나님의 온 집에서 한 것과 같이 하셨으니, 그는 모세보다 더욱 영광을 받을 만한 것이 마치 집 지은 자가 그 집보다 더욱 존귀함 같으니라(히 3: 1-3).

코로나19(코로나19)를 만난 이 세대는 고통 속에서 신음하고 있다. 코로나19는 보이지 않는 죽음의 사자처럼 소리 없이 다가와서 사람들을 분리시키고 삶의 존재를 마감시킨다. 2020년에 가장 무서운 힘을 가지고 영향력을 미치고 있다. 많은 사람들은 코로나19를 하나님보다 더 무서워하며 떨고 있다. 현재 한국교회도 코로나19의 공격으로 외적 형태가 점점 약화되고 있으며 내적 본질이 흐려지고 있다. 이런 고난의 시기에 한국교회와 성도들은 기독교의 본질적 원리에 성실해야 할 것이다.

현재 한국교회는 팬데믹(Pandemic) 이전 1980년대부터 여러 신학적 문제점을 보이면서 위기 속에 있었다. 한국교회의 심각한 문제점들 중 첫 번째는 극단적인 이원론이다. 이원론의 구조는 신앙과 행위, 교회와 사회, 그리고 하나님의 나라와 현실의 세상 등으로 구분한다. 두 관계를 무관하게 보는 것이다. 하나의 사례로 일과 관련하여 좀 더 구체적으로 적용하면 '주의 일'과 '세상 일'[1] 등에서 나타난다고 방선기 박사는 말한다. 한국교회는 신앙, 교회, 하나님의 나라를 중요시하고 강조하지만 행위, 사회, 현실에는 약한 모습을 보인다. 심지어 무시하며 살아가는 형태이다. 이런 이원론은 하나님의 나라에 대한 올바른 이해로 극복되어야 한다. 또한 하나님의 주권적 통치를 현재 우리가 받음으로써 극복될 수 있다.

두 번째는 비성경적-외형주의적 교회의 모습이다. 현재 영적 순수성을 상실한 한국교회는 중세 시대 로마 가톨릭교회의 모습과 비슷하다.[2] 보이는 외관과 성도들의 숫자적 모임이 진정한 교회의 모습이 될 수 없다. 거룩성과 통일성을 영적이며 유기적으로 보여주는 교회가 되어야 한다.

세 번째는 그리스도인들의 연약한 삶의 모습이다. 오늘날 한국 기독교는 세상 사람들의 큰 걱정거리가 되었으며 여러 문제에서 비판을 받고 있다. 성숙하고 고상하게 성화되어 가는 그리스도인들의 모습을 통하여 참된 그리스도인으로 인정받을 수 있을 것이다. 거룩한 살아있는 제사로 살아가는 변화된 그리스도인이 되도록 성령님의 인도하심을 순간순간 받아야 한다.

네 번째는 물질주의에 함몰된 교회의 세속화 현상이다. 세상에서는 많은 사람들이 돈이 최고라고 한다. 돈이면 뭐든지 다 할 수 있다고 믿는다. 그런데 이런 무서운 사상이 거룩한 공동체인 교회와 교회의 연합기관들에서도 강한 힘을 발휘하고 있다. 자크 엘륄(Jacque Ellul)은 『하나님이냐 돈이냐』에서 우리에게 예수님의 뒤를 따라서 거저 주시는 하나님의 은혜를 의지하며 거저 주시는 자의 삶을 실천하라고 한다.

---

1 방선기, "이원론에 대해서", 『기독신문』, 2010-05-28, http://www.kidok.com/news/articleView.html?idxno=64997.
2 안명준, "한국교회의 신학적 문제점", 『한국교회의 문제점과 극복방안』, 안명준 외 (서울: 이컴비즈넷, 2006), 15-34.

이와 같은 한국교회의 여러 문제점들을 근본적으로 극복하기 위하여 그리스도인들은 하나님의 말씀에 더욱더 충실하면서 그 정체성을 회복하고 자신을 부정하며 이웃을 사랑하는 일에 진실된 모습을 보여야 한다. 말씀에 대한 올바른 이해를 통하여 삶을 성경적으로 살아가야 한다. 존 칼뱅(John Calvin)은 16세기 어려운 시기, 특별히 역병이 자주 일어나고 일생이 고난과 아픔으로 포위되었지만 낙심하지 아니하고 하나님의 말씀으로 교회를 세우고 사회를 개혁하고 학교와 구제사업, 그리고 이웃사랑의 의무를 감당하며 살았다.[3] 오늘날 코로나19를 만난 한국교회는 전염병으로 시달렸던 존 칼뱅의 모습에서 참된 주님의 교회를 회복하고 그리스도인들의 참된 삶을 새롭게 하는 일에 중요한 교훈들을 얻을 수 있다. 이 고통의 시대 속에서 기독교의 본질로 돌아가기 위해 두 가지를 살펴본다.

말씀해석에 충실한 한국교회

코로나를 만나 혼동 속에 있는 한국교회는 하나님의 말씀에 대한 존중과 올바른 해석, 그리고 성경적 교회가 되어야 한다. 이승구 박사는 성경에 근거한 바른 교회의 정립을 위하여 세 가지 원리를 제시한다.

첫 번째는 성경을 정확무오한 하나님의 말씀으로 받아들여야 한다고 한다. 두 번째는 그 성경 계시의 역사에 충실하면서 성경을 해석하도록 주장한다. 세 번째는 이 성경에는 바른 교회의 모습과 바른 교회를 구현하는 방식도 이미 주어져 있다고 한다.[4] 바로 이 세 가지에 충실한다면 현재 어려운 한국교회와 목회자들의 사역도 세로워질 것이다.

---

3 안명준, "칼뱅과 흑사병", 『전염병과 마주한 기독교』, 안명준 외 (군포: 다함, 2020), 150-164.
4 이승구, "온라인 목회 시 성도 입맛에 맞추는 '구매자 위주'의 목회 우려", 『기독일보』, 2020-06-26 http://kr.christianitydaily.com/articles/104940/20200626/온라인-목회 시-성도-입맛에-맞추는-구매자-위주-의-목회-우려.htm.

종교개혁은 사실상 말씀에 대한 올바른 해석에서 탄생했다. 인문주의자 에라스무스(D. Erasmus)의 역사적–문법적 해석 방법은 루터(M. Luther)와 칼뱅에게 성경을 성경으로 해석하고(scriptura sui ipsius interpres) 역사적이며 문법적 관점에서 보게 했다. 헤르만 바빙크(H. Bavinck)의 말처럼 이것이 부패한 중세의 로마 가톨릭교회를 개혁할 수 있는 무기가 되었다. 올바르게 성경을 해석할 때 이단도 물리치고 교회를 든든하게 세우고 사회와 역사를 주도하는 힘을 가지게 된다.

한국에는 수많은 이단들이 나타났다. 그들에게 있었던 공통점은 무엇보다도 성경을 왜곡하여 자신들의 교리에 맞게 사람들을 유혹했던 것이다. 그들의 말세론이나 구원론, 신비주의와 카리스마주의가 모두 성경을 정당하게 해석하지 못하였고, 그 결과로 수없이 많은 사람들의 가정과 삶을 파괴했다.

성경 왜곡을 경계한 제네바의 종교개혁가 칼뱅은 말씀의 본질과 원리를 강조했다. 로마 가톨릭교회의 지도자들은 헛된 교리와 교회의 절대적 권위, 그리고 해석학적 무지로 인하여 성경을 잘못되게 해석할 뿐만 아니라 성경을 웃음거리로 만든다고 했다. 칼뱅의 주장처럼 성경을 올바르게 해석하는 일에 최선을 다하는 한국교회가 되어야 할 것이다.

말씀에 충실한 교회가 되기 위해서는 성경을 최고의 신학원리로 보아야 한다. 기독교 역사 속에 유명한 신학자들도 많았고 많은 학설과 주장도 많았다. 그러나 이 모든 것들은 성경의 규범(norma normans, regula)에 따라서 판단을 받아야 한다. 오늘날 한국교회는 누가 원리의 역할을 하는가? 교회에서 담임목사가 교회와 신학의 원리와 신학의 표준이 되어서는 안 된다. 담임목사의 말과 성경의 말씀이 동등한 무게감을 가질 수 없다. 목회자들은 말씀을 올바르게 해석하고 올바른 결과물을 가지고 성경을 바라보게 하고 성도들을 주님에게로 이끌어주어야 한다. 성경의 내용을 근거로 교회에서 마이크 역할을 해야 한다. 그 내용을 마음대로 조작하고 성도들을 진리의 교훈에서 멀어지게 해서는 결코 안된다. 칼뱅은 교회가 가르치는 것과 명령하는 것이 하나님의 말씀의 진리에 근거해야 한다고 한다. 성경에 없는 새로운 교리를 만들어서도 안된다고 한다. 주의 말씀에 계시되지 않은 것을 하나님의 말씀이라고 주장해서는 안된다고 한다. 칼뱅에게는 성경만이 유일한 원리였으며 삶의 안내자였다.[5] 한국교회도 이와 같이 말씀을 바르게 해석하고 하나님의 말씀을 신학의 원리로 존중해야 할 것이다.

그리스도인의 정체성 회복과 자기부정을 통한 이웃사랑

오늘날 한국사회에서 그리스도인이란 어느 교회를 다니는 교인으로 이해되고 있다. 물론 틀린 말은 아니다. 그러나 이런 소속에 근거하여 그리스도인을 이해하는 것은 참된 정체성이 아니다. 그리스도인은 어떤 지역교회를 다니면서 목회자를 따르는 자가 아니라 구주이신 그리스도를 날마다 따르는 자이다.

라영환 박사는 초대교회를 특징짓는 것은 소속감이 아니라 정체성에 있다고 한다. 그들이 예루살렘교회에 소속인가 아니면 안디옥교회 소속인가 하는 것은 결정적인 것이 아니었으며 중요한 것은 바로 정체성이라고 한다. 초대교회 성도들이 그 어려운 시기를 지나면서 믿음을 유지하고 세상을 변화시킬 수 있었던 것은 그들이 누구이며 무엇을 위해 부름을 받았는가를 분명히 알고 있었기 때문이라고 한다.[6] 화란의 신학자 아브라함 판더 베크(A. van de Beek)는 그리스도인이란 사명이 먼저가 아니라 오히려 주님에게 부르심을 받고 그리스도 안에서 그리스도인이 되는 자

---

5 안명준, 『칼빈의 해석학과 신학의 유산』 (서울: CLC, 2009), 114.
6 라영환, "언택트, 새로운 기회 – 교회의 본질과 사명: 코로나가 묻고 교회가 답하다", 『포스트 코로나와 한국교회』 (서울: 세움북스, 2020).

로 그 정체성을 설명한다.[7]

참된 정체성을 인식한 그리스인들의 삶의 모습을 칼뱅에서 찾아낸 장호광 박사는 이를 몇 가지로 설명한다. 먼저 바른 믿음이 바른 삶을 살게 하는데, 믿음이란 하나님의 은혜에 관한 확고하며 흔들림 없는 인식(지식)이며 그리스도의 연합, 즉 관계를 맺는 것이라고 한다. 칼뱅에게 있어서는 그리스도인의 삶은 창조주 앞에서 피조물로서의 인간의 모습을 보여주는 것이다. 결국 칼뱅은 그리스도인들의 삶이란 먼저 하나님의 영광을 위하여 사는 것이고 그분에게 순종하는 것이다. 또한 삶의 터에서 몸으로 드리는 기도의 삶을 사는 것이고 자기를 부정하며 십자가를 지는 것이며, 겸손하며 하나님을 경외하는 것이다. 마지막으로 그는 그리스도인의 삶이란 공동체를 의식하며 사는 것이라고 말한다.[8] 그리스도인의 정체성은 주님을 따르며 그에게 순종하며 하나님의 영광을 위하는 삶이다.

참된 정체성을 알고 바른 삶을 살아가는 그리스도인들은 이웃을 자기의 몸처럼 사랑해야 한다. 칼뱅은 이웃이 누구이며 그들에게 어떤 태도를 가져야 하는지를 설명한다. 칼뱅은 십계명 해석에서 사마리아 사람의 비유를 들면서 이웃은 가까운 관계(in close relationships)가 있는 사람이 아니라 관계가 가장 먼 곳의 사람(the most remote person)이라는 주님의 말씀을 설명하면서 이웃을 모든 인류(the whole human race)로 본다. 그리고 이웃을 사랑할 때는 실수투성이며 성격적 차이가 있는 인간을 먼저 보지 말고 먼저 하나님을 보라고 한다. 우리는 하나님을 사랑하기 때문에 모든 인류인 이웃을 사랑하게 된다고 한다.[9]

칼뱅은 이웃에 대한 참된 태도에 대하여 설명한다. 그는 자기를 부정

---

7 아브라함 판더 베크, "교회의 정체성과 사명",『칼빈의 해석학과 신학의 유산』, 220-21.
8 장호광,『일상 속에서 만나는 칼뱅신학』(서울: 킹덤북스, 2017), 105-76.
9 John Calvin, *The Institutes of Christian Religion*, vol 2, 8, 55, eds, John T. McNeill, trans. Ford Lewis Battles (Philadelphia: Westminster, 1960). 이후로는 *Inst.* 로 표기함.

하는 것이 우리로 하여금 우리의 이웃들에 대하여 올바른 태도를 제공한다고 한다. 특별히 자신이 자신의 마음의 왕국(kindom in his breast)에서 살면서 잘되고 즐거울 때만 이웃에 대하여 좋은 태도를 보여주지만 그들과 충돌하거나 고통을 당하거나 화가 나게 되면(pricked and irritated) 독을 뿜어낸다고 한다.[10] 우리는 어려울수록 인내하면서 힘들고 짜증스러운 일이 발생하여도 자기의 허물을 돌아보아 겸손한 마음을 가지고 이웃에게 관대하고 친절함을 보여주어야 한다. 그러나 칼뱅은 이런 진실된 겸손한 태도가 없는 것이 칼뱅은 우리 마음속에 있는 가장 치명적인 전염병이라고 한다. 바로 그것은 싸움을 사랑하는 것, 그리고 자신을 사랑하는 전염병(pestilence of love of strife and love of self)이라고 한다. 이 무서운 전염병을 성경의 가르침으로 뽑아 버리라고 한다.[11] 코로나바이러스 19를 만난 이 시기의 그리스도인들은 이웃에 대해 이타적이고 진실하며 겸손한 자세로 자기부정를 실현하여 그들에게 진정한 사랑을 보여주어야 할 시대를 맞은 것이다. 한국교회의 그리스도인은 이 어려운시기에 이웃을 사랑하는 실천으로 이런 사역에 힘써야 할 것이다. 사랑과 희생과 섬김을 통하여 한국교회를 세우는 데 모두가 협력하고 복음의 진리를 바르게 증거하며 모범을 보여주어 사회에 선한 영향을 주어야 한다.

결론적으로 한국교회는 말씀으로 돌아가고 말씀을 존중하고 말씀을 바르게 해석해야 한다. 하나님의 말씀아 없는 한국교회는 무너지고 말 것이다. 이원론과 물질주의에 사로잡힌 성도들이 하나님의 말씀을 존중하고 바르게 이해하며 그 말씀에 근거하여 살아간다면 한국교회는 새롭게 세워질 것이다. 그리스도인들은 '간절한 마음으로 말씀을 받고 이것이 그런 한가 하여 날마다 성경을 상고'(행 17:11)하고 사랑하는 그곳에서 희망을 볼 것이다. 또한 말씀에 근거하여 한국교회의 성도들을 위하여

---

10 *Inst.*, 3.7.4.
11 *Inst.*, 3.7.4.

올바른 세계관과 올바른 문화관을 연구하고 보급하여야 할 것이다. 이런 배움이 이루어진다면 한국교회는 굳건한 반석 위에 세워질 것이다. 이것이 주님이 바라는 것이며 한국교회의 미래가 될 것이다.

또한 그리스도인들은 주님의 계명에 순종하여 이웃을 내 몸처럼 사랑하는 존재가 되어야 한다. 이것이 주님을 기쁘시게 하는 일이며 어려운 한국교회를 새롭게 세워주며 우리의 정체성을 증거하는 표지가 될 것이다. 이런 실천을 통하여 한국교회가 다시 한 번 새롭게 변화되어 고상한 기독교로 인정받으면서 희생과 사랑과 사회적 책임을 아름답게 감당하여서 칭찬받는 주님의 교회로 거듭나기를 기대한다.

안명준

합동신학대학원대학교 (M.Div.)
Reformed Theological Seminary (Th.M.)
Westminster Theological Seminary (Th.M.)
Universiteit van Pretoria (Ph.D.)
(현) 평택대학교 피어선신학전문대학원 원장
　　　한국장로교신학회 회장, 칼뱅탄생500기념사업회 실행위원장
(전) 한국복음주의신학회 회장, 한국개혁신학회 부회장
(저서) 『칼빈 해석학과 신학의 유산』, 『칼빈의 성경해석학』
(공저) 『한국교회를 빛낸 칼뱅주의자들』, 『전염병과 마주한 기독교』

베자의 눈으로 본 한국교회

양신혜

　　한국교회에 낯선 이름인 테오도르 베자는 칼뱅의 신학적 후계자로서 개혁신학을 '하나의 운동'으로 널리 퍼뜨린 신학자이다. 다시 말해서, 칼뱅의 개혁신학을 전 유럽으로 대중화시킨 인물이라고 할 수 있다. 그는 개혁신학자로서 신학적 학문성을 갖추고 있었을 뿐만 아니라, 다종파 사회에서 종교적 평화를 위해 실제적으로 노력을 한 목회자였다. 일례로, 1557년 그는 박해받는 프랑스 위그노들에게 도움을 손길을 부탁하기 위해 스트라스부르와 보름스를 방문하였고, 1559년에도 하이델베르크를 방문했다. 이뿐만 아니라 1560년에는 위그노의 정치적 수장인 나바르의 왕비 잔 달브레 곁에서 정치적 조언자로서 활약하면서, 그녀가 공개적으로 개혁신앙을 고백하도록 이끌었다. 다음 해 프랑스 왕정의 가트린 드 메디치가 푸아시에서 가톨릭교회와의 회담을 개최하였을 때도, 칼뱅이 아닌 베자가 대표로 참석하기도 했다. 이처럼 종교적 평화를 위한 베자의 국제적 노력은 이후 근대국가 형성을 위한 정치적 · 철학적 논의의 발판을 제공했다. 그가 이룬 개혁신학의 발전과 정치적 성과는 영국에서 종교개혁을 이끈 크롬웰의 경우와 분명한 대조를 이룬다.

　　베자가 걸어간 그 길은 그리 순탄치만은 않았다. 제네바에서 칼뱅의 뒤를 이어서 목사회의 의장이 되자 흑사병에 대항한 대처 문제로 목사회 뿐만 아니라 시의회와 갈등하였고, 제네바 아카데미가 휴교하는 아픔도 겪었으며 심지어 제네바 시민들의 도덕적 타락을 경험해야 했다. 말년에는 전쟁의 위협 아래에서 경제적 궁핍함까지 겪었다. 외적으로 고국 프랑스에서 같은 민족끼리 싸우는 위그노전쟁을 겪었다. 안팎으로 뒤덮인 고통 속에서 성도들이 고난을 인내하고 극복하여 참된 그리스도인의 길을 걸어갈 수 있도록 돕는 글을 남겼다. 그 가운데 우리의 눈길을 끄는 책은 바로 『질문과 응답』(Questionum et responsionum, 1570)이다. 이 책은 공교롭게도 프랑스에서 벌어진 종교전쟁에서 전쟁을 해야 하는 명분이 약해진 시점에 출판된다. 분명 위그노들은 예배의 자유라는 대의명분을 가지고 전쟁을 시작했다. 하지만 같은 민족끼리, 가족끼리 총부리를 겨누는 현실에 깊은 회의감이 몰려왔다. 왜 우리가 싸워야 하는지도 불분명해졌다. 게다가 당시 제네바의 시민들은 흑사병으로 인해 힘든 시간을 지나가고 있었다. 하나님께서는 왜 제네바에 흑사병을 보내어 고난을 당하게 하는지에 대한 의문이다. 이런 상황에서 베자는 성도들을 향해 이 글을 남긴다. 그러하기에 베자가 남긴 이 책은 여전히 코로나19로 인해 고난의 길을 걸어가는 그리스도인에게 유효하다고 생각한다. 그래서 베자가 이 책에서 던지는 권면을 통해서 코로나19로 인해 '뉴 노멀'(New Normal)의 시대를 살아가야 할 그리스도인이 어떻게 살아가야 할지를 성찰하고, 작금의 한국교회가 나아가야 할 방향에 대해서 생각해 보고자 한다.

고난에 인내를

베자는 『질문과 응답』에서 독특하게 구원의 길에 들어선 그리스도인의 존재론적 근거로서 칭의와 윤리적 삶의 자리로서의 성화를 다룬 후에, 다시 하나님의 시간으로 올라가 예정과 섭리를 다룬다. 다시 말해서 이 땅에서 살아가는 그리스도인의 삶의 자리에서 하나님의 시간인 영원으로 올라가 섭리와 예정을 다루면서 마무리를 맺다. 베자가 이런 구조를 선택한 이유는 명확하다. 참된 예배를 위해서 가족에게 총을 들이대야 하는 전쟁을 선택하였으나, 전쟁의 명분과 당위성은 희미해져 갔다. 악에 대항하여 당당하게 살아가고자 했지만 여전히 그들의 삶의 자리는 회의로 점철되어 지쳐갈 뿐이다. 베자는 지쳐 쓰러져 가는 그리스도인에게 다시금 이 땅의 시간이 아니라 하나님의 시간을 바라보라고 권면하고 있다. 비록 우리가 이 땅에서 고난을 겪으며 살아가고 있지만 우리가 바라보아야 할 곳은 이 땅이 아니라 하나님의 시간인 영원임을 가르치고 있는 것이다.

하지만 하나님은 그리스도인이 영원의 시간에서 작정한 예정과 섭리를 이 땅에서 경험하도록 하신다. 그 경험이 그리스도인이 이 땅에서 당당하게 살아갈 수 있는 확신의 근거이다. 이 경험은 인간의 선택이나 바람의 결과가 아니라 하나님이 거저 주시는 은혜이자 하나님의 선택의 결과이다. 하나님의 선택은 '성령을 통해서' 이 땅에서 하나님의 부르심으로 나타난다. 여기에서부터 그리스도인의 첫출발이 시작된다. 하나님은 자신의 기뻐하시는 뜻에 따라서 성령을 통해서 그리스도인을 부르실 뿐만 아니라, 하나님이 택한 자들이 그 부르심에 응답하도록 그들을 인도하신다. 그러하기에 그리스도인으로서의 부르심은 하나님의 예정의 결과이다. 이 사실을 아는 것이 중요하다.

하나님은 예수 그리스도를 통한 '위대한 구원과 탁월한 영광'으로서의 예정을 그리스도인이 이 땅에서 자신의 것으로 경험하도록 하신다. 하나님의 선택과 그 적용의 융합은 성령의 결과로서 성경이 가르치는 예수 그리스도의 구원을 확실하게 알고, 그리스도인으로서 당당하게 이 땅에서 살아내는 삶으로 나타난다. 그래서 베자는 "만약 우리가 영원한 선택교리를 그리스도인의 확신의 유일한 토대이자 근거로 인식하지 못한다면 믿음의 효과들은 쓸모없어질 것이다"[1]라고 말했던 것이다. 하나님의 영원한 예정을 경험하는 자리가 예수 그리스도의 구속사건으로의 부

---

1 Beza, *Christian Faith*, 4.19.

르심이 있는 곳이다. 그 부르심에 대한 확신은 이 땅에서 구원을 경험하는 실제적 사건이다. 여기에서 믿음이 시작한다. 그러므로 믿음의 첫 시작으로서의 부르심은 이 땅에서 그리스도인으로서의 사유를 시작하는 출발점이 된다. 이 출발점에 대한 인식이 그리스도인의 사유의 대전제이다. 여기에서부터 우리의 사유는 발전하고 확장되어 간다. 이 사유의 논리적 결과가 고난의 시기를 견디는 힘의 토대가 된다.

그리스도와 연합된 존재로서의 정체성 강화

베자는 하나님의 작정의 결과로서 믿음을 『질문과 응답』에서 그리스도와 연합을 이루는 단계, 즉 그리스도의 구속을 앎(이해, apprehension), 그와의 접붙임(ingrafting), 그리스도와의 연합(incorporation)과 교제(fellowship with Christ)로 설명한다.[2] 하나님의 작정에 따라서 이 땅에서 그리스도인으로 부르신 그 중심에 예수 그리스도가 계심을 알 수 있다. 믿음은 그리스도인의 인식의 대상이 그리스도임을 아는 것에서부터 시작한다. 이 '앎'은 인식의 대상으로서의 객관적 지식으로서의 앎을 넘어서 성령을 통한 실존적 '앎'을 의미한다. 이 실존적 앎은 하나님의 작정에 따른 결과이자, 성령을 통한 경험에 토대를 둔 고백이다. 그렇기에 그리스도를 안다는 것은 예수 그리스도의 구원의 사역을 알 뿐만 아니라 '영적이고 신비로운 경험'에 근거하여, 예수 그리스도의 구속사건이 나를 위한 사건임에 동의함으로써 그리스도와 접붙임을 경험한다. 이 경험을 베자는 '마치 실제로 그것을 소유한 것과 같은 일'이라고 표현했다.[3] 그리스도와 연합된 존재로서의 그리스도인은 이제부터 하나님을 아버지로 부른다. 예수 그리스도의 구속의 사건을 통해서, 그리고 그 사건이 그리스도에게 주는 성령의

---

2 Beza, *Questions and Response*, Q. A. 107.
3 Beza, *Christian Faith*, 4.8.

힘으로 그리스도인으로서의 확신을 '실제로' 선물을 받게 된다.[4] 이 선물은 인간의 '헛된 바람'이나 '상상력'으로 이루어진 것이 결코 아니다.

베자가 믿음을 그리스도와의 연합이라는 개념으로 단계적으로 설명하는 시도는 이전의 믿음에 대한 설명과 다른 독특한 설명이다. 이처럼 베자는 그리스도인으로서의 자기 정체성을 확고하게 함으로써 어려운 고난의 시기를 묵묵히 견뎌 내고자 했다. 하나님께서 주시는 고난과 인간의 결핍으로 인한 전쟁에서도, 하나님은 우리를 그리스도인으로 부르시고, 그리스도인으로서 해야 할 사명의 자리를 보게 하신 경험은 자신의 아들을 아낌없이 우리를 위해서 내어주신 하나님의 사랑에 있음을 다시 한 번 기억하도록 하기 위함이다. 우리는 하나님이 자신의 기뻐하시는 뜻에 따라서 선택받은 자이며 그 작정에 따라서 우리를 그리스도와 연합된 존재로 부르셨음을 잊어서는 안 될 것이다. 그 부르심의 자리와 그 경험의 자리, 그 고백의 자리에서 그리스도인으로서 다시 하나님이 주신 사명을 기억해야 할 것이다.

윤리적 판단의 척도로서의 성경의 객관적 권위

베자는 하나님께서 그리스도인으로 부르신 그 자리에서 하나님이 주신 사명을 감당해 내야 하는 그리스도인의 행위를 강조한다. 이는 종교개혁자들과 그 궤를 같이 한다. 베자는 한 걸음 더 나아가 그리스도인으로서 '올바르게' 그리고 '참되게' 살아내야 한다는 당위성을 실제로 어떻게 실현시켜야만 하는가에 관심을 두었다. 그의 관심은 그리스도인이 살아가는 삶의 자리에서 만나는 다양한 문제에 직면해서 어떻게 하나님의 뜻에 합당한 판단을 하며, 그 판단에 따라 올바르게 살아내는가에 있다. 그래서 그는 그리스도인이 하나님의 뜻에 합당한 선택을 할 수 있도록 윤리적 판

---

4 Beza, *Christian Faith*, 4.13.

단의 객관적 척도로서 성경과 주관적 확신의 토대로서 양심을 주셨다는 사실에 주목한다. 베자는 진리에 대한 회의가 공론화되는 당대의 조류에 대항하여 이 두 원칙을 신학적으로 공고히 하는 작업을 했다. 이 전제 위에서 베자는 하나님이 어떻게 성경을 통해서 우리에게 말씀하시는지, 하나님 앞에서 하나님의 뜻을 읽어내는 성령을 통한 성경해석을 시도한다. 베자의 관심은 성경에서 하나님의 뜻을 찾는 올바른 과정에 있었다.

베자는 하나님의 뜻을 찾는 성경해석의 과정에서 이성을 강조한다. 이성은 하나님의 뜻을 찾아가는 길잡이일 뿐만 아니라, 인간의 정욕을 억제하는 능력을 지녔다. 그러하기에 베자는 이성을 악을 치료하는 치료책이라 했다(Q. 142). 베자는 성경해석 과정에서 하나님의 뜻이 무엇인지 판단하고, 그것을 실제로 행하는 선한 양심에 주목했다. 하나님의 뜻을 찾는 성경해석에서 베자는 '탐구'를 첫 단계로 삼는다. 탐구는 진리를 '더 잘 볼 수 있도록' 길을 열어주는 이성의 능력이다(A. 143). 이 탐구를 위한 대상이 바로 성경이다. 베자는 탐구의 대상을 바로 아는 것이 인간의 논리적 사유에서 매우 중요하다고 보았다. 탐구의 능력은 신학자뿐만 아니라 철학자들에게도 있기 때문이다. 철학자들도 탐구를 통해서 하나님의 본체를 뛰어나게 서술한다. 하지만 그들이 가진 탐구를 위한 이성은 올바르게 작동할 수 없다. 그들은 탐구를 위한 대상을 올바르게 깨닫지 못했기 때문이다. 올바른 탐구를 위해서는 올바른 탐구 대상에서부터 시작해야 한다. 그래서 베자는 성경이 올바른 인식을 위한 대상임을 성경이 지닌 신적 권위를 논증함으로써 그 정당성을 담보한다.

기억해야 할 것은 우리의 이성이 올바르게 작동하기 위해서는 올바른 인식 대상에서부터 시작해야 한다는 사실이다. 우리의 탐구는 성경을 하나님의 말씀으로 깨달아 아는 데서부터 시작한다. 그렇지 않으면 우리의 이성적 활동은 우상만을 만들어낼 뿐이다(A. 67). 올바른 인식 대상인 성경에서부터 시작한 논리적 사유의 결과는 양심에 확신을 주어 행동으로 옮기게 한다. 그러하기에 그리스도인의 행위는 하나님의 영원한 작정에 따른 결과라고까지 말했던 것이다. 하나님의 말씀으로서 성경에 근거한 해석은 이성에 따른 논리적 사유의 결과이기에 그에 합당한 열매를 맺어야 한다. 하나님의 영원한 작정에 따라서 그리스도인으로 부르심을 받은 자는 분명히 좋은 열매, 하나님의 뜻에 합당한 열매를 맺어야만 한다. 하나님의 예정에 따른 그리스도인으로의 부르심과 행위는 하나님의 은혜의 선물이다. 하지만 그리스도인의 행위 자체가 하나님의 구원을 판단하는 척도가 아님을 유념해야 한다. 인간의 눈으로 확인하는 외적 행위로 하나님의 예정을 판단하는 우를 범하지 않아야 한다. 이 점을 유념하면서 그리스도인은 예수 그리스도를 통해서 회복된 자로서 자신의 정체성을 인지하고 하나님이 주신 도덕적 판단의 척도로서의 성경을 통해서 그 해답을 찾으며 행동으로 옮기는 자가 되어야 할 것이다.

베자는 고난의 시간을 걸으면서 좌절하고 회의하는 그리스도인에게 고난을 견디어 낼 수 있는 힘을 영원의 자리에서 가져와 변하지 않는 하나님의 사랑을 깨닫게 했다. 그리고 그 사랑 안에서 거하는 그리스도인으로서의 자기존재와 삶의 자리를 돌아보도록 했다. 하나님의 영원한 시간에서 작정된 구원이 그리스도와 연합된 존재로서의 자기 인식을 강화했다. 이 자기 인식이 지금 한국이라는 공간에서 살아가는 그리스도인에게 다시 한 번 강조해야 할 주요한 과제라고 여겨진다. 우리는 그리스도인으로 부름을 받았다. 그 자리에서 지금 우리의 신앙이 어디에서 기원하고 있는지, 앞으로 후손에게 어떤 신앙을 물려줄 것인지 고민해야 한다. 우리에게는 그리스도인의 본질로서의 존재론적 과제와 더불어 신앙 선배가 물려준 신앙을 전수해야 하는 역사적 과제가 동시에 주어져 있다. 이 점을 잊지 말아야 한다.

두 번째로 베자가 그리스도인답게 살아가는 삶을 위한 객관적 척도로서의 성경과 그 해석, 그리고 하나님의 뜻에 합당한 양심의 확신과 행위를 강조했던 것을 기억해야 한다. 이 권면은 코로나 이후를 준비하는 한 국교회가 귀담아 들어야 할 조언이다. 코로나19를 통한 새로운 삶의 자리에서 그리스도인으로서 당당하게 설 수 있도록 교회가 성도들을 돌보아야 한다. 하나님의 부르심의 경험과 올바른 하나님에 대한 인식을 다시금 점검하도록 교리교육을 강화해야 할 것이다. 또한 우리의 이성이 올바르게 작동하는 인식의 대상으로서의 성경의 권위를 강조할 필요가 있다. 성경의 신적 권위에 대한 바른 이해와 올바른 성경해석의 틀을 가르쳐야 한다. 그리스도인 각자가 자신에게 주어진 자리에서 하나님의 뜻을 찾아가 그리스도인답게 자신의 자리를 이끌어 갈 수 있는 용기를 내도록 교회가 도와야 한다.

계몽주의로 인해 믿음과 이성이 서로 대립되는 개념을 이룩한 지금의 시대의 사조를 넘어서야 한다. 이를 위해서 믿음과 이성의 융합이 이루어지는 참된 믿음에 대한 올바른 이해를 회복해야 한다. 그리고 한 걸음 더 나아가 참된 믿음의 토대에서 논리적 추론에 따라 사유하도록 도와야 한다. 이로써 성령 아래에서 이루어지는 교리적 언어의 의미를 다시금 회복해야 한다. 또한 계몽주의의 결과로 합리주의의 오류에 빠져든 한국사회를 향하여 그리스도인의 사유의 출발점으로서의 성경의 권위를 회복해야 할 때이다. 다시금 하나님의 말씀으로서의 성경이 지닌 사유의 대전제로부터 시작하는 논리적 설득을 회복해야 할 때이다. 그 일을 위해서 앞서 걸어가고 계시는 하나님의 위엄 앞에 겸손하게 귀 기울이고 그분이 주신 말씀에 의지하며 당당하게, 그리고 묵묵히 걸어가길 기도한다.

양신혜
총신대학교 신학과
서강대학교 종교학과 (M.A.)
Humboldt Universität zu Berlin (Dr.Theol.)
(현) 합동신학대학원대학교 외래교수
　　한국개혁신학회 편집이사
(저서) 『베자』, 『칼빈과 성경해석: 교회를 위한 겸손의 해석학』

종교개혁자들의 교회와 국가관

우병훈

    종교개혁이란 일차적으로 교회의 개혁이었지만 그 파급효과는 정치, 문화, 교육, 경제 등 사회의 전 영역에 걸쳐 크게 나타났다. 특히 16세기 종교개혁으로 말미암아 중세적 교회와 국가의 관계는 현격한 변화를 겪었다. 서구 중세의 교회와 국가의 관계는 크게 보아 황제교황주의(Caesaropapism)와 교황절대주의 사이를 진자의 추처럼 왔다 갔다 하면서 균형을 잡지 못하는 상황이라고 볼 수 있다. 황제교황주의에서는 국왕이 교회까지 통치하여 교회가 국가의 권력 하위에 놓여 버리는 상황이 된다. 반대로 교황절대주의에서는 교황이 세속 권력까지 장악하여 일종의 종교만능국가가 된다.

    종교개혁자들은 교회와 국가에 대한 이러한 중세적 양극단을 피하며 성경적인 균형을 갖기 위해 노력했다. 하지만 종교개혁자들마다 성경해석과 전통에 대한 이해의 차이, 그리고 무엇보다 상황적 차이로 인하여 교회와 국가의 관계에 대하여 조금씩 다른 견해를 내놓았다. 이 글에서는 재세례파, 루터, 츠빙글리, 칼뱅의 순서로 종교개혁자들의 교회와 국가관을 살펴보겠다. 그리고 그들이 가졌던 생각들이 코로나19에서 겪었던 교회와 국가의 관계를 이해하고 고찰하는 데 어떻게 적용될 수 있는지 고민해 보겠다. 몇 백 년이 지난 종교개혁자들의 관점이 오늘날에도 여전히 중요한 이유는 그들이 건전한 성경해석과 정통교부들의 관점에 근거하여 자신의 견해를 개진했기 때문이다. 역사적 순서로 볼 때에 재세례파보다 루터를 먼저 다루는 것이 맞지만, 재세례파의 관점은 여러 면에서 다른 종교개혁자들의 견해와 많은 차이를 보이기에 먼저 다루겠다.

재세례파의 교회와 국가관

재세례파는 루터의 종교개혁에 영향을 받아서 일어난 종교개혁운동이지만, 국가와 교회의 철저한 분리를 강조한다는 점에서 여타 종교개혁자들과는 다른 특징을 가진다. 재세례파가 국가의 임무를 부정하지는 않았다. 재세례파의 대표적 고백서인 『슐라이트하임 고백서』(1527년) 제6항은 '칼은 하나님께서 그리스도의 완전성 밖에서 정하신 것이다. 칼은 사악한 자를 징벌하며 사형에 처하게 한다. 그리고 선한 자를 지키며 보호한다'라고 고백한다. 재세례파의 창시자라고 할 수 있는 메노 시몬스도 역시 국가의 선한 역할을 인정했다.

하지만 재세례파는 국가가 영적 영역에 간섭해서는 안 된다고 주장했다. 특히 그들은 양심의 자유를 강조했으며, 오직 그리스도만이 양심의 주인이시라고 했다. 바로 이 점이 다른 종교개혁자들과 재세례파가 갈라지는 부분이다. 종교개혁자들은 국가가 신앙을 수호하는 측면이 있다고 보았기에, 국가가 교회의 하나 됨을 도와주어야 하며 분파주의를 막아야 한다고 보았다. 그러나 재세례파에게 국가와 교회는 전혀 다른 기관이기에, 국가가 신앙에 조금이라도 관여해서는 안 된다. 그런데 만일 국가가 신앙의 영역을 침범하여 박해를 한다면 재세례파는 어떻게 대응해야 한다고 판단했을까? 이런 경우 재세례파는 교회가 수동적으로 저항하고 고난을 감수하는 태도를 취해야 한다고 본다. 이후에 보겠지만 이런 점은 다른 종교개혁자들이 제시한 저항권 사상과 다른 견해이다.

국가에 대한 재세례파의 태도 중에 종교개혁자들과 가장 대비가 되는 독특한 지점은 그들이 결코 정부 관리나 공무원이 되려고 하지 않는다는 점이다. 산상수훈(특히 마 5:38-48)을 삶의 가장 중요한 태도로 여겼던 재세례파는 공권력이나 무력의 사용을 반대했다. 그들은 칼을 사용해서 범법자를 처벌하는 것이 세속 정부의 일이지, 결코 그리스도인들이 할 수 있는 일은 아니라고 생각했다. 그들은 그리스도께서 정부의 일에 참여하지 않으셨기에 그리스도인 역시 그렇게 살아야 한다고 주장했다.

루터의 교회와 국가관

루터에 따르면 하나님은 두 팔을 사용하셔서 세상을 다스리신다. 그 두 팔은 국가와 교회이다. 그리스도인은 국가와 교회에 속해 있다. 그리스도인은 신체와 재산에 있어 국가의 지배하에 있지만 영적으로 보자면 교회에 속해 있다. 국가가 자연법과 그에 근거한 사람의 법을 중심으로 다스려진다면, 교회는 하나님의 법인 말씀과 복음에 의해 다스려져야 한다. 하나님의 다스림 속에서 국가와 교회는 서로 조화될 수 있다.

루터는 그리스도인들이 정말 하나님의 말씀에 따라 살아갈 때 그들에게는 세상의 법이 필요 없다고 주장한다. 하지만 많은 경우 그리스도인들도 범법을 행하기에 세상 법의 다스림을 받아야 한다고 주장한다. 우리는 기독교인으로서 누군가를 세상 법정에 고소해서는 안 된다. 하나님의 왕국에서는 오직 사랑과 섬김만이 지배하기 때문이다. 그러나 우리는 세상에 사는 사람으로서 법정에서 다른 사람을 고소할 수도 있다. 그렇지만 아무리 세상 사람과의 관계 속에서 생긴 일이라 하더라도 기독교인들은 기독교인답게 처신해야 한다. 그리스도인은 그 어떤 일에도 증오나 적개심을 가지고 행해서는 안 된다.

루터에 따르면 하나님은 사중적(四重的)으로 이 세상을 통치하신다. 피조물의 협력 없이 하나님이 홀로 일하는 통치, 천사들을 통한 통치, 사도들과 설교자들과 같은 사람들을 통해서 추진해 나가는 통치, 세속 정부를 통한 통치가 그것이다. 루터는 국가가 교회의 복음 사업과 예배를 방해하지 않는 한, 교회는 국가에 대해 뭐라 말할 책임이 없다고 가르쳤다. 하지만 동시에 그는 국가가 교회의 복음 사업과 예배를 방해하는 경우에 교회는 국가에 항거해야 한다고 가르쳤다. 1523년 작품 『세속 정부에 대하여, 어느 정도까지 그 권위에 순종해야 하는가?』에서 루터는 그의 신약성경 번역본의 판매를 막았던 게오르크에 대해서 '그리스도의 살해자들과 같은 자들'이라고 표현한다.

그러나 루터의 교회와 국가관은 1523년 이후로 변화를 겪는다. 그 이전에 루터는 그리스도인에게는 세상 왕국의 권세가 실제로는 필요 없다고 주장했다. 그러나 그 이후부터 루터는 그리스도인이라 할지라도 세상에 속한 사람이자 죄인으로서 세상 왕국의 강제력에 종속된다고 주장한다. 특히 1525년에 있었던 농민전쟁 시에 루터는 국가의 권력에 의지하여 농민들의 반란을 진압하게 된다. 이로서 일반적인 '시민적 삶의 영역'을 제어하고 다스리는 데 있어, 루터는 교회의 권한보다 국가의 권한을 좀 더 많이 강조하게 된다. 루터파의 두 왕국론은 이런 점에서 한계점이 드러난다. 그리고 루터파 교회는 초기의 회중교회에 가까운 모습에서 점차 국가교회에 가까운 형태로 넘어가게 된다.

츠빙글리의 교회와 국가관

헤르만 바빙크가 말한 것처럼, 기독교가 전체 사회에 스며드는 누룩이며, 세상을 다스리기 전까지는 쉬지 아니하는 이 땅의 소금이며 힘이라는 것을 종교개혁자들 가운데 츠빙글리보다 더 잘 인식한 사람은 없었다. 츠빙글리에게 교회는 영혼의 공동체이며, 국가는 외적 질서의 공동체이다. 전자가 '사랑의 공동체'라면, 후자는 '법의 공동체'이다. 그러나 두 공동체 모두 동일한 목적 즉, 이 세상에 대한 '하나님의 주권적 통치'를 실현하는 목적을 지닌다는 점에서 일치한다.

루터와 마찬가지로 츠빙글리의 사상에서도 신자는 성령의 의도에 따라 사랑의 계명 안에서 살아가며, 그렇게 사는 사람은 근원적으로 볼 때에 국가가 만드는 외적 제도가 더 이상 필요 없다. 하나님께서 이 세상에 외적 질서의 공동체인 국가를 만들고, 도덕법을 권력으로 강제하는 이유는 하나님의 뜻에 부합하는 법질서를 지키도록 만들기 위해서이다. 1523년에 출간한 『하나님의 정의와 인간의 정의』에서 츠빙글리는 이러한 법질서에 의한 정의를 '인간의 정의'라고 불렀다. 인간의 정의는 하나님 앞에서 우리를 온전히 의롭게 만드는 것은 아니지만 시민생활을 위해서는 꼭 필요하다. 반면에 츠빙글리는 '하나님의 정의'가 있다고 말했는데, 이는 사랑의 계명을 온전히 성취하는 정의로서 오직 말씀과 성령의 역사로 가능한 정의이다. 츠빙글리에 따르면, 위정자들은 '외적 질서와 인간의 정의'를 보살피기 위해 노력해야 할 뿐 아니라, 사람들이 하나님에 대한 참된 지식을 갖도록 하고 하나님의 뜻에 따라 살도록 도와주어야 한다. 따라서 세속 정부의 통치는 하나님의 말씀에 근거할 때만 정당성을 확보한다.

츠빙글리는 세속 정부와 설교자의 상호협력적인 관계를 매우 강조했다. 한편으로, 세속 정부는 '설교직'을 위한 공간을 마련해 주어야 하며, 설교자들을 후원하고 교회의 교육을 위하여 그들과 함께 협력해야 한다. 다른 한편으로, 설교자들은 선지자직을 수행하는 자들로서 '하나님의 말씀'을 선포하고 복음을 전파하며, 교회와 도시가 '하나님의 주권적 통치' 아래에 놓여 '하나님의 정의'에 접근하도록 이끌어야 한다. 츠빙글리의 사유 속에서 '신정'(神政)이란 정치가들이 영적인 일을 지도하는 것이나 설교자가 정치에 간섭하는 것을 뜻하지 않는다. 오히려 그것은 위정자와 목회자 모두 하나님의 주권적 통치를 확립하기 위해 노력해야 한다는 의미에서의 '신정'이다. 교회와 국가는 상호 조화로운 관계성 가운데서 공동체에 대한 하나님의 통치를 실현해야 한다. 특히 츠빙글리는 '신정'을 통해서 정치나 경제 영역이 종교와 대립하는 '자율성'을 갖지 않기를 바랐다.

츠빙글리의 교회개혁에서는 의회와 교회가 서로의 일에 부분적으로 관여하는 양상을 보인다. 츠빙글리는 의회가 취리히의 교회개혁에 중요한 역할을 한다고 보았고, 목회자들도 의회의 행정에 나름의 역할을 맡는다고 보았다. 그럼에도 불구하고 그는 예언자(설교자)가 관료들보다 더 필요한 존재라고 생각했다. 츠빙글리는 의회가 성경에 반대되는 법을 제정한다면 자신은 하나님의 말씀을 가지고 그것을 반대하며 설교할 것이라고 주장했다. 따라서 시의회는 선한 자들을 보호하고 악한 자들을 징벌해야 한다. 그리고 사람들은 시의회의 질서가 하나님의 말씀에 반대되지 않는 한 당연히 순종해야 한다.

츠빙글리의 저항권 사상도 중요하다. 그에 따르면, 만일 시의회가 영혼에 대해 주도권을 행사하려고 들고, 심지어 독재 권력으로 발전하려고 하면, 기독교인들은 저항할 수 있으며, 최종적으로는 그런 권력을 좌천시킬 수 있다고 주장한다. 특히 츠빙글리는 『67개 조항』의 제42번째 조항에서 '위정자들이 불성실하여 그리스도의 교훈에 반대되는 행동을 하면, 그들은 하나님의 이름으로 해임될 것이다'라고 적고 있다. 루터처럼 츠빙글리도 역시 '두 왕국 이론'을 가르쳤다. 하지만, 츠빙글리의 경우 시민 정부의 한계를 복음 중심적으로 보다 분명하게 설정했기에 교회와 시민 정부가 조화를 이룰 수 있는 여지를 루터보다 더 많이 제공했다고 볼 수 있다.

칼뱅의 교회와 국가관

칼뱅은 자신의 『기독교강요』 4권 20장에서 국가의 통치를 다룬다. 여기에서 그는 재세례파를 하나님께서 정하신 제도를 전복하려는 자들이라고 묘사하면서 비판한다(이하에서 괄호 안의 숫자들은 『기독교강요』의 권, 장, 절을 표시함). 루터와 마찬가지로 칼뱅은 '두 왕국론'을 제시한다(4.20.1). 칼뱅에 따르면, 그리스도의 왕국과 세속 지배권은 다르며, 세상의 제도에서 그리스도의 왕국을 찾으려는 시도는 '유대적인 허망한 생각'이다(4.20.1). 그리스도의 통치와 세상의 통치는 서로 구별된다. 비록 한 사람이 세상의 통치에서는 종의 신분이라도, 그가 그리스도인이라면 복음 안에서는 자유인이다. 그러나 이 두 가지 통치가 서로 대립하지는 않는다(4.20.2). 이는 한 사람이 두 가지 통치에 동시에 속할 수 있다는 말이며, 교회와 국가가 상보적인 관계가 될 수 있다는 뜻이다.

칼뱅에게 국가란 그 자체로 나쁜 것이 아니라, 나름의 선한 목적을 가지고 하나님께서 만드신 기관이다(4.20.2). 그는 '국가 통치에 지정된 목적은, 우리가 사람들과 함께 사는 동안 하나님께 대한 외적인 예배를 존중하고 보호하고, 건전한 교리와 교회의 지위를 수호하며, 우리를 사회생활에 적응시키며, 우리의 행위를 사회정의와 일치하도록 인도하며, 우리가 서로 화해하게 하며, 전반적인 평화와 평온을 증진하는 것이다'(4.20.2)라고 주장한다. 성도가 이 땅에서 '나그네 생활'을 할 때에는 이러한 국가가 보조 수단으로써 필요하며, 이것을 빼앗는 것은 그 사람에게서 인간성을 빼앗는 것이 된다(4.20.2).

칼뱅에게 국가는 그리스도인의 삶에 있어서도 꼭 필요한 기관인 동시에, 하나님의 권세 아래에 있는 기관이다. 정부는 우상숭배, 하나님의 이름에 대한 모독, 하나님의 진리에 대한 훼방, 그리고 그밖에 건전한 종교에 대한 공공연한 방해가 사회에 발생하거나 만연하지 않도록 하고, 치안을 유지하며, 시민의 재산을 보호하고, 인간 상호간의 선한 교제를 가능하게 하며 정직과 겸양의 덕을 보존한다. 정부는 그리스도인들이 공개적으로 종교생활을 할 수 있도록 하여 사회에 인간성이 보존되도록 한다(4.20.3). 칼뱅에 따르면, 권세는 하나님의 명령이며, 하나님으로부터 오지 않는 권세는 없다(롬 13:1-2). 따라서 그리스도인들은 집권자들을 부인하거나 배척해서는 안 된다(4.20.5). 동시에 집권자들은 하나님의 대리자로서 그 직무에 충실해야 한다. 칼뱅이 일종의 신정 정치를 생각하지는 않았지만, 그가 생각한 정부는 건전한 종교를 보살펴주는 정부였다(4.20.6). 칼뱅은 정부의 직책이나 관직 맡기를 거부하고 또한 그들의 권위를 배격하는 재세례파를 배격한다(4.20.7; 잠 8:15, 24:21; 롬 13:1; 벧전 2:17 참조). 한 가지 주목할 것은 칼뱅이 여기에서 정부의 임무나 권세자들의 역할 등을 다룰 때에, 그가 염두에 둔 것은 위정자들이 신자로 이뤄진 '기독교 국가'가 아니라, '일반적인 국가'였다는 사실이다(4.20.4; 4.20.6).

칼뱅은 정부 형태에 있어서 왕정, 귀족정, 민주정을 제시하고서, 이 중에서 '귀족정과 민주정을 결합한 제도'가 다른 형태보다 더 낫다고 주장한다(4.20.8). 그럼에도 불구하고 칼뱅은 여러 나라가 여러 가지 정부 조직에 의해 통치되고 있다면서, 특정한 정부 형태를 고집하지 않는 유연성을 보여준다(4.20.8). 칼뱅은 다시 한 번 재세례파들을 의식하여 위정자들이 강제력을 사용하여 공평을 실시하는 것이 성경적으로도 정당하다고 주장한다. 하지만 이때에도 역시 하나님의 뜻에 따른 적절한 방식과 정도의 공권력 집행이 중요하다(4.20.10).

종교개혁자들의 교회와 국가관 정리

루터, 츠빙글리, 칼뱅의 교회와 국가관에는 조금씩 다른 차이점이 있지만, 아래와 같이 뚜렷한 공통점이 있다.

첫째, 종교개혁자들은 국가 제도를 하나님께서 만드신 선한 기관으로 여긴다. 그리스도인은 교회에 속하지만 국가의 통치 역시 받고 있는 자이다. 그들의 정체성과 삶을 규정하는 더 본질적인 기초는 그리스도의 통치에 있다. 하지만 정부 역시 이 땅의 나그네 생활에 필수적 요소가 된다.

둘째, 종교개혁자들은 국가가 시민생활을 보호하고 정의와 평화를 증진시켜야 한다고 가르친다. 특히 국가는 종교생활을 보호해야 하며, 그리스도인들이 공개적으로 종교생활을 할 수 있도록 도와주어야 한다.

셋째, 종교개혁자들은 집권자가 하나님께서 세우신 대리자라고 보았다. 집권자는 법과 자유와 시민적 덕의 수호자이다. 따라서 집권자는 하나님께서 주신 직무를 수행해야 하며, 백성들은 집권자들에게 복종해야 한다.

넷째, 집권자들은 하나님의 사자로서 공공의 유익을 위해 필요한 경우 공권력을 행사할 수 있다. 그러나 집권자들은 하나님의 뜻을 실현하기 위해 강제력을 사용해야 하며, 관용의 미덕과 공의의 시행 사이에서 적절한 균형을 유지해야 한다. 재세례파는 공권력 사용을 인정하지 않았지만, 루터, 츠빙글리, 칼뱅은 인정했다.

마지막으로, 종교개혁자들은 세상의 왕들에게 복종하기 위해서 하나님께 불복종하는 일이 있어서는 결코 안 된다고 주장했다. 특히 칼뱅은 이 부분에 있어서 분명했다. 그는 다음과 같이 말한다.

"왕들의 모든 명령도 하나님의 명령에 양보해야 하며 왕들의 권력은 그분의 위엄 앞에 굴복해야 한다. … 우리는 주 안에서만 왕들에게 순종해야 한다. 만일 그들의 명령이 하나님께 반대되는 것이라면 그 명령을 존중하지 말아야 한다"(4.20.32).

한국적 상황에의 적용

이상의 내용을 종합해 볼 때에 팬데믹(pandemic) 상황에서 교회와 국가의 가장 좋은 관계는 역시 상호협력적 관계임을 알 수 있다. 교회는 국가의 예방 수칙을 잘 지켜야 하고, 국가는 교회의 예배를 보호해 주어야 한다. 그러나 2020년 봄, 코로나19 상황에서 보여주었던 한국 정부의 개신교에 대한 대응은 아쉬운 점이 많다. 예를 들어, 경기도지사가 행정명령을 발동했던 경기도 지역의 교회를 3월 15일 조사한 결과, 전체 6,578개 교회 가운데 60%인 3943개 교회가 영상예배로 전환했는데, 현장예배를 실시한 교회 2,635개 교회도 대부분 감염 예방 수칙을 잘 지켰다. 22일 조사에서는 전체 교회 중에 오직 2개 교회만이 경미한 미준수 지적을 받았다. 이는 전체 교회의 전체 교회의 0.03%에 해당하는 미미한 숫자이다.[1] 단지 경기도를 예로 들었지만, 전국 대부분의 교회들도 역시 앞서서 정부의 지침을 따랐고 자체 방역을 열심히 실시했다.

종교개혁자들이 가르친 것처럼 교회 편에서는 하나님의 말씀에 위배되지 않는 한 정부의 법과 규율을 잘 지켜야 한다. 예배와 각종 교회 모임에서 정부의 7가지 수칙을 지키고, 교회뿐 아니라 지역사회의 방역 및 의료활동에 기여하고, 교회 안팎의 가난한 자들과 소외된 자들을 돕기 위해 적극적으로 노력해야 한다. 마찬가지로 정부는 현장예배를 비롯한 교회의 활동을 존중하고 보장해 주어야 하며, 부족한 부분이 있을 시에 강제력이 아닌 설득과 협조 요청으로 시정을 요구해야 한다. 특히 팬데믹 상황에서 정부가 제시한 7가지 수칙을 지키는 교회들이 현장예배를 안전하게 드리는 것에 대해 비난할 이유는 없다. 정부의 지침을 따라 예배를 드리는 교회들은 어려운 시국에 물심양면으로 이웃사랑을 실천하

---

1   2020년 3월 22일자 NEWS1 기사. "경기도 102개 교회 예배 강행…대부분 수칙 잘 지켜" (진현권, 유재규 기자) https://www.news1.kr/articles/?3881807 (2020.6.26. 최종 접속)

고자 하며, 수고하는 의료진들과 정부 관계자들을 위해 기도하고 있다. 그런 교회를 두고 사회적인 혐오와 비난을 가하는 것은 부당하다.

결론적으로, 팬데믹 상황에서도 국가와 교회는 상호협력하고 상호존중하면서 국민의 생명을 보호하고 건전한 종교의 고유한 권리를 지켜 가는 것이 종교개혁자들이 물려준 지혜이며, 현실에도 가장 적합한 모델이라 볼 수 있다.[2]

---

2   글의 목적상 각주는 되도록 생략했다. 필자가 쓴 아래 글들에서 자세한 서지사항들을 찾을 수 있다. 『기독교 윤리학』 (서울: 복있는사람, 2019), 246-90 ("국가와 교회의 관계"); 『처음 만나는 루터』 (서울: IVP, 2017), 126-36("루터의 두 왕국 이론", "그리스도의 왕국과 세상 왕국의 관계" 등); "츠빙글리 성화론의 세 측면: 그의 신론, 교회론, 국가론과 연결하여", 『한국개혁신학』 제64권 (2019): 148-92 (https://bit.ly/31psQkE에서 열람 및 다운로드 가능).

우병훈
서울대학교 자원공학과 (B.Eng.)
서울대학교 서양고전학 대학원 (M.A., Ph.D.[수학])
고신대학교 신학대학원 목회학 석사 (M.Div.)
Calvin Theological Seminary (Th.M., Ph.D.)
(현) 고신대학교 교수
　　　한국개혁신학 편집위원
(저서) 『처음 만나는 루터』, 『기독교윤리학』,
　　　『예정과 언약으로 읽는 그리스도의 구원』, *The Promise of the Trinity*

정교분리와 교회의 자유

이승구

코로나19 상황 가운데서 초기에 어떤 지방정부에서 코로나19 사태의 진전 정황에 따라, 특히 교회 공동체가 어떻게 하는지를 보면서 종교 집회 금지명령을 내릴까 한다는 말이 들려왔었다. 그러나 그때 경기도지사가 처음 언급한 대로 하지 않았던 것은 참 잘했다고 해야 한다. 특별히 여러 목사님들과 대화하면서 그런 결론에 이르러 초기에 종교 집회 금지명령을 하지 않은 것은 아주 바람직한 접근을 하신 것이라고 해야 한다 (물론 후에는 이런 저런 복잡한 상황을 만들어 낸 것은 안타깝다).

교회 공동체는 본래 교우들과 온 국민들의 건강을 잘 보호하려고 하며, 그 점을 늘 가르친다. 특별히 십계명을 가르치면서 '살인하지 말라'는 계명을 공부할 때, 그것의 적극적 의미는 자신과 이웃의 생명을 보호하고 증진시키는 것이라고 계속해서 가르쳐 왔다. 그러므로 교회 공동체는 여러 모로 다른 분들을 위해서 신경을 많이 써 왔고, 또 신경을 쓸 것이다. 그러므로 교회 공동체가 얼마나 열심히 신경을 쓰고 있는지를 정부가 살펴주시는 것은 감사한 일이다. 코로나19 상황에서 다른 시설들에 비해서 교회 공동체가 얼마나 방역을 잘하고 있는지가 여러 곳에서 드러나고 있지 않은가?

제한 명령

그런데 혹시 필요하면 '종교시설 집회 제한 명령'을 내릴 수 있다고 하는 '표현 방식'은 때로는 심각한 문제를 일으킬 수 있다. 시행에 앞서 행정부와 교회들이 함께 충분한 협의를 가져야 한다. 그러한 합의가 부족한 상황에서 '종교시설 집회 제한 명령'을 내린다면, 그것은 '필요한 경우에는 국가 정부나 지방 정부가 교회 공동체의 활동에 일종의 제약을 가할 수 있다'는 인상을 강하게 주게 되고, 그것이 교회와 국가의 관계를 깊이 생각하는 사람들에게는 매우 심각한 문제 제기로 들린다. 그러므로 이런 식의 표현에 대해서 재고해야 할 것이다.

국가와 교회의 관계에 대한 역사

기본적으로 원칙을 말하자면, 국가와 교회는 각기 독립적인 기관으로 각각의 영역에서 주어진 사명을 다하는 기관이다. 물론 때로는 중세 때나 지금 이슬람권에서와 같이 종교단체가 국가를 지배해 보려고 할 때도 있었다. 거꾸로 독일의 히틀러 등장 시기나 일본 제국주의 시대나 공산주의 사회들은 국가가 교회의 여러 활동을 통제하기도 했다. 지금도 중국 같은 나라는 국가가 교회를 통제하려고 하고, 그런 정책이 가져오는 여러 문제들을 우리는 여러 면에서 거의 매일 잘 보고 있다.

또한 영국성공회는 국가의 머리가 왕이나 여왕이니 교회의 머리도 왕이나 여왕이라고 하는 수장령(the Supremacy Act, 1534)의 전통을 가지고 있다. 물론 지금은 이것이 거의 상징적인 것으로만 존재하지만, 그래도 공식적으로 영국교회(the church of England)의 머리는 지금 여왕으로 되어 있다. (물론 상당수 영국 교인들은 그것을 그저 상징적으로만 여긴다. 즉, 실질적인 국가의 통치는 영국 수상이 하는데 형식적으로만 여왕이 존재하는 것을 대부분의 영국국민들이 받아들이고 있듯이 말이다).

유럽의 다른 지역에서도 이런 입장을 가지고 국가와 교회와의 관계를 접근하는 일이 있었고, 종교개혁 시기에 그런 주장을 했던 대표적인 학자가 토마스 에라스투스(Thomas Erastus, 1524 – 1583)였기에, 그런 주장을 국가와 교회 대한 에라스투스 체제(Erastian system)라고 한다. 그러나 그 당시의 이런 논의는 사실 그 사회의 대부분의 사람들이 형식적으로라도 믿는다고 하고 교회 공동체에 속해 있는 시기에 나온 논의라는 것을 잘 생각해야 한다. 당시 이런 주장을 하던 사람들에게 세속 국가를 잘 소개한 뒤에 그런 국가가 교회를 통제하도록 하겠느냐고 물으면 아마 에라스투스 자신도 그렇게는 안 되겠다고 주장할 것이라고 상상해 본다. 에라스티안 주장 자체가 그 사회의 대부분이 교회 공동체에 속해 있는 상황에서, 특히 백성들의 삶을 규정하는 치리를 과연 누가 감당할 것이냐를 논의할 때에 에라스투스를 따르는 사람들은 그런 것은 행정 기관이 해야 한다고 주장하였다. 그리고 이것이 에라스투스 주장의 핵심이다. 그 사회의 거의 대부분이 믿는 사람일 때 통치자도 믿고 교회 공동체 안에 있는 상황 가운데서 교회는 하나님 말씀을 잘 가르치고, 그러면 그에 따라서 행정부에서 그 백성들이 과연 말씀에 순종하지 않을 때 벌을 주어서라도 그 사회가 바르게 나가는 사회가 되도록 해야 하겠다는 생각들이 표현된 것이다.

루터의 소위 두 왕국 사상이라는 것이 바로 그런 생각의 표현이었던 것이고, 개혁파의 츠빙글리나 불링거도 대개 그와 같은 방식으로 생각했다. 소위 치리(治理)는 로마서 13장이 말하는 칼의 권세를 지닌 국가가 감당하는 것이라고 말한 것이다. 그 당시의 행정부나 국가가 다 삼위일체 하나님을 인정하고, 적어도 형식적으로는 하나님의 뜻대로 하겠다고 하는 상황에서 나온 생각들이었다.

그러나 그런 때에도 이 모든 것을 깊이 있게 생각하는 분들은 국가는 국가대로 세워진(ordained) 목적을 다해야 하고, 교회는 교회대로 세워진 목적을 다하면서, 결과적으로 서로에게 도움을 주는 독립된 기관이라는 이해를 발전시켰다. 칼뱅과 그를 따르는 분들의 큰 기여가 바로 여기 있다고 말할 수 있다. 이분들은 교회의 독립성을 강하게 주장하면서 교회가 국가 안에 있지만 교회의 모든 사안은 교회 스스로가 결정해야 한다고 주장했다.

그래서 성경이 말하는 교회 체제를 교회가 가져야 한다고 하면서 오래전부터 천주교회나 성공회가 유지한 교회의 체제에서 보다 성경적 체제로 바꾸는 일을 교회 스스로가 해야 한다고 했다. 이에 그렇게 성경적 교회 체제에 따라서 목사와 장로와 집사를 선출하는 일을 교회인 성도들이 스스로 해야 한다고 주장한 것이며, 교회의 예배하는 방식을 교회가 스스로 결정해야 한다는 것을 강조했다. 곧 국가나 행정부가 교회의 예배 등 모든 것에 관여하는 것은 잘못된 것이라고 했던 것이다. 청교도들 가운데는 이런 주장을 하다가 죽어가고, 추방당하고 모든 어려움을 당한 분들이 많이 있었고, 일부는 결국 예배와 교회의 자유를 위해서 당시의 신대륙인 미국으로 가는 분들도 있었다. 당시 체제에 그대로 순응했으면 그리할 필요가 없었는데도 말이다.

국가와 교회의 가장 이상적인 관계: 국가와 교회의 독립성

이것을 간단히 표현해서 국가와 교회는 상호 독립적이라고 했다(the separation of the state and the church). 그것은 정부와 국가는 독립적 기관으로 제 역할을 할 때에 그것이 결과적으로 서로에게도 도움이 된다는 것을 발견하고, 그것을 천명한 것이다. 이것이 유럽 역사의 교훈이라고 할 수 있다. 따라서 유럽의 역사에 근거해서 자신들의 역사를 시작한 미국은 처음부터 국가와 종교의 구별을 아주 분명히 하면서 활동해 왔다. 신앙의 자유를 위해서 미국으로 갔던 초기 청교도들과 초기의 많은 이민자들에게 있어서 이것은 매우 중요한 일이다. 그래서 미국은 국교(國教)를 가지지 않는다. 그들은 신앙과 양심의 자유를 매우 중요한 가치로 제시하여 왔다. 그리고 교회의 일에 정부가 간섭하지 않는다. 퀘이커 교도인 윌리엄 펜(William Penn, 1644 – 1718)의 활동과 (펜실바니아[Pennsylvania] 주를 생각하면서 그의 영향력을 생각해 보라), 그의 '종교적 관용의 거룩한 실험'(holy experiment of religious tolerance) 정책을 믿고 미국에 왔다는 아미쉬 교도들을 생각해 보라(이들은 자신들이 스스로 경제적 문제를 해결함을 드러내면서 Social security number도 받지 않고, 미국의 연금 제도에서 스스로 빠져 있음도 생각해 보라). 물론 요즈음 이것을 지키지 않으려는 이런저런 시도들이 특히 공립학교에서 있어 왔고, 또 교회와 종교적 자유를 다시 회복하는 시도들이 있어 왔다.

국가와 교회의 독립성을 말하는 이런 바른 사상과 그 실현에 이르는 이런 과정을 무시하면, 결국 그들이 겪은 복잡한 역사를 이 땅에서 반복하게 되고 그것은 참담한 결과를 내게 되기에 우리는 그것을 매우 두려워하면서 이 바른 원칙을 천명하는 것이다. 이것을 무시할 때 오는 비참한 상황의 전개를 우리는 무서워한다. 그래서 그런 일이 있지 않도록 간절히 이런 말씀을 하는 것이다. 국가와 교회는 상호 독립적으로 있어야 한다. 그리고 놀랍게도 그리할 때에 서로가 서로를 돕는 놀라운 복된 결과가 나타난다.

팬데믹 상황 속에서의 국가와 교회의 관계

코로나19의 경험 가운데서 강력한 행정부의 방역에 잘 따르는 것이 중요하다는 것을 경험하면서 필요한 경우에는 행정부가 교회 공동체의 모임에도 강제력을 발휘할 수도 있다고 교회 공동체 자체가 생각하는 것은 교회가 팬데믹 상황의 영향을 받는 것이다. 이는 오랫동안 역사 가운데서 살면서 교회가 성경에 근거해서 행정부와는 독립적으로 존재하는 것이 가장 옳다는 것을 발견하고 주장해 왔던 바를 잊어버리는 것이라고 할 수 있다.

물론 이렇게 전염병이 창궐하는 상황 속에서 교회가 스스로 결정하여 일정한 기간을 온라인예배 등의 방식으로 예배할 수는 있다. 하나님께 매우 죄송해 하면서 잠시 그렇게 하는 것이다. 물론 특정한 교회 공동체에서 확진자가 나온 상황에서는, 다른 집단에서 그런 일이 있을 때 잠시 집회를 금지하거나 폐쇄하는 행정명령을 내릴 수는 있다.

그러나 적어도 교회 공동체는 교회의 독립성을 분명히 천명하고, 이 세상 행정부도 언어를 바꾸어 가도록 설득해 가야 한다. 우리는 행정부의 허락을 받아서 종교적 집회를 하고 우리의 모임을 하는 것이 아니기 때문이다. 평소에는 이렇게 생각하던 교회 공동체 성원 중의 일부가 이런 상황에서는 행정부가 교회의 모임을 통제할 수도 있다고 의견 표명하는 것은 우리의 원칙을 스스로 허무는 것이다. 우리는 자발적으로, 이런 상황에서는 방역을 열심히 하고, 어떻게 방역하면서 모일 수 있는가를 제시하고, 그 원칙을 따라서 모이거나 일부 모임을 제한하기도 하는 것이다. 오히려 교회 공동체가 앞장서서 그리할 수 있다. 행정부가 우리에게 제한적 허용을 하는 것이 아니다. 이와 같은 태도를 잘 유지하는 것이 이런 전염병 사태에 밀려가지 않는 목회를 하는 모습의 하나이다.

성도들의 이중적 자격

물론 교회 공동체의 구성원들은 동시에 국가의 국민이므로 국민으로서의 의무를 다하고, 그 국가가 더 좋은 국가가 되도록 힘쓴다. 그러므로 교회의 구성원들은 동시에 국가에도 속해 있고 교회에도 속해 있다. 그래서 모든 성도들이 국민으로서의 최선의 노력을 다한다. 옛 변증가들이 강조해 온 대로, 우리들은 좋은 시민이다. 국가가 필요로 하는 일은 우리들이 다 잘할 것이다.

그러나 교회가 어떻게 활동을 할 것인지의 문제, 그중에서 가장 대표적인 교회의 예배를 어떻게 할 것인지는 교회 공동체가 스스로 결정해야 함을 성경으로부터 배웠다. 이에 이 원칙에 충실하기 위해서 유럽에서 수없이 많은 어려운 과정을 겪으면서, 많은 피를 흘리면서 얻은 결론이 바로 '국가와 교회의 분리'라는 원칙과 그 실천이다. 그러므로 이 원칙이 무너지는 듯한 상황이 발생하는 순간, 교회 공동체는 성경의 원칙이 버려지는 인상을 받게 되어 있고, 그것은 매우 심각한 문제를 낳는다. 부디 바라기는 한국의 국가 정부나 지방정부가 특별히 예배 문제에 있어서는 어떤 강제력을 발휘할 수 있는 듯한 인상을 받게 하는 표현을 하거나 더 나아가 그런 생각을 하지 말아주시기를 부탁드린다. 더구나 교회의 성원들도 이 원칙, 교회의 문제는 교회가 결정하고 교회가 시행해야 한다는 원칙에 참으로 충실하려고 해야 한다.

이번에 코로나19 사태를 극복하면서, 별 문제 없이 지나갈 것이고, 그렇게 되기를 바란다. 그러나 이번에 어떻게 되든지 명심해야 할 것이 있다. 그것은 그 누구라도 '필요한 경우에는 국가가 교회 공동체의 활동에 제한을 줄 수 있다'고 생각하는 일이 암묵리나 노골적으로 있을 때, 그것은 결과적으로 매우 심각한 문제의 불씨가 될 수 있다는 것이다. 그것은 코로나19 사태 정도의 문제가 아닌, 매우 복잡한 상황을 일으키게 된다. 그래서 이런 간절한 마음을 전하는 것이다.

교회 공동체의 정치적 주장?

이와 함께, 교회 공동체도 일상적 상황에서는 교회의 이름으로서는 국가의 문제에 관여하여 이렇게 저렇게 요구하지 말아야 한다. 전국 정부든 지방정부든 정부는 독립된 기관이기 때문이다. 물론 교회의 성도들은 국가의 구성원이기도 하므로 개인 자격으로 다른 시민들과 함께 이런저런 주장을 할 수도 있다. 그러나 그것은 개인으로서 그리하는 것이고, 일상적 상황에서는 교회의 이름으로 어떤 것을 주장하지 말아야 한다. 개인들이 다른 개인들과 함께 시민으로서 자신들의 견해를 개인적으로나 사회 단체를 구성해서 여러 의견을 말하고 여러 활동을 하는 것은 있을 수 있다. 그러나 일상적 상황에서는 교회의 이름으로 이런저런 정치 문제에 직접적으로 관여해서는 안 된다. 그래야만 다음에 언급할 경우 모든 교회들이 일어나 피해를 무릅쓰면서 어떤 주장을 할 때 그것을 무겁게 들을 수 있는 최소한의 가능성이 있다. 그동안 한국교회는 이전에는 소위 진보측 사람들이 계속 어떤 주장을 교회의 이름으로 해 왔고, 근자에는 정치적 보수를 주장하는 사람들이 계속 그리해 왔다. 그 결과 우리가 중요한 문제 제기를 해도 전혀 듣지 않을 가능성이 많은 상황을 교회가 만들어 놓았다.

교회가 교회의 이름으로 어떤 주장을 하는 때의 심각성

교회가 교회의 이름으로 국가에 어떤 요구를 할 때가 있을 수 있으니, 그것은 성경말씀에서 명확히 가르친 교회의 활동에 외부 세력이 간섭을 하게 되는 경우이다. 그런 때에는 우리들이 모든 어려움을 각오하고서라도 교회 전체가 그리할 수 없다고 주장하여야 한다. 그 대표적인 경우가 일제강점기에 일본 제국주의자들이 우리 교회에게 신사참배를 하라고 하고 신사참배를 하면 예배당에서 예배할 수 있지만, 그렇지 않으면 예배당을 폐쇄하겠다고 했던 경우이다. 그때 우리가 다 나서서 그렇게는 못하겠다고 했었어야 했는데, 총회의 이름으로 신사참배는 국가적 행사이지 종교적인 것이 아니라고 결의했고, 결국 몇몇 분들만 순교당하고, 옥중 성도가 되었다.

앞으로 우리나라에 우리가 또 그렇게 교회 전체로서 어떤 주장을 해야 할 날이 오지 않기를 바란다. 그런 날이 올 때 우리들은 또 이전과 같이 대부분은 순응해 버리고, 몇몇 사람만 어려움을 당하는 그런 교회가 되지 않기를 바란다. 이 말씀을 하는 이유는 지금 이 사태가 일제하 상황과 같다는 이야기가 아니다. 문제는 어떤 경우에는 국가가 교회에 영향력을 행사할 수도 있다는 생각이 교회 회원들의 의식 속에도 있다고 하는 그 현실 때문에 이 말씀을 하는 것이다. 아마도 이 세상은 당연히 그래야 한다고 생각할 것이다. 따라서 정치 지도자들이 필요하다면 이런 정책을 쓸 수도 있다고 생각할 수도 있다. 그러나 적어도 교회의 성도들은 그것은 안 된다고 해야 할 텐데, 그렇지 않은 것 같은 기류가 감지된다. 우리의 '교회 지체 의식'이 더 분명해져야 한다.

부디 성도들이 각자 좋은 시민과 사회의 구성원으로서의 역할을 할 수 있도록 해 주시기를 간절히 바라면서, 교회 공동체가 성경이 말하는 그 교회의 성격을 잘 유지해 갈 수 있기를 바란다.

이승구
서울대학교 대학원 (M. Eds.)
합동신학대학원대학교 (M. Div.)
University of St. Andrews 신학부 (M. Phil., Ph.D.)
(Visiting Scholar) Calvin College, Vrije Universiteit, Westminster That. Seminary
(현) 합동신학대학원대학교 조직신학 교수
　　한국복음주의신학회 회장, Inter. *Journal of Reformed Theology* 아시아편집위원
(전) 한국개혁신학회 회장, 한국장로교신학회 회장
(저서) 「광장의신학」, 「우리 사회 속의 기독교」, 「거짓과 분별」, 「성경신학과 조직신학」

국가권력은 종교 문제에 개입할 수 있는가?

이상규

문제점 제기

2019년 12월 중국 우한(武漢)에서 발원한 코로나바이러스는 우리 시대의 여러 문제에 질문을 던지고 있다. 그중 한 가지는 국가권력이 종교 집회 개최 여부 등 교회 문제에 개입할 수 있는가 하는 점이다. 코로나가 확산되자 대한의사협회는 지난 1월 26일, 중국으로부터의 감염원 차단 제안을 포함한 대정부 권고안을 발표한 바 있으나 중국인의 입국이 금지되지 않았고, 다른 요인들과 함께 확진자는 전국적으로 확산되었다. 2월 중순에는 이단집단인 신천지 신도들을 통해 확진자가 크게 증가되자 사회적 거리두기가 강조되고 각종 집회에 대해서도 자제를 요청하기 시작했다. 특히 기독교회의 집회 자제를 요청하기 시작했다. 이재명 경기도지사는 3월 17일, 일부 교회에 대하여 주일예배 밀접 집회 제한 행정명령을 발동했고, 또 행정명령을 준수하지 않을 경우 '감염병의 예방 및 관리에 관한 법률' 제80조 제7호에 따라 300만 원 이하의 벌금을 부과할 방침이라고 했다. 박원순 서울시장도 비슷한 조치를 취했다.

그러자 대통령은 종교 집회에 대해 두 지방자치단체장이 취하고 있는 조치를 적극 지지한다고 했다.[1] 그런가 하면 정세균 총리는 3월 21일 대

---

[1] 「조선일보」, 2020. 3. 21.

국민담화를 통해 집단감염 위험이 높은 종교시설, 체육시설, 유흥시설은 보름 동안 운영을 중단해 줄 것을 강력히 권고하고, 준수 사항을 지키지 않을 경우 행정명령을 발동하여 집회를 금지시키겠다고 엄포를 놓았다.[2] 총리 담화 후 첫 주일인 3월 22일부터 경찰이 동원되었다. 전국 경찰서장 255명 전원을 출근시켜 경찰관과 지자체 공무원들이 해당 지역 교회로 방문하고 권고 준수 여부를 점검하기 시작했다.[3] 이런 조치에 대해 서울과 경기도 일부 교회는 아래와 같은 4개 항의 응대 메뉴얼을 만들었다고 한다.

1. 공무원이 교회 출입할 경우 신분 확인 및 사진 촬영하기
2. 공무원이 예배 중단을 요구할 경우 예배 중단 권한은 교회에 있음을 고지한 뒤 예배를 방해하지 말고 밖으로 나가 달라고 요청하기
3. 공무원에 의한 예배 현장 사진 및 영상 촬영 금지 요구하기
4. 교회 출입한 공무원이 교회측의 요구를 거부하고 예배를 방해할 경우 주거 침입죄 및 예배 방해죄로 고발하기

교회가 방역 지침을 준수하고 바이러스 확산에 대처하려는 정부의 노력에 대해 적극적으로 협조해야 하는 것은 당연한 일이지만 국가권력 기구가 종교 집회에 강제권을 행사하는 것은 정당한 일인가에 대해서 묻지 않을 수 없다. 여러 밀착 집회 집단 시설 중 유독 교회에 대한 제재는 헌법이 보장한 종교자유에 대한 침해라는 주장이 제기되고 있다. 국가권력은 종교 문제에 개입하거나 예배 중단을 요구할 수 있는가?

---

2 「조선일보」, 2020. 3. 23.
3 「조선일보」, 2020. 3. 23.

교회와 국가

이 점에 대해 역사에 기대어 검토해 보고자 한다. 역사적으로 볼 때 국가와 교회와의 관계는 다음의 몇 가지 유형으로 구분될 수 있다.

첫째는 교회 우선주의인데, 국가를 교회의 일부분으로 보고 교회가 국가 위에 군림할 수 있다는 입장이다. 이것이 중세교회의 입장이었고, 로마 가톨릭의 견해였다. 예수께서 첫 교황이라고 간주하는 베드로에게 천국 열쇠를 주셨음으로 베드로의 후계자인 교황은 영적인 영역만이 아니라 세속 영역에서도 통치권이 주어졌다는 입장이다. 이런 입장을 교황황제주의라고도 할 수 있는데, 국가에 대한 교회의 우위를 강조한다. 그래서 교회가 시민사회에서도 권위(civil authority)를 행사할 수 있다고 주장한다. 이를 성직우선주의(clericalism)라고 말하기도 한다.

둘째는 국가 지상주의(erastianism)인데, 교회를 국가의 일부로 보고 국가가 교회에 지배권을 행사할 수 있다고 주장한다. 이를 에라스티안주의라고 말하는 것은 스위스의 철학자 에라스투스(Thomas Erastus, 1524–1583)의 견해에서 비롯되었기 때문이다. 이런 입장은 세속 황제가 기독교의 수장보다 상위의 권위를 가지므로 종교 문제에 대해서도 국가권력을 행사할 수 있다는 비잔틴 제국의 황제교황주의(皇帝敎皇主義, caesaropapism)와 같은 입장이다. 앞의 두 상반된 입장은 교회-국가 간의 거듭된 권력욕에 노출되었음에도 불구하고 이상적인 제도가 아니라는 점이 인정되어 왔다.

셋째는 교회와 국가의 분리론(total separation)인데, 초기 기독교회 혹은 16세기 재세례파의 입장이다. 세속 정부와 교회는 별개의 기원을 가지며, 세속 정부가 영적인 일에, 반대로 교회가 세속적인 일에 관여해서는 안 된다는 주장이다. 이것은 국가 정치에 대한 교회의 무관심을 의미하기도 하지만 국가가 교회 문제에 개입할 수 없다는 입장이다.

넷째는 교회와 국가가 혼합된 혹은 통합된 형태(unity)인데, 국가와 교

국가권력은 종교 문제에 개입할 수 있는가? · 이상규

회의 경계가 허물어진 속화된 크리스텐덤(christendom)이라고 할 수 있다. 이런 형태는 4세기 이후 기독교가 로마 제국의 국교가 된 이후의 모습이라고 볼 수 있다. 이런 형태의 속화된 기독교권 구조를 극렬하게 반대한 그룹이 재세례파였다. 이런 형태는 교회를 속화시키고 참된 교회가 되지 못하게 하는 형태인 동시에 국가도 본래의 신적 기원에서 이탈하는 것이라고 보았기 때문이다.

이상의 4가지 유형은 국가와 교회 간의 이상적인 관계로 볼 수 없었다. 이에 16세기 종교개혁자들은 국가와 교회에 대한 바른 관계를 규정하려고 힘썼는데, 그것은 교회를 위해서도 필요한 일이지만 국가를 위해서도 필요한 일이라고 보았다. 예컨대, 칼뱅은『기독교 강요』제4권 20장에서 하나님께서 세우신 두 기관인 교회와 국가의 관계를 논술하였는데, 교회와 국가의 구별을 유지하면서도 고유한 기능을 행사해야 하는 양자 간의 올바른, 유기적 관계를 정립하고자 했다. 이런 인식은 초기 기독교에서 보는 바처럼 교회와 국가의 완전한 분리라는 분리 모델도 이상적이지 못하고, 중세교회의 경우처럼 국가와 교회의 일치도 바람직하다고 보지 않았다. 또 국가가 교회를 지배하거나 반대로 교회가 국가를 지배하는 형태도 바람직하지 않다고 보았다. 이런 인식에서 국가와 교회는 상호 분리하되 각기 다른 기능을 행사한다고 보는 새로운 교회 · 국가관을 제안하게 되었고, 이것이 17세기 이후 근대적 의미의 국가 · 교회 간의 관계를 규정하게 된 것이다. 그 한 가지가 정교분리론이다.

미국에서의 정교분리론

유럽인의 이민으로 이루어진 미국이라는 나라는 처음부터 정교분리(政敎分離)를 중시해 왔다. 잉글랜드의 에라스티안적인 국교회 제도에서 신앙의 자유를 누리지 못했던 청교도들이, 그리고 각기 다른 종파의 신자들은 신앙고백의 차이로 인해 차별받기를 원치 않았기 때문이다. 그래서 새로운 정착지에서 정교분리를 통해 신교의 자유를 누리고자 했다. 그 한 가지 사례가 1647년 5월 포츠머스에 모인 4개 처 정착지 대표들이 모여 합의한 헌법이다. 이것이 로드아일랜드라는 단일 식민지의 기초를 놓게 되는데, 여기서 두 가지 중요한 사항을 포함시켰다. 그 첫째가 양심의 자유였고, 둘째가 종교와 정치의 분리(the separation of religion and politics)였다.[4]

침례파가 다수였던 이곳에서 신교의 자유를 인정하는 동시에 다른 종파에 대해서도 관용해야 한다는 결정이다. 또 세속 권력의 종교문제에 대한 간섭을 배제해야 한다는 주장이다. 약 15년 후 로드아일랜드는 영국왕 찰스 2세가 발급한 특허장을 받게 되는데, 이것은 새로운 식민지 건설을 위한 허가장이라고 할 수 있다. 여기에, 신앙고백적(교파적) 차이 때문에 차별받지 않는다는 내용과 더불어 '지금부터는 종교적인 일에 있어서 자기 자신의 판단과 양심을 따르고 또 그것을 즐길 완전한 자유를 누린다. 다만 그 자유가 방종과 방탕으로 흘러서는 안 된다'라는 문구가 포함되어 있었다. 따지고 보면 이런 사상은 로저 윌리암스(Roger Williams, 1603-1683)의 영향인데, 그는 교회와 국가는 본질적으로 서로 다른 권위에서 출발하기 때문에 엄격히 분리되어야 하며, 상호 지배나 간섭이 불가능하다고 보았다. 국가는 국민이 위임해 준 범위 안에서 지위, 명예, 위엄을 지니며 민간업무를 담당하지만, 종교와 관련된 업무에서는 교회가 국가보다 우위에 있다고 보아 신교의 자유와 국가권력의 교회 간섭을 반대한 대표적인 인물이다.[5]

유럽인의 뉴잉글랜드 이민과 정착으로부터 약 150여 년이 지난 1776년 7월, 13개 주의 식민지가 영국으로부터 독립하게 되었다. 그동안 '국

---

4 정만득, 『미국의 청교도 사회』 (서울: 비봉출판사, 2001), 274.
5 Edward Morgan, *Roger Williams and Church and State* (1967).

가연합'의 형태로 있었으나, 1789년에는 '연합헌장'(Articles of Confederation) 을 수정한 헌법을 비준하고 연방정부를 수립했다. 헌법 본문에서 미흡 하게 반영된 사항은 수정 조항으로 보충되었는데, 1791년 권리장전(Bill of Rights)이 헌법에 추가되었고, 또 10개의 수정 조항이 추가되었다. 그런 데, 수정헌법 제1조(First Amendment)가 정치와 종교에 대한 사항을 규정했 다. 1791년 12월 15일 비준된 미국의 수정헌법 제1조는 다음과 같다.

> 연방의회는 어떤 종교를 국교로 정하거나 종교의 자유로운 시행을 금지하는 법률을 제정할 수 없으며 언론, 출판의 자유를 제한하거나 국민들이 평화적 으로 집회할 권리와 불만의 시정을 정부에 청원할 권리를 제한하는 법률을 제정할 수 없다.

> Congress shall make no law respecting an establishment of religion, or prohibiting the free exercise thereon; or abridging the freedom of speech, or of the press; or the right of the people peaceably to assemble, and to petition the Government for a redress of grievance.

우리가 말하는 '정교분리론'은 바로 여기서 출발했는데, 핵심은 두 가 지이다. 국교를 정하거나 종교활동의 자유를 금지해서는 안 된다는 것 이다. 단순히 안 된다는 것이 아니라 그런 법을 제정해서는 안 된다는 점 을 못 박고 있다. 다시 말하면 국가권력이 종교 문제, 곧 신교의 자유를 침해할 수 없다는 것을 말하는 정도가 아니라 그런 법률을 제정하는 것 자체를 금하고 있다는 점이다. 이것이 수정헌법 제1조의 정신이다.[6] 미 국에서 말하는 국교 금지는 어떤 특정 신앙이나 교파가 아니라, 여러 종

---

6 미국에서는 1971년까지 모두 26개 조항이 수정헌법으로 채택되었는데, 헌법은 상하원의원 3 분의 2 지지와 50개 주 가운데 38개 주가 승인하면 개정할 수 있다.

교나 교파가 균등한 신앙의 자유를 향유하게 한다는 것이고, 성도나 교회가 정치에 관여해서는 안 된다는 것이 아니라, 국가권력이 종교 문제에 대해 간섭하거나 개입해서는 안 된다는 점을 말한다. 이런 법률적 장치는 앞에서 지적했지만, 유럽에서 국가권력의 신앙 자유 제한이나 교회 간섭에 대한 경험적 폐해에서 나온 금지 규정이다. 이상과 같은 점을 고려해 볼 때, 그리고 근대 서구사회 전통에서 볼 때, 국가권력이 예배를 포함한 집회의 자유를 제한할 수 없으며 이는 법이 정한 종교의 자유를 침해할 수 있다는 점을 보여준다. 어떻든 앞에서 소개한 종교에 대한 이 두 가지 원칙은 여러 근대국가의 헌법적 모체가 되었고, 한국에도 그대로 반영되었다.

한국에서의 정교분리

미국연방헌법은 현행 성문법 중 가장 역사가 오랜 문서로, 정교분리 조항 등은 이후 세계적으로 일반화되어 갔다. 18세기 말부터 북미에서부터 유럽 국가들도 정교분리를 법제화하기 시작했고, 20세기에는 상당수 비서구 국가들도 이런 흐름에 동참했다. 우리나라도 1948년 7월 17일 공포된 제헌 헌법에서부터 정교분리가 명문화되었다. 우리나라 헌법 제20조 제1항은 '모든 국민은 종교의 자유를 가진다'라고 하여 종교의 자유를 보장하고, 제2항은 '국교는 인정되지 않으며, 종교와 정치는 분리 된다'라고 하여 국교의 부정과 정교분리를 인정하고 있다.

그런데 이보다 앞서 정교분리론은 기독교 복음과 더불어 한국에 소개되었다. 북미 출신 선교사들은, 기독교를 외세에 의한 침략 세력으로 규정하고 선교사들의 활동을 의심하던 조선 정부에 정교분리 원칙을 내세워 선교의 자유를 누리고자 했다. 조선의 정치 문제에는 관여하지 않고 오직 복음만 전하겠다는 점에서 정교분리를 제시한 것이다. 복음 전파를 위한 전략이라고 좋게 해석할 수 있지만, 이것은 김영재의 지적처럼 정교분리라는 의미를 국가의 입장에서 받아들여 정부에 순응하겠다고 자처한 꼴이 되고 말았다.[7]

정교분리의 근본정신은 그 이후에도 곡해되었다. 일제치하에서 조선총독부는 정교분리론을 앞세워 선교사들의 활동을 제한하고자 했다. 정교분리의 근본정신은 국가권력의 교회 간섭을 금지한 것임에도 불구하고, 교회의 정치 참여를 금지한 것으로 호도하여 외국 선교사들이나 조선인들의 정치 관여를 금기시한 것이다. 효과적인 식민지배를 위해 정교분리론을 이용한 것이다. 그럼에도 불구하고 3.1운동과 같은 반일 만세운동이 일어난 것은 국가권력의 신교(信敎)의 자유 부정과 교회 탄압이 심각했기 때문이다.

1935년부터 시작된 신사참배 강요는 국가권력의 교회 탄압이자 정교분리 원칙의 심각한 위반이었다. 국가권력이 신앙의 자유를 억압할 뿐 아니라 우상숭배를 강요한 것이다. 한국교회는 이에 대항하여 싸웠으나 점차 저항은 약화되었고 후에는 심각한 훼절에 이르게 되지만, 이 일로 2천여 명이 투옥되고 40여 명은 옥중에서 죽음을 맞기까지 국가권력에 저항했다. 이른바 일제가 말하는 정교분리론에 저항한 것이며, 신교의 자유에 대한 투쟁이었다. 대표적인 인물이 주기철 목사였다.

1939년 8월 일제 경찰이 그에게 설교 금지령을 내렸을 때, "나의 설교권은 하나님께 받은 것이니 경찰서에서 하지 말라 할 수 없다"며 거절했다. "설교를 그만두지 않으면 체포한다"라고 협박했을 때 그는 이렇게 대답했다. "설교는 내가 할 일이고, 체포는 당신이 할 일이다." 비록 짧은 응대였으나 국가권력의 한계를 분명하게 선언한 것이다. 국가권력은 신교의 자유, 곧 설교권을 박탈할 권리가 없다는 점을 제시한 것이다. 국가권력자들은 정교분리를 교회의 정치 불관여로 간주하여 정부정책을 비

---

7   김영재, "복음과 정교분리", 『부경교회사연구』 80(2019 7): 97.

판하지 말라는 의미로 받아들이지만, 미국의 수정헌법 제1조에서 말한 정교분리의 의미는 국가권력의 종교자유 침해 금지를 규정한 것이다.

이상에서 살펴본 바대로 근대 서구사회의 오랜 전통에서 볼 때 국가권력이 교회의 문제, 곧 집회에 대하여 협조를 요청할 수는 있으나 금지할 권리는 인정되지 않고 있다. 이는 헌법이 정한 종교의 자유를 침해할 수 있다. 특히 특정 교회를 지칭하여 집회 금지를 명령하는 것은 의도적인 탄압으로 오해될 수 있는 소지가 있다.

미국 주 정부가 코로나 방역을 위해 예배를 제한하는 행정명령을 내린 바 있으나, 소송을 제기하여 승소하는 일이 발생하고 있다. 예컨대, 지난 5월 18일 노스캐롤라이나주의 로이 쿠퍼(Roy Cooper) 주지사는 야외에서 10명 이상의 모임을 금지하는 행정명령을 내렸다. 교회 집회에 대해서도 예외 없이 이를 적용했다. 이에 대해 윈스턴 살렘의 베리안침례교회와 그린빌의 침례교회는 기독교 단체인 리턴 아메리카와 더불어 미국연방법원에 노스캐롤라이나주를 상대로 소송을 제기했다. 이에 대해 제임스 데버 판사는 "미국 헌법이나 수정헌법 제1항의 종교의 자유권 보장은 전염병에도 예외가 있을 수 없다"며 원고 승소 판결을 내렸다. 코로나 확산을 막기 위한 공공보건의 이유보다 종교자유 침해를 더 심각하게 여긴 사례라고 할 수 있다.[8]

3월 27일 기준으로 볼 때, 국내 감염자 중 교회를 통한 감염은 1.5% 불과하다고 한다.[9] 98.5% 확진자는 교회와 무관한 감염경로였다고 한다. 2020년 6월 6일 현재 국내 코로나 바이러스 확진자는 11,719명, 사망자는 278명에 이르고 있으나 교회를 통해 감염된 이는 150명으로 전체 확진자의 1.28%에 불과하다고 한다.[10] 그럼에도 불구하고 교회 예배에 대해 밀접 집회 제한 행정명령을 발동하는 것은, 한국교회언론회의 지적처

---

8 『크리스찬투데이』, 2020. 5. 27.
9 http://www.kscoramdeo.com/news/articleView.html?idxno=16788.
10 『크리스찬투데이』, 2020. 6. 15.

럼 기독교에 대한 탄압으로 비쳐질 수 있다. 교회가 정부의 코로나 확산 방지를 위한 지침을 준수하고 협조하는 일은 당연한 것이지만, 종교 집회의 자유를 제한 할 수 있는 예배금지, 교회당 폐쇄, 구상권 청구 같은 조치는 국민적인 저항을 불러올 수 있다.

이상규
고신대학교 신학과(B.Th.)
고신대학교 신학대학원(M.Div., Th.M.)
Australian College of Theology (Th.D.)
(현) 백석대학교 석좌교수, 고신대학교 명예교수
(전) 개혁신학회 회장, 한국장로교신학회 회장
(저서) 「교회개혁사」, 「한국장로교회의 역사와 신학」,
　　　「초기 기독교와 로마사회」, 「한국교회역사와 신학」

PART 04

—

코로나19 · 뉴노멀 · 언택트 시대

한국교회 희망 찾기

초기 한국교회의 의료선교와 복음전도

박응규

한국의 초기 선교역사에서 전염병이 창궐할 때마다 의료 선교사들은 고통 속에 있는 자들을 위해 희생하며 그들을 위해 전심을 다해 봉사하고 섬겼을 때에, 기독교 신앙의 본질과 복음의 능력이 무엇인지를 실제적으로 보여주었다. 이러한 희생과 봉사가 새로운 복음의 씨앗이 많은 사람들에게서, 특히 고통을 당한 자들의 삶 속에서 솟아오르게 했던 생명의 모판이 되었다. 그런 면에서, 의료선교가 초기 한국교회 역사 속에서 전염병을 치료하는 가운데 복음전도를 개시하고 활성화하는 데에 어떻게 기여했는지를 고찰하면, 작금의 코로나19로 인한 심각한 사태를 이겨낼 수 있는 교회의 사명과 기독인의 자세를 바르게 정립하는 데에도 도움이 될 것이다.

이 논고에서는 전염병을 중심으로 다양한 질병과 장애를 극복하는 과정에서 의료선교가 복음전도와 사회개혁에 기여한 바를 간략하게 진술하고자 한다. 한국 기독교회 역사에서 초기라 함은 1884년부터 1910년까지로 구분하고자 한다.

역사적 실례들

한국의 의료시설과 수준이 열악했을 때 창궐했던 전염병을 막아 내고 극복하는 데에 가장 기여한 자들은 개신교 의료 선교사들이다. 그들은 현장을 떠나지 않았고, 감염된 환자들을 돌보기 위해 그들의 생명을 아끼지 아니하고 최선을 다하며 희생을 마다하지 않았다. 이러한 희생적인 봉사는 고통당하는 백성들의 마음의 빗장을 내리고 복음을 받아들이게 했으며 위대한 의사이자 구세주이신 예수 그리스도를 영접하는 전도의 문을 활짝 열어 놓았다. 이렇게 해서 기독교 의료사업은 기독교 복음을 전할 수 있는 기반을 조성하였고, 진료활동을 통해서 기독교에 대한 호감을 갖게 했다. 이러한 결과, 1890년대에 이르러서는 직접전도가 가능하게 되었다. 물론 1890년대 초반 5년간에도 의료사업은 여전히 한국인들에게 서양과 서양인, 그리고 기독교에 대한 편견을 제거하고 호의적인 태도를 갖게 하는 데에 결정적인 역할을 했다. 다시 말하면, 의료사업은 편견을 뿌리 뽑는 쟁기가 되었고, 편견과 구습 그리고 다양한 방해들을 제거하고 나면 전도자들은 옥토를 발견하곤 했다.[1]

당시 의료사업의 중요한 사명 중의 하나가 바로 전도라는 것은 모든 선교사와 의료 선교사가 합의한 사항이다. '한국에서 전도활동의 자유가 허용되지 않았던 1880년대에 의료사업은 전도사업을 포함한 기독교 사업의 대명사였다. 1890년 민간병원에서 전도사업을 시작한 이래 1894년 제중원도 병원전도를 시작했는데, 1900년에 들어와서는 모든 병원들에서 전도활동을 하게 되었다.'[2] 1910년대에 의료 선교사들은 의술을 단지 전도의 수단 정도로만 간주하지 않고 사랑의 실천으로서 병 고치는 일과 전도라는 두 가지 목표를 가지고 사역에 임했다.[3] 이런 면에서 의료선교는 복음전도를 가능케 한 모판의 역할을 했다고 해도 과언이 아니며, 말로만 하는 전도가 아니라 기독교 사랑의 실천을 통한 전도라는 측면에서 많은 호응이 있었던 것도 사실이다.

---

1 이만열, 『한국기독교의료사』 (서울: 아카넷, 2003), 163.
2 이만열, 『한국기독교의료사』, 269.
3 이만열, 『한국기독교의료사』, 284-85.

의료 선교사들의 헌신적인 태도는 기독교에 대한 한국인들의 반감, 오해, 저항 등을 약화·해소시켰다. 이로써 모든 계층의 사람들이 교회로, 예수 그리스도께로 발걸음을 촉진했다. 그 당시 의료 선교사들은 일반 주민들에게는 물론이거니와 심지어 왕족이나 관리들에게도 가장 '환영받는 인사들'로 인정되어 그들이 전하는 복음, 그들의 삶을 통해 드러내는 예수 그리스도를 자연스럽게 받아들였다. 이렇게 그리스도 안에서의 영생을 얻는 길은 선교사들의 철저한 희생, 즉 썩어져 새로운 생명의 싹을 내는 밀알의 정신에 있다고 할 수 있다.

그리고 발전된 의료기술을 통해 전염병을 고쳤을 때, 한국인들은 질병에 대한 미신적 태도를 타파했다. 또한 의료선교는 전염병에 대한 의료적이고 위생적인 관념을 널리 보급시켰으며, 기독교 신앙이야말로 삶의 새로운 가치와 세계관이라는 관념을 형성하게 하는 핵심적인 역할을 감당했다. 이렇게 해서, 기독교는 '사랑의 종교'일뿐만 아니라, '계몽의 종교'로도 인식되는 계기가 되었음도 부인할 수 없다.[4] 또한 초기 한국인 환자와 서양 의사가 나눈 병력에 관한 대화를 분석해 보면, 진단보다는 단지 약을 통해 병을 고친다는 생각으로 약을 받으러 왔다는 것을 알수 있으며 약 중심의 전통적 치료의 관행을 읽을 수 있다.

그러나 이러한 전통적 질병 및 치료개념은 점차 기독교 병원을 통해 과학적이고 합리적인 개념으로 바뀌어 갔다. 나아가 과학적인 현대의학 기술을 접하게 된 일반 민중은 점차 서양문화에 대한 편견과 오해를 불식하게 되었다. 기독교는 종교심과 윤리의식의 계발 및 고양에 한몫을 하였지만 기독교 병원의 의료사업은 과학적 세계관과 근대적 합리성을 소개하는 일에도 기여하고 있음을 엿볼 수 있다.[5]

---

4 이재근, "한국 초기 기독교와 전염병", 안명준 외 『전염병과 마주한 기독교』 (군포: 도서출판 다함, 2020), 201–202; 전석원, "1884–1910년의 급성전염병에 대한 개신교 의료선교사업", 「한국기독교와 역사」 36 (2012, 3): 263–65.
5 이만열, 『한국기독교의료사』, 233–34.

또한 이 시기에는 한국인 전도인과 전도부인들의 병원전도가 더욱 체계적으로 이루어졌다. 확고한 전도기관으로 성장한 병원들은 더 체계적인 전도사업을 전개했다. 매일 열리는 예배, 기도회 등은 복음전도활동의 주요한 방편이 되었으며 대개의 경우, 병원마다 고용된 전도사와 전도부인들이 열심을 다해 대기실과 입원실, 그리고 가정을 방문해서 전도했고, 교회의 병원방문전도와 봉사도 정기적으로 이루어져 전도의 열매가 풍성하게 맺어졌다.

이렇게 진료 환자에 대한 전도나 가정방문으로 입원 환자가 모두 개종한 것은 아니지만 환자와 그 가족들에게 기독교 복음이 전해지는 계기가 되었고, 회심한 자들은 지역교회의 성도로 성장해 갔다.[6] 특히 지방의 병원이나 진료소를 찾는 한국인들은 대부분이 가난하고 소외당한 민중 계층이었다. 이들에게 무료로 진료해 줌으로 그들이 기독교를 접하는 좋은 계기가 되었으며, 기독교에 대한 오해와 편견을 교정하는 데에 크게 기여했다.[7]

초기 한국에서의 선교사역에 있어서 의료선교는 복음전도를 열어주는 선구적인 역할을 했을 뿐만 아니라, 사회개혁적 요소들도 다분했다. 전염병이나 질병에 걸리면 몽매한 전(前)근대적인 미신(迷信)의 폐습과 무의(巫醫)로 인한 피해가 엄청났었는데, 백성들 사이에 널리 퍼져 있었던 미신의 힘을 추방하는 데에 크게 기여했다. 마귀나 악령으로부터 병이 말미암는다는 관념으로 야기되는 불행한 결과로부터 벗어나는 데에 일조했다.

또한 의료선교는 사회적 신분에 관계없이 의술을 시행함으로 계층 간의 소외감을 제거하는 데에도 앞장섰고, 대중에게 차별 없이 치료함으로써 가난한 사람들의 몸과 마음을 위대한 의사, 예수 그리스도의 정신으

---

6 이만열, 『한국 기독교 의료사』, 234.
7 한국기독교사연구회, 『한국 기독교의 역사 I』 (서울: 기독교문사, 1989), 196.

로 치유했다. 이러한 차별 없는 시료(施療)에 한국 백성들의 마음속에는 헌신적인 기독교적 사랑이 깊이 각인되었다. 특히 1895년 청일전쟁의 비극 속에서 전염병이 창궐했을 때, 서울에서 교회는 서대문 밖에 프레데릭 언더우드 시료소(Frederick Underwood Shelter)를 설립하고 환자들, 더구나 거리에 버려져 있는 빈사상태의 환자들까지도 다 수용하고 의료 선교사들은 물론이고 일반 교인들까지 동원하여 필사적으로 간호했다. 이러한 헌신적인 모습에 오랜 질고와 가난, 시달림 속에서 살아온 백성들은 감격하였고, 기독교 신앙에 대한 새로운 경험과 새로운 관점을 갖게 되었다.

의료 선교사들과 기독교인들은 전염병뿐만 아니라, 버림받은 병으로 알려진 문둥병 치료를 위해 부산, 여수, 대구 등지에 나병원(癩病院)을 설립하였으며, 로제타 홀(Rosetta Sherwood Hall)은 평양에서 맹아와 농아들을 위한 교육을 실시함으로 장애로 고생하고 소외된 자들의 교육을 위해 크게 헌신했다. 기독교 의료선교가 다만 치료가 목적이 아니고 가르치고 계몽하고 구원하는 것임을 밝혀주었다. 그리고 의료사업에 여성의 참여를 독려하고 최초의 여의사 박에스더를 배출하는 데에도 기여함으로 한국 여성들이 의료와 간호 분야에서 활동을 개시할 수 있는 효시를 이루었다. 무엇보다도 기독교나 그 문명의 세계에 대한 한국의 접촉과 교류의 통로가 개방되게 함으로 기독교에 대한 적대심을 제거한 최초의 강력한 개파 동력이 바로 의료선교였다.[8]

또한 한국에서의 의료선교는 교회를 태동하는 모태의 역할도 했다. 단순히 병원만 운영한 것이 아니라 교육도 병행하였기 때문이다. 특히 제중원은 '병원, 학교, 교회라는 초기 한국 선교의 트라이앵글 선교 연대

---

8 민경배, 『한국기독교사회운동사』 (서울: 대한기독교출판사, 1987), 95–102. 1885년부터 1945년까지의 60년 동안의 한국 기독교 의료활동의 역사와 의미에 대한 요약적 진술은 다음을 참고하라. 이만열, 『한국기독교의료사』, 871–99.

의 한 원형이 된 의미를 지닌다'고 할 수 있다.[9] 제중원이 병원선교와 밀접한 연관을 맺으면서 태동한 교회들은 기독교 신앙을 통한 계급의식을 타파하고 인권회복 운동에 적극적이었는데, 그 대표적인 예는 사무엘 무어(Samuel F. Moore) 선교사와 곤당골교회(후에 승동교회로 발전)라고 할 수 있다. 이 교회는 제중원의 에비슨(Oliveer R. Avison) 의사와 무어 목사, 그리고 그의 한국어 선생이 전도함으로 1893년 서울에서는 두 번째로 세워진 장로교회였다. 곤당골교회는 당시 가장 천대받던 백정들을 전도하는 데 앞장섰으며, 백정 출신 박성춘이 장로 장립을 받고, 그의 아들 박서양은 제중원 의학교를 제1회(1908)로 졸업하여 외과의사가 되었다.[10]

뿐만 아니라, 승동교회는 일제치하에서도 교회 안에 '맹인회'를 창립하여 맹인전도사업에 지대한 관심을 기울였다.[11] 이러한 병원선교의 특성은 한국에서의 소외계층에 대한 관심을 증진시키고 장애인선교의 장을 여는 견인차 역할을 감당했다. 한국에서의 장애인선교는 병원선교와 밀접한 연관성을 맺은 것은 사실이지만, 무어 선교사와 같은 이들의 사회개혁적 차원의 선교신학과도 깊은 관련성이 있음을 부인할 수 없다.[12]

일제치하에서도 일제가 세운 병원이나 총독부 산하의 병원이 일본의 식민지배와 침략전쟁을 지원했던 반면에, 기독교 선교병원들은 오히려 한국의 독립운동을 비호하는 장소로 인식하게 되었고 선교부의 재산몰수와 선교사들을 추방하는 과정 등에서 한국인들과의 일체감을 유지할 수

9   서정민, 『제중원과 초기 한국 기독교』(서울: 연세대학교출판부, 2003), 55, 63.
10 민경배, 『한국기독교사회운동사』, 102-105.
11 서정민, 『제중원과 초기 한국 기독교』, 94-104; 홍치모, 『승동교회 100년사, 1893-1993』(서울: 승동교회, 1996), 48. 무어 선교사의 사회개혁적 사역에 대해서는 다음의 논문을 참고하라. 정준모, "Samuel F. Moore 목사의 한말 선교활동과 사회개혁에 관한 연구"(총신신대원, Th. M. 논문, 1987). 승동교회의 맹인전도사업에 대해서는 다음을 참고하라. 홍치모, 『승동교회 100년사, 1893-1993』, 215-23, 247.
12 한국교회의 장애인 신학과 사역에 대해서 다음의 논문을 참고하라. 박응규, "역사신학적 접근에서 본 장애인: 한국교회사적 고찰", 이재서 외 공저, 『신학으로 이해하는 장애인』(서울: 세계밀알, 2009), 198-205.

있었다.[13] 1940년에 이르게 되면 일제의 탄압으로 160여 명의 선교사들이 추방되면서 그야말로 당시 한국의 의료체계가 무력화되는 위기를 맞이하기도 했지만, 의료사역을 존속시켜 나가기 위해 많은 노력을 기울였다.[14]

6.25 전쟁을 경험하고 1960년대에 이르러서도 한국의 경제적 여력이 의료계를 발전시켜 나가기에는 많은 한계가 있었던 것도 사실이다. 이러한 열악한 상황 속에서도 정부가 주도해야 할 콜레라, 이질, 장티푸스 같은 급성전염병 외에도 만성적 문제인 결핵 퇴치, 한센병 극복, 기생충 박멸사업, 예방접종이나 지역사회 보건사업 등의 의료사업들을 기독교 의료기관들이 시작하고 주도적으로 이끌어 갔다.[15]

실제적 교훈들

종교의 가치는 위기 속에서 유효한 역할을 통해 드러나게 되어 있고, 더구나 대역병의 환난에서는 두 가지의 질문에 답할 수 있어야 한다.

첫째는 왜 이런 재앙이 일어나는가 라는 원인에 대한 설명을 해야 했고, 둘째는 재앙에 어떻게 대응해야 하는가에 대한 모범을 제시해야 한다. 초대교회는 역병이 창궐하자 그 어떤 이방종교나 헬라 철학도 제시하지 못한 재난과 역경이 주는 의미에 대해 설명해 주고 또한 격려했다. 또한 기독교 교리는 예기치 못한 죽음 앞에서 인생의 의미를 부여하고 천국의 존재를 통해 슬픔을 극복할 수 있도록 위로했다.[16]

역사적으로 교회는 모든 질병은 근본적으로 인간의 죄 때문이라고 인식했고, 하나님은 역병을 가져오기도 하시고, 멈추게도 하신다고 믿었기에 하나님의 자비하심을 바라보며 기도하기를 가르쳤다. 그러므로 초대

---

13 김민철, "한국 의료의 발전과 기독교", 손봉호, 조성표 편저, 『한국 사회의 발전과 기독교』 (서울: 예영커뮤니케이션, 2012), 193.
14 이만열, 『한국기독교의료사』, 862.
15 김민철, "한국 의료의 발전과 기독교", 194.
16 스타크, 『기독교의 발흥』, 손현선 옮김 (서울: 좋은씨앗, 2016), 115-47.

교회는 '도피가 최상의 길이 아니라 보살핌과 배려, 사랑으로 질병을 극복해야 한다고 권고한 것'이다.[17] 초대교회의 이러한 자세와 희생적인 헌신은 역사 속에서 지켜져 왔고, 초기 한국교회도 좋은 모범을 보여주었다.

초대 기독교의 사랑과 선행의 가치관은 역병 속에서 기독교인들의 공동체를 더욱 결속시켰으며, 기독교인들의 희생과 섬김을 통해 역병에 걸린 자들을 구해내는 놀라운 원동력이 되었다. 놀랍게도 역병이 지나간 뒤에는 이러한 희생적인 돌봄 때문에 기독교인들의 생존율은 일반인들보다 훨씬 높았으며, 이교도들이 공포로 인하여 떠는 동안, 기독교인들은 희생적으로 병자들을 돌보면서 역병을 오히려 고난을 극복할 수 있는 믿음을 실천하는 장으로 활용했다. 역병이 지나가자 많은 이들이 기독교로 개종하게 되었는데, 그것은 바로 불신자들이 기독교로 전향하지 못하도록 막았던 과거의 질서나 대인적 애착관계가 역병으로 인하여 사라지면서 그 관계가 기독교인들과의 관계로 대체되었기 때문이다.[18]

이러한 사실을 염두에 두면서, 우리는 다음과 같은 자세를 견지하면서 코로나19 사태를 극복해 나가야 할 것이다. 재난 속에서 우리는 무엇보다도 '하나님과 복음에 가까워지기'에 더욱 힘써야 한다. 현재 당면하고 있는 위기 속에서, 더구나 치료약이나 백신이 아직 없는 상황에서 우리 모두는 사회적 거리두기로 확산을 방지하기 위하여 많은 제약과 불편을 감수하고 있다. 코로나19로 인하여 우리는 물리적으로나 사회적인 거리두기를 할 수밖에 없지만, 영적인 바이러스를 퇴치하려면 하나님과의 거리는 더욱 가까워져야 한다. 하나님과의 영적인 깊은 교제가 일어날 뿐만 아니라 흩어져 있는 가족들과 성도들, 그리고 이웃들과도 다양한 매체들을 활용하여 따뜻한 마음의 배려를 나눌 수 있어야 한다.

흑사병의 원인을 밝혀내지 못한 중세 시대의 의사들이 할 수 있는 처

---

17 이상규, "초대교회 당시의 전염병", 안명준 외, 『전염병과 마주한 기독교』, 119.
18 스타크, 『기독교의 발흥』, 118-19.

방도 '환자로부터 최대한 거리를 두는 것'뿐이었다. 이것이야말로 요즈음 강조하고 있는 '사회적 거리두기'와 별다를 바가 없다. 이처럼 근대 의학이 발전하기 전에는 치명적인 전염병이 발생하면 환자를 격리하는 것이 최선의 방법이었다. 흑사병이 만연한 시기에 유럽에서는 집에 틀어박혀 있거나 가족을 버리고 산속으로 도망가는 사람들이 늘어났다.[19]

전염병으로 인구의 상당수가 생명을 잃게 되면, 많은 수의 사람들은 과거에 그들을 기성 도덕 질서로 구속했던 대인적 애착관계를 상실하게 된다. 그러나 이러한 상황 속에서 보여주었던 기독교회의 희생적인 봉사와 기독교의 사회적 네트워크가 보여준 우월한 생존율로 말미암아 유실된 애착관계를 기독교인과의 새로운 관계를 통해서 대체할 가능성이 높아질 것이다. 이러한 예는 초대교회 시대에서도 발견되어지고, 포스트 코로나19 시대에도 재현될 수 있는 가능성이 높다고 하겠다. 그래서 우리의 관심은 역학적인 것에 두기보다는, '이런 위기와 재난과 마주한 인간의 체험'에 두어야 한다.[20]

또한 우리는 '희생적인 사회봉사와 역할로 기독교의 본질 드러내기'에 진력해야 한다. 기독교를 흔히 '사랑의 종교'라고 말하곤 하는데, 이것을 다른 말로 표현한다면, 기독교는 '희생의 종교'라고 할 수 있다. 사랑은 희생을 통해 드러난다. 초대교회 당시에도 하나님이 인류를 사랑하시기 때문에 기독교인은 서로 사랑하지 않고서는 하나님을 기쁘시게 할 수 없다는 생각이 지배적이었다. 실제로 하나님이 희생을 통해 그의 사랑을 보여주시는 것처럼 인간은 '서로를 위해' 희생함으로서 인간의 사랑을 보여주어야 했다. 아울러 이런 책임은 가족과 부족의 유대를 넘어 실상 '각처에서 우리의 주 곧 그들과 우리의 주 되신 예수 그리스도의 이름을 부르는 모든 자들에게'(고전 1:2)로 확장되어야 했다. 이것은 가히 혁명적인

---

19 김서형, 『전염병이 휩쓴 세계사』 (파주: 살림출판사, 2020), 57.
20 스타크, 『기독교의 발흥』, 121.

생각이다.[21]

예수님도 요한복음 9장 3절에서 말씀하셨듯이, 날 때부터 소경 된 자가 누구의 죄 때문이냐는 '탓 공세'를 하고 있는 제자들을 향하여, "하나님이 하시는 일을 나타내고자 하심"이라고 선언하셨다. 고난당하는 자들을 피하거나 정죄하고 혐오하기보다는, 그들의 고통에 같이 참여하고 희생함으로 그것을 극복하도록 도와주어야 함을 배우게 된다. 전염병을 비롯한 각종 재난의 근저에는 인간성의 부패성이 자리 잡고 있음을 잊지 말아야 한다.

이러한 재난 속에서 우리가 먼저 해야 할 일은 개인적인 죄악과 더불어 교회적인, 사회적인, 그리고 국가적인 죄악들을 회개하고, 고통 중에 있는 자들과 함께 그 고통을 나누며 극복할 수 있도록 갖은 노력과 희생을 마다하지 말아야 한다. 초기 한국 기독교회의 선교역사에서 발견한 것처럼, 이러한 상황에서 다시 한 번 교회와 성도의 사회적 봉사의 역할이 고양되는 계기가 되어야 한다. 또한 고통당하는 자들을 위해 희생의 제물이 되어야 복음의 씨앗이 싹트고 머지않아 풍성한 결실을 맺을 것이다. 기독교회의 역사는 지난(至難)한 과정을 통해 이루어져 왔으며, 고난과 위기 속에서 오히려 신앙 공동체의 결속력을 강화하고 희생적 봉사를 통해 사회적 영향력을 더욱 널리 확산시켰다.

마지막으로 우리는 '종말론적 안목으로 살아가기'에 힘써야 한다. 현대인들은 생활 조건의 향상과 의술의 발달로 100세 시대를 외치면서 죽음은 그저 남의 일로 여기고, 먼 훗날의 일로만 생각한다. 이와 같은 현대의 대부분의 사람들에게 이제는 죽음이야말로 언제든지 나와 내 가족에게 일어날 수 있는 일이 되었다. 급속한 전염병의 창궐에 선진국들조차 제대로 대처하지 못하는 가운데 2020년 6월 30일 존스홉킨스대학교 의과대학원에서 집계한 지구촌 전체 확진자 수는 1026만 8786명이고, 사

---

21 스타크, 『기독교의 발흥』, 135.

망자는 50만 4345명에 이르고 있다. 앞으로 그 숫자가 얼마만큼 더 증가할지 아무도 예측할 수 없다.

이런 상황에서 우리는 인간의 나약함을 철저하게 깨닫고 있으며, 하나님의 은혜가 아니고서는 살길이 없다는 실존적이고 신앙적인 고백을 하지 않을 수 없는 처지에 이르게 되었다. 이러한 인식은 우리로 하여금 역사를 주관하시는 하나님의 섭리를 믿고, 역사와 개인의 종말을 준비하는 자세를 분명하게 갖출 것을 요구하고 있다. 이에 우리는 영원한 하나님 나라를 바라보아야 한다.

초대교회 당시에도 그러했듯이, 기독교인이 이교도에 비해 누리는 신앙적 유익 중의 하나는 급작스럽고 예기치 못한 죽음 앞에서 인생에 의미를 부여하고, 실종되거나 죽은 친족과 친지들을 위한 천국이 존재한다는 비전에서 크나큰 위로와 소망을 찾을 수 있다는 것이다. 그런 면에서, 기독교는 역병, 질병, 폭력적 죽음이 일상을 지배하는 고난과 역경의 시기에 안성맞춤인 사상과 감정의 체계를 갖추고 있다고 할 수 있다.[22] 그리고 이러한 시기와 상황 속에서 기독교의 교리가 위기를 극복할 수 있는 '행동을 위한 처방'을 제공했다는 것은 더욱 큰 의미가 있다.[23]

'기독교는 왜 인류가 이런 끔찍한 시대에 봉착하게 되었는지 보다 만족스러운 해명을 제시했고, 희망찬 때로는 활력적인 미래상을 제시'했다.[24] 기독교인은 현세의 삶이 전주곡에 불과하다는 확신을 가지고 살아가야 한다. 죽음을 초월할 수 있는 신앙이 내재할 때, 기독교회와 신자는 죽음의 위험 속에서도 모든 사람을 대상으로 희생적인 봉사를 할 수 있다. 그런데 이러한 종말론적 신앙을 현재의 한국교회가 그대로 유지하면서 신앙의 선조들처럼 행동하고 있는지를 되물어야 한다. 그래야 위기를 극복하고 교회가 세상의 빛과 소금으로 거듭날 수 있을 것이다.

---

22 스타크, 『기독교의 발흥』, 126.
23 스타크, 『기독교의 발흥』, 128.
24 스타크, 『기독교의 발흥』, 117.

초기 한국교회 역사 속에는 의료선교, 복음전도, 그리고 사회개혁이라는 세 가지 차원이 균형과 조화를 이루며 위기와 재난을 극복하는 데에 지대한 공헌을 했다. 특히 한반도 여러 지역에 창궐한 전염병을 막기위해 선교사들과 한국 기독교인들이 병원이나 보호소 혹은 요양소를 설치하여 수많은 감염 환자들을 헌신적으로 돌보고 고치다가 순직하는 경우들을 보면서 관리들조차 수치심을 느꼈다. 마침내 전염병이 지나가자 예수를 서양 귀신이라고 조롱하며 교회 근처에도 오지 않던 자들이 남녀노소, 빈부귀천을 가리지 않고 모든 계층의 사람들이 교회와 기독교 신앙에 주목하기 시작했다. 위기 속에 처한 수많은 사람들에게 어떠한 차등도 두지 않고 그들을 위해 헌신하고 희생한 결과가 복음에 마음의 문을 여는 계기가 되었다.

많은 선교사들과 한국교회 성도들이 전염병과 같은 질병으로 고난당하는 자들과 전쟁과 기근으로 고통 속에 있는 자들을 위해 희생하며 그들을 전심을 다하여 섬겼을 때에 기독교 신앙의 본질이 드러났다. 이러한 결과는 복음전도를 용이하게 했으며, 사회개혁적 요소들에 있어 많은 영향력을 발휘할 수 있는 기반을 조성했다. 초기 한국교회 역사 속에서 보여준 의료선교, 복음전도, 사회개혁의 조화로운 사역의 결과는 재난을 극복하는 데에도 크게 기여했지만, 교회의 본질과 사명을 다하는 데에도 귀한 모범을 보여주었다. 이러한 사역의 모델이 코로나19 시대와 그 이후에도 한국교회가 견지해 나가야 할 사역의 자세라고 확신한다.

박응규
총신대학교 신학과 (B.A.)
Westminster Theological Seminary (M.Div., Th.M., Ph.D.)
(Visiting Scholar) Princeton Theological Seminary
(현) ACTS 역사신학 교수, ACTS신학연구소장
개혁신학회 회장, 「성경과 신학」 편집위원장
한국장로교신학회 부회장
(저서 및 역서) 「한부선평전」, 「옥한흠 목사의 설교 세계」
「역사속의 종말인식」, *Millennialism in the Korean Protestant Church*

초기 한국교회의 사회적 영향

김호욱

재일 한인교포를 위해 일본에 파송되었던 로버트 앤더슨(Robert Anderson) 선교사는 "한국교회의 활성화와 성장은 20세기에 일어난 놀라운 역사 중 하나이다. 유럽과 북미의 모든 교회가 침체 문제에 직면해 있는 데 반해 한 세기가 조금 넘는 선교역사를 간직하고 있는 한국교회는 어떻게 다양한 조직과 목회 봉사를 줄 수 있는가 고민하고 있다"고 했다. 최근 들어서 미국 등 서구 신학자들은 한국교회의 성장을 보면서 한국에 파송된 초기 선교사들의 역할에 많은 관심을 가지고 있다는 소식을 듣고 있다. 이것이 한국교회 초기 시대에 선교사들과 한국교회가 한국사회에 미친 영향력을 주목하는 이유이며, 코로나 이후의 한국교회의 방향을 잡는 데 필요한 역사의 교훈으로 삼아야 할 이유이다.

한국교회는 선교 초기에 시민들의 선한 이웃이었다. 그러나 일반 국민들은 대체로 선교사들과 한국교회가 하는 일이 그리스도의 복음을 보다 효과적으로 전파하게 하는 역할을 하고 있는 것에 별로 관심이 없었다. 특히 일제강점기에는 자신들이 직면한 육체적 정신적 정치적 아픔을 이해해 주고 함께 고민하고 해결책을 마련해 준다면, 그들의 종교가 기독교이건, 천도교이건, 불교이건, 기타 어떤 종류의 이단종파이건 문제될 것이 없었다. 또한 그들이 정치적으로 자본주의이건, 사회주의이건, 자유주의이건, 공산주의이건 상관이 없었다. 일반 국민들은 그들이 직면

248
교회 통찰 : 코로나 · 뉴노멀 · 언택트 시대 교회로 살아가기

한 고통을 해결해 줄 수만 있다면 누구든지 두 팔을 크게 벌려 환영할 준비가 되어 있었다. 이것이 19세기 말부터 일제강점기 동안의 한국사회가 직면하고 있던 상황이다.

기독교는 이러한 상황 속에서 다른 종교보다 사회에 공헌할 수 있는 유리한 점을 가지고 있었다. 서구에서 들어온 선교사들은 유교나 불교 등 기존의 종교에서 줄 수 없는 것들을 시민들에게 제공하였기 때문이다. 물론, 코로나와 정면으로 직면하고 있는 시점과 코로나 이후의 상황은 19세기 말과 일제강점기 때와 확연한 차이가 있다. 그러나 고통과 변화에 직면해 있다는 측면에서는 차이가 없다. 그러면 선교 초기 한국교회가 한국사회에 미친 선한 영향은 무엇이었는지를 알아보고, 이를 교훈삼아 상황이 달라진 코로나 시대에 효과적인 복음 전파를 위해 한국교회가 지향해야 할 사회적 역할의 방향을 고민해 보자.

한국선교 초기 역사가 주는 사회 영향의 교훈

소외 받는 자의 친구

선교 초기 한국사회는 인류의 역사에서 언제나 그랬듯이 많은 소외의 문제를 안고 있었다. 선교사들과 한국교회는 이들에게 가까이 다가갔다. 미국 남장로회 의료 선교사 포사이드(W. H. Fodsvithe)는 1909년 4월 의사이면서 목사 선교사인 오웬(C. C. Owen)이 과로로 쓰러졌다는 소식을 듣고 목포에서 나주를 거쳐 광주로 가고 있었다. 그가 나주에 이르렀을 때 길거리에 쓰러져 있는 나환자 여인을 발견하고 그녀를 말에 태운 것이 전국 최초의 나환자병원인 광주한센병원 설립의 계기가 되었다.

이것은 나환자를 위한 사회복지의 시작이다. 한국인에게 테러를 당해 죽을 고비를 넘겼지만 한국인을 사랑했던 포사이드 선교사의 소외받는 나환자에 대한 관심과 헌신은 변함이 없었고, 그 사랑이 최흥종 목사에게 전수되었다.

　전라남도의 이세종과 이현필은 기독교인이 된 후 예수님처럼 살겠다고 다짐하고 가난한 이웃을 위해 온전히 헌신하다가 생을 마감했다. 의료 선교사 카딩턴은 1949년 내한하여 한국전쟁 중이었던 1951년 9월 일제강점기 때 폐쇄되었던 광주 제중병원을 결핵환자 전용 병원으로 개원하고 결핵환자들의 친구요 거지들의 대장이 되었다.

　캐나다 독립선교사인 매켄지(William J. Mckenzie)는 황해도 장연 소래마을에서 복음을 전하면서 현지인들과 동일한 음식을 먹고, 동일한 의복을 입으면서 그들의 친구가 되었다. 이 소식을 들은 언더우드 선교사 부인이 손수 만든 빵, 자두 케이크, 과일통조림 한 박tm를 성탄절 선물로 보내왔을 때, 그는 모든 음식을 어린아이들에게 나누어주었다. 그것을 먹으면 다시는 한국인의 음식을 먹을 수 없을 것 같았기 때문이다. 1893년에 입국한 그는 1895년 동학란 때 소래마을에서 사망했다.

　미국 감리회 의료 선교사 윌리엄 홀(William J. Hall)은 1891년 입국하여 청일전쟁 부상자 치료에 헌신하다가 전염병에 감염되어 1894년 사망했다. 캐나다 의료 선교사 셔우드 홀(Sherwood Hall)은 부친 윌리엄 홀의 정신을 이어받아 토론토의대를 졸업하고 1926년 내한하여 최초로 크리스마스 씰을 발행하여 결핵퇴치운동에 헌신했다. 그는 1991년 4월 캐나다 벤쿠버에서 사망하였고, 그의 유해는 양화진 외국선교사 묘원에 안장되어 있다.

　미국 북장로회 의료 선교사 존 헤론(John W. Heron)은 1885년 입국하여 이질, 장티푸스, 천연두 등 전염병이 창궐하던 시기에 피신하지 않고 환자들을 치료하다가 감염되어 1900년 사망하여 양화진 외국선교사 묘원에 안장되어 있다. 양화진 외국선교사 묘원은 그의 사망이 계기가 되어 조성되었다.

　미국 남장로회 오웬(C. C. Owen) 선교사는 1905년 봄 나주읍성에서 세례를 받은 나병환자가 사망하자 기독교식으로 장례를 거행해 주었다. 아마도 이것이 한국에서 나환자를 위한 최초의 기독교식 장례식이었을 것이다. 이로써 그동안 기독교에 배타적이었던 나주읍성 주민들의 마음이 획기적으로 열리기 시작했다.

성경 히브리서에 나오는 믿음의 선진들의 이야기처럼 한국사회에 선한 영향을 끼친 선교사들과 한국인 신앙의 선진들에 대해 말하려면 '내게 시간이 부족하리로다'(히 11:32).

근대화의 공헌

한국교회는 선교사들이 복음과 함께 전해주는 근대화 교육으로 한국사회에 좋은 영향을 주었다. 당시 선교사들은 자신들의 고국에서 엘리트 교육을 받은 사람들이다. 그들은 교육, 의료, 사회복지 등에서 한국시회를 이끌어 갔다. 고급교육을 받은 사람들이 선교사로 파송될 수 있었던 것은 선교정책이 큰 역할을 했다.

미국, 캐나다 등 각국 교단의 해외선교회뿐만 아니라 YMCA 등에서 독립선교사로 파송할 때에도 일정한 자격을 갖춘 사람에게 선교사 파송을 허락했다. 캐나다 의료 선교사 에비슨(Oliver R. Avison)은 토론토대학교 등의 교수였고, 게일(James Scarth Gale) 선교사는 고전 한문에 해박할 정도로 천재적인 언어학자요 문학가요 번역가였다. 미국 북장로회 의료 선교사 존 헤론은 의대에서 수석 졸업을 하여 교수요원으로 지목된 인물이다. 미국 남장로회 오웬 선교사는 목사이면서 의사였고, 엔지니어 선교사 스와인하트(Martin Swinehart)는 루즈벨트 대통령과 친분이 있을 정도로 최고급 건축가였다. 여기에 소개한 선교사들은 전체에 비해 극히 일부에 불과하다. 한국교회는 이러한 선교사들과 함께 교육, 의료, 복지 등의 근대화에 공헌하면서 세상의 빛과 소금이 되었다.

바른 윤리관 형성

공익사회 구현 운동

한국교회는 주일학교를 통해 장년들과 학생들에게 공익사회를 구현해 나아갈 것을 지속적으로 가르쳤다. 한국교회는 '사람과 사람 사이에 반드시 서로 지켜야 할 의무'가 있다면서, 남의 권리를 보장해 주고, 남을 학대하지 말아야 하며, 공정하게 재판하고, 늙은이를 존경할 것이며, 이방사람을 학대하지 말고, 무슨 일에나 공정하게 대하라고 했다. 한국교회는 땅이 없는 사람을 위한 사회제도의 필요성을 강조하였고, 다른 사람의 재산을 침해하지 말고, 자신의 권리와 지위를 이용하여 이웃을 압제하지 말라고 가르쳤다.

축첩문화 근절운동

한국교회는 가정의 신성함을 유지하기 위해 일제강점기 당시 아직까지도 그리 심각하게 생각하지 않고 있던 축첩 문제를 다루었다. 첩을 두는 것은 간음하는 것이며, 이혼하는 문제와 마찬가지로 용납하지 못할 일이라고 가르쳤다. 선교사들은 세례 문답할 때 첩을 정리했는지 반드시 확인했다.

공창 폐기와 금주운동

한국교회는 가정의 신성함을 회복하고 보존하기 위해 밀매음녀가 많아질 것이라는 이유로 반대하는 목소리도 있었지만 공창 폐기 운동과 음란한 책과 그림과 활동사진과 오락장들을 없애는 캠페인을 지속했다.

한국교회의 금주운동은 건전한 성생활 확보와 연결되어 있다. 일제강점기 시절 한국인에게 필요한 가장 시급한 절제는 술이었다. 금주운동을 적극적으로 추진한 것은 종교적인 이유 외에도 경제적이고 도덕적인 폐해, 그리고 자신과 자손들의 삶의 질(質)과 연결되기 때문이다. 이를 위해 한국교회는 매년 2월 첫째 주일을 '금주 선전 주일'로 정하고 금주운동을 추진했다. 비록 주권을 상실한 어려운 환경이지만 좌절하며 술의 힘으로 현실을 극복하거나 잠시 잊으려는 등의 방법은 하나님 말씀의 정신과 배치되는 문화이므로 성경을 바르게 가르쳐 이를 박멸하기 위해 노력했다.

기타

인재 양성

에비슨은 1904년 세브란스병원을 완공한 후 한국인 7명을 선발하여 한국 현지인 의사를 양성했다. 이렇듯 선교사들은 인재를 발굴하여 국내에서 또는 해외로 유학을 보내 목사, 신학자, 의사, 교육자로서 일제강점기 암울했던 한국사회를 이끌어 갈 리더 양성을 위해 헌신했다. 이들은 사회 각 분야에서 기독교 정신으로 영향력을 발휘하면서 기독교의 유익함을 보여주었다.

애국 애족의 실천

일제강점기 한국교회의 애국 애족 운동은 물산장려운동 동참 등에서 찾아 볼 수 있고, 그 절정은 3.1독립 만세운동을 주동한 데서 찾을 수 있다. 선교사들은 미국 장로회의 경우 본국의 선교정책에 순종하여 간접적으로 지원하였지만, 캐나다 장로회 선교사들은 매우 적극적으로 동참한 것을 볼 수 있다. 대표적인 인물이 3.1운동 34인으로 불리는 의료 선교사 스코필드(Frank William Schofield)이다. 장로회와 감리회 소속 선교사들도 일제의 만행을 규탄하고 그들의 폭행을 세계에 알리는 일로 한민족에 대한 사랑을 실천했다.

성경적 인권운동

한국교회와 선교사들은 성경적 인권운동의 일환으로 신분에 관계없이 인재를 등용했다. 한국 최초의 외과의사 박서양은 백정 박성춘의 아들이다. 고종에게 탄원하여 1895년 6월 6일 백정의 신분을 철폐한다는 포고문을 발표하게 하고 박서양을 교육하여 최초의 한국인 외과의사로 만든 사람이 캐나다 에비슨 선교사이다.

함경도 함흥과 강원도 원산에서 1900년부터 학교를 운영하다가 1908년 원산에 정식 개교한 마르다 윌슨 여자성경학교는 캐나다 선교사 루이스 맥컬리 양이 설립했다. 당시 무시당하고 천대받고 억눌렸던 많은 여성들은 마르다 윌슨 여자성경학교에 입학하여 마음껏 목소리를 높여 찬송하며 율동하는 자유를 누렸다. 이들은 졸업 후 전도부인이 되어 전국을 다니면서 복음을 전했다.

한반도 저 북쪽 끝에서부터 남쪽 끝에 이르기까지 기독교 복음이 전파되는 곳에서는 어김없이 성경적 인권신장운동이 일어났다.

코로나 이후 교회의 사회적 역할

한국선교 초기 선교사들과 한국교회가 한국사회에 미친 영향에는 몇 가지 특징이 있음을 볼 수 있다.

첫째, 국가와 사회로부터 제도적으로 정신적으로 또는 신체적으로 소외된 계층에의 접근이다. 둘째, 신분제도와 여성비하 등 불건전한 차별 문화의 극복이다. 셋째, 왜곡된 가부장적 권위주의의 타파이다. 넷째, 근대화에 있어서 서구문화와의 커다란 괴리감의 축소이다. 다섯째, 일제 강점기로 인한 피해의식과 분노, 그리고 도움의 손길을 기다리는 한민족에게 소망을 심어 주었다. 여섯째, 전염병에 대한 대처능력 부족과 곤핍한 삶에 대한 해소에 노력했다. 일곱째, 기독교 선교사들과 한국교회는 한국인들의 편에서 일하고 있다는 것을 삶으로 보여주었다.

이로써 시민들은, 기독교는 불교, 유교, 천도교 등 기존의 다른 토착 종교와 달리 정부가 해 줄 수 없는 것을 해결해 주고, 자신의 부족한 부분에 관심을 가지고 사랑의 마음으로 필요를 채워 줄 수 있고, 자신의 삶에서 새로운 변화를 기대할 수 있는 종교로 인식하기 시작했다. 즉, 기독교는 한국사회에 매우 유익한 종교로 다가갔단 말이다.

여기서 우리는 코로나와 정면으로 마주하고 있는 지금 한국교회가 어떻게 해야 코로나 이후 우리 사회와 국가로부터 그 위상을 높일 수 있는지 교훈을 얻을 수 있다. 한국선교 초기의 영성으로 돌아가서 현시점에 맞는 사회 영향력에 집중하면서 복음을 전파해야 한다. 즉 지금까지 드러나 있는 소외된 곳과 함께 코로나로 인해 새롭게 발생했으나 국가나 사회의 손길이 미처 닿지 않는 그늘진 곳에 그리스도의 빛을 비추어 주어야 한다.

예를 들어, 사회복지 활동의 경우를 생각해 보자. 일제강점기와 해방 후 80년대 노태우 정권 이전까지 사회복지는 국가의 사업이 아니었다. 이때 교회는 그리스도의 사랑으로 헌신하면서 소외된 이웃의 친구가 되었다. 그런데 지금은 국가와 사회가 국민의 복지 향상을 위해 많은 재정을 투입하고 있다. 그렇기 때문에 사회복지에 대해 교회가 더 이상 신경쓰지 않아도 된다는 말이 아니다. 교회는 기독교 정신으로 사회복지가 이루어지도록 기독교 인재를 양성하는 일을 지속해야 한다. 사회복지에 종사할 자격은 기독교 학교 등 교육기관이 할 수도 있고, 교회가 직접 할 수도 있다.

중요한 것은 교회가 교회 법정(당회, 노회, 대회, 총회)의 이름으로 이 일을 하지 말고 기독교인 사회복지 전문가를 지속적으로 양성하여 사회복지란 이름으로 반기독교적 행위를 하지 못하도록 노력해야 한다는 말이다.

동시에 교회는 교회의 본질을 굳게 붙잡으면서 코로나 이후에 발생할 수 있는 사회의 새로운 그늘을 찾아서 그리스도의 사랑으로 다가가면서 거기에 알맞은 기독교 인재를 양성해야 한다. 이것이 미국 독립 후 만연해 있던 무질서한 사회를 바로잡기 위해 고민하던 미국 정부와 장로회 총회에 제시한 미국 장로회 제임스 돈웰(James Henley Thornwell)의 주장의 요지이다.

포스트 코로나 시대에 기독교는 어떻게 해야 하는지 고민해야 하는 적절한 시기가 지금이다. 어쩌면 코로나 이후의 기독교는 코로나 이전의 기독교가 뿌려 놓은 열매를 먹어야 할지도 모른다. 또한 코로나 이후의 기독교는 코로나에 직면한 현시점에 기독교가 만들어낸 사건들의 물을 마셔야 할 수도 있다. 코로나 이전은 과거로 지나갔으니 잘못된 것을 찾아 반성해야 하겠지만, 코로나에 직면해 있는 현시점에서는 기독교가 무엇을 해야 하는지 고민하는 것이 코로나 이후를 고민하는 것보다 더 시급하며 더 중요하다는 생각이다. 한국교회뿐만 아니라 세계 모든 교회는 코로나에 당면했을 때를 대비할 여유도 없이 갑작스럽게 코로나에 직면했다. 하지만 코로나는 진행 중에 있으며, 코로나 이후의 시점은 정확하게 예측하기 어려운 현실이다. 그러므로 우리는 코로나에 직면해 있는 지금을 코로나 이후의 시대를 생각하면서 준비하는 지혜가 필요하다고 본다.

마지막으로 16세기 잉글랜드 청교도 존 후퍼(John Hooper) 등이 교회 전통을 유지할 것인지 폐지할 것인지에 대한 기준을 정리한 청교도 신학을 요약해 보려고 한다. 첫째, 성경이 하라고 한 것은 그대로 유지한다. 둘째, 성경이 금하는 것은 그것이 어떠한 교회 전통이라도 중단한다. 셋째, 성경이 하라고 하지도 않고 하지 말라고 하지도 않는 중립적인 교회 전통은 그것이 교회에 유익이 되면 그대로 두고 유익이 되지 않으면 폐기한다는 것이다.

우리는 하나님을 배제한 인간 이성만으로 역사를 이룬다는 인본주의 역사관을 철저히 배제하지만, 동시에 하나님이 역사를 주관하시니 하나님이 알아서 하실 것이라는 신비주의 역사관도 배제한다. 역사를 주관하시는 하나님은 사람을 통하여 일하신다는 신본주의 역사관으로 코로나 이후의 교회를 고민해야 한다.

김호욱
광신대학교(M.Div. equ., Th.M.)
광신대학교 (Ph.D.)
University of Toronto (연구년)
(현) 광신대학교 역사신학 교수 겸 대외협력실장.
기독교향토역사연구소 소장, 한국복음주의조직신학회 편집위원
(전) 한국기독교문화유산보존협회 책임연구원.
(저서) 『영국의 종교개혁과 청교도 역사』
(공저) 『별과 같이 빛나는 생애』

유럽교회 부흥과 쇠퇴를 통해 본 한국교회

김현배

중세 흑사병 이후 유럽에 나타난 영적 현상

1347년부터 1352년까지 창궐한 흑사병은 유럽 인구의 삼 분의 일을 죽음으로 몰아갔다. 지옥의 병으로, 페스트균에 의해 발생하는 흑사병은 인류 역사상 가장 무섭고 파괴적인 전염병이다. 사람들은 이 죽음의 공포에서 벗어나기 위해 신을 찾아 성당으로 몰려왔고 사제들에게 매달렸다. 그런데 사제들마저 흑사병으로 줄줄이 목숨을 잃어 가고 있었다. 정부 당국은 모이지 말라고 경고했지만 가톨릭교회는 흑사병을 물리치겠다면서 대규모의 종교행사를 열었다. 사람들을 분리 · 격리해야 할 시점에서 교회는 오히려 사람들을 결집시켜 흑사병을 확산시킴으로 인해 교회가 비방거리가 되고 힘도 약해졌다.

사람들은 흑사병이라는 공포로 인해 전지전능한 신을 의심하게 됐고, 곧 다른 가능성을 생각하게 했다. 그것은 인간에게 더 집중된 것으로 '르네상스'(Renaissance)의 시작이 되었다. 신의 시대가 끝나고 인간의 시대가 열리는 순간이다. 사람들은 르네상스의 시대에서 시작된 인간의 시대를 살면서 인문주의(Humanism)와 합리적인 이성에 더 권위를 두기 시작했다. 즉 하나님 대신 인간 중심, 하나님의 영광 대신 인간의 영광을 강조했다.

이런 현실에서 로마 가톨릭교회의 타락과 교황의 부패, 사제주의, 성직자들의 세속화, 성직 매매 등으로 인해 교회는 영적 영향력을 상실해 가고 있었다. 진리의 빛이 어두움에 갇혀 버렸던 중세교회가 새로운 종교개혁의 부흥 시대를 맞이하기 위해서는 어디선가 큰 빛이 필요했다. 사람들은 짙은 흑암을 물리칠 만한 구원의 빛을 보기를 원했다. 중세 흑사병은 이러한 의미에서 유럽교회에 위기이자 기회가 된 것이다. 이러한 현상은 15-16세기의 유럽 종교개혁이 출현하는 터전을 만들게 되었다.

유럽교회사에 나타난 부흥의 역사들

16세기 종교개혁 부흥

중세교회의 신학과 교리가 변질되고 타락하여 칠흑 같은 어두움이 유럽을 덮고 있었다. 그때 하나님께서는 루터, 칼뱅, 츠빙글리, 낙스 등과 같은 종교개혁 설교자들을 역사의 무대에 세우셔서 그들의 말씀 선포를 통해 미신적인 심령을 일깨웠고, 교회를 깊은 잠에서 깨어나게 했으며, 가톨릭교회의 잘못된 교리와 부패한 모습들을 새롭게 하셨다. 또한 종교개혁자들은 예배를 개혁하고 라틴어 대신 자국민 언어로 설교하고 가톨릭교회가 금지한 분병 분잔을 하면서 성찬식을 거행했다. 종교개혁의 산물은 대요리 문답과 소요리 문답, 그리고 신조와 신앙고백서였다. 종교개혁자들은 '오직 성경, 오직 믿음, 오직 은혜, 오직 그리스도, 오직 하나님께 영광'을 외쳤다. 이 단순하지만 위대한 진리들이 선포되고 삶 가운데 녹아져 내리면서 교회와 정치, 경제, 사회 등 모든 분야에 놀라운 변화를 가져왔다. 16세기는 종교개혁의 부흥 시대였다.

17세기 언약도와 청교도들의 부흥

스코틀랜드의 언약도들과 잉글랜드의 청교도들은 '교회의 머리는 예수 그리스도'라는 진리와 하나님의 주권과 구원의 은혜를 굳게 붙들었으며, 피로 값 주고 사신 주님의 몸 된 교회를 지키기 위해 자신들의 생명을 아끼지 않았다. 그들은 성령 안에서 하나님께 드리는 참된 예배를 갈망했고 복음 중심적인 목회와 삶을 살았으며, 그리스도와 성경의 권위를 확신하면서 강단에서 진리의 불을 토해냈다. 그 결과 성도들의 심령이 살아나게 되었는데 이것이 영적 부흥이다. 그들은 불꽃 설교자로서 강단의 영광과 설교의 권위를 높였으며 신학과 교리, 그리고 신앙과 실천적인 삶과의 균형 잡힌 영적 생활을 했다. 당시 언약도 사무엘 루터포드가 목회한 엔워스교회와 청교도 리처드 백스터가 목회한 키더민스터교회에서 놀라운 부흥이 일어났다.

17-18세기 독일경건주의 부흥

16세기 종교개혁 이후 약 100-150년이 지나면서 독일교회는 말씀과 성경적 교리가 점점 희미해졌고 생명력을 상실해 가고 있었다. 그때 아른트, 슈페너, 프랑케, 진젠돌프 등의 독일 경건주의자들은 교회의 영적 갱신을 부르짖게 되는데, 이 운동이 17세기-18세기에 일어난 독일 경건주의이다. 그들은 신학과 교리를 삶에서 실천하는 것과 회심, 성경공부, 경건한 삶, 성령, 생명력, 영적 체험 등을 강조했다. 교회에 있어서의 현저한 개혁을 추구했던 경건주의는 수많은 교파에 활력을 불어넣어 큰 영향력을 끼쳤으며 누룩처럼 조용히 형식화되어 가는 독일교회를 생명력 있게 변화시켰다. 경건주의자들의 영향을 받은 영국의 존 웨슬리는 옥스퍼드대학에서 경건운동을 일으켰으며, 체코의 모라비안들은 복음을 들고 세계선교의 지평을 열어 갔다.

18세기, 19세기, 20세기 영국교회 부흥

종교개혁자들과 언약도, 청교도들을 통해 교회가 부흥하게 된지 2-3세기가 지나면서 영국교회가 영적인 생명이 다 소멸되어 가고 쇠퇴 일로에 있었을 때, 하나님께서는 휫필드, 웨슬리, 맥체인, 스펄전, 로이드 존스와 같은 탁월한 설교자들을 각 세기마다 세우셔서 하늘의 진리를 선포하게 하셨다. 그들의 설교 주요 주제는 죄, 구원, 회개, 중생, 예수 그리스도, 하나님의 사랑, 십자가, 최후 심판 등이었다. 능력 있는 설교자들의 말씀을 들은 성도들 가운데서 회개와 회심이 일어났으며, 그들은 하나님의 말씀을 갈망하고 뜨겁게 기도하고 찬송하면서 교회를 떠날 줄을 몰랐다. 이러한 부흥의 결과로 교회와 개인적인 삶, 그리고 사회 전반에 놀라운 변화가 일어났을 뿐만 아니라 런던, 스코틀랜드, 웨일즈 등 여러 도시에서 선교회가 조직되어 해외선교 열기가 뜨거웠다. 윌리엄 캐리를 인도로 파송한 영국교회는 거의 100년 동안 세계선교의 주역으로 활동했다.

유럽교회의 영적 쇠퇴 현상

지난 수세기 동안 유럽교회는 종교개혁과 영적 부흥으로 인해 교회가 성장하고 세계선교와 사회 전반에 걸쳐 큰 영향력을 끼쳤다. 그러나 안타깝게도 오늘날 유럽교회는 영적으로 쇠퇴해 가고 있다. 사람들은 예배를 등한시하고 예배 참석자 중 노인의 비중이 높으며 대부분 형식적이고 명목상 그리스도인들인 경우가 많다. 전반적으로 교회 수와 교인 수, 목회자 수, 선교사 수가 점점 감소하고 있으며, 신학교도 계속 문을 닫고 있는 추세이다. 반면에 무슬림이 증가하고 있다.

대표적인 9개의 유럽 국가에 대략 7,000여 개의 모스크와 이슬람 예배장소가 흩어져 있는데, 그중 80%가 독일(2,500개), 프랑스(2,000개), 영국(1,500개)에 집중되어 있다. 1900년대 서부 유럽 (주로 프랑스)에 약 5만 명 정도의 무슬림 거주, 1985년 500만 명, 2009년 1,500만, 2025년에는 2,400-3,800만 명에 이를 것으로 전망하고 있다. 2000년도에 무슬림이 5% 증가, 2025년에는 16% 증가 예상, 이는 대부분의 유럽 국가에 적용되는 평균치이며, 프랑스나 네덜란드의 경우 더 많은 증가가 예상된다(Dr. Toni Grosshauser, "유럽의 이슬람", 2010년 제4회 옥스퍼드 유로비전포럼 발제안).

전후 독일과 통일 후 독일은 스스로 경작하여 추수하기에는 거의 불가능한 선교지가 되고 말았다. 선교라는 단어는 비록 물결의 흐름이 바뀌고 있음에도 불구하고 이전 국가교회들에 의해서 아직도 거부되고 있다. 독일 국민들은 아직도 자신을 그리스도인으로 보고 있고 따라서, 선교는 소위 6천만 명이 그리스도인 나라에서는 불필요한 것이라고 생각하고 있다. 사실상 독일에서 참된 신자는 약 1%-2%밖에 되지 않는다(Dr. Dietmar Luetz, "독일교회와 선교 상황", 2008년 제2회 함부르크 유로비전포럼 발제안).

이런 영적 쇠퇴 현상은 독일이나 영국뿐만 아니라 유럽교회 전역의 영적 기상도이다. 지난 몇 세기 동안 영적 부흥을 경험했고 세계 선교를 주도했던 유럽교회가 지금은 선교지로 변하고 있다.

유럽교회 쇠퇴의 주요 원인들

성경 권위의 상실

18세기 중엽 이후 출현했던 이성주의와 합리주의, 현대주의, 계몽주의, 자연신론, 1859년 찰스 다윈의 진화론 등의 영향은 인본주의를 정점에 이르게 하였다. 또 성경 고등비평이 일어나면서 인간 이성의 권위가 성경의 권위를 앞질렀던 것이다. 이런 흐름을 예감한 나머지 찰스 스펄전은 당시 목회자들에게 축자영감을 믿는 것이 미친 일이라 하더라도 우리는 끝까지 어리석은 자로 남기를 결심해야 한다고 독려했다. 성경의 영감성과 무오성 등 성경의 권위가 무너진 것은 유럽교회가 쇠퇴하는 데 결정적 요인이 되었다.

개혁주의 신학의 쇠퇴

신 신학에 대한 논쟁이 일어나면서 교회에서는 예수 그리스도의 신성과 동정녀 탄생, 속죄의 교리와 죽음, 이적이나 육체적인 부활, 하나님의 주권 등을 의심하고 부인하기 시작했다. 그 자리를 인간적인 추리, 상상, 철학, 인간의 지혜로 대신 채웠다. 그 결과 교리적 순수성은 쇠퇴하고, 설교자들은 복음을 설교하지 않고 사회, 정치, 문제들로 하나님의 말씀을 대체하게 되었다. 이것이 스펄전이 말한 1887년부터 급격하게 언덕 아래로 달려가고 있는 교회 '정통성의 추락'(The Down Grade)이다.

강단의 영광과 설교의 권위 무너짐

성경 고등비평의 결과로 인해 교리 설교는 철저하게 정죄받았다. 설교는 도덕과 문학, 시에서 많이 끄집어낸다. 설교자들은 하나님의 말씀과 개혁주의 교리, 또는 복음보다는 현대사조를 귀하게 여겼다. 이런 경향은 설교가 하나의 예술이란 인상을 주게 되면서 필연적으로 설교 권위의 하락으로 이어졌다. 마틴 로이드 존스는 교회 역사 속에서 강단의 영광과 설교의 권위가 하락될 때는 항상 교회가 쇠퇴했다고 주장한다.

참된 신앙의 상실

개혁주의와 복음주의적인 교회들은 합리주의(rationalism), 이신론(Deism), 현대주의(Modernism), 진화론(Evolutionary theory), 아리안주의(Arianism), 유니테리안(Unitarian) 등과 맞서 싸웠다. 그 결과 변증학은 발전되었을지 모르지만, 개혁주의 신앙을 많이 잃어버리게 되었다. 이런 참된 신앙의 상실은 교회로 하여금 현대적 도전에 대해 방어한다는 소극적 자세를 갖게 하여 성경의 적극적인 메시지의 선포와 실천을 막게 했던 것이다. 변증론이 복음의 중심 진리의 자리를 대신하면서 참된 신앙을 잃었을 때 교회는 영적 침체를 경험했던 것이다.

성령의 권위 상실

설교자들은 영적인 일에 대한 관심보다도 더 많은 학식과 교육을 자랑하고 성경에 대한 문학적, 역사적, 과학적 비평주의를 받아들였다. 그 결과 더 이상 성령을 사모하지 않고 성령을 슬프게 하고 성령을 소멸시키면서 결국은 성령의 권위를 상실하게 된 것이다. 교회 안에 성령의 권위와 능력이 없다면 아무 소용이 없다는 것을 망각하는 죄를 범한 것이다. 로이드 존스는 학문적인 배움을 무시하는 것이 아니라 성령의 권능과 기름부으심을 무시할 때 모든 것이 쓸모없게 된다고 말했다.

다음세대 양육 실패

유럽교회 쇠퇴 원인 중 하나는 1세대가 다음세대에게 복음 전하는 일에 실패한 것이다. 지금 유럽의 다음세대들은 교회에 관심이 없고 교회를 떠나고 있는 추세이다. 교회는 다음세대 준비에 속수무책이다. 교회에 젊은 세대들이 모이지 않는 것이 문제이다. 더 나아가 신학을 공부하는 다음세대 청년들이 신학교에 거의 입학하지 않고 있다는 사실은 분명히 미래의 큰 위기를 예고하고 있는 것이다.

코로나19 이후 한국교회가 나아갈 방향

코로나19 이후 세상도 교회도 흔들리고 있다. 코로나19 사태가 흑사병과 비슷하게 교회에 위기이자 다시 각성할 수 있는 기회로 다가오고 있다. 한국교회는 온라인과 오프라인, 그리고 대면과 비대면 방식(언택트)의 시대를 준비하면서 예배와 교육, 그리고 복음을 전하는 방법론에 있어서 시대와 상황에 맞게 재조정하고 있다. 그러나 아무리 세월이 흐르고 시대가 변하고 전염병이 창궐한다 할지라도 신학과 교리, 복음과 신앙은 변함이 없어야 한다. 즉 성경으로, 복음으로 다시 돌아가야 한다. 한국교회가 지금보다 더 건강한 교회로 세워지기 위한 몇 가지 원리들을 제시하고자 한다.

교회 성장 중심에서 회심 중심 사역으로 변화

회심은 하나님을 향한 마음의 변화인 회개와 예수 그리스도에 대한 믿음을 포함한다. 하나님 앞에서 헌신하고 불꽃같은 삶을 살았던 사람들의 원동력은 회심이다. 청교도들은 회심이 사역의 목표였다. 한국교회는 이제 교회 성장 중심에서 회심 사역 중심으로 변화를 가져와야 한다.

개혁주의 신학과 성경 교리교육

사도들과 종교개혁자들, 각 세기마다 부흥의 주역들은 개혁주의 신학과 성경적 교리를 붙잡고 있었다. 그들은 성경의 권위와 성육신의 교리, 동정녀 탄생, 십자가 대속, 이신칭의, 중생 등을 강조했다. 교리는 성경의 요약이다. 교리를 공부하지 않고 성경을 연구하면 위험한다. 성경의 주요 교리들을 알면 성경을 읽고 바르게 해석하고 적용하는 데 큰 유익을 얻을 수 있다. 16세기 종교개혁의 핵심은 교리와 신조와 신앙고백서의 중요성이다. 개혁주의 신학과 성경 교리가 무너지고 그 대신 신사도적인 영성이 난무하고 있는 이때에 한국교회는 개혁주의 신학과 교리들을 다시 붙잡아야 한다.

말씀과 성령의 설교자들

부흥은 하나님의 말씀을 통해 성령께서 역사하심으로 일어나기에 종교개혁자 칼뱅의 고백처럼 말씀과 성령을 균형 있게 붙잡고 어느 한쪽으로 치우치지 않는 것이 중요하다. 말씀과 성령으로 충만한 설교자들을 통하여 부흥의 불이 붙어 무기력한 영혼이 소생하고 교회가 살아나게 될 것이다. 한 영혼을 찌르고 회심시키고 하나님을 믿게 하는 것은 말씀과 성령의 힘이다. 지금 이 시대는 불도 없고 열도 없고 너무 냉랭하다. 이단과 악한 영들이 가득하고 교회 침체 속에서 영적 어두움을 가르고 마른 뼈들이 살아나도록 질주할 성령의 설교자들이 필요하다.

강단의 영광과 설교의 권위 회복

교회가 쇠퇴기에 빠진 시대에는 언제나 말씀 전하는 것이 침체되어 있었고, 개혁과 부흥이 있었을 때에는 한 영혼을 흔드는 능력있는 설교가 있었다. 청교도 리처드 백스터는 '죽어가는 사람이 죽어가는 사람에게 전하는 심정'으로 설교를 했다. 말씀이 올바르게 선포되는 강단은 부흥의 불길을 일으키는 연료이며, 교회 부흥은 먼저 설교자들의 부흥에서부터 시작된다. 코로나19는 강단의 영광과 설교의 권위를 다시 찾으라는 주님의 신호이다. 설교자들이 성령의 권능으로 강단에서 하늘의 진리를 불꽃처럼 선포할 때 참된 부흥이 일어나게 될 것이다.

예수 그리스도와 피 묻은 십자가

'우리는 십자가에 못 박힌 그리스도를 전하니'(고전 1:23). 참된 설교는 그 중심에 예수 그리스도와 십자가가 항상 있어야 한다. 스펄전이나 로이드 존스의 설교는 예수 그리스도와 십자가가 전부였다. 부흥의 시기에 설교자들은 구세주로서의 십자가의 못 박히신 그리스도를 선포했으며, 그리스도인들 역시 그들의 묵상과 삶, 그리고 기도와 찬양에는 항상 생명력이 넘치는 예수님과 피 묻은 십자가에 온 마음을 적시었다. 오늘날 한국교회 강단에 예수 그리스도와 십자가가 잊혀져 가고 있다. 다시 그리스도와 십자가를 회복해야 할 것이다.

다음세대 양육

하나님은 부흥이 다음세대로 이어지기를 바라신다. 1세대에서 다음세대로 복음의 진리를 전해주는 일이 중요하다. 교회는 다음세대들에게 말씀과 교리, 예수 그리스도, 기독교 세계관, 세계선교, 복음적 평화통일 등을 잘 가르쳐 영적 리더로 양육해야 한다. 또 교회는 기존의 세대별 예배보다는 다음세대들과 함께 3세대가 모여 예배드리기에 더욱 노력해야 할 것이다. 다음세대 없이는 통일도, 부흥도, 선교도 없을 것이다.

또한 한국교회는 주님에 대한 첫사랑을 회복하고, 거룩한 삶을 추구하며 가정예배를 회복하고, 복음 중심적인 목회와 삶을 살기 위해 힘써야 한다. 그리고 말씀과 기도, 찬양, 하나님과 나와의 바른 관계 등 개인 영성훈련에 노력을 해야 한다. 지금까지 언급했던 사항들이 한국교회에 필요한 영적 부흥의 원리가 될 것이다.

부흥의 목적은 하나님의 영광이다. 부흥은 하나님이 하늘을 가르시고 강림하듯이 그의 교회 위에 임하는 것이다(사 64:1). 우리가 필요로 하는 것은 하나님의 능력이 다시 능하게 나타나고 하나님의 영광이 우리 가운데 다시 지나가고 나타나는 부흥이다. 1907년 평양에 부어졌던 부흥이 한국교회에 다시 일어나 마지막 시대에 세계선교를 잘 감당해야 할 것이다.

'여호와여 주는 주의 일을 이 수년 내에 부흥하게 하옵소서'(합 3:2).

김현배
단국대학교(B.E), 총신대학교 신학대학원 (M.Div.)
London Theological Seminary (M.Div.)
The Evangelical Theological College of Wales (M.Phil.[수학])
(현) 베를린비전교회 담임목사, GMS 독일 선교사,
    개혁과 부흥아카데미 원장, 쥬빌리 유럽대표
(저서) 『영국부흥의 주역들』, 『종교개혁의 불꽃 마틴 루터』

코로나 시대: 평화통일의 역설적 기회

안인섭

코로나19가 만든 새로운 방향의 국제사회

역사상 그 유례가 없는 코로나19는 기존의 국제사회에 큰 변화를 일으키고 있다. 특히 한반도의 통일과 관련된 시각으로 초점을 좁혀 보면 더 그렇다. 최근까지 세계는 소위 G2로 불리는 미국과 중국의 주도권 속에서 움직여 왔다. 한반도는 그 중간에 끼인 국가로 이러지도 못하고 저러지도 못하는 상황이 자주 있었다. 그러나 아이러니하게도 코로나19로 가장 어려움을 겪은 국가가 바로 G2라고 하는 미국과 중국이다.

지금까지는 미·중이 중심이 된 경제적이고 안보적인 질서가 세계를 좌우했었다. 그러나 코로나19와 같은 전염병 앞에서 세계는 자국 중심의 사회로 바뀌어 가고 있다. 국경을 넘어서 전 인류를 맹렬하게 공격하는 코로나 앞에서, 세계는 거리두기를 실시하고 국가 간 교류를 단절하면서, 이제는 군사적 힘이 아니라 얼마나 방역을 잘해 내느냐에 따라 국제사회의 무게 중심이 옮겨지고 있는 것이다. 세계는 교류 단절로 인한 경제적 위축과 불투명한 미래 속에서 경제적인 위기를 맞게 되었다. 이런 전반적인 국제사회의 변화는 코로나19가 촉발한 새로운 상황이다.

세계의 표준 모델이 된 K-방역

어떻게 보면 코로나19로 전 세계 국가들은 마치 수능 시험을 보듯이 동일한 시험 문제를 받은 것과 같다. 이때 전 세계적으로 높은 점수를 받은 것은 다름 아닌 대한민국이다. 소위 'K-방역'은 세계로부터 코로나19 대응의 표준 모델로 칭찬을 받게 되었다.

우리가 경험한 것처럼 K-방역은 특정 지역을 강제로 봉쇄하지도 않았고 국제적으로 폐쇄하지도 않았다. 철저하게 자발성에 근거해서 민주주의적이고 투명하게 방역을 실시한 것이 특징이다. 이것이 가능할 수 있었던 것은 공공의료시스템이 이미 갖추어져 있었기 때문이기도 하다. 해외의 교포들도 안전하게 귀국하도록 했고, 한국을 방문하는 모든 사람들에게 코로나 검사를 실시하고 자가격리를 실행했다. 무엇보다도 근원적으로 중요한 것은 국가와 국민과 담당 의료진이 강력한 의지를 가지고 서로 강하게 연대하여 대처해 온 것이다. 우리는 이것을 생명을 가장 중요한 가치로 보는 정신이라고 말할 수 있다.

그 결과는 참으로 놀랍다. G2 사이에 끼어서 국제적으로 고통을 당하던 한국은, 코로나19 사태 이후 오히려 세계적인 방역 성공 모델 국가로서 국제적으로 존경을 받게 되었다. 특히 코로나19로 급변하는 국제사회에서 한국의 K-방역은 국제적 협력을 강화하면서 코로나19를 성공적으로 콘트롤할 수 있었다는 점에서, 한반도를 둘러싼 국제사회에서 한국의 매개 역할을 더 기대하게 한다.

코로나19와 북한

문재인 정부의 지속적인 남북관계 개선을 위한 노력은 일련의 남북정상회담(2018년 4월 27일 판문점, 9월 18일 평양)으로 이어졌다. 또한 북미정상회담이 2018년 6월 12일에 싱가폴에서 성사되면서 한반도는 평화의 방향으로 가는 것처럼 보였다.

그러나 2019년 2월 27-28일 하노이 북미회담이 결렬된 이후 한반도의 기류는 안갯속에 있는 것 같더니, 2020년 6월 16일 북한이 개성의 남북공동연락사무소를 폭파하면서 남북관계는 다시 냉탕에 있는 듯하다. 이런 상황 속에서 북한은 코로나19 사태를 어떻게 맞이하고 있을까? 워낙 폐쇄된 사회라 공식적으로 파악할 수는 없다. 그러나 적어도 북한이 코로나로 인한 긴급한 지원을 요청하고 있지 않은 점과, 코로나 초기에 북한이 선제적으로 국경을 봉쇄하고 차단한 것을 생각해 본다면 북한 사회의 근간을 흔들 정도로 코로나 상황이 심각하지는 않은 것처럼 보인다. 전문가들은 코로나19가 북한 땅에 생겼다 해도 국가의 통제 가능 범위에 있는 것으로 본다.

그러나 문제는 코로나19가 전 세계적으로 가져온 경제 침체 현상이 북한에는 더 심각하게 위협이 되고 있다는 것이다. 그렇지 않아도 경제 제재로 어려운 상황이고, 북한 경제의 배후가 되는 장마당 경제가 절대적으로 의존하고 있었던 북중 무역이 단절되어 북한의 경제와 주민들의 실제 삶은 극도로 위기를 맞고 있다. 실제로 2020년 4월 11일 노동당 중앙위원회의 정치국회의는 경제 목표를 하향 조정했다. 북한이 의욕적으로 추진했던 원산갈마 관광지구에 대한 완공도 연기된 상태이다.

이처럼 코로나에서 시작해서 점차 확산된 경제적 위기는 결국 인간의 존엄성과 생명에 대한 위기로 연결되고 있다. 코로나19로 인해서 국제기구 활동가들의 활동이 제한되었고 이동 금지로 인해 약품의 공급도 막혀 있다. 결국 북한에서 생명에 대한 위협이 다시 현실화되고 있는 것이다.

코로나에서 출발한 북한의 위기 상황 속에서 최근 북한은 대남, 대미 강경 노선을 시사하고 있다. 북한에 대한 경제 제재가 장기화되고 있는 가운데 현재 북한이 추구하는 '새로운 길'은 자력 갱생의 길이다. 그것은 경제 문제에 더 집중하면서 저강도 군사긴장을 유지하는 것이라고 할 수 있다. 그러나 코로나19 사태가 장기화되어 경제가 더욱 어려워지면서 북한은 내부의 문제를 군사적 문제로 돌리려고 하는 전략적 카드를 만지작거릴 수 있다.

바로 이 지점에서 한반도의 평화를 위한 한국교회의 사명감이 더욱 요구되고 있는 것이다.

포스트 코로나 시대 한반도 평화를 위한 교회의 신학적 성찰[1]

그렇다면 포스트 코로나 시대를 맞아서 한국교회는 한반도의 평화와 통일을 위해서 무엇을 어떻게 해야 할까? 몇 가지로 나누어서 생각해 보자.

포스트 코로나 시대 통일의 교과서: 성경

성경은 기독교인의 모든 사상과 삶의 기준이요 교과서와 같다. 평화통일에 대한 관점도 마찬가지이다. 통일에 대해 정치적으로 기울어진 이데올로기는 그것이 어떤 것이든 성경의 가르침을 넘어설 수 없다. 오직 성경만이 포스트 코로나 시대의 통일 논의의 기준이 되어야 한다.

국경을 넘어서는 하나님의 나라

코로나19 이후 전개될 세계의 모든 역사는, 하나님의 나라 신학으로 볼 때, 하나님의 섭리 밑에서 진행된다. 한반도의 평화와 통일 문제도 동일하다. 지정학적으로 보면 한반도는 미국과 일본 등의 해양 세력과 중국과 러시아 등의 대륙 세력이 서로 충돌하고 있는 초접전 지역이다. 그 한가운데 위치하고 있는 한반도의 분단은 식민지 지배 시대 이후에 바로

---

1   이 부분은 다음을 참조하세요. 안인섭, "통일 과정에 대한 신학적 이해", 『12개 주제로 생각하는 기독교와 통일 그리고 북한』(서울: 박영사, 2020), 26-52.

찾아온 이데올로기의 대결이 빚은 20세기 역사의 비극이다. 그러나 코로나19 앞에서 이데올로기는 아무런 의미가 없어졌다. 기독교인들은 이런 역사적 상황 또한 하나님의 나라 눈으로 해석해야 한다.

하나님의 나라는 세상 나라의 도전 앞에서 단 한 번도 중단되지 않고 역사 속에서 종말을 향해서 진행되어 왔다. 비록 한반도의 평화를 위협하는 요소들은 계속 발생하겠지만, 이미 시작된 하나님의 나라는 종말론적으로 반드시 승리하게 될 것이다. 포스트 코로나 시대의 통일과 한반도의 평화는 이런 하나님 나라의 신학으로 바라보아야 한다.

평화의 매개자: 교회

포스트 코로나 시대에서 중요한 것은 하나님과 인간을 화해시킨 중보자 되시는 예수 그리스도께서 그의 몸인 교회에 화해자의 사명을 부여하셨다는 점이다(고후 5:18-19). 그리스도에 의해서 하나님과 화해된 기독교인들은 세상과 사회 안에서 화해자로서 살도록 부름을 받았다. 그래서 교회는 전쟁으로 평화를 이루는 것보다 평화에 의해서 평화를 유지하도록 하는 평화의 매개자가 되어야 한다. 남 유다 백성들이 바벨론에 포로로 끌려갔을 때 하나님은 예레미야 선지자를 통해서 그 성의 평화를 위해서 기도하라고 하셨다(렘 29:7).

독일의 통일을 위해서 독일교회도 이런 역할을 감당했었다. 그렇지만 이 평화는 아무 대가 없이 주어지는 것이 아니고, 안보도 저절로 이루어지는 것이 아니다. 실제적으로 한반도에 평화로운 통일이 이루어지려면, 남북한이 서로 신뢰하고 교통하고 교류해야 한다. 한국교회는 정치적이거나 경제적인 이해관계를 뛰어넘어 한반도의 평화를 이룩하기 위한 매개자가 되어야 한다.

생명의 공동체를 향해서

코로나19로 북한의 국경선이 열리기 쉽지 않고 경제가 더욱 어려워질 때 하나님의 형상인 인간의 존엄성은 더 위협을 받을 수밖에 없다. 이때 교회는 룻과 보아스가 생명을 잃은 공동체를 생명의 공동체로 바꾸었던 것처럼, 북한의 주민들이 인간답게 살 수 있도록 생명의 공동체를 지켜나가야 한다. 하나님의 형상으로 창조된 인간의 존엄성이 지켜지고, 생명의 공동체가 한반도에서 이루어질 수 있도록 한국교회는 그 사명을 다해야 할 것이다.

청지기 정신

성경의 정신을 따르면 기독교인들이 소유하고 있는 모든 것은 하나님의 영광과 이웃의 이익을 위해서 나누어주라고 하나님께서 위탁하신 것이다. 우리는 하나님께서 우리의 이웃을 도울 수 있도록 우리에게 주신 모든 것을 관리하는 청지기이다. 이 청지기 사상은 포스트 코로나 시대에 남북 화해와 협력을 위한 신학적 기반과 실천적 동기를 제공해 준다. 남한의 시민들과 디아스포라 한인들이 가지고 있는 능력과 재물은 우리 개인의 이기적인 욕심을 위해서 하나님께서 주신 것이 아니다. 우리가 소유하고 있는 그 모든 것은 이웃, 특히 북한의 형제와 자매들을 섬기라고 하나님께서 우리에게 잠시 맡겨 놓으신 것으로 볼 수 있다. 이런 청지기 정신으로 포스트 코로나 시대에 한반도의 평화와 통일을 위해서 한국교회는 더욱 앞으로 나가야 할 것이다.

포스트 코로나 시대의 한반도

코로나바이러스는 휴전선이라고 멈추지 않는다. 앞으로도 한반도뿐 아니라 전 세계에서 발생될 수 있는 각종 전염병과 자연재해들을 잘 대처해서 생명을 지키기 위해서는 남북이 힘을 모을 수밖에 없다. 코로나 19가 가르쳐 준 것은 남과 북은 생명 공동체라는 것이다. 여기에는 정치적 논리나 군사적 함의가 아무 소용이 없다. 과거에 중요하게 생각되었던 평화와 경제를 교환하는 모델도 포스트 코로나 시대에는 달라질 수밖에 없게 되었다. 남북이 평화로운 관계 속에서 보건의료 협력을 통해서 전염병에 대해 공동으로 방역하면서 대처해야만 한다. 특히 세계적으로 코로나19 방역 선진국으로 인정받은 한국이 앞장서서 남북 협력과 공생의 길로 나가야 한다. 그래서 역설적으로 포스트 코로나 시대는 남북관계 발전과 평화와 공생으로 나가는 길을 열어주고 있다. 그 길로 한국교회가 복음을 전하며 전진하기를 소망한다.

안인섭

고려대학교 사학과
총신대학교 신대원 (M.Div.)
Theologische Universiteit van de Gereformeerde Kerken In Nederland (Drs., Ph.D.)
(현) 총신대학교 역사신학 교수,
　　기독교통일학회 회장, 한국개혁신학회 총무
(전) 한국칼뱅학회 회장, Refo500Asia 디렉터
(저서) 『어거스틴과 칼뱅』, 『칼빈: 하나님의 영광을 위한 열정의 사람』
(공저) 『기독교와 통일 그리고 북한』, Calvin Handbook

이단 대책과 한국교회

탁지일

코로나19와 신천지 문제는 한국교회 이단 대처의 전환점이 되었다. 이단은 교회의 교리적인 문제일 뿐만 아니라, 언제든지 심각한 사회적 문제를 야기할 수 있다는 교훈을 얻게 되었다. 이단들의 사회적 역기능 노출 사례는 어제오늘의 일은 아니지만, 코로나19와 신천지 문제로 인해 분출된 국가적 차원의 염려는, 이단 예방과 대처의 필요성을 여실히 보여주고 있다.[1]

이단들의 성장 원인을 선뜻 이해하기 어렵다. 부디 부적절한 비유에 용서를 구하며 이렇게 문제 제기하고 싶다. 즉 교회는 오리지널 정품(正品)을 무료로 주겠다는데도 불구하고 낮은 선호도를 보이는 반면, 이단은 가품(假品)을 터무니없는 돈을 받고 판매하는데도 날개 돋친 듯이 팔리고 있다. 이단들의 사기 마케팅의 결과로만 봐야 하는가, 아니면 한국교회의 사회적 역기능으로 인한 병리 현상일까? 교회 스스로의 냉정한 자기진단과 해결책을 모색해야 할 시점이다.

---

1 이 글은 코로나19와 신천지 문제와 관련해 「국민일보」, 「한국기독공보」, 「새가정」, 「좋은나무」 등에 게재된 기고문들과 전국신학대학협의회 정기총회(2020.5.22.)에서 "이단과 신학교육의 과제"라는 제목으로 발표된 내용을 수정·보완하여 편집한 것이다.

코로나19를 통해 드러난 이단 본색

신격화된 교주

코로나19와 관련한 신천지 이만희의 기자회견 모습을 의아하게 지켜본 이들이 많다. 어눌해 보이고, 사회적 · 신학적 교육도 제대로 받지 못한 교주가 수많은 신도들 위에 절대적으로 군림하는 이유가 무엇일까? 왜 똑똑한 젊은이들이 이단에 빠지고, 비상식적인 교주 아래서 자발적으로 착취당하는 이유는 무엇일까? 그 이유는, 이단들과의 첫 만남이 다소 상식적이고 합리적이면, 그 후에 아무리 비상식적이고 비합리적인 교리가 등장하더라도, 스스로 수용하는 경향이 있기 때문이기도 하다. 혹은 자신의 선택이 틀리지 않았음을 가족과 주변 지인들에게 보여주려는 왜곡된 노력의 결과일 수도 있다. 게다가 이단들의 의도적인 접근과 '친밀한 관계형성'은 이러한 상황을 더욱 악화시키는 요인으로 작용한다. 이단은 '친밀함'으로 다가와 '치밀함'으로 미혹한다.

비성경적 교리

요즘 '신천지'라는 단어를 들으면 기독교인이나 비기독교인들 할 것 없이 다들 부정적 가치판단을 내재한 채 사용하는 것이 안타깝다. '신천지'는, 즉 '새 하늘과 새 땅'은 우리 기독교인들의 종말론적인 소망의 핵심이기 때문이다. 신천지로 인해 성경의 진리가 왜곡되고 훼손되고 있다. 거룩한 성경 언어를 오염시키는 것은 이단들의 고유한 특성이며, 이 점에서 이단 대처는 일면 성경의 거룩한 언어들을 회복하는 운동이라고 할 수 있다.

종말론 오류

비성경적 종말론은 이단들이 기본적으로 장착하는 최애 아이템이다.

특정한 시기에 종말이 온다고 '시한부 종말론'을 주장하는 이단들이 있고, 144,000명과 같은 특정한 조건이 이루어져야 종말이 온다는 '조건부 종말론'을 주장하는 이단들이 있다. 이들의 관심은, 종말론으로 위기감을 조성한 후, 설령 가정이 무너지더라도, 재산이나 성을 착취하여 사리사욕을 채우는 일에 있다. 안타깝게도 종말론적 이단들이 넘쳐 나는 오늘, '종말을 잊은 교회'가 '종말을 파는 이단'의 도전에 버거워 하는 형세를 맞고 있다.

배타적인 구원관

배타적 구원관은 이단들의 단골 메뉴이다. 이단들은 자신들의 교리를 믿고, 자신들에게 와야만 구원받을 수 있다고 주장한다. 기성교회의 대안으로 자신들을 포장하고 합리화하며, 불신자 전도보다는 기독교인들을 미혹하기 위해 수단방법을 가리지 않는다. 신천지처럼 심지어 교회 안으로 들어와, 정체를 감추고, '모략'이라는 미명으로 합리화된 거짓말을 자행하며, 교회 공동체를 무너뜨리는 데 전혀 죄책감조차 가지지 않는다. 신천지가 '거짓말'로 해석한 성경의 '모략'이라는 단어는, '거짓말'이 아니라 '충고'의 의미를 가진 '에쨔'(העצה)라는 히브리어 단어이다. 성경에 대한 오역이고 의미의 훼손이다.

이단은 사회적 문제

신천지에 대한 마녀사냥인가?

신천지뿐만 아니라 교회, 사찰, 성당에서도 코로나19 감염은 발생할수 있다. 그런데 왜 유독 신천지만 문제를 삼는 것일까? 문제의 핵심은 바이러스 '감염 확산의 장소'에 관한 것이 아니라, '감염 방지를 위한 조치'가 적절했는지에 관한 것이다. 코로나19는 언제 어디서든 발생할 수 있다. 우리의 관심은, 집단감염 발생 후 신천지의 사후조치가 투명하고 정직하게 이루어졌는가에 있다. 이는 추가 감염을 막는 데 가장 민감한 요소이기 때문이다. 하지만 신천지는 조직을 보호하기 위해, 부정확하고 제한적인 정보를 방역당국에 제공한 것으로 알려졌고, 이로 인해 사회적 공분을 샀다. 무엇보다도 이러한 신천지의 비상식적인 행위가 신천지의 이단적 교리 및 포교방법과 밀접하게 연결되어 있다는 사실이 드러났고, 결국 이로 인해 정부와 사회가 신천지에 대해 민감하게 대처할 수밖에 없는 상황으로 접어들었다. 결론적으로 코로나19 감염 확산 방지를 위한 신천지의 비상식적인 대처는, '우발적인 비협조'가 아니라 신천지 교리의 '본질적인 한계'였다는 점이, 코로나19와 신천지 문제의 핵심이다.

신천지에 대한 마녀사냥이 아니다. 다종교사회인 한국에서 모든 종교 단체들은 교리와 포교에 있어서 떳떳하고 당당해야 한다. 자신의 정체를 감추며 포교하는 행위는 '종교사기'에 지나지 않는다. 거짓말을 교리적으로 합리화하고, 포교에 악용하고 있는 신천지에 대한 교회와 사회의 대처는 마녀사냥이 아니라, '오늘의 문제 해결'과 '내일의 대안 마련'을 위해 '사회적 안전장치'를 만들려는 노력이다.

신천지 비판은 합리적인가?

코로나19 상황에서 신천지를 비판하는 대다수 언론들을 보면서 데자뷰를 느꼈다. 이들 언론들은 세월호사건 당시 구원파를 비판하면서 시청률과 구독률을 올렸지만, 그 이후에는 무분별하고 무책임한 정정 및 반론 보도들을 통해, 구원파에 면죄부를 주는데 일조했고, 구원파는 관련 법정소송에서 승승장구하고 있다. 더욱이 코로나19 발생 전에는 공공연히 신천지에 대한 호의적인 광고성 기획기사를 게재한 주요 언론들이, 코로나19 이후에는 앞장서서 신천지를 비판하는 낯뜨거운 블랙코미디가 벌어졌다. 언론의 공신력도 중요하지만, 정확한 사실에 기초하지 않은 교회의 이단비판도 언제든지 부메랑이 되어 되돌아올 수 있다.

교회와 사회가 신천지 등의 이단들에 대한 대처를 해 나아가는 일에 있어서 신중해야 한다. 정확한 정보에 기초해야 하며, 추측이나 개연성에 지나치게 의존해서는 안 된다. 신천지를 몰락으로 유도하기 위한, 치밀한 교회와 사회의 전략적 대처가 필요하다. 주변 사회의 공감과 동의를 결여한 교회의 이단 대처는 '우리들만의 리그에서 벌이는 밥그릇 싸움'으로 비춰질 수 있다. '정확성'과 '공신력'은 다종교 한국사회의 이단 대처에 있어서 반드시 필요한 조건들이다. 그렇지 않을 경우, 이단사이비를 대처하고 통제하려는 교회의 노력은, 오히려 종교의 자유를 훼손하는 결과로 나타날 수 있는 위험성이 있다.

신천지와의 공존은 가능한가?

불가능해 보인다. 그 이유는 신천지의 '거짓말' 때문이다. 다수의 종교단체들이 평화롭게 공존하는 한국사회에서, 거짓말로 포교하고, 거짓말로 신도들을 통제하고, 거짓말로 조직을 유지하는 신천지가 설 곳은 없어야 한다. 자신들의 신앙에 대해 떳떳하고 정정당당한 종교인들만이 종교의 자유를 누릴 수 있는 자격이 있다. '거짓말'은 신천지의 운명이다. '거짓말'이 없는 신천지는 존재하기 어렵다. 거짓말을 합리화하는 소위 '모략교리' 없는 신천지는 존재할 수 없다. 신천지의 핵심교리들은 거짓말의 집합소이다. 이만희 교주의 불로불사와 영생불사 교리도 거짓이고, 14만4천 구원 교리도 거짓이며 신천지 신도들이 왕과 같은 제사장이 된다는 교리도 거짓이다. 사회도 신천지의 '거짓말'을 용납하지 않았다.

신천지를 탈퇴한 이들이 신천지를 상대로 제기한 소위 '청춘반환소송'에서, 대전지방법원 서산지원은 2020년 1월 14일 원고 일부 승소 판결을 내렸다. 재판부는 "신천지예수교회 및 피고 교회는 다른 교회의 신도나 신도였던 사람들을 상대로 하여 처음에는 신천지예수교회 소속이라는 것을 전혀 알리지 아니한 채 문화체험 프로그램 또는 성경공부라는 명목으로 신천지예수교회의 교리교육을 받게"한 사실을 인정하고, "전도방법은 대상자가 정당한 결정을 내릴 수 있는 기회를 막고 충분한 정보를 전달받지 못하도록 차단하기 위하여 행위자들이 신천지예수교회 소속이라는 것을 은익한 채 대상자에게 배려와 친절을 베풀고 객관적 사실을 알려주는 주위 사람과도 그 관계를 끊게 하거나 악화시키는 형태"로 이루어졌으며, 이는 "헌법에서 보호하는 종교의 자유를 넘어선 것이고, 사기범행의 기망이나 협박행위와도 유사하여 이는 우리 사회 공동체 질서 유지를 위한 법규범과도 배치되는 것이어서 위법성이 있다고 평가된다."고 판단했다.

코로나19 시대 이단 대처를 위한 코드

온라인 코드

비대면 온라인 수업과 회의 운영으로 인해, 자의반 타의반으로 미루고 외면했던 사물인터넷(IoT)의 기술세계로 선택의 여지없이 들어와 적응능력을 키울 수밖에 없는 상황이 되었다. 한편 최근 주목받는 대부분의 이단들은, 이미 코로나19 이전부터 사이버공간에 세련된 콘텐츠로 무장된 온라인 포교와 교리교육을 진행해 오고 있다. 최근 온라인 의존율이 높아지고, 대면 접촉이 줄어드는 상황에서, 온라인 이단들의 광폭행보를 주목해야 한다.

코로나19를 계기로 주목할 만한 이단 트렌드는 소규모 온라인 이단들의 등장이다. 노출된 거점에 근거지를 둔 중대형 이단들에 대한 상담보다, 사이버공간 속 사각지대에 머물고 있는 소규모 이단들에 대한 정보요청 및 상담문의가 늘어나고 있다. 매주일 평범하게 교회 출석을 하면서도, 시간될 때마다 비성경적·비상식적 주장으로 넘쳐나는 인터넷 사이트를 기웃거리며 독자적인 학습을 진행하는 '기독교 안의 비기독교인들'이 양산되고 있다.

스마트폰을 이용한 이단들의 미혹도 때와 장소를 가리지 않고 진행되고 있다. 인터넷에는 이단들의 세련되고 완성도 높은 카드뉴스와 동영상이 넘쳐나고, 정체 모를 개인과 단체의 비성경적 주장들도 자유롭게 넘쳐나고 있다. '제공되는 정보'가 아니라 '찾아가는 맞춤형 정보'를 통해, 보고 싶은 것을 보고 믿고 싶은 것을 믿는 환경이 만들어졌다.

신천지도 오프라인에서는 활동을 자제하고 있는 것처럼 보이지만, 적어도 온라인상에서는 여전히 활발하게 움직이고 있다. 코로나19 이전, 신도들의 교육과 통제를 위한 온라인 환경을 이미 체계적으로 구축한 신천지가 더 깊이 숨어들어 간 느낌이다. 표면적으로는 신천지 활동이 위축된 것 같지만, 실제로는 사이버공간 속으로 활동 무대를 옮긴 상황이 되었다.

이미 온라인 이단의 시대는 개막되었다. 최신 인터넷 환경들은 시공을 초월한 이단들의 활동을 가능하게 했다. 신천지는 SNS를 교육과 통제에 효과적으로 사용하고 있고, 하나님의교회나 전능신교는 수많은 동영상들을 끊임없이 업로드하고 있으며 구원파 기쁜소식선교회는 유튜브 실시간 온라인 성경세미나와 줌(Zoom)을 이용한 상담을 개최하고 있다.

감염 예방을 위한 '사회적 거리두기'도 필요하지만, 이제는 이단 대처를 위한 '온라인 영적 거리두기'도 필요한 상황이 되었다. '대면 미혹'은 시간과 장소의 제한이 있지만, '비대면 미혹'은 때와 장소를 가리지 않고 진행된다. 이단 대처를 위한 교회의 과제가 하나 더 늘었다. 세련된 온라인 이단들의 도전을 막아 낼, 현재의 인터넷 환경에 뒤처지지 않는 이단 예방과 대처를 위한 시스템의 구축과 업그레이드가 필요하다.

이제는 오프라인상의 만남을 통해 이루어지는 거짓말 포교를 넘어, 인터넷을 이용한 시공을 초월한 스마트한 이단들의 포교가 동시에 이루

어지고 있다. 예전에는 유학과 군 입대 등을 통해 이단들과의 관계 단절
이라는 긍정적인 성과도 있었지만, 이제는 유비쿼터스 환경을 이용한 이
단들의 미혹이 모든 시간대와 공간을 통해 진행되고 있다. 심지어는 군
부대 안에 있는 다수의 신천지 신도들이 모략포교를 진행할 수 있는 조
건도 만들어질 수 있다.

　민감한 사회적 이슈들에 대해 목회·신학적 대안을 제시하기도 전에,
정치·이념적 해법과 편 가르기가 먼저 등장하는 '분열의 시대'에 서 있
는 한국교회는, 이단들의 스마트한 가짜 뉴스와 가짜 교리에 무차별적으
로 노출된 '혼란의 시대'를 동시에 맞고 있다.

치유와 회복 코드

　얼마 전 신천지에 빠진 딸을 둔 한 어머니의 편지 내용이 월간 「현대종
교」에 게재되었다. 코로나19와 관련된 신천지 뉴스가 나올 때마다, 두려
움에 떨며 울고 괴로워하는 딸의 모습을 곁에서 지켜봐야만 하는 어머니
의 애틋하고 아픈 마음이 담긴 글이다. 코로나19로 고통받는 우리들뿐만
아니라, 신천지 이만희의 거짓 교리에 미혹된 20여만 명 이상의 신천지
신도들도 치유와 회복의 대상이다. 이단 문제에 있어서, '정죄와 분리'만
이 해법은 아니다. '회복과 치유'에 초점을 맞춘 교회교육 프로그램의 계
발과 적용이 절실하다.

　한국 근현대사 속에서 사회와 교회는 이단사이비 종교에 대해 효과적
으로 대처해 오지 못했다. 다종교 사회인 한국사회에서, 헌법이 보장하
는 종교의 자유를 뛰어넘어, 위법적이지 않은 유사종교단체를 사전 관리
하거나 감독한다는 것은 불가능하다. 공권력과 언론은 사후에 개입할 수
밖에 없었고, 피해자들과 가족들은 거리로 나서야 했다. 그렇게라도 해
야 사회의 주목을 받을 수 있기 때문이다. 오늘도 신천지뿐만 아니라 다
양한 이단사이비단체들의 피해자들은 거리로 나가 외로운 싸움을 벌이

고 있다.

이단 문제는, 피해자의 눈을 통해 보고 귀를 통해 들었을 때, 그 본질과 위험성을 바르게 볼 수 있다. 이단 문제는 고상한 교리적인 논쟁이 아니고, 이단 문제는 교권 장악을 위한 정치도 아니며, 정적 제거를 위한 수단도 아니다. 이단 문제는 이해관계와 교파를 초월해 피해를 회복하기 위한 애절한 노력이 되어야 한다.

한편 신천지에 빠진 사랑하는 이들을 다시 되찾아 오려는 가족들의 노력을 신천지는 소위 '강제개종'이라고 부른다. 적반하장이다. 사랑하는 가족에게 정체를 숨기고 다가와, 거짓말과 속임수로 빼앗아 간, 신천지가 '강제개종'의 주범이다. 얼마 전 법원은 이러한 신천지의 행태가 '사기행위의 기망이나 협박행위와도 유사'하다고 그 위법성을 판단했다.

코로나19 사태를 통해, '신천지=거짓말=위장'이라는 등식이 성립되었다. 이미 교회가 알고 있었던 신천지의 정체를 이제 사회에서도 충분히 인지하게 되었다는 점은 일면 다행이라고 생각된다. 한국사회는 물론이고 심지어는 외신들마저도, 신천지의 거짓말과 위장이 사태를 키우고 있다는 점에 주목하고 있다. '거짓말'과 '위장'을 교리적으로 합리화한 종교단체는 없다. 신천지의 2인자였다가 최근 신천지의 정체를 폭로하는 데 앞장서고 있는 김남희의 표현처럼, 이만희의 신천지는 '종교사기 집단'일뿐이다.

긍정 코드

'신천지 반대'가 곧 '교회 찬성'은 아니다. 신천지에 대한 한국사회의 부정적 인식과 비판이 교회를 향한 지지를 의미하지 않는다. 코로나19와 관련한 교회의 부정적인 모습이 조금이라도 노출되는 순간, 여론은 교회에 대한 비판을 망설이지 않는다. 다종교 한국사회에서는 교회와 신천지의 관계가, 정통과 이단과의 관계로 이해하기보다는, 누가 더 사회적 순

기능을 하느냐의 관점으로 바라본다. 즉 신천지에 대한 사회적 비판이, 언제든지 비윤리적이거나 반사회적인 모습을 노출하는 교회를 향한 부메랑이 되어 돌아올 수도 있다는 것이다.

교회를 향한 한국사회의 비판은, 교회를 향한 높은 기대치를 반영한다. 교회가 민족을 위해 했던 일들을 기억하고 있기 때문이다. 구한말 콜레라가 창궐해 수많은 목숨을 빼앗아 갈 때, 알렌, 언더우드, 에비슨 선교사를 비롯한 기독교인들은 전염병 확산을 막는 데 헌신적으로 봉사했고, 이로 인해 교회는 백성들의 신뢰를 얻을 수 있었으며, 이는 복음전도의 새로운 환경을 만들었다. '부정적인 위기'는 곧 '긍정적인 기회'였음을 교회 역사는 증언한다. '개혁의 주체'로 우뚝 설지, 아니며 '개혁의 대상'으로 전락할지 모를 갈림길에 한국교회가 서 있다.

우리 얼굴을 덮고 있는 마스크처럼, 비록 코로나19로 인해 불편함과 답답함이 점점 늘어나지만, 불확실한 세상에서 긍정 코드들을 찾아내고 알리는 노력이 필요하다. 중세 시대 흑사병이 온 유럽을 휩쓸며 수천만 명이 희생되었지만, 동시에 교회와 인간의 실존적 한계를 적나라하게 드러내 준 전염병의 현장에서, 위클리프, 후스, 루터로 이어지는 종교개혁과 르네상스라는 긍정의 코드들로 이루어진 새로운 세상이 만들어졌다.

세상을 바꾸기는 힘들어도, 적어도 세상을 보는 눈은 바꿀 수 있다. 코로나19, 좌절과 패배의 코드를 날카롭게 예측하는 일보다, 희망과 긍정의 코드들을 발견해 내고 확산시키는 것이 코로나19 시대 한국교회의 과제이다.

이단은 역사적으로 생성과 소멸을 반복해 왔고, 교회는 끊임없는 이단들의 도전에 효과적으로 응전해 왔다. 그리고 그 응전의 결과가 우리의 신앙고백과 신학 안에 고스란히 담겨있다. 코로나19로 인한 걱정과 희망이 공존하는 오늘, 이단 바이러스에 대처할 수 있는 신앙백신의 개발과 영적 방어시스템의 구축이 한국교회에 요구되고 있다. 무엇보다도, 우리만의 리그에서 펼쳐지는 교리논쟁을 넘어, 한국사회가 상식적으로 공감할 수 있는, 공신력 있는 이단 연구와 예방 활동에 대한 접근이 중요하다.

이단을 혐오하는 것이 아니라, 이단의 교회적·사회적 역기능을 경계한다. 코로나19로 인해 신천지 관련 빅데이터가 차고 넘치도록 노출되었다. 이제 우리의 과제는, 부정확한 정보들을 걸러내고, 신천지를 비롯한 이단들의 대처와 예방을 위한 유의미한 데이터들을 찾아내는 작업이다. 그리고 한 걸음 더 나아가, 이들 데이터들을 분석하고 상호 연결한 후, 신천지에 대한 교회적 차원의 연합 대처를 위해, 목회 현장과 일상생활 속에서 공감할 수 있는 콘텐츠를 계발해야 하는 과제가 놓여 있다. 이제 '신천지OUT'을 넘어 'Beyond 신천지OUT'에 대한 논의를 시작해야 할 시점이다.

코로나19로 인한 염려와 불안, 그리고 코로나19 이후의 새로운 시대를 기다리는 희망이 교차하는 오늘, 이단 신천지가 사라진 신천지, '새 하늘과 새 땅'(계 21:1)을 꿈꾼다!

탁지일
장로회신학대학교 신학과 (Th.B.)
연세대학교 대학원 신학과 (Th.M.)
San Francisco 신학대학원/G.T.U. (Joint M.Div./M.A.)
토론토대학교 St. Michael's College (Ph.D.)
(현) 부산장신대학교 교수,
　　월간 「현대종교」 이사장 겸 편집장, 부산경남교회사연구소장
(저서) 「이단OUT」, 「이단이 알고 싶다」,
　　「교회와 이단」, 「이단」, 「베어드의 선교와 사상」

PART 05

—

코로나19 · 뉴노멀 · 언택트 시대
목회와 실천

코로나 시대를 위한
통전적 신앙, 통전적 교육

이규민

    2020년 7월 10일 현재, 전 세계의 코로나19(코로나19) 누적 확진자 수는 1,226만 5,370명, 누적 사망자 수는 55만 4,843명이다. 세계보건기구(WHO)가 코로나19가 비말을 통해 전염된다고 주장했으나, 세계 32개국 과학자 239명은 세계보건기구에 공개서한을 보내 코로나19 예방 수칙을 수정할 것을 촉구했다. 코로나19는 비말 외에도 공기를 통해 전염되고, 호흡을 통해 사람들을 감염시키는 전염병임을 지적한 것이다. 이는 코로나19가 중세 시대 흑사병 이후 가장 가공할만한 전염력과 파괴력을 가진 질병임을 보여준다.[1]

    현재 사람을 감염시키는 코로나바이러스는 7종이지만 박쥐에는 5,000여 종이 있고 아직까지 그 변이 정도가 제한적이지만, 코로나19가 다른 코로나와 재조합하게 되면 완전히 다른 변종이 만들어진다는 것이 전문가들의 견해이다. 지금도 변종된 코로나19는 세포를 뚫고 들어가는 '스파이크 단백질'이 4배 내지 5배가량 더 많음을 볼 수 있다. 무증상 감염이라는 '스텔스 기능'뿐 아니라 조준 사격할 '타겟'마저도 수시로 변이시킴으로써 코로나 치료제와 백신 개발이 점점 더 어려워지는 것이 현 상황이다.[2]

---

1   http://www.newspim.com/news/view/20200705000218.
2   https://www.donga.com/news/article/all/20200710/101904144/1.

생각보다는 코로나 치료와 극복이 어렵고 장기화될 전망이어서, 이제는 '포스트(post)-코로나'가 아닌 '위드(with)-코로나'라는 성찰이 필요한 형편이다.

한편, 카자흐스탄 보건당국은 올해 상반기에만 카자흐스탄에서 원인을 알 수 없는 폐렴으로 1,772명이 사망했고 6월에만 628명이 사망한 것으로 보고하고 있다. 우리나라에서도 리노바이러스와 아데노바이러스, 세균성 중증급성 호흡기 감염 환자가 보고되고 있다.[3] 이에 한국교회는 이제 '전염병 시대를 맞이한 한국교회의 역할과 전망'에 대한 진지한 논의에 요청에 응답해야 한다.

이러한 상황 속에서 한국교회가 해야 할 구체적 역할에 대한 논의가 필요하지만, 그러한 구체적 역할을 안내하고 조율할 수 있는 신학적 토대와 목회철학을 분명히 하는 것은 더 근원적 중요성을 지니게 된다. 이러한 논의는 성경의 증언에 기초하여 좌로나 우로 치우치지 않은 통전성과 균형을 가진 신학과 실천에 근거한 것이어야 한다. 본 논의에서는 그 대표적인 인물로서 17세기 기독교 교육의 대표자이자 유네스코(UNESCO)의 정신적 토대가 되는 요한 아모스 코메니우스(John Amos Comenius)의 교육신학 및 방법론을 중심으로 성찰해 보고자 한다.

통전적 신앙과 교육의 범례: 요한 아모스 코메니우스

기독교와 과학, 기독교와 사회, 기독교와 교육 사이의 분리, 대립, 갈등을 넘어 연합, 협력, 보완의 가능성을 보여준 기독교 교육학자 중에 코메니우스가 있다. 코메니우스는 일찍이 17세기 유럽의 기독교, 정치, 사회, 사상의 대격변기에 한 신앙인이자 교육자로서 통전적 삶을 살았고 모범적 기독교 교육을 수행했다.

3　http://dongascience.donga.com/news.php?idx=38116.

코메니우스가 활약했던 17세기 당시의 사회는 격변의 시기였다. 정치, 경제, 교육, 과학 등 모든 분야에서 급속한 근대화가 진행되었다. 또한 종교 간의 갈등과 전쟁이 치열하게 벌어지던 시기였다. 코메니우스는 이러한 전쟁으로 인해 여러 지역, 여러 나라를 떠돌 수밖에 없는 삶을 살게 되었다. 그의 끝없는 여행과 망명생활은 그에게 큰 시련과 고통을 주었지만, 코메니우스는 그 시련과 고통에 굴하지 않고 새로운 희망과 가능성을 찾아내는 깊은 영성과 놀라운 지혜를 보여주었다.

17세기는 신대륙의 발견과 함께 다양한 문화와 상품이 교류되었고, 과학의 새로운 발견과 함께 새로운 사상이 끊임없이 전개되었으나 여전히 종교적 진리주장이 가장 높은 위치를 차지했다. 하지만, 코메니우스는 종교적 진리주장에 함몰되거나 묶여있지 않았다. 그는 과학발전과 함께 새롭게 등장한 다양한 철학과 이론들을 섭렵했다. 갈릴레이(Graililei Galileo)의 천문학, 베이컨(Francis Bacon)의 새로운 연구법, 데카르트(Rene Descartes)의 합리주의가 제시하는 새로운 통찰들을 배척하지 않고 과감히 활용했던 것이다. 베이컨의 연구방식은 귀납법적이고 경험적임에 비해 데카르트의 연구방식은 연역적이고 사유적임에도 불구하고, 코메니우스는 이러한 두 방식과 철학을 그의 교육사상에 창조적으로 응용했다. 그는 보헤미아 형제회의 독실한 기독교 신앙과 분명한 성경의 증언 역시 대단히 중요시 했다.[4]

그는 이전의 교육사상에 비해 훨씬 더 새롭고 혁신적인 교육방안을 시도했다. 따라서 그의 사상은 종교개혁 사상을 넘어 현대사상이라고 여길 만큼 새로운 시도에 대해 열려 있었고 그 당시로써는 혁신적 방법을 과감히 차용했다. 17세기는 과거의 전통을 이어 가는 동시에 새로운 발견에 따른 혁신적 사상이 도처에서 터져 나오는 시기였다.[5] 프랭클린 보머

---

4   Clarence Brinton, *Civilization in the West* (Englewood Cliffs, NJ: Prentice Hall, 1969).
5   Franklin Baumer, *Main Currents of Western Thought* (New York: Alfred Knopf, 1970), 251.

(Franklin Banmur)는 이 시대의 특성을 다음과 같이 기술한다.

> 과학은 … 서양 문명을 이끌어 가는 원동력이었으며, 성경과 신학을 대체할
> 정도로 엄청난 영향력을 발휘하기 시작했다.[6]

코메니우스는 새로운 힘을 발휘하기 시작하는 과학을 배척하거나 도외시하지 않았다. 기독교 신앙의 토대가 되는 성경과 신학의 전통을 중시하는 동시에, 새로운 과학과 사상의 도전과 통찰을 여유있게 수용하는 개방성을 놓치지 않았던 것이다. 이 시기의 사상적 특성에 대해 로버트 율리히(Robert Ulich)는 다음과 같이 역설한다.

> 17세기에는 방법적 특성과 함께 16세기 인문주의와는 다른 새로운 교육적
> 개념이 등장하기 시작했다. 좋은 교육, 바람직한 교육은 사실성과 함께 그
> 속에 유용성이 나타나야 한다는 것이다. [16세기에 중요시했던] '전통 신앙'
> 과 '수사적 웅변'을 넘어서는 새로운 교육적 개념이 중요한 위치를 차지했다.
> 그것은 '사실성'과 '유용성'이라는 개념이었던 것이다. 이러한 개념과 새로운
> 기준은 학자는 물론이고 목회자들에게도 매우 중요한 것으로 여겨졌다.[7]

교육의 목적

코메니우스 교육의 중심 목적은 개인 및 공동체가 현세 및 내세에 온전한 구원을 가능케 하는 참된 지혜를 얻게 하기 위한 것이다. 이러한 참된 지혜는 지식, 덕성, 신앙이라는 세 요소가 그 속에 들어있어야 한다. 이러한 지혜는 관념적, 이성적 지식에 갇혀 있는 것이 아니고, 감각경험을 통한 실제적 체험과 하나님 계시에 대한 응답으로서의 신앙을 함께

---

6 Baumer, *Main Currents of Western Thought*, 249.
7 Robert Ulich, *History of Educational Thought* (New York: American Book Company, 1950), 183.

포괄한다.[8]

인간에게는 지혜와 진리를 향한 '빛'의 성향과 동시에 무지와 불신앙을 향한 '어둠'이 함께 공존한다. 인간 영혼이 빛을 빛으로 인식할 수 있을 때 어둠으로부터의 구원이 이루어진다. 인간 속에 내재한 빛을 일깨움으로써 지혜와 진리 추구를 가능케 하는 것이 기독교 교육의 중요한 목적인 것이다. 인간 내면을 비추는 빛으로서의 지혜를 통해 인지능력의 세 요소인 감각경험, 이성, 신앙을 통합하는 범조화(pan harmony)를 이룸으로써 온전한 구원을 이루고자 하는 것이 기독교 교육의 중심 목적인 것이다.[9]

이러한 목적 달성을 위해서는 다음과 같은 보다 구체적 방향제시가 필요하다. 즉, 감각경험을 통한 지식의 연마, 이성을 통한 덕성의 함양, 신앙을 토대로 한 경건의 훈련을 지속함으로써 온전한 구원을 이루게 된다는 것이다. 지식이 일종의 외적 지식, 물리적 지식이라면 덕성은 내적, 형이상학적 지식이고, 경건은 초물리적, 영적 지식인 것이다.[10] 먼저 감각경험을 통해 외적 지식을 형성하고 이성을 통해 내적 지식을 얻는다. 그 위에 신앙을 통해 초자연적 지식을 형성한다는 것이다. 이러한 지식은 영, 혼, 육의 유기적 성장과 성숙을 가능케 한다.

교육을 위한 인식론적 토대

교육을 위한 인식론의 기반을 마련하기 위해 코메니우스는 분석(analysis), 종합(synthesis), 비교유추(method of analogy)라는 세 흐름을 하나로 통합한다. 먼저, 분석은 관찰 대상을 여러 부분, 여러 차원으로 나누어 면밀한 비판적 성찰을 수행한다. 종합은 분석을 통해 명확히 드러난 부

---

8   J. A. *Comenius, Via Lucis*. eds, by E. Campagnac (Liverpool: Liverpool Univ. Press, 1938), 123f.

9   *Comenius, Via Lucis*, 86.

10   *Comenius, Via Lucis*, 30.

292
교회 통찰 : 코로나 · 뉴노멀 · 언택트 시대 교회로 살아가기

분적 진리들을 하나의 통합된 실체로 재구성하는 과정을 수행한다. 한편 비교유추법은 분석과 종합을 통해 파악된 각 대상들을 상호 비교하는 과정이다.

이러한 상호 비교 과정을 통해 각 대상들의 유사성과 차이점을 발견함으로써 그들의 성격과 본질에 대한 보다 명확한 이해를 가능케 하는 논리방식이 비교유추법인 것이다. 이처럼 분석, 종합, 비교유추를 자유자재로 활용할 수 있을 때 관찰 대상에 대한 올바른 인식이 가능해진다. 이는 곧 바른 앎, 바른 삶을 위한 지혜와 지식을 가능케 하는 공통적 인식 방법론인 '범지학'(pan sophia)을 가능케 한다.

분석과 종합은 현대의 과학과 논리학에서도 흔히 사용되는 익숙한 개념이다. 하지만 코메니우스는 분석과 종합만으로는 아직 온전한 지식이 이루어질 수 없다고 역설한다. 한 대상 속에 들어있는 여러 부분들이 서로 어떤 연관이 있는가를 종합적으로 살펴보아야 하는 것도 필요하지만 여러 대상들 서로가 상호 어떤 연관이 있는가를 종합적으로 살펴보는 지혜가 필요하다는 것이다. 즉, 어느 한 대상의 바른 이해를 위해 '그것이 다른 대상들과 왜, 그리고 어떻게 연결되어 있는가를 파악해야 하며 서로가 어떻게 유사하고 어떻게 다른가를 인식하는 과정이 필요하다'는 것이다.

코메니우스에게 있어서, 비교유추법은 한 대상이 하나님의 전체 피조세계 속에서 어떤 위치와 의미를 지니는가를 깨닫게 해준다. 만물의 창조자로서의 하나님의 계시, 하나님의 피조세계를 구성하는 각 생명체와 사물, 하나님 형상으로서 중보적 역할을 감당하는 인간의 마음과 생각은 상호 긴밀하게 연결되어 있는 동시에 서로가 서로를 보완해 준다. 이는 비교유추법이 분석, 종합과 긴밀하게 연결된 동시에 상호 보완하는 것과 마찬가지이다.

이처럼 비교유추법은 한 대상을 둘러싼 전체 세계에 대한 총체적 인식

방법론인 것이다.[11]

교육방법론

코메니우스는 교육방법은 기본적으로 쉽고 재미있어야 함을 강조한
다. 그는 경험론적 귀납법을 통해 자연 사물과 인간 본성 속에 들어있는
유사성에 대한 주의 깊은 관찰을 중시한다. 그는 또한 범지론(pansophism)
에 기초한 연역법을 활용한다. 그의 연역법에 대한 이해는 다음과 같은
상관성을 가능케 한다. 세계 만물은 인간의 인식체계와 밀접한 관련이
있으며, 인간의 인식체계는 인간의 존재적 근원인 하나님의 계시와 밀접
한 관련이 있다. 인간은 자신을 둘러싼 세계에 대한 인식을 하나님의 계
시로부터 연역해 내는 동시에, 세계에 대한 구체적 인식은 또한 귀납법
적 방식으로 이루어진다는 것이다. 귀납법적 인식은 인간의 감각경험을
통해 이루어지기에, 인간의 감각경험은 이해와 지식을 얻기 위한 가장
기초적 요소가 된다.

코메니우스는 베이컨의 경험론을 자신의 교육방법론 속에 창조적으
로 활용한다. 학습자가 적절한 순서에 따라 경험을 토대로 한 교육을 받
을 수 있을 때, 조화롭고 균형잡힌 지식과 지혜를 획득하게 됨을 강조한
다. 베이컨이 관념적 사고를 위해 구체적 경험과 함께 관찰을 수행했다
면, 코메니우스는 의미 있는 교육을 위해 구체적 경험과 객관적 사실에
대한 귀납법적 해석을 시도했다.

이러한 귀납법적 교육을 통해 자연과 사물 가운데 내재한 하나님의 경
륜을 발견할 수 있기 때문이다.[12] 이러한 귀납법적 교육과 함께 연역법적
교육을 함께 활용하는 것은 하나님의 진리를 발견할 수 있도록 해 준다.
로버트 율리히는 코메니우스의 교육방법이 하나님의 질서와 원리를 위

---

11   John Sadler, *J. A. Comenius and the Concept of Universal Education* (New Yor: Barnes & Noble,
      1966), 134.
12   Robert Ulich, *Education in Western Culture* (New York: Brace & World, 1965), 66.

한 좋은 방안임을 강조한다.

코메니우스의 저서는 하나님의 질서가 피조세계 전체를 통해 나타나고 있음을 보여준다. 이러한 질서를 존중할 때 교육적 목적이 달성될 수 있다.[13]

코메니우스는 인식의 원천으로서 감각경험, 이성, 계시의 상호성을 강조했다. 그중에서도 감각경험의 중요성을 특히 강조하고 있다. 세계는 하나님에 의해 창조된 세계이기에 세계 속에 창조질서가 존재하고 있음이 분명하다. 이러한 창조질서에 순응하며 창조질서에 따라 교육해 나갈 때 하나님의 뜻과 섭리를 이해할 수 있게 됨을 역설한다. 코메니우스는 그 당시까지 교사나 학자의 일방적 권위에 의존했던 교육방식에서 벗어날 것을 역설했다.

어떠한 정보도 단지 학문적, 이론적 권위의 기초만 가지고서 전달되어서는 안 된다. 그 정보는 인간의 감각과 지성에 의해 경험되고 입증될 때, 그 가치를 인정받을 수 있다.[14]

코메니우스는 감각경험을 대단히 강조함으로써 다음과 같은 과감한 주장을 펼치고 있음을 볼 수 있다.

감각은 지식의 시작일 뿐 아니라 확실함과 지혜의 시작이다. 인간의 지성은 다양한 감각경험들에 기초하고 있기 때문에, 어떤 지식과 정보의 확실성을 입증하려면 감각경험을 통해 그것을 보여주어야 한다. 인간의 감각경험이나 이성으로 파악이 불가능할 때에는 어쩔 수 없이 하나님 은혜에 의존할 수밖

---

13 Ulich, *Education in Western Culture*, 67.
14 J. A. Comenius, *The Great Didactic*, 28.

에 없으며, 하나님께 대한 신앙으로 나아갈 때 하나님은 인간의 감각이나 이성으로는 깨달을 수 없는 깊은 진리를 깨닫게 해 주신다.[15]

코메니우스는 인간의 감각경험과 이성으로는 그 원리와 지식을 발견할 수 없을 때 하나님의 계시와 신앙의 방법에 의지하는 상호적, 상호 보완적 원리를 채택하고 있다.

기독교와 과학, 기독교와 일반 학문의 통전적 연합 모델

위에서 살펴본 것처럼 코메니우스는 감각경험, 이성, 계시의 상호적, 상호 보완적 원리를 강조한다. 코메니우스는 이러한 상호적, 상호 보완적 원리를 통해 17세기 과학과 새로운 철학사상의 엄청난 도전 앞에서 기독교 신앙과 진리를 지켜내었다. 이것은 과학과 철학사상의 무조건적 수용도, 무조건적 배척을 넘어, 훨씬 유연하고 원만한 대처와 함께 보다 포괄적이고 창의적인 신학과 교육방법론을 통해 가능했던 것이다. 베이컨의 귀납적 감각경험, 데카르트의 연역적 이성을 넘어 하나님 말씀과 영성의 계시의 중요성을 확립했다. 또한 비교유추법이라는 새로운 인식론적 가능성을 입증해 보임으로써 과학과 철학의 한계를 넘어 계시와 신앙의 중요성을 역설하였던 것이다.

사도 바울은 만물의 감각경험과 인간의 이성 속에 이미 하나님의 영원한 능력과 신성이 나타나고 있음을 강조한다. '창세로부터 그의 보이지 아니하는 것들 곧 그의 영원하신 능력과 신성이 그가 만드신 만물에 분명히 보여 알려졌나니 그러므로 그들이 핑계하지 못할지니라'(롬 1:20). 코메니우스는 비교유추법을 통해 이러한 능력과 신성이 모든 만물 가운데 공히 들어 있음을 역설한다. 사도 바울과 코메니우스의 이러한 신적

---

15 Comenius, *The Great Didactic*, 137.

능력과 신성은 예수 그리스도의 성육신을 통해 가장 완전하고 온전하게 나타난다. 예수 그리스도는 온전한 신인 동시에 온전한 인간으로서 감각-이성-계시뿐 아니라 육-혼-영을 구원하는 메시아로 역사 속에 들어왔기 때문이다.

사도 바울과 코메니우스가 보여준 신앙과 삶의 통전성을 마이클 폴라니(Michael Polanyi)가 제시한 '뫼비우스띠 모델'을 통해 다음과 같이 제시할 수 있다.

폴라니는 원띠의 이분법적 단절을 놀랍게 극복한 해석학적 원형으로 '뫼비우스띠 모델'을 제시한다. 뫼비우스띠는 원띠의 내면과 외면을 꼬아서 하나로 이어 붙임으로써, 이분법적으로 나뉘어 있던 내면과 외면이 하나의 '유기적 통합'을 이루는 '변형적'(transformational) 특성에 주목한다.

이는 곧 그리스도의 신성과 인성의 배타적 특성이 '그리스도의 성육신'(Incarnation of Christ)에 의해 유기적 통합을 이루는 것을 보여준다. 거의 모든 근원적 진리 및 양자역학(quantum physics) 차원에서는 서로 모순되는 두 현상이 서로를 필요로 하며 함께 공존함을 보여준다. 둘 중에 보다 영속적, 역동적, 근원적 차원이 순간적, 정태적, 현상적 차원에 대해 일종의 '한계적 조율성'(marginal control)을 행사하는 것을 가리켜 '상보성 원리'(complementarity principle)이라고 부른다.

그리스도의 신성과 인성의 관계성 속에도 이러한 상보성 원리가 나타난다. 즉 그리스도의 신성은 인성에 대해 일종의 한계적 조율성, 즉 논리적 우선성을 지닌다는 것이다. 이러한 한계적 조율성은 기독교와 문화, 기독교와 사회의 관계 속에도 비교유추적으로 나타난다. 즉 기독교와 문화, 기독교와 사회는 결코 이분법적으로 분리될 수 없되, 기독교가 문화와 사회에 대해 일종의 한계적 조율성, 논리적 우선성을 지님으로써, 기독교가 문화와 사회를 하나님의 진리가 구현되고 하나님의 나라가 확장되어 가는 장(場)으로 변화시켜 나가게 되는 것이다.

기독교는 결코 세속문화, 세속사회로부터 분리, 단절, 차단되어서는 안 된다. 그리스도가 성육신을 통해 세상 속으로 들어오신 것처럼, 기독교는 세속문화와 세속사회 속으로 용기 있게, 그리고 전방위적으로 들어가야 한다. 그 속에서 빛을 내고 맛을 냄으로써 세속문화와 세속사회에 기독교적 가치와 기독교적 이상이 누룩처럼 퍼져 나가도록 할 소명과 사명을 지니고 있기 때문이다. 이러한 '뫼비우스띠 모델'은 전염병(코로나) 시대에 한국사회와 세계사회가 당면한 위기를 맞아 기독교와 교회가 감당해야 할 사명이 무엇인가 보여준다.

전염병 시대를 맞이한 한국교회와 크리스천들은 신학과 과학, 계시와 이성, 신앙과 현실 사이에 나타나는 괴리와 단절 상황에서 혼란과 회의를 경험한다. 이런 상황에서 어떤 이는 신학, 계시, 신앙만을 붙들려 하고, 어떤 이는 과학, 이성, 현실을 붙들려 한다. 흔히 사람들은 전자를 보수신앙, 후자를 진보신앙이라 부른다. 그러나 사도 바울은 영적 아들 디모데에게 기도와 함께 약을 복용할 것을 당부한다(딤전 5:23). 그는 영성, 지성, 학문이 통합됨으로써 성경 열세 권을 집필하고 목회신학을 정립할 수 있었다.

코메니우스 역시 당대의 새로운 과학과 철학을 응용하고 통합함으로써 범지학, 범교육학, 대교수학을 완성하고 통전적 신앙에 기초한 통전적 교육을 위한 기본틀을 제시했다. 감각경험을 중시하는 과학, 이성을 중시하는 철학의 통찰을 흡수하고 활용하되 성경의 증언과 개혁전통의 빛 안에서 활용, 변형, 재창조해 나가는 것이 필요하다. 과학과 이성 역시 하나님이 주신 은사요 선물이기 때문이다.

믿음, 소망, 사랑이 함께 있어야 하지만 그중 제일이 사랑인 것처럼(고전 13:13) 과학, 이성, 영성은 함께 있어야 한다. 하지만 그중 금생과 내생에 약속있는 것이 영성이기에, 성경의 증언과 개혁전통에 입각한 영성을 올바로 정립하고 굳건히 할 수 있다면 그러한 가정, 교회, 공동체는 어떤 편협된 사상, 잘못된 시류, 극한 전염병 속에서도 이웃, 사회, 세계를 올바른 길로 인도하는 등불이 될 수 있다. 그는 마치 서핑보드 위에 선 노련한 서퍼(surfer)처럼 전염병의 파도 속에서도 무너지거나 침몰하지 않고 오히려 강한 세파를 헤치며 그리스도의 부르심의 항로를 향해 나아갈 것이다(빌 3:14).

이규민

고려대학교 영문과 (B.A.)
장로회신학대학교 신학대학원 (M.Div.)
Princeton Theological Seminary (Th.M., Ph.D.)
(현) 장로회신학대학교 석좌교수
　　　한국에니어그램협회 수석부회장
(전) 한국기독교교육학회 회장, 한국기독교공동학회 사무총장
(저서)「포스트모던시대의 통전적 기독교 교육」,「성서지혜서」,
　　　「삶의 목적이 바뀌는 죽음교양수업」,「21세기 한국교회 교육의 과제와 전망」.

코로나19 속에서 성도의 갈 길, 총체적 성화를 향하여

김광열

쉼표의 시간은 더욱 중요하다!

전 세계를 움츠리게 만든 코로나19는 마치 노래를 부를 때에 꼭 필요한 쉼표의 시간을 인류에게 되찾아 준 것과 같다. 성악가가 그냥 계속해서 큰 소리를 지르려고만 한다면, 좋은 노래가 연주될 수 없다. 악보에서 쉼표가 있는 곳에서 제대로 쉬면서 호흡하며 산소를 들여 마시고 추스림의 시간을 잘 갖게 될 때, 그다음 소절을 더욱 힘차게 부를 수 있기 때문이다

그동안 인류는 '큰 소리 내는 것'에만 전력을 다해 왔는지도 모른다. 더 많은 공장을 세우고, 더 높은 수익을 올리고, 더 부요하게 살기 위한 욕심에 사로잡혀 이웃과 자연을 돌아보지 못하고 자연환경을 파괴하고 야생동물의 서식지까지 빼앗았던 결과, 박쥐에서 생존하던 바이러스가 인간에게로 들어와 코로나19의 팬데믹을 야기시켰던 것이다. 대규모 홍수, 심각하게 녹아내리는 빙하, 혹독한 가뭄, 해양오염으로 죽어가는 대양의 생물들이 그동안 고통스럽게 부르짖고 있었던 지구의 비명소리들을 들을 수 있는 여유가 없이 달려 왔다. 그냥 끝없는 욕심에 사로잡혀 무조건 앞으로 돌진해 나가려 했던 인류가 이제는 그 댓가를 치르고 있

는 셈이다.

이제는 쉼표의 시간이다! 지금 겪고 있는 고통의 시간들은 더 나은 인류의 연주를 위해 준비하라고 자연이 가져다준, 그리고 하나님이 허락하신 쉼표의 시간이다. 인류의 역사 속에서 다음 악장의 곡조가 더 올바르게, 그리고 더 아름답게 연주되도록 하기 위해서 숨을 돌리며 우리의 마음과 영혼을 재정비하라고 주어진 시간이다. 우리가 달려온 시간들을 점검하고 우리의 자세를 다시 한 번 추스르고 이웃과 자연을 돌아보며 우리를 이 땅에 보내주신 창조주의 뜻을 다시 한 번 기억해야 할 시간들인 것이다.

의학적으로는 변종 바이러스의 실체를 정확하게 분석하여, 인류가 팬데믹 공포로부터 벗어날 수 있는 백신과 치료제를 신속히 개발해야 하고, 경제적으로는 심각한 실업사태 등을 비롯한 경제적 추락의 현실을 극복할 수 있는 대책들도 제시해야 할 것이다. 각국의 경제적 어려움은 세계 각국들로 하여금 경제 민족주의로 흘러가게 할 것이다. 그래서 반세계화(de-globalization)로 향할 것이라는 우려도 있지만, 오히려 이럴 때일수록 전 세계는 서로를 돌아보는 공동체성을 강화시켜야 한다. 그래서 앞으로도 계속될 수 있는 코로나19와 같은 팬데믹의 지구촌 과제를 함께 극복할 수 있는 힘을 비축해야 할 것이다.

그러면 성도와 교회에게는 이 '쉼표의 시간', 성도와 교회에게 무엇을 의미하는가?

그러면 교회와 성도들은 포스트 코로나 시대를 바라보면서, 무엇을 생각하고 또 무엇을 준비해야 할 것인가?

코로나19의 풍랑은 교회라고 비켜가지 않았다. 비대면 사회에로의 새로운 물결은 교회신앙 공동체를 향해서도 변화를 요구하고 있다. 온라인

예배를 병행해야 했고, 성도들끼리 가까이 만나 교제하는 모임을 갖는 것도 두려워하게 만들었다. 소위 '비대면(untact) 신앙'이라는 새로운 도전(new normal) 앞에서 교회와 성도들은 당황해 하고 있다. 새로운 풍랑의 파도 속에서 과연 주님의 교회는 무너져 내리고 말 것인가? 아니다! 주님이 머리 되신 교회는 더 큰 환란의 파도 속에서도 그 생명을 이어 왔었음을 과거의 역사 속에서 확인할 수 있다. 그렇다면 이러한 코로나19로 인해 주어진 시간들은 성도(聖徒)와 그들의 모임인 교회에게도 그다음의 악장을 더 잘 연주하라고 주어진 쉼표의 시간이다. 주어진 쉼표의 시간들 속에서 성도들을 이 땅에 보내주신 하나님의 뜻을 돌아보면서, 거룩한 백성으로 부르신 그분의 뜻을 깨닫고 '거룩한 무리'(聖徒) 혹은 '거룩한 공동체'로서의 교회의 자기 정체성을 되찾는 시간으로 삼아야 한다. 새로운 변화들 속에서 효과적으로 대처하는 길은 거룩한 성도로서의 정체성을 회복할 뿐 아니라, 나아가 그 거룩성을 더욱 강화시키되 개인적 성화에서부터 시작하여 교회적 성화, 사회적 성화, 그리고 우주적 성화에까지 그 범위를 확장시켜서 총체적 성화의 비전을 향해 앞으로 나아가야 한다.

성도의 생명, 그리고 주님의 몸 된 교회의 생명력은 코로나19와 같은 정도의 어려움으로 결코 무너지지 않는다. 그 생명력은 생명의 주인 되신 주님의 영원한 생명에 닿아있으므로, 그것은 큰 환란 속에서도 오히려 그 불꽃이 더욱 활활 타오를 수 있다. 과거 인류의 역사 속에서 이보다 더 심한 환란과 고통 속에서도 교회의 생명은 흔들림 없이 전진하여 나갔던 것을 기억할 필요가 있다.

종교개혁 시대에 창궐했던 페스트 흑사병 속에서도 종교개혁자들은 전염병에 걸리기도 하며 고통의 시간들을 겪어야 했지만, 그들은 오히려 그 시간들 속에서 교회의 정체성을 회복하는 역사를 이뤄 갈 수 있었다. 스위스의 종교개혁자 츠빙글리와 같이 그들이 마주했던 전염병의 고통은 오히려 하나님의 주권과 섭리를 확신하는 시간으로 승화되었고, 종교 개혁의 기치를 높이 들고 그 위대한 교회 회복의 역사를 이뤄 갈 수 있었던 것이다.[1]

그렇다면, 성도의 무너지지 않는 영속적인 생명은 어디에서 오는 것인가? 그리고 그가 지니고 있는 정체성은 무엇인가? 성도의 참생명은 그가 주님을 영접하여 주님과 연합하게 되었을 때, 그의 생명이 주님의 생명에 연결됨으로서 시작된다. 그리고 그때부터 성도는 그가 연합한 주님의 거룩에(고전 1:30) 그 뿌리를 내리면서, '거룩한 백성'으로서 살아가기 시작하는 것이다. 그러므로 성도가 성화의 삶으로 나아갈 수 있는 근거는, 아니 성화의 삶을 살아야만 하는 이유는, 그가 연합한 주님의 거룩하심 안에서 찾아진다.[2]

사도 바울은 로마서 6장에서 좀 더 구체적으로 주님과의 연합의 의미를 설명해 준다. 주님과의 연합은 구체적으로 그의 죽음과 부활과의 연합이라고 알려준다. 주님과 연합한 성도는 주의 죽음과 연합함으로 죄에 대해 죽은 자가 되고, 주의 부활과 연합함으로 부활 생명으로 성화의 삶을 시작하게 되는 것이다(롬 6:1 이하). 따라서, 죄에 대해 죽은 성도에게는 이제 우주적인 죄의 통치가 무너진 것이고, 사망권세를 깨뜨리고 부활하신 그리스도의 의의 통치 아래서 성화의 삶을 살아가게 된 것이 바로 성도의 정체성인 것이다. 그와 같이 주님과 연합한 성도의 성화의 삶은 개인적인 성화에서부터 시작되지만, 그것은 함께 부름을 받은 성도들의 공동체인 교회적 성화로, 그리고 더 나아가 사회적, 우주적 성화로 이어지게 된다.

---

1   조용석, 『쯔빙글리: 개혁을 위해 말씀의 검을 들다』(서울: 익투스, 2014) 36.
2   S. B. Ferguson, "Reformed View", in *Christian Spirituality*, eds. Donald L. Alexander (Downers Grove, Ill.:IVP, 1988) 49.

개인적 성화와 교회적 성화

개인적 성화

성도는 '비대면 방식'의 신앙 속에서도 개인적 성화를 위해 전력을 다해야 한다. 그래서 그리스도인들은 코로나19로 주어진 쉼표의 시간을 거룩한 성도로서의 정체성을 회복하는 기회로 활용해야 한다. 코로나19의 물결은 '비대면 신앙'으로 성도를 몰아가고 있다. 현장예배를 빼앗아 갔고, 성도의 교제를 약화시켰다. 성도들은 함께 마주 보며 주를 찬양하는 시간들을, 함께 모여 뜨겁게 기도드리는 시간들을 잃어버린 것을 아쉬워하고 있다. 그런데, 그렇다고 해도 성도의 생명은, 주님의 교회는, 무너져 내리는 것이 아니다. 오히려, 코로나19는 성도들에게 더 많은 개인적인 시간들을 허락해 주었다. 그동안 바쁘다는 핑계로 게을리해 왔던 영성훈련의 기회가 주어진 것이다. 이제 주님과 연합한 성도들은 이러한 시간들 속에서 자신의 영혼을 돌아보고 개인 묵상과 기도의 시간을 가지며 성도의 거룩을 회복해야 한다. 오히려 많은 군중 속에서 정신없이 교회행사에 쫓겨 다니던 시간들을 뒤로하고 조용히 개인적으로 하나님과 교제하고 묵상하는 가운데 하나님의 임재를 경험하는 시간들을 누릴 수 있다. 그동안 무조건 앞만 보고 달려왔던 자신의 삶을 돌아보며, 팬데믹의 재앙이 다른 사람이 아닌 바로 나 자신을 하나님 앞으로 더 가까이 나아가도록 하기 위해 주어졌음을 겸손히 인정하며 회개하는 시간들을 가질 수 있을 것이다. 옛 사람의 죄성과 세속적인 욕심으로 뒤엉켜있던 과거의 생활들을 조용히 돌아보며, 개인적인 성화의 삶을 향해 새롭게 결단하는 시간들로 삼아야 할 것이다.

교회적 성화

그러나 주님과 연합한 성도의 성화적 비전은 개인적 성화에만 머물 수 없다. 성도는 주님을 머리로 모시고 있는, 한 몸으로 세워진 교회의 지체들이기 때문이다. 그러므로 교회의 지체들은 먼저 대면 신앙을 회복해야 한다. 비대면 방식의 신앙은 결코 '뉴노멀'이 될 수 없다. 그것은 임시적인 대안일 뿐이다. '몸은 멀어도 마음은 가까이'라는 구호는 코로나19의 재앙이라는 특수한 상황 속에서 주어진 임시방편일 뿐이다. 물론, 방역을 강화하고 인류적 재앙을 극복하기 위하여 사회적 거리를 두어야 하며 신천지 이단들과 같은 실수를 반복해서는 안 될 것이다. 그러나 참으로 사랑하는 이들이라면 가까이 다가가서 만나지 않을 수 없다. 교회가 그리스도를 머리로 하는 한 몸으로 부르심을 받았다면, 그 지체들은 서로 만나서 부대끼고 대화하며 소통하는 가운데 서로를 경험하고 함께 연결되어 한 몸 됨을 깨닫고 사랑을 느끼며 또 주님의 사랑의 나누며 살아가야 하는 것이다. 그렇다면, 비대면 신앙방식은 성도가 진정으로 한 몸 된 교회적 삶으로 온전히 살아가기에는 한계가 있다.

물론, 팬데믹의 현상 속에서 방역을 철저히 하는 것도 성도가 사회의 일원으로서 간과해서는 안 되는 부분이지만, 대면 신앙이 회복되어야 한다는 대원칙을 놓아서는 안 된다. 단지 임시적인 방안으로 비대면의 신앙방식을 받아들이고 있을 뿐이다. 그러나 비대면 방식의 신앙생활이라고 하더라도 거룩한 주님의 몸 된 교회로서의 성화적 삶은 계속되어야 한다.

그렇다면 교회적 성화란 무엇인가? 성도로 부름을 받은 지체들이 모여 이루어진 그리스도의 몸으로서의 교회는 하나의 유기체적 공동체로서 당연히 교회적 차원에서의 성화의 열매가 있어야 한다는 것이다. 개인적 성화의 삶을 추구하는 성도들의 모임인 교회가 거룩하지 않는다면, 아직도 성경적 성화의 삶으로 온전히 나아가지 못한 것이기 때문이다.[3]

---

3 Ron. Sider, *One Sided Christianity?: Uniting the Church to Heal a Lost and Broken World* (Gramd Rapido : Zondervan Pub. Co., 1993) Sider 교수는 현대 교인들의 그러한 모습들은 그들이 아직 "반쪽" 복음에 머물고 있는 것이라고 지적해 준다.

사도 요한은 요한계시록에서 아시아의 7교회들에게 칭찬과 함께 성화를 촉구하는 권면과 책망의 메시지를 주고 있다. 처음 사랑을 잃어버린 에베소교회, 우상 제물과 행음의 유혹에 빠져있던 버가모교회, 부와 번영에 빠져 도덕적 부패과 사치스러운 삶으로 살아가던 사데교회에게 주어진 메시지들은 성도가 개인적인 차원의 성화와 함께 교회 공동체적인 차원에서도 성화의 열매를 맺어야 함을 지적해 주고 있는 것이다. 그리스도의 몸 된 지체로서 성도는 개인적인 차원에서뿐만 아니라, 교회 공동체적인 차원에서도 머리되신 그리스도의 의와 사랑과 거룩의 성품들을 본받으며, 교회의 삶과 사역 속에서도 그분의 거룩한 모습을 본받는 자세와 행동들로 교회 안팎에서 확인되고 인정받을 수 있어야 한다.

'교회가 세상의 단체처럼 편법이나 위법을 행하면서 정결하고 의롭고 거룩한 그리스도의 몸이라고 말할 수는 없는 것이다. 교회가 숫자에 취해버린 세상의 기업처럼 물량주의나 물질주의에 빠져 있으면서 하늘의 사상으로 가득 찬 그리스도의 몸이라고 말할 수는 없는 것이다.'[4] 교회가 거짓을 눈감아 주고, 위선자들을 인정하며, 세상적인 단체들이 행하는 모습을 그대로 따라가고 있다면, 교회는 아직도 머리 되신 주님의 뜻을 더 이루어 가야 할 성화적 훈련이 필요한 상태에 놓여있는 것이다.

코로나19로 말미암은 고통의 시간들은 이러한 교회적 거룩을 회복하라고 주어진 쉼표의 시간일지도 모른다. 이 쉼표의 시간에 한국교회는 교회적 거룩을 회복하기 위해 그동안의 모습들을 돌아봐야 한다. 그리고 거룩한 주님의 몸 된 교회로서 거룩성을 회복해야 할 것이다. 뿐만 아니라, 그 거룩은 그리스도를 본받는 성화적 훈련을 통해서도 추구되어야 한다. 하나님은 이스라엘을 언약 공동체로 세우시고, 그들로 하여금 하나님의 자비와 사랑의 삶을 실천하는 백성으로 살아가라고 가르치셨다.

새 언약의 공동체로서 오늘의 교회도 개인적으로뿐만 아니라, 교회적

---

4   조대준, 『크리스천의 성화: 영혼 속에 새겨진 신의 성품』 (서울: 쿰란출판사, 2004), 394.

으로도 사회 속에서 코로나19로 인해 고통의 시간들을 살아가고 있는 이웃들, 그리고 작은 교회 목회자들과 성도들을 섬기는 일에 힘써야 할 것인데, 그것은 바로 그리스도를 본받는 성화적 삶의 교회적 적용이기 때문이다.[5]

사회적 성화 · 우주적 성화

그리스도인의 성화적 삶은 주님을 만나 회심하는 순간부터 시작된다. 주와 연합하여 주님의 거룩에 뿌리를 내리고 나면 개인적인 성화의 삶을 시작하게 되고, 또 교회적 성화를 위해 달려가게 된다. 그런데 성도는 거기에서 머물지 않고 사회적, 우주적 성화를 향해 나아가게 되는 것이다.

누가복음 19장에 나오는 삭개오의 회심사건은 주를 만나 회심한 성도가 개인적 성화를 넘어 사회적 성화의 삶으로 나아가는 사례를 보여주고 있다. 세리장으로서 한평생을 재물욕의 죄악 속에서 살아왔던 삭개오가 주를 만나 주어진 변화는 만왕의 왕 되신 주님을 영접하는 회심뿐만 아니라, 사회 속에서 '나눔과 정직'의 삶으로 나아가려는 결단을 하고 있는 것을 보게 된다. 소유의 절반을 가난한 자들에게 나누어주고, 뉘 것을 토색한 일이 있으면 4배나 갚겠다는 삭개오의 결단은 주님과 연합한 성도가 어떻게 사회적 성화를 향해 나아갈 수 있는지를 알려준다. 배금주의로 물들은 사회 속에서 주의 거룩을 지닌 성도는 '나눔과 정직'의 삶으로 사회적 성화를 위한 씨앗이 될 수 있음을 확인시켜 주고 있는 것이다.

또한 성도의 거룩은 사회적 성화를 넘어 우주적 성화를 향해 나아가야 한다. 로마서 8장에서 바울은 온 피조계가 '썩어짐의 종노릇 한 데서 해방되어' '하나님의 아들들의 영광의 자유에 이르기'를 고대하고 있다고

---

5 김광열, 『총체적 복음: 한국교회, 이웃과 함께 거듭나라』 (서울: 부흥과 개혁사, 2010), 99 이하.

지적해 준다. 주님의 거룩에 뿌리내리고 살아가게 된 성도들의 거룩은 사회의 거룩을 위한 씨앗이 되어야 할 뿐만 아니라, 더 나아가 아담의 타락 이후에 이제까지 탐욕에 사로잡혀 이익 창출만을 위해 달려왔던 모습을 회개하고, '탄식하며 고통하고 있는' 피조계와 자연 만물들의 고통 소리를 들을 수 있어야 한다. 그리고 그 욕심을 내려놓고 박쥐를 비롯한 동식물들을 그 고통에서 해방시켜 주며, 자연생태계의 회복을 통하여 자연 만물에까지 드리워진 죄의 영향들을 걷어내는 우주적 성화를 이뤄가야 한다.

물론 여기에서 말하는 사회나 우주 만물은 인격체가 아니므로, 성도들과 같이 인격적 차원에서의 중생이나 회심을 의미하는 것은 아니며, 그러한 차원에서 성도의 성화와는 구별되어야 한다. 오히려 사회적, 우주적 성화란 하나님 나라의 통치와 다스림 속에서 성화적 삶을 살아가는 성도와 교회를 통해서 사회와 만물들에게도 성화와 회복의 은총이 임하게 된다는 의미로 이해해야 할 것이다.

따라서 코로나19의 팬데믹 공포 속에서도 주님과 연합하고 그분의 거룩에 뿌리내리고 살아가게 된 성도는 개인적, 교회적 성화를 향해 노력해야한다. 뿐만 아니라 이 땅 위에서부터 하나님 나라의 삶의 가치와 그 나라의 능력의 실체들을 드러내며 그 영향력을 미치는 가운데 사회적, 우주적 성화를 이루어 사회와 우주 만물에까지도 메시야적 회복의 역사가 임하게 하기 위해 달려가야 할 것이다.

김광열
총신대학교 신학과 (B.A.)
Westminster Theological Seminary (M.Div., Ph.D.)
(현) 총신대학교 신학대학원 조직신학 교수
　　총체적 복음 사역 연구소 소장
(전) 총신대학교 총장 직무대행
(저서) 『그리스도 안에 있는 구원과 성화』, 『이웃을 품에 안고 거듭나는 한국교회』,
　　　『총체적 복음: 한국교회, 이웃과 함께 거듭나라』, 『교회를 위한 개혁신학 서론』

목회철학의 전환: 휴먼터치로서 소그룹

채이석

2019년 말 중국 우한에서 비롯된 코로나19 바이러스의 창궐은 2020년이라는 한 해를 연대기적 의미를 뛰어넘는 대망과 비전을 가지고 출발한 수많은 기업과 특별히 한국교회에 엄청난 충격을 가져다주었다. 태풍이 한 번 지나가면 그 피해는 엄청나게 된다. 이번 코로나바이러스의 세계적 대유행은 전 세계적인 엄청난 피해를 주었다. 그러나 코로나19 사태로 우리는 한 번도 가 보지 못한 길에 진입하게 되었다. 또한 우리의 생각이 고정관념에서 벗어날 수 있도록 엄청난 도전을 주었다. 그리고 그동안 우리가 고집해 왔던 것에 대해서도 포기하지 못할 것은 없다는 생각을 하게 해 주었다. 코로나19 바이러스는 21세기 세상의 정치 · 경제 · 문화 · 예술 등 사회 모든 분야와 특별히 교회로 하여금 그야말로 '코페르니쿠스적인 대전환'을 하게 만들어 주었다. 그것은 꼭 긍정적이고 발전적인 방향으로의 대전환만이 아니라 부정적이고 퇴보적인 방향으로의 대전환일 수도 있다는 데에 상당한 우려가 따른다.

그동안 우리 사회는 '비정상의 정상화'라는 말을 했었다. 그러나 코로나19 바이러스의 세계적 대유행(pandemic)으로 어떤 의미로는 비정상이 정상처럼 여겨지는 상황에까지 이르게 되었다. 우리는 이전의 경험으로는 상상할 수 없는 새로운 세상을 경험하고 있다. 사람들은 이런 세상을 가리켜 '뉴노멀'(New Normal)이라고 말한다. 뉴노멀이라는 용어는 '패러다임 쉬프트'라는 말을 처음 사용한 토마스 쿤(Thomas Kuhn)의 아이디어에서 온 것으로 알려져 있다. 글로벌 금융위기 이후, 저성장, 저소득 등의 추세변화를 가리키기 위해 사용되었던 용어를 코로나19 사태 이후에 정상이 아닌 상황을 가리켜 사용하기 시작했다. 그래서 코로나 이후의 변화를 '포스트 노멀'(Post Normal)이라고도 한다. 우리 사회는 바이러스 감염증을 우려하여 비접촉 비대면(untact) 사회로 이미 들어섰고, 현장근무보다는 재택근무를 선호하고, 대면 수업보다는 원격 강의를 확대해 가고 있다. 또한 스포츠 경기도 무관중으로 진행하고 있으며, 심지어 교회에서는 현장예배와 함께 온라인예배의 비중이 높아지고 있다.

이것은 그동안의 경험에서 본다면 결코 정상적인(normal) 것이 아니라 비정상적인(abnormal) 것이다. 그러나 코로나19 사태 이후로 사람들은 이런 세상을 '비정상'(abnormal)이라고 말하지 않고, '뉴노멀'(new normal)이라고 말하고 있다. 이런 비상 상황 속에 있는 오늘 한국교회는 어떤 방향으로 나아가야 할 것인가? 특별히 '뉴노멀'이라고 하는 비상 상황 속에서 목회사역은 어떤 방향으로 나아가야 할 것인가를 고민하면서 목회철학의 재정립의 계기가 되기를 기대해 본다.

비대면 시대에 더 필요한 인격적인 만남의 목회

비대면 시대가 올 것이라는 예측은 코로나19 사태가 발생하기 이전부터 있었다. 4차 산업혁명 시대가 되면 과학기술의 혁명적인 발달로 AI와 같은 인공지능이 사람이 해야 할 일을 상당 부분 대신해 줄 수 있기 때문에 비대면 시대가 올 것은 충분히 예견된 것이었다. 그런데 이번 코로나19 사태로 우리는 예상보다 훨씬 빨리 비대면 사회로 들어서게 되었다. 지금까지는 코로나19 감염증을 예방하는 차원에서 거의 조건반사적으로 비대면문화를 받아들였다. 그러나 한 번도 경험해 보지 못한 비대면 사회에서 우리가 얼마나 견뎌 낼 수 있을지 지금은 예단할 수 없다. 소위 뉴노멀 사회에 잘 적응할 수도 있고 혹은 국가 사회적으로 큰 혼란이 야기될 수도 있다.

분명한 것은 하나님께서는 우리를 하나님의 형상대로 만들어 놓으시고 비대면으로 살게 하셨을리는 없다는 사실이다. 그리고 하나님은 소그룹이든 대그룹이든 공동체로 우리를 부르셨다는 사실이다. 성경 밖에서도 인간은 사회적 동물이라고 알고 있고, 만나지 않으면 마음에서 멀어진다(out of sight, out of mind)는 사실을 잘 알고 있다. 미래학자 존 나이스비(John Naisbitt)는 「*High Tech High Touch*」라는 자신의 책에서 21세기 하이테크(high tech) 산업이 급속도로 발전하는 고기술사회로 갈수록 사람들은 인격적인 만남, 곧 'high touch'가 있어야 한다고 말한다.[1] 결국 비대면 시대가 도래할지라도 인간은 여전히 인격적인 만남을 가져야 하고, 사람을 그리워할 것이다. 환경이 비대면 사회로 바뀌어 가게 될 수 있겠지만, 비대면 환경이 만들어져 갈수록 역설적이게도 대면이 그리워지게 될 것이다.

코로나19 이후 목회 현장도 비대면 형태의 사역에 대한 시도가 늘어날 것으로 보인다. 그러나 말씀과 기도 안에서 인격적인 감화와 감동을 받아야 할 목회 현장이 비대면 형태로 전환되는 것은 쉽지 않을 것으로 보인다. 비대면을 통한 말씀과 기도로 성도들이 헌신의 자리로까지 나아갈 수 있을지 의문이다. AI의 설교를 통해서 전인격적인 통회와 자복이 일어날 수 있고, 과연 하나님의 부르심을 받을 수 있을까? 물론 성령께서 AI를 통해서 역사하시면 가능할 수도 있을 것이다. 그러나 인격적이신 하나님이 당신이 택한 사랑하는 자녀들을 부르실 때 비인격적인 통로를 통해서 부르시겠는가? 생각이 복잡해진다.

야곱은 20년이나 형과 거리를 두고 살았지만, 형을 대면하여 만났을 때 그동안의 모든 미움과 두려움이 눈 녹듯 사라지게 되었다. 이때 야곱

---

1   John Naisbitt, *High Tech High Touch: Technology and Our Accelerated Search for Meaning* (Naperville, IL: Nicholas Brealey Books, 2001), xiv.

은 형을 대면했을 때 마치 하나님을 뵙는 것 같다고 말하기까지 했다(창 33:10).

바울도 상황은 지금과는 너무나 다르지만, 비대면에 대한 입장은 긍정적이지 않는다. 바울은 데살로니가교회에 보낸 편지에서 '형제들아 우리가 잠시 너희를 떠난 것은 얼굴이요 마음은 아니니 너희 얼굴 보기를 열정으로 더욱 힘썼노라 그러므로 나 바울은 번 두 번 너희에게 가고자 하였으나 사탄이 우리를 막았도다'(살전 2:17-18)라고 말했다. 그리고 '모이기를 폐하는 어떤 사람들의 습관과 같이 하지 말라'고 권면하는 히브리서 10장 25절 말씀은 코로나19 시대나 환난과 핍박의 시대나 여전히 진리의 말씀이다.

포스트 코로나 시대에는 비대면 사회로 바뀌게 될 것이라고 해도, 그것은 인간의 편리함만 추구하는 것뿐이고, 여전히 사람들은 대면하며 살게 될 것이다. 이와 더불어 믿음의 사람들은 교회 공동체에 모이게 될 것으로 보인다. 오히려 교회는 지금보다 더 인격적인 터치가 이루어질 수 있는 소그룹 모임과 대그룹 모임의 장점들을 마련해 나아가야 할 것이다.

강한 소그룹을 통한 건강한 교회

비대면 시대에는 아무래도 밀집 형태의 집회는 부담이 될 수 있다. 1990년대 중반 이후 한국교회는 소그룹목회에 대해 상당한 관심을 갖기 시작했다. 그동안 한국교회는 전통적인 교구관리시스템을 소그룹 돌봄과 보살핌 형태로 방향을 전환하는 노력을 해 왔다. 교회마다 교회의 상황에 맞는 소그룹 모델을 찾아 소그룹목회로 전환하고자 하는 시도를 하면서 시행착오를 많이 겪기도 했다. 이번 코로나19 사태로 방역당국은 교회의 소모임까지도 자제하라는 지침을 발표하기도 했지만 건강한 교회는 건강한 소그룹을 통해서 세워질 수 있다. 소그룹은 성경적 근거를 가지고 있는 모임으로 로마 제국의 박해 아래서도 교회가 존재할 수 있었던 중요한 요인 중 하나였다.

아이스너글(Gareth Weldon Icenogle)은 소그룹사역의 성경적인 기초에 관하여 다음과 같이 말한다.

> 소그룹은 문화를 초월하고(transcultural), 세대를 초월하며(transgenerational), 심지어는 경험과 이해를 초월하는(transcendent) 인류 공동체의 일반적인 형태이다. 소그룹으로 모이라는 부르심은 하나님이 창조하시고(존재론적), 지시하신(목적론적) 사역이다. 그리고 소그룹은 바로 하나님 존재의 본질과 목적으로부터 탄생된 것이다. 하나님의 존재(Being)는 공동체로 존재하신다. 인류를 위한 하나님의 공동체적 이미지의 단순하면서도 자연적인 발현이 바로 소그룹 모임이다.[2]

사도행전 2장 42-47절을 보면 초대교회가 힘썼던 다섯 가지 중요한 요소를 발견할 수 있다. 그것은 예배(worship), 가르침(teaching), 새가족의 동화(assimilation of new people), 교제(koinonia), 돌봄(caretaking)이다.[3] 초대교회에서는 대그룹 모임을 통해서 예배와 사도들의 가르침이 이루어졌고, 소그룹 모임을 통해서는 새가족이 교회 공동체에 자연스럽게 동화되고, 성도의 교제가 원활하게 이루어졌으며, 돌봄과 보살핌을 줄 수 있었다. 교회 안에서 대그룹 모임과 소그룹 모임이 균형있게 이루어질 때 교회는 건강하게 성장할 수 있다.

코로나19 사태 이후 비대면의 필요와 요구가 늘어나게 될지라도 교회가 대그룹 모임과 함께 소그룹 모임을 균형 있게 유지해 간다면 교회의 건강성은 크게 손상을 입지 않을 것이다. 비대면 상황에서 더 필요한 것

---

2 Gareth Weldon Icenogle, *Biblical Foundations For Small Group Ministry: An Integrational Approach* (Downers Grove, IL: Inter Varsity Press, 1994), 13.
3 채이석, 『소그룹의 역사』, (서울: 그리심, 2020 개정판), 151-52.

이 돌봄과 보살핌의 사역이다. 특별히 새신자의 정착은 인공지능을 동원하고 혁신적인 온라인시스템을 구축할지라도 인격적인 만남을 통한 돌봄과 보살핌의 사역이 없다면 점점 더 어려워지게 될 것이다.

17세기 경건주의자로 알려진 필립 야콥 슈페너(Philipp Jacob Spener)는 자신이 목회하던 독일의 프랑크푸르트교회에서 1670년부터 소그룹 모임을 시작했다. 사실 슈페너는 당시 독일교회의 영적 침체를 보면서 루터의 종교개혁운동이 힘있게 확산하여지기를 바라는 마음으로 '경건한 모임'(collegium pietatis, 'pious gathering')이라는 소그룹 모임을 시작했다.[4] 슈페너는 '상호 친밀한 격려와 감독'(mutual encouragement and oversight)을 위해 소그룹 모임을 시작했다.[5] 정상적인 상황이 아니거나 비대면 상황일수록 교회 공동체에 절실한 것은 돌봄과 보살핌의 사역이다. 코로나19 사태 이후 '뉴노멀' 사회에서 교회가 더욱 힘써야 할 것이 성도들의 돌봄과 보살핌 사역이다. 환난과 핍박의 시대뿐만 아니라 코로나19 이후 '뉴노멀' 사회의 비대면문화 속에서도 건강한 교회는 건강한 소그룹을 통해서 가능할 것이다.

교회의 본질과 목회의 본질 추구

4세기에 작성된 「니케아 신경」(Niceno-Constantinopolitan Creed, 381)[6]은 교

---

4 채이석, "필립 야콥 슈페너의 'collegium pietatis'에 대한 교회사적 의미고찰", 「개혁논총」 제26권(2013): 333이하 참고.

5 William A. Beckham, *The Second Reformation*, 터치 코리아 사역팀 역, 『제2의 종교개혁』(서울: 도서출판 NCD, 2000), 171.

6 381년 콘스탄티노플 공의회는 새로운 신경을 작성하지 않고 그동안 사용해 온 니케아 신경을 그대로 채용했다. 콘스탄티노플 신경이란 결국 니케아 신경과 일치하는 것이다. 다만 교회에 관한 네 가지 속성을 분명하게 언급했다. 참고. Henry R. Percival, eds,, *The Seven Ecumenical Councils of the Undivided Church: Their Canons and Dogmatic Decrees, Together with the Canons of All the Local Synods Which have received Ecumenical Acceptance*, in Philip Schaff and Henry Wace, eds,, *Nicene and Post-Nicene Fathers, Second Series*, vol.14 (Originally published in New York: Charles Scribner's Sons, 1900; reprinted in Peabody, MA: Hendrickson Publishers, Inc., 1995, 2nd printing), 163.

회의 속성을 네 가지로 고백하여 우리는 하나이며, 거룩하고, 보편적이며, 사도적인 교회를 믿는다(We believe in one, holy, catholic and apostolic church)라고 고백한다.[7] 「니케아 신경」은 교회의 속성을 '통일성, 거룩성, 보편성, 사도성' 등 네 가지로 고백했다. 8세기 이후 「사도신경」은 교회의 거룩성과 보편성을 강조했다.[8] 신앙고백은 시대적 요청에 의해서 작성되어진다. 16세기 칼뱅도 교회의 거룩성과 보편성을 강조했다. 칼뱅은 「기독교 강요」 제4권에서 교회론을 논술할 때 '거룩하고 보편적인 교회에 관하여'(Of the Holy Catholic Church)라는 제목으로 말한다.

우리가 「사도신경」을 통해서 우리의 신앙을 고백할 때마다 교회가 세상의 공동체와 구별되는 '거룩한 교회'요, 동시에 세상 속에 있는 공교회적인 개념을 가진 '보편적인 교회'라고 하는 교회의 본질적인 속성을 재확인하게 된다. 그러므로 우리의 신앙고백을 올바르게 고백해야 할 것이다. 특별히 교회는 보편적이기 때문에 세상 속으로 들어가서 교회의 머리가 되신 예수 그리스도를 드러내야 하고, 동시에 교회는 거룩하기 때문에 세상 속에서도 구별된 모습을 잃지 않아야 할 것이다.

결국 우리의 목회 현장에서는 코로나19 사태로 야기된 비정상적인 상황에 얼마나 교회가 민첩하게 대응해 가야 할 것인가에 우리의 에너지를 다 쏟아붓는 것보다, 코로나19 사태를 계기로 목회 현장에서는 교회의 본질을 다시 생각하는 것이 바람직하다고 본다. 교회는 무엇이고 교회의 본질적인 속성은 어떤 것인지 다시 한 번 깊은 성찰이 필요하다. 그리고 이번 사태를 계기로 목회의 본질을 다시 생각하는 것이 옳다고 본다. 코

---

7 신앙고백의 주어는 헬라어 원문에서 1인칭 복수형으로 "우리는…믿다"(피스튜오멘)라고 되어 있다. 그러나 라틴어와 영어 번역판은 1인칭 단수형으로 "나는… 믿다"(Credo)라고 되어 있다.

8 공인된 라틴어판은 교회에 관하여 "나는 거룩하고 보편적인 교회를 믿다"(Credo.... sanctam ecclesiam catholicam)라고 고백한다. 사도신경에 교회의 보편성이 포함된 것은 7세기 혹은 8세기 이후로 알려져 있다. Philip Schaff, eds,, *The Creeds of Christendom*, vol. I, 21; vol. II, 54; Alister E. McGrath, eds,, *The Christian Theology Reader* (Malden, MA: Blackwell Pub. Ltd., 1995), 7.

로나19로 우리 사회가 급속도로 변화하는 과정 속에서 목회 현장은 어떻게 대처해야 하는가를 연구하는 것보다, 먼저 주님이 양들을 치라고 말씀하신 바와 함께 목회의 본질에 대한 깊은 성찰이 필요하다.

포스트모더니즘 시대에 그리스도인들의 가치관이 흔들릴 수 있다는 위기의식을 가졌는데, 이제는 코로나19 사태로 말미암아 교회의 정체성을 고민해야 하는 위기에 직면하게 되었다. 이런 상황에서는 역사적인 바른 신앙고백의 터 위에 교회를 굳건히 세워 가야 할 것이다. 흔들리는 시대에 우리는 반석 같은 신앙고백의 터 위에 우리 스스로를 세워 가야 할 것이다. 우리 사회가 코로나19를 피하고자 한쪽으로 치우친 대응책을 세우는 일에만 집중하게 될 때, 잘못하면 우리 사회의 또 다른 한쪽이 무너지는 일이 일어날 수도 있을 것이다. 우리의 폐부(肺腑)를 살리려고 하다가 정작 우리의 심장(心臟)에 무리를 줄 수도 있다는 인식을 해야 할 것이다. 우리는 코로나19 감염증에서 속히 자유롭게 되어야 한다. 그러나 지금 일어나고 있는 질병의 증상에 따라 대응하는 소위 대증요법(對症療法)으로는 우리 사회를 지켜낼 수 없을 것이고, 한국교회를 지켜낼 수 없을 것이다. 한국교회가 지금 코로나19로 인해서 겪고 있는 문제마다 대응전략을 수립하여 코로나19 이후에도 지속적인 부흥과 성장을 이루어 가겠다고 한다면, 그것은 이 시대를 제대로 읽지 못하고 있다는 증거일 것이고 지나친 과욕일 것이다.

채이석
총신대학교 신학대학원 (M.Div.)
Reformed Theological Seminary (Th.M.)
Trinity Evangelical Divinity School (Ph.D.)
(현) 비전교회 담임
　　총신대학교 목회신학전문대학원 교수
(저서) 『요한 크리소스톰의 성직론』, 『소그룹의 역사』,
　　　『리바이벌 프리칭』, 『그리스도인의 정체성』

코로나 이후 한국교회의 예배본질 회복

이정현

코로나19의 영향력은 가히 파격적이다. 바이러스에 의한 발병이 얼마 되지 않았음에도, 그것은 세계의 정치, 경제, 문화, 교육, 체육, 군사뿐만 아니라 교회에까지 지대한 영향을 끼쳤다. 교회에 미친 여파 중 가장 직접적인 것은 공교회적 예배 모임이다. 바이러스 확산을 막기 위해 비대면예배를 드려야 했고, 사회적 거리두기를 해야 했다. 모이는 예배의 제지로 인하여 기독교 교육과 전도, 선교와 구제, 봉사도 대부분 이루어지지 못했다. 공예배의 중단은 결국 교회의 전 기능을 약화시키거나 마비시켰다.

신앙 공동체가 한 장소에 모여서 예배를 드릴 수 없게 되자 가정에서 영상예배를 드리거나 개인예배로 대체하는 현상도 생겨났다. '드라이브 인 워십'(Drive-in worship)을 시도하기도 하고 '구글 행아웃'(Google Hangouts)이라는 프로그램을 통하여 해외에 살고 있는 사람과도 같은 시간에 각 가정에서 예배를 드리기도 했다. 감염병 확산을 막기 위해 어쩔 수 없는 대안적 조치로 영상예배를 드린다 할지라도 이 예배는 간과할 수 없는 큰 문제점을 지닌다. 성례를 시행할 수 없다는 것과 성도 간의 교제, 봉사, 감정적 교류를 할 수 없다는 점이다. 더구나 영상예배가 '모이기를 폐하는 자들의 습관을 따르는 일'(히 10:25)이 된다면, 이는 성경에 정면 도전하는 처사가 된다. 이 같은 중대한 단점에도 불구하고 교회들은 공동체 예배의 보완으로서의 영상 예배를 드리지 않을 수 없게 되었다.

영상예배가 길어지면 나타나게 될 폐해도 적잖을 것이다. 공예배의 본질을 잃어버릴 것이고, 예배에 대한 경건함과 진지한 자세가 흐트러지게 되고, 예배 횟수가 줄어들 것이며, 신앙교육이 약화되어 결국에는 주일을 거룩하게 지키는 자를 찾아보기 어려울 것이다. '온라인예배가 중심이 되면 영지주의적 예배로 흐를 수 있고 성도들의 교회 이탈을 촉발할 수 있다'[1]고 한 것이나 '굳이 교회에 가지 않아도 집에서 예배하는 사이버 교회나 무교회주의를 낳을 위험성도 있다'[2]는 주장은 일리가 있다. 영상예배가 길어질수록 교인들의 교회 이탈이 늘어나고, 주일성수와 교회관에 대한 부정적인 경향이 심각해질 수 있다고 본다.

그러므로 이제 '모든 그리스도인은 거룩한 주일에 시간을 맞춰 공예배에 참여할 것'[3]을 권면하는 웨스트민스터 예배모범의 요구에 즉각적으로 응하여 예배당으로 모여야 한다. 현장예배로 전환해도 코로나19 이전의 교회 모습을 회복하는 데는 많은 시간이 필요할 것이다. 지금은 단순히 코로나19 이전 예배로의 회귀보다 더 중요한 것은 예배의 본질 회복이다. 각 성도들 안에 성경적 가르침에 근거한 예배의 본질이 회복된다면, 그들이 어떤 상황에 처하더라도 하나님을 영과 진리로 예배하는 참된 예배자로 설 것이기 때문이다.

예배의 본질 회복을 위하여 예배의 고정적 요소[4]인 '설교', '성례', '찬송', '기도' 그리고 '헌금'에 대하여 순서대로 간략히 고찰한다.

설교

전염병이나 기타 재앙을 이해하는 기독교인의 입장은 사람마다 다르

---

1 김영한, "교회리더 6인의 포스트 코로나 전망", 「기독일보」, http://kr.christianitydaily.com. 2020-05-08.
2 「기독교보 사설」, http://kr.christianitydaily.com, 2020. 5. 23:4.
3 "거룩한 주님의 날에 대하여", Westminster Directory of Public Worship.
4 "거룩한 주님의 날에 대하여", Westminster Directory of Public Worship.

다. 그러므로 재난에 대해 종합적인 사고 없이 천편일율적으로 해석하고 적용하는 것은 옳지 않는다. 이승구 교수도 '세상에는 다양한 형태의 고난이 존재하기 때문에 질병과 고난, 죽음에 대하여 어떤 한 가지 시각만을 가지고 기계적인 판단을 내려서는 안 될 것'[5]이라고 했다. 그러므로 이런 부분에 대하여 설교자는 성경과 신학적 판단 없이 너무 쉽게 자기 주장을 설교에 담아서는 안 될 것이다. 기독교 세계관에 근거한 종합적인 판단이 필요한데, 이 부분에 대해 '하나님은 여전히 이 세상을 다스리시며, 이 바이러스를 통하여 끔찍한 도덕적 현실을 보여주시고, 특정인에게 심판을 행하시고, 재림을 대비하라는 신호로 주시고, 삶을 재정렬하며 위험 속에서도 선을 행하고 선교의 진전을 가져오라는 메시지를 주신다'[6]고 한 파이퍼의 말에 전적으로 동의한다.

한국교회 강단은 얄팍한 주제별 설교나 사견이 주(主)인 본문 이탈 설교보다는 '성경적인 설교'(Biblical Preaching)를 해야 한다. 교회는 대부분 설교를 예배의 주요소로 생각하여 시간을 많이 할애하고 있으나 내용적 측면과 질적 측면에서는 그 가치와 의미를 담아내지 못하는 경우가 많다. 시대마다 대두되는 정치적 이슈 또는 천재지변에 대하여 때마다 합당한 메시지도 필요하지만 예나 지금이나 변함없는 복음, 진리를 지속적으로 선포하고 가르치는 것이 필요하기 때문이다. 사도들을 이어 종교개혁자들과 청교도들이 외쳤던 것처럼 설교자는 '본문주의자'(Text-Man)가 되어야 한다.

그리하여 성도들이 예배당에 와서 직접 살아 움직이는 감동적인 성경적 강론을 듣고 싶도록 해야 하겠다. 아울러 성도들이 말씀을 들을 때는 '졸거나 딴전 피우지 말고 기도함으로, 사람의 말이 아닌 하나님의 말씀

---

5   이승구, "기독교는 질병을 어떻게 이해해야 하는가?", 안명준 외 17명 지음, 『전염병과 마주한 기독교』 (군포: 도서출판 다함, 2020), 27.
6   John Piper, *Coronavirus and Christ*, 조계광 옮김, 『코로나바이러스와 그리스도』 (서울: 개혁된 실천사, 2020).

으로, 사모함으로, 반복해서, 나에게 주시는 말씀으로, 아멘으로' 들어야, 성경적인 경청이라 할 수 있겠다.

성례

우리의 세례는 예수님의 명령에 근거하여 있으므로 삼위일체 하나님의 이름으로 시행하여야 한다. 물의 양이나 질에 세례의 효력이 있지 않고 삼위 하나님의 이름에 있음을 알고 바르게 집례해야 한다. 세례교육은 헌법의 규정대로 6개월 동안 철저히 진행해야 한다. 이때 대면교육뿐만 아니라 영상교육을 할 수도 있을 것이다.

성찬은 집례자와 배찬 위원들, 배찬 위원들과 회중 사이의 대면적 행위로 이루어지는 것이며 성찬을 준비하는 사람들과도 밀접한 접촉을 요구하기에 전염병 감염 가능성이 높다. 때문에 코로나19가 확산 추세에 있을 때 교회는 부활절을 맞았지만 세례와 성찬을 행하지 못했다. 가장 안타깝고 가슴 아픈 일이 아닐 수 없다.

과연 온라인에서의 성찬식은 가능한가? 여기에 대해서는 세 가지 견해[7]가 있다. 첫째, 예배당에서 직접 예배를 드리며 성찬식을 행해야 한다는 입장이다. 둘째, 온라인 성만찬은 불가능하지만 그 대안으로 애찬(love feast)을 제시하는 방법이다. 셋째, 온라인 성만찬이 가능하다는 입장이다.

첫 번째 견해는 '모여서' 성찬을 하라(고전 11:20, 33)는 것과 '떼어서 주는 떡을 받아서 먹고 잔도 줄 때 받아서 먹으라'(마 26:26-27, 고전 11:24)는 성경과 '웨스트민스터 신앙고백'(Westminster Confession)[8]과 '예배모범'(Westminster Directory)[9]의 지지를 받는다. 두 번째 견해는 성도들의 교

---

7   이정순, "코로나19 바이러스 시대, 온라인 성만찬은 가능한가?", 「익투스타임즈」, 2020-05-05, http://www.xtimes.kr/news/articleView.html?idxno=143.

8   Westminster Confession 29:3-"…떡을 떼고 잔을 들어 수찬자들에게 나누어 주도록 하되 그들 자신도 참여하게 하시고 그 자리에 참석하지 않은 자들에게는 주지 않도록 하셨다." 29:4-"… 신부에게서나 혹은 다른 사람에게서 그것을 혼자 받는 것은…성찬의 본질과 그리스도의 제정 취지에 반대된다."

9   Westminster Directory, "성례의 집행에 대하여"에서 '일주일 전에 성례 참여를 준비시켜서 주

제의 일종인 애찬이 예수님의 살과 피를 직접 기념하는 성만찬을 대체할 수 없음으로 불가하다. 그럼에도 불구하고 현재 미 연합감리교회가 이 방법을 검토하고 있다.[10] 마지막 견해는 성찬의 요소를 예배당에서 가정이나 또 다른 장소로 배달하는 문제가 생기는데 이것은 종교개혁자들이나 청교도들이 부인했던 사항이다. 그러나 미국의 PCUSA는 '긴급 상황에서 온라인 성찬을 해야 한다'[11]고 주장한다. 호주연합교회(UCA)에서도 '빈손의 성찬'(the Communion of the Empty Hands)을 제안하며 상상력을 동원한 성찬을 하자고 했다. 그렇다면 오늘 우리가 무엇을 선택해야 할지는 자명하다. 둘째와 셋째 견해는 성경적, 실천적 관점에서 바람직하지 않으니 첫 번째 견해를 고수해야 하겠다. 코로나19 이후 한국교회의 성찬은 횟수 회복도 중요하지만 그것보다 더 가치 있고 중요한 것은 감염병 예방 수칙을 지키며 은혜와 교제의 수단으로서의 성찬 본질 회복이다.

찬송

마스크를 착용하고 찬송을 부르기가 쉽지 않다. 더구나 찬양대가 모여서 마스크를 착용하고 노래하기도 어려운 상황이다. 지난 4월 24일, 정부에서 사회적 거리두기를 완화하면서 시설별 세부지침을 마련했다. 그 중 종교단체에 요구한 사항으로는 '합창, 구호, 신체접촉, 단체식사 자제'가 있다. 찬송과 아멘, 샬롬, 할렐루야와 같은 소리를 자제해 달라는 것이다. 그러나 예배의 요소 중에 가장 예배성이 높은 찬송을 부르지 않고, 말씀에 대한 반응이자 화답으로서의 '아멘'이나 '할렐루야' 없이 어떻게 진정으로 예배한다고 말할 수 있겠는가.

일 오전 예배 설교 후에 하는 것이 적절하다'고 했다.

10 www.umnews.org/ko/news/both-grem-light-red-light-for-online-communion-21.

11 "전례 없는 코로나 사태, 한국교회 성찬식 고민 깊었다", http://www.pckworld.com/article.php?aid=8479395226, 「한국기독공보」, 2020년 04월 13일.

성경이 말하는 찬송의 육하원칙(六下原則)[12]을 근거로 성도들은 모일 때마다 하나님의 성품과 사역을 큰 소리로 찬양해야 한다. 이는 성경이 요구하는 찬송이기 때문이며(대하 20:19, 시 66:1) 우리가 천상에서 예배할 때 불러야 할 찬송이기 때문이기도 하다(계 4-5장). 천상에서 네 생물, 24장로, 천군천사, 구속받은 백성, 모든 피조물이 보좌에 앉으신 하나님과 일찍 죽임을 당한 자 같은 어린 양 예수님께 '거룩하시며 영광스럽다'고 외치며 엎드려 경배하는 것처럼 오늘 우리의 예배 가운데에도 동일하게 그런 찬양과 경배가 있어야 한다. 호흡기 관련 질병의 감염 예방을 위해 비록 마스크를 쓰고 찬송을 부를 때에도 마음을 다하고 목소리를 높여서 찬송해야 함은 그것이 우리가 지음을 받은 목적이기 때문이다(사 43:21).

기도

여기서 말하는 기도는 개인기도가 아닌 공예배 안에서 이루어지는 공중기도이다. 여기에는 나름대로의 원칙이 있다. 공중기도에는 다양한 종류가 있으며 그 종류는 예배 역사적으로 고유한 명칭을 가지고 있다. 몇 가지 예를 들면 '참회기도, 중보기도, 조명을 위한 기도, 헌상기도, 성찬기도, 주기도 그리고 축도' 등이다.[13] 이와 같은 기도는 초대교회를 거쳐서 종교개혁자들이 사용하였고 이어서 청교도들의 예배에도 나타나고 있다. 일단 공중기도의 회복은 고유한 명칭을 사용하는 것이고 더 나아가서 고유 명칭에 맞는 내용으로만 기도하는 것이다.

나태하고 게으른 기도생활과 바르지 못한 공중기도에서 열정적이고 지속적이며 바른 기도생활로 회복하기 위하여 전 성도들에게 성경의 기도를 체계적으로 가르칠 필요가 있다. 목회자가 먼저 성경의 기도에 대하여 연구하되 기도의 정의와 대상, 마음과 자세, 응답의 형태, 종류 등

---

12   이정현, 『개혁주의 예배학』 (시흥: 도서출판 지민, 2013), 296-97.
13   Jung Hyun Lee, "Forms and Practice of the Public Prayer in Worship" (Thesis for Ph.D Degree, University of Pretoria, 1995).

등을 익혀야 한다. 그런 후에 성도들이 어떻게 매일 하나님과 기쁘게 교제할 수 있는지와 공중기도의 바른 시행을 가르쳐 주어야 한다. 그래서 모두가 기도의 신학을 알고 개인기도와 공중기도를 합당하게 함으로써 하나님의 마음에 합한 기도생활을 해야 한다. 이때 이승구가 전염병의 창궐함 속에서 '교회는 살아계신 하나님께 은혜를 구하며 일반은총 가운데서 우리를 정상적인 상황으로 돌아갈 수 있도록 공동의 기도와 개인기도에 더욱 힘써야 한다'[14]고 말한 점을 유념해야 하겠다.

헌금

영상예배를 드리면서 헌금은 온라인계좌로 하게 되었다. 그런데 자동이체를 할 수 없는 노인들과 아이들은 헌금을 못하고, 적은 금액은 계좌이체를 하지 않는 현상도 있다. 또한 앞으로 경제적인 어려움에 대비하여 헌금을 줄이는 현상도 있을 수 있다.

우리가 하나님께 헌금을 드릴 때에는 예수님이 가르쳐 주신 말씀과 사도들의 교훈을 따라야 한다. 예수님이 '물질과 하나님을 겸하여 섬길 수 없다.' '물질이 있는 곳에 네 마음이 있다'라고 하신 말씀과 '두 렙돈을 헌금한 과부를 칭찬' 하신 것은 물질에 대한 많은 교훈들 중 일부일 뿐이다.

바울은 고린도교회에 편지를 보내면서 '마게도냐 성도들은 극한 가난 중에 풍성한 연보를 하였고, 힘대로, 힘에 지나도록, 자원하므로, 하나님의 뜻을 좇아 드렸고, 미리 준비하였고, 마음에 정한 대로 하였고, 인색함으로나 억지로 하지 않았으며, 즐거운 마음으로 드렸다'(고후 8-9장)고 칭찬했다. 이것이 성경에 나타난 바, 헌금에 대한 바울의 종합적인 견해이다. 따라서 이런 헌금을 통하여 이웃을 돌아보고 하나님 나라를 확장해 가는 것은 성도의 기본 의무이다. 그리고 영상예배에 따른 계좌이체의 헌금방법은 '모든 신자는 성경이 가르친 대로 예배의 한 부분으로

---

14 이승구, "전염병 창궐 사태 속에서 교회는?", 18.

서의 헌금을 드려야 할 의무를 가진다'[15]는 예배의 지침을 따르는 것이 좋겠다.

혹자는 '하나님이 코로나19를 통하여 교회의 예배를 흔들어 놓으신 것이라'고 하는데, 필자는 이 말에 충분히 공감한다. 하나님이 교회의 예배를 흔드실 때는 이유와 목적이 있을 것이다. 우리의 예배가 위선적이고 타락하고 부패하여 하나님께 역겨운 것이 되었기 때문이리라. 마치 이사야 시대의 예배─'무수한 제물,' '안식일과 절기에 내 앞에 보이러 오는 것,' '손을 펴고 많이 기도하는 것'─처럼 하나님이 그의 백성의 위선적인 예배를 거부하신 것이 아니겠는가? 그리고 중세교회가 말씀 결여, 의식 중심, 빗나간 예배신학에 근거한 인본주의적, 자의적 예배로 인하여 종교적 암흑기를 지냈던 것처럼 우리의 예배도 그랬기 때문이 아닌가? 또한 중세교회의 틀에서 벗어나지 못한 영국 국교의 가식적인 의식 위주의 예배와 편리주의적인 모습이 우리에게도 있었던 것은 아닌가? 하나님이 코로나19를 통하여 그런 역겨운 예배를 흔들어 금지시키고 거부하신 것이 아닐까 생각한다.

그렇다면 이제 예배의 회복은 과거로의 회귀가 아닌 성경적인 예배본질로의 회복이 되어야 할 것이다. 이것이 바로 코로나19를 경험한 한국교회가 우리를 향한 하나님의 뜻을 바르게 깨닫는 길이라고 생각한다. 이사야와 종교개혁자들과 청교도들이 했던 것처럼 현실을 냉철히 성찰하고 회개하며 예배가 하나님의 계시에 대한 인간의 바른 응답이 되는 방향으로 나아가야 한다. 이것만이 위선적인 예배, 인본주의, 개인주의, 자의적 숭배를 막고 예배의 본질을 회복하는 길이다.

설교는 본문이탈 설교에서 본문이 살아있는 설교가 되도록 해야 하고, 성찬은 신앙 공동체가 한곳에 모여서 떡을 떼고 잔을 나눔으로 은혜와 교제의 수단으로 바르게 시행되어야 하며, 찬송은 삼위일체 하나님

---

15   대한예수교장로회 헌법, 7장 26조 1항.

의 성품과 사역을 찬양하되, 몸과 마음을 다해 영적이며 열정적으로 해야 한다. 기도는 구속받은 백성들이 무시로 성령 안에서 하되 공중기도는 고유한 명칭에 따라, 그 명칭에 맞는 내용으로 기도하기를 힘쓰고, 헌금은 성경의 원리에 따라 드림으로 하나님께서 받으실 만한 향기로운 제물이 되어야 한다.

이와 같은 모이는 예배의 강화의 유익은 다음과 같다. 삼위일체 하나님의 구속사가 역동적이고 은혜롭게 드러날 것이고, 하나님의 영광은 창일하게 퍼져 나갈 것이며, 신앙 공동체 의식은 더욱 강화될 것이다.

이정현
안양대학교
합동신학대학원 (M.Div.)
인천대학교대학원 교육학 (M.A.)
Universiteit van Pretoria (Ph.D.)
(현) 소망교회 담임
　서울성경신학대학원대학교 실천신학 교수
(저서) 「개혁주의 예배학」, 「실천신학개론」,
　「현대 목회학」, 「해돈 로빈슨의 설교학」

코로나 시대의 목회와 설교

신호섭

우리는 바빌론 강가에 앉아 시온을 생각하며 탄식하고 있다(시 137:1). 하지만 이 노래는 보니엠(Boney M.)의 흥겨운 리듬에 맞춘 바빌론 강가가 아니다. 예배당 강단과 회중석은 코로나19의 습격으로 카메라와 유튜브에 자리를 내주었다. 회중은 스마트폰 모니터를 보며 언제까지 이렇게 예배해야 할지 혼란스러워 하고 있다. 혼란스러운 것은 비단 회중만은 아니다. 회중을 이끄는 목회자와 지도자들 역시 매주 텅 빈 예배당을 보며 이 사태를 어떻게 대응해야 할지 막막하다. 언제부터 현장예배를 재개해야 할지, 온라인예배는 계속해야 할지, 점심은 제공해야 할지, 연일 교회의 모임을 비난하는 세속 언론과 심지어 일부 동료들에게는 어떻게 대응해야 할지 혼란스러워하고 있다. 더욱이 마치 교회가 전염병 감염의 주원인인 것처럼 언론을 호도하고, 각종 행정명령과 구상권 청구라는 정부와 지자체의 편향적인 경고 앞에 목자 잃은 양처럼 슬퍼하고 있다.

성급하게 낙관적인 사람들은 코로나19 이후 우리는 더 좋은 세상을 맞이할 것이라 기대한다. 사람들은 다른 이를 더 배려할 것이고, 자연을 훼손하지 않을 것이며, 탐욕을 부리지 않고 여행을 자제하며 가족 중심의 삶을 회복할 것이라고 말이다. 이 시기가 지나면 예배의 소중함을 느낀 성도들은 더욱 열심히 예배당에 나와 신앙생활에 집중할 것이라고 말이다. 그러나 코로나19 사태가 진정되고 심리적이며 신체적인 자가격리

(quarantine)의 제약이 풀리면 그간 숨죽여 왔던 자유에의 욕망이 폭발하게 될 것이다. 사람들은 또다시 비행기를 타고 세상 이곳저곳을 여행하며 오염물을 뿌릴 것이고, 코로나 여파로 위기를 맞은 사업가들은 기업을 살리기 위해서는 무슨 일이라도 서슴지 않을 것이며, 편리주의 종교생활에 물든 사람들은 시류에 따라 원하는 시간에, 원하는 장소에서, 원할 때만 하나님을 찾게 될 것이다.

단 한 번도 목회하기에 편안했던 환경은 없었지만 오늘 우리는 전대미문의 상황에 직면해 있다. 본 논고를 통해 수많은 이야기를 할 수 있겠지만 넓게는 코로나19 시대 속에서 어떻게 목회할 것인지, 좁게는 코로나19시대에 교회의 메시지, 즉 설교는 어떠해야 하는가에 대해 간략히 살펴보고자 한다.

어떻게 목회할 것인가?

목회 환경 변화 인식

우선 무엇보다도 우리의 목회 환경이 변화되었다는 인식을 가질 필요가 있다. 인정하든 그렇지 않든 2007년 아이폰이 등장한 이후 세상은 이미 모바일 시대로 진입했다. 한국 역시 2018년부터 1인 1스마트폰 시대가 시작된 이래 개인화와 비대면화가 가속되었다. 이런 모바일 시대와 비대면 시대는 코로나19라는 질병으로 인해 온라인예배를 시작한 교회 깊숙한 곳으로 더욱 깊이 파고들었다. 설상가상, 이런 상황의 변화는 주일성수를 온라인예배 또는 가정예배로 대체할 수 있다는 인식의 변화를 불러일으켰다. 6월까지 현장예배를 재개한 교회의 주일예배 참석자 수는 코로나 이전 대비 약 30-40% 감소한 것으로 나타났다. 지금 교회는 삼중고를 겪고 있다. 코로나19라는 질병의 위협과 비대면 온라인 예배의 피로감, 그 가운데서도 현장예배를 드리려는 교회를 향한 세상의 비난이라는 위협 말이다.

이것이 작금에 우리가 만난 목회 환경의 변화이다. 우리는 이런 환경의 변화와 위협을 낯선 것처럼 이상하게 여기거나 지나치게 두려워해서는 안 된다. 이런 여러 가지 시험은 도리어 큰 기쁨의 기회가 된다(벧전 1:6-7). 기껏 우리 몸만 죽일 수 있는 세상의 박해와 비난과 전염병 같은 재앙을 두려워해서는 안 된다. 도리어 교회와 지도자들은 우리가 맡은 교회와 양 떼들을 위해 이런 환경의 변화가 무엇인지 명확히 인식하고 더 나아가 이것이 가져올 결과가 어떠할 것인지 정확히 예측해야 한다. 아울러 그에 따른 대책이 무엇이어야 하는지를 체계적으로 수립해야 할 것이다.

교회와 예배

이런 목회 환경의 변화는 우리로 하여금 교회의 본질을 재확인하게 해 준다. 교회는 하나님께서 자기를 섬기라고 밖으로 불러내신 백성들의 거룩한 모임이다. 그렇기에 하나님 백성에게 예배는 존재의 이유이다. 하나님이 자기 백성을 애굽에서 밖으로 불러내신 유일한 이유는 하나님을 섬기게 하기 위함이었다(출 8:1, 20; 9:1, 13). 교회 공동체와 모임은 그저 상황과 환경, 편리에 따라 취사선택할 수 있는 사교적 단체로서의 모임이 아니다. 따라서 예배는 교회를 숨 쉬게 하는 심장박동과 같다.[1] 이것이 교회가 예배에 목숨을 거는 이유이다. 삼위일체 하나님께서 주일 공적 예배를 통해 우리를 찾아오시고 그 하나님을 향해 우리가 나아가는 것이 예배이다. 신자에게 있어서 예배는 다른 어떤 것으로도 대체할 수 없고, 그 누구에게로부터도 위협받을 수 없는 존재의 이유이다.

이런 예배는 인격적이고, 대면적이며, 공동체적이다. 이런 의미에서 우리는 코로나로 인한 온라인예배의 위험을 인지해야 한다. 교회의 사유화를 경계해야 한다면, 신앙의 사유화 역시 경계해야 한다. 예배는 스마

---

1 문화랑, 『회복하는 교회』(서울: 생명의말씀사, 2020), 17.

트폰이나 PC 앞에서 혼자 하는 개인적이며 사적인 영역이 아니다. 당분간 온라인 예배 현상을 피하기 어렵다 할지라도 우리가 다시 모일 때는 왜 공적 예배로 다시 모여야 하는지를 성경적으로 명확히 가르쳐야 한다. 현장예배에서도 종종 발생하지만 온라인예배 스트리밍 시 설교가 마치는 시간에 접속자가 대폭 빠져나가는 현상은 회중의 빈약한 예배 이해를 여실히 보여준다. 예배는 예배로의 부르심(Call to worship)부터 강복선언(Benediction)에 이르기까지 모든 예전의 순서를 통해 하나님의 임재를 경험하는 축복의 시간이다.

성찬

성찬에 대해서는 간략히 한마디만 하겠다. 성찬은 기다렸다 해야 한다. 코로나 이후 급부상한 용어가 온라인예배이다. 더 나아가 온라인 성찬에 대한 논의가 이어지고 있다. 성찬도 온라인으로 집례할 수 있다는 것이다. 주일 전 날 배달된 빵과 포도주로 성찬상을 가정에서 차려 놓고 집례자의 인도를 따라 빵과 잔을 먹고 마시는 것이다. 더욱이 로마 가톨릭교회나 성공회교회는 신자들이 영성체나 빵과 포도주를 실제로 받을 수 없어도 온라인 상에서 믿음과 사랑에 의지해 영성체를 받는다면 동일한 효과를 받아 누릴 수 있다고 강조한다. 하지만 성찬은 집례자의 인도 하에 모든 성도들이 함께 한 식탁에 둘러앉아 공적으로 먹고 마시는 성도의 교제의 절정이다. 그렇기에 교회는 성찬을 일주일 전에 공지하고, 회중은 그 시간 동안 자신을 돌아보고 성찬을 위해 준비한 후 합당하게 성찬에 임해야 한다. 그러므로 성찬은 부름 받은 목사가 공적 예배 때 집례해야 하고 모든 회중 앞에서 공적으로 행해야 한다(웨스트민스터 신앙고백서 제29장 1, 3, 4, 8항). 코로나와 같은 특수한 상황에서는 성급히 온라인 성찬이나 가정 성찬을 시행하여 성찬을 왜곡하고 교회의 합당한 질서를 어지럽히기보다, 도리어 영적 금식을 통해 모든 성도들이 한 식탁에 둘러앉아 먹고 마실 날이 올 때까지 절제하고 기다리는 것이 바람직한다(고전 11:33; 14:40). 그렇지 않으면, 온라인 성찬은 교회 내의 여러 부정적인 현상을 낳는 미끄러운 경사(slipper slope) 현상이 될 것이다.[2]

예배당 공간으로서의 교회

당연히 온 가족이 공동체로서 함께 모일 장소의 중요성은 아무리 강조해도 지나치지 않다. 많은 학자들이 코로나 이후 새로운 온라인교회의 모델이 등장할 것이라고 예측한다. 과거에는 주로 이차적이며 부가적인 역할을 했던 인터넷공동체가 본격적으로 중심적 역할을 할 것이라고 말이다. 설사 그렇다 할지라도 그것을 지지하는 방향으로 가서는 안된다. 이런 공동체는 전혀 새로운 것은 아니다. 교회당에 모이는 교회로서의 신자들은 구약과 신약의 모든 교회 용어들이 암시하듯 회집해야 하며, 회집하려면 장소는 필연적이다.

교회당 또는 예배당 자체가 교회는 아니지만 성도들이 모이는 장소이기에 그 자체로 큰 의미가 있다. 교회는 하나님의 가족을 위한 안식처이자 휴식의 장소이다. 그것이 건물이든, 상가이든, 가정집이든 집의 유형과 종류는 중요하지 않는다. 예배당은 공적이며, 공동체적인 예배의 장소이다. 이곳에서 예배하는 하나님의 백성들은 교회를 통해 본래 세상에 보여주어야 할 하나님의 영광을 드러내야 한다. 세상이 무엇이라 비난하든 코로나의 위협 속에서도 고요하고 단정한 예배를 통해 참된 언덕 위의 도성, 하나님의 나라를 보여주어야 한다. 필자는 그렇게 하지 못하는 사람의 실패를 전체 교회의 실패로 일반화시키는 현대의 세속적인 정신이 우려된다. 심지어 니콜라스 톰 라이트(Nicolas Thomas Wright)조차 예배당 탈피의 위험성을 경고하면서 '공공장소에서 적절한 안전 규칙을 준수

---

2 2020년 4월 6일자 「개혁정론」 기사, 우병훈, "인터넷 성찬이 가능한가?" (2020. 06. 29. 최종 접속)

하면서 삼위일체 하나님을 예배하는 것은 늘 우리를 지켜보는 세상에 신호를 보내는 방식의 일부'였다고 지적한다.[3] 비록 현재 코로나로 말미암아 예배공간의 재편, 즉 현장예배와 온라인예배가 이루어졌지만 마치 이스라엘 백성들이 바벨론 포로에서 해방되어 예루살렘성전으로 돌아갔던 것처럼 무너진 예배당을 영적으로 수축하여 예배당이 본래 의도된 대로 사용되도록 기도하고 애써야 할 것이다.

위로와 사랑의 실천

우리의 예배당 공간이 본래 의도된 대로 사용되려면, 그곳에서 예배만 드릴 것이 아니라, 그 예배가 우리 성도들뿐 아니라 온 세상을 치유하고 사랑하는 베이스캠프가 되게 해야 한다. 흑사병이 창궐했던 16-17세기에 일부 부자들과 귀족들은 병든 가족들을 버리고 안전한 곳으로 도망치고 피신했지만 교회와 지도자들은 위험을 무릅쓰고 병자들을 돌보며 그들을 위해 기도했다. 루터는 병자들 곁에 있었고 칼뱅과 베자를 포함한 제네바 목사회는 흑사병 병원에 목사들을 파송하여 병자들을 돌보고 위로하는 사역을 수행했다. 자원하여 이 사역을 감당했던 블랑쉐와 제네스통은 흑사병에 감염되어 죽기까지 했다.[4]

그리스도인들은 사람들을 돌보는 자이다. 베자는 흑사병처럼 전염성이 강한 질병으로부터 피신하는 것은 하나님을 향한 경건과 이웃사랑의 의무를 성취하는 한도 내에서 지혜로운 일이라고 조언했다 그러나 또한 베자는 양들이 도망친다 할지라도 어떤 상황에서도 목자는 피신하는 행위를 해서는 안된다고도 말했다.[5] 지금도 전 세계 도처에서 환자들을 돌보다 자신의 목숨을 잃은 많은 의료진들이 있다. 어려운 시기에 교회와

---

3   톰 라이트, 『하나님과 팬데믹』(경기: 비아토르, 2020), 122.

4   Naphy, *Calvin and the Consolidation of the Genevan Reformation* (Louisville, Ky.: Westminster John Knox Press, 1994), 68-69.

5   스캇 마네치, 『칼빈의 제네바 목사회의 활동과 역사』(서울: 부흥과개혁사, 2019), 542.

목회자들과 성도들은 마음과 물질의 창고를 활짝 열어 병자들의 회복들 돕고 코로나 종식을 위해 힘쓰고 애쓰는 여러 기관들과 의료진들을 위해 기도하고 후원해야 할 것이다. 아울러 코로나로 어려움을 당한 교회와 성도들과 목회자들에게 지원을 아끼지 않아야 한다. 보편교회를 돌보아야 할 의무가 우리에게 있다. 그리스도인은 말쟁이가 되어서는 안된다. 행함과 진실함으로 사랑을 실천할 때 그것이 바로 교회가 세상에 던지는 위로의 메시지가 될 것이다(요일 3:18).

무엇을 설교할 것인가?

전혀 새로운 용어는 아닌 뉴노멀(New normal)은 '과거에 정상적이지 않았던 것을 지금은 정상인 것으로 여긴다'라는 의미이다. 이런 용어는 사실상 인류 역사에 있어 모든 국면에서 적용되어 왔다 종교암흑 시기, 제1, 2차 세계대전, 계몽주의의 발흥, 산업혁명 시대, 냉전 시대를 거쳐 신냉전 시대, 대공황, 4차 산업혁명의 시대, 그리고 지금 우리가 맞닥뜨리고 있는 코로나 시대가 모두 뉴노멀이다.

변하는 세상, 불변하는 복음

여기서 우리가 세상에 던져야 할 메시지는 바로 이것이다. 세상은 언제나 변해 왔고 변하고 있으며 변해 갈 것이다. 그것이 최선이라 말하고 최신이라 말하고 최고의 선이라 말할 것이다. 하지만 세상의 문제는 새로운 것이 오면, 늘 과거의 새로운 것은 구식이 된다는 점에 있다. 세상에게 영원히 새롭고 영원히 선인 것은 존재하지 않는다. 그것은 오직 복음뿐이다. 복음만이 불변하기 때문이다. 선재하신 예수 그리스도께서 하나님의 위대하신 구속의 계획과 목적에 따라 타락하고 오염된, 비정상으로서의 뉴노멀(New normal)의 세상에 오셔서 새로운 정상(New Normal)으로 바꾸시는 뜻이 바로 복음이다.

이 세상에는 불변하는 두 가지 사실이 있다. 하나는 모든 인류가 하나님을 대적하여 죽음의 형벌을 당한 죄인이라는 것이고 또 하나는 그 죄인을 구원하실 분은 오직 하나님의 독생자 주 예수 그리스도뿐이시라는 것이다. 인간이 죄인이라는 사실이 변하지 않았듯이 죄인을 구원하시는 하나님의 방법 역시 변하지 않았다. 교회는 시시각각으로 변화하는 세상에 유일하게 불변하는 복음의 메시지를 선포해야 할 것이다.

인본주의 허상을 폭로하는 복음

우리는 21세기 첨단 과학문명의 시대를 살고 있다. 4차 산업혁명의 시대, AI의 시대, 빅데이터의 시대를 살고 있다. 우리는 18세기 영국에서 시작된 산업혁명 이후 가장 진보된 세상을 맞이했다. 가상이 현실이 되고, 기계와 인간이 대화하고, 과학과 기술로 인간이 신이 되는 유토피아를 꿈꾸는 시대이다. 그러나 역사는 언제나 실수하고 실패하는 인간의 기록이다. 인간의 이성이 최고의 권위로 극대화되는 21세기 한복판에서 코로나바이러스로 온 세상이 멈추었다. 교만한 인간이 바이러스 하나에 속수무책으로 당하고 있다. 아무것도 할 수 있는 것이 없다.

코로나바이러스는 인간의 무능력이 얼마나 처절한지 여실히 보여준다. 이미 20세기에 발생한 두 차례의 세계 대전이 인간의 죄와 무능력의 처참한 결과를 보여주었다. 인간의 낙관적인 미래에 대한 기대가 처참히 파괴되었다. 인간은 달나라로 사람을 보내고 은하계로 우주선을 보내는 능력자이지만『인간의 흑역사』의 저자 톰 필립스(Phillips, Tom)의 말을 빌리자면, 비로소 인간은 우주에서도 사고를 칠 수 있는 존재가 되었을 뿐이다. 예수 그리스도의 십자가 복음이 없는, 하나님을 떠난 교만한 인류에게는 소망이 없다. 인본주의의 허상을 회개하고 참된 실상이신 그리스도 예수께로 돌아와야만 진정으로 참된 소망이 있다. 교회는 영원하지 않은 세상에 영원하신 하나님의 나라를 보여주어야 할 것이다.

영생의 복음

의료계의 견해가 어떠하든지 마스크는 지금, 인간이 자신의 생명을 보호하는 최고의 안전장치가 되었다. 생명의 안전이 최고의 공공적 가치가 되었다. 심지어 교회의 사려 깊은 결정보다 지자체의 결정을 더 잘 따르는 신자들도 있다. 한동안 지자체가 교회를 향해 행정명령, 구상권 청구와 같은 험한 말을 끄집어낼 때, 적지 않은 신자들이 생명의 안전과 전염의 염려로 현장예배에 나오지 않았다. 그런데 놀랍게도 주일에 교회에는 나오지 않는 사람들이 다른 모든 생활은 태연하게 수행하고 있었다. 마트에 장을 보러 가고, 사업을 위해 상담을 하고, 식당에서 식사를 하고 카페에서 커피를 주문해 마신다. 그런 모습을 비난할 생각은 없다. 그러나 육신의 건강과 안전을 위해 주일예배를 빠질 만큼 신경을 쓰는 사람들이 영혼의 생명과 영원한 운명에 위해서는 어떤 관심을 기울이고 있을까 목회자로서 궁금하지 않을 수 없다.

과연 코로나 시대에 영적 안전의 공공적 가치는 강조되고 있는 것일까? 복음은 이 세상 너머의 세상을 바라본다. 그것은 그리스도의 재림을 소망하는 '마라나 타'(아멘, 주 예수여 오시옵소서!)의 신앙이다. 그렇기에 제네바 목사회의 목사들이 용감히 흑사병 환자들을 돌보다가 목숨을 잃기도 했던 것이다. 물론 이것이 현세를 부정하는 내세주의를 의미하지는 않는다. 내일의 소망을 지닌 신자는 오늘의 고난을 넉넉히 이겨낼 것이다. 왜냐하면, 개혁파 신앙고백서들에 따르면 그리스도의 재림의 날은 신자가 죄를 멀리하고 역경 가운데서도 큰 위로를 받게 될 날이기 때문이다. 그들에게는 이날이 가장 큰 위로와 소망의 날이 될 것이다. 왜냐하면 그날에 완전한 구속이 완성되고 그들이 견디어 낸 고난의 열매를 받을 것이기 때문이다. 그러나 악인들에게 그날은 무시무시한 하나님의 심판이 임하는 날이 될 것이다. 그렇기에 참된 하나님의 백성들은 한 시라도 깨어 근신하려 하고 한다. 그런데 육신의 목숨을 포함해서 썩어질 양식을 위하여 온갖 분주한 활동을 하는 이들이 과연 그리스도의 재림에 관심이 있을까? 따라서 코로나바이러스가 "깨어 준비하라는 자비로운 기상 신호"라고 말한 존 파이퍼(John Piper)의 말은 옳다.[6] 인생의 연수가 칠십이요 강건하면 팔십이라도 그 연수의 내용은 수고와 슬픔뿐이다(시 90:10). 가련한 우리에게는 하나님의 은총이 필요할 뿐이다.

코로나가 한국에 상륙한 2월 이후 지금까지 많은 목회자로부터 재난 시에 목회와 예배를 어떻게 수행해야 하느냐는 질문을 받았다. 필자의 답은 언제나 '성경대로'이다. 하나님 자신의 영광과 사람의 구원, 신앙과 삶을 위해 필요한 모든 것에 대한 하나님의 모든 뜻은 성경에 분명히 나타나 있다 또한 같은 이유로 타당하고 필연적인 결론에 따라 성경에서 이를 추론할 수 있다(웨스트민스터 신앙고백서 제1장 성경, 제6항). 그러므로 필자는 다른 대답을 알지 못한다. 물론 재난을 대비하여 목회와 예배에 대한 통일된 메뉴얼을 정리해 두는 것이 미래를 위해 지혜로운 일이기는 할 것이다. 그러나 그것조차도 하나님이 허용하시는 대재앙 앞에 무슨 의미가 있겠는가? 하나님께서 이 고난의 날을 감해 주실 때까지 그저 그리스도 앞에 나와 죄 사함을 위해 기도하고 겸손히 사랑을 실천하며 빛 가운데로 행할 뿐이다. 겸손히 엎드려 인간의 얄팍한 지혜가 아닌 하나님의 지혜를 의지하는 목회만이 어려운 난국을 돌파하는 참된 지혜가 될 것이다.

---

6 존 파이퍼, 『코로나바이러스와 그리스도』(서울: 개혁된실천사, 2020), 89.

신호섭
London Theological Seminary (M.Div.)
Westminster Theological Seminary (Th.M.)
Reformed Theological Seminary (Ph.D.)
(현) 고려신학대학원 교의학 겸임교수, 올곧은교회 담임
        목사아카데미 대표, 개혁교회연구소 소장
(저서 및 역서) 『개혁주의 전가교리』, 『불확실의 시대 오직을 말하다』,
        『벨직신앙고백서 강해』, 『칼빈의 제네바 목사회의 활동과 역사』

뉴노멀 시대 설교의 변화

오현철

뉴노멀(New Normal)

'뉴노멀'은 경제변화 흐름에 따른 새로운 기준을 의미한다. 그래서 뉴노멀이 등장하면 기존의 기준은 '올드노멀'이 된다. 예를 들어 중국, 한국 등 신흥국의 부상을 뉴노멀이라 한다면 미국, 유럽 등 선진국이 주도한 국제 경제 질서는 올드노멀이 되는 것이다. 이에 뉴노멀이란 용어는 사실상 경제 부문만 아니라 다른 분야에서도 이전에는 비정상적인 것으로 보였던 현상이 점차 표준이 되어 가고 있다는 '클리세'와 비슷한 의미로 사용된다. 클리세는 문학이나 영화에서 쓰는 비평 용어로 오랫동안 습관적으로 쓰여 진부한 표현, 뻔한 문구, 캐릭터 등을 지칭한다. 예를 들자면 1960년대 영화에서 남녀 주인공이 초원을 달려가는 이른바 '나 잡아봐라' 신(scene) 따위들이 될 것이다.

1996년 1월 「목회와 신학」은 멀티미디어 관련 특집을 다뤘는데 기고된 글들의 제목은 다음과 같다: "멀티미디어 시대를 맞는 교회의 사회적 기능", "멀티미디어의 물결, 충격의 물결", "멀티미디어, 목회를 세울 것인가 무너뜨릴 것인가." 이 시기를 전후해 「기독교사상」과 「신학과 세계」, 「크리스천 다이제스트」, 「월간목회」 등도 비슷한 관심을 보였다: "멀티미디어란 무엇인가", 「기독교사상」(1995), "멀티미디어 시대의 교회와 목회", 「신학과 세계」(1996), "설교, 멀티미디어 시대를 대비하자", 「월간목회」(1997), 『크리스천, 인터넷, 멀티미디어』(크리스천 다이제스트, 1998). 멀티미디어를 교육과정 속에서 의미 있는 경험을 촉발시키는 매개체로 인식하며 적극적으로 수용하는 기독교 교육학 분야와 달리, 예배학 분야 선행연구들은 멀티미디어를 예배를 위한 '도구'로 한정하고 부정적 영향에 대해 구체적 사례를 제시하는 신중한 태도를 보였다. 그로부터 20년이 훌쩍 지난 지금 우리는 "멀티미디어는 멀티미디어 시대를 살아가는 사람들에게 하나의 사회적 강요가 된다"라고 말한 당시 박충구의 예언(?)이 현실이 된 극단적 뉴노멀 시대를 살고 있다.

"하나님을 찬양하는 사람들에 관해 이야기할 때 전 세계 사람들의 다양한 얼굴을 함께 볼 수 있다면 그들에 관한 우리 생각의 범주가 확대될 수 있다. 어려움을 겪는 아프리카 어느 마을을 위한 기도를 할 때 그들의 표정과 마을과 실생활을 볼 수 있다면 우리가 드리는 기도는 더 깊은 애정과 진심 속에 진행될 수 있다"라는 허도화의 당시 주장도 이젠 익숙한 상황이 되었다. 1998년 2월 숭실대학교 전국목회자 신학세미나가 '다가오는 21세기와 예배의 개혁: 멀티미디어 시대와 예배'라는 주제로 개최되었을 때 참석자들의 반응은 첨예하게 엇갈렸다. '이런 예배를 드려도 되는가'와 '어떻게 하면 이런 예배를 드릴 수 있는가'로 말이다.

2000년도 중반으로 가며 실제로 예배에 있어서 어떻게 멀티미디어를 사용할 것인지와 그것의 장단점을 조명하는 논문들이 쏟아져 나왔다(허도화 2003; 이철 2004; 김은정 2005; 김세광 2005). 2010년도 후반에는 2000년대 중반의 논의와 유사하지만 블로그, 유튜브, 사이버 강의, 앱, 모바일 등 새로운 미디어를 추가한 연구들이 제안되었다(김명찬 모바일 2010; 민장배 유튜브 & 앱 2016; 안종배 SNS & 스마트폰 2020). 우리 시대 예배실의 스크린은 이제 렌 윌슨(Len Wilson)이 말했듯, 새로운 스테인드글라스이자 십자가이고 앱세대를 위한 성경이다.

뉴노멀 시대 설교

2010년 「국민일보」 조사에 따르면 목회자 10명 중 6명 이상이 한 주 평균 10회 이상 설교하는 것으로 나타났다. 2018년 『한국 기독교 분석리포트: 2018 한국인의 종교생활과 의식 조사』는 목회자의 한 주간 설교 횟수를 평균 6.7회로 보고했다. 2010년에 비해 많이 낮아진 수치이나 설교자 44.5%가 빠르게 변해 가는 시대에 맞춰 설교하는 것이 가장 어려운 점이라고 답했다. 그러던 한국교회에 큰 변화가 일어났다. 코로나로 인해 거의 모든 교회의 대면예배가 축소되고 설교 횟수도 줄었다. 소모임을 자제하고 주일 낮 한 번의 예배에 집중하게 되었다. 김대진이 강조했듯 설교학 교수, 총회, 설교자 스스로도 어찌하지 못했던 한국교회 설교 횟수를 코로나가 리셋(reset)했다(http://www.kscoramdeo.com/news/articleView.html?idxno=17327).

이제 프리 코로나에는 상상도 못했던 설교 한 편에 집중할 수 있는 설교 환경이 뉴노멀로 주어졌다. 목회자는 갑자기 찾아든 뉴노멀시대를 그동안 열심히 땀 흘린 수고에 대한 선물로 여겨야 한다. 이 시기를 통해 못했던 공부도 하고 설교에 치이는 목회가 아니라 설교가 기다려지는 목회로의 전환을 꾀할 수 있을 것이다. 이와 더불어 하나님과 말씀, 회중 앞에서 우리 설교자가 얼마나 멀리 떨어져 있는지 깨닫고, 하나님과 말씀과 회중 앞으로 돌아가 그들과 가까이 서야 한다.

사라지는 세대를 향한 설교: 그들의 이야기를 들으라

뉴노멀 시대 교회는 다시 원래의 자리로 돌아갈 수 없다. (수적) 부흥의 시대로 갈 수도 없다. '사회의 교회에 대한 부정적인 인식은 증가하고 가나안 신자도 늘 것이다'라는 지형은의 예측에 가슴 아픈 동의를 한다. 교회를 빠져 나가는 사람들 중에는 젊은 층이 많다. 2-30대 청년은 물론

4−50대도 예외가 아니다. 이들의 누수현상에 설교자의 책임을 제외할 수 없다.

청년 문제는 높은 실업률, 저성장 고착, 경제적 불안정의 일상화로 대표되는 현시대의 모순을 가장 집약적으로 보여주는데, 이를 말해야 할 주체인 청년이 사라지는 현상이 뉴노멀 시대의 핵심 징표다. TV에서도 과거처럼 성장을 주제로 한 청춘물은 더 이상 현실을 대변하지 못한다. 그들은 철저히 고립됐고 꿈을 잃고 관계는 파탄났다. 이런 비정상적인 청년의 모습이 정상적인 모습이 되었다. 청년의 이야기가 사라진 자리를 채운 건 과거의 전성기를 되새기는 기성세대의 목소리였다. 영화 〈건축학개론〉, tvN 드라마 〈응답하라 1994〉, KBS 예능 〈불타는 청춘〉 등. 4−50대는 한국교회와 한국사회의 허리세대다. 청년 시절 대학이나 민주화 과정에서 이상을 추구했던 그들은 이제 직장의 부조리, 자녀 교육의 피곤함, 사회의 불안정이라는 현실 속에서 숨이 가쁘다.

채경락은 한국동남성경연구원 개강 특강에서 "설교는 설교자의 입이 아니라 회중의 귀가 결정한다. 회중의 귀에 들린 만큼, 꼭 그 만큼만 설교다"라고 역설했다. 필자는 회중의 귀뿐 아니라 회중의 입도 설교를 결정하는 요인이라 생각한다. 그의 강조가 설교 과정이나 설교 후 검증될 피드백(feedback) 차원의 논의라면, 필자의 주장은 설교 이전에 이루어지는 피드포워드(feedforward) 차원의 고민이다. 회중의 이야기를 듣지 않고 그들을 이해하지 못한 채, 그들에게 말을 걸고 가슴의 울림과 생각의 변화나 삶의 변혁을 기대할 수는 없다. 설교자는 본문 속에서 하나님의 목소리를 듣는 동시에 삶 속에서 회중의 목소리를 듣는 자니까.

현실 속에서 고민할 때 설교가 해야 할 일은, 이상과 현실 사이를 좁혀주는 게 아니라 믿음과 현실 사이에 존재하는 거리를 이해하고 좁히도록 돕는 것이다. 세상에서 어떻게 기독교적 가치관을 토대로 명확한 정체성을 갖고 살아갈지에 관해 성경을 근거로 삶의 방향을 제시하는 설교여야 한다. 이를 위해 설교자는 그들의 이야기를 들어야 한다. 삶의 자리로 들어가야 한다. 베르너 예터(Werner Jetter)가 말했듯 설교자의 자리는 강단 위가 아니라 그들의 옆이다. 아나톨 프랑스(Anatole France)는 자신이 만약 신이라면 청춘을 인생의 끝에 두었을 것이라 했다. 그러나 필자는 그저 그들 옆에 서서(stand by) 그들의 이야기를 듣겠다.

보다 큰 공동체를 향한 설교: 할 수 있는 작은 일을 하라

한스 큉(Hans Küng)은 교회의 본질을 하나님의 백성, 성령의 피조물, 그리스도의 몸'으로 표현한다. 장 칼뱅(John Calvin)은 그의 교회론을 '신자의 어머니로서 교회, 그리스도의 몸으로서 교회, 가시적 교회와 불가시적 교회'로 설명한다. 예배, 설교, 양육, 봉사를 감당하는 교회는 존재 자체가 가시적이고 유형적인 지상의 교회이지만, 그 한계에 제한되지 않는다.

몰트만(Jürgen Moltmann)은 그의 저서 『성령의 능력 안에 있는 교회 (*Kirche in der Kraft der Geistes*)』에서 교회의 본질을 '역사 속에 있는 교회'로 설명한다. 칼 라너(Karl Rahner)는 미래의 교회를 '열린 교회, 사회 비판의 교회'로 규정한다. 교회는 태생적으로 공공성을 갖고 교회의 사역은 교회로 제한되지 않는다.

그렇다면 설교의 책임은 교회를 교회답게 하는 것만 아니라(David Bosch) 세상을 세상답게(하나님이 창조하신 대로) 하는 것이다(Stanley Hauerwas). 보다 큰 공동체로서 사회의 다양한 이슈와 영역에 대한 관심과 참여로 교회와 그리스도인의 공적 사명을 감당하도록 신학적이고 실천적인 청사진을 제공해야 한다. 교회가 사회윤리를 가지는(to have) 게 아니라, 사회윤리가 되도록(to be), 개인적 '형통'이 아니라 '더불어'라고 하는 공적교회로 회복되도록(Walter Brueggmann) 설교해야 한다. 그래서 회중으로 하여금 '할 수 있는 작은 일'을 하도록 격려해야 한다.

하나님은 세상을 사랑하셔서 '할 수 있는 가장 큰 일'(요 3:16)을 하셨다.

아들을 십자가에 '내어주심'으로 교회를 세우셨다. 죽을 수 밖에 없고 비정상의 길을 가던 우리를 생명의 길로 돌이키시고 정상으로 받아 주셨다. 우리가 그리고 교회가 뉴노멀의 가장 좋은 예다. K-방역 이전에 G-방역이 있었다. 큰 은혜받은 자가 작은 은혜 베푸는 일에 실패한 전철(마18:21-35)을 밟지 말고, 소년의 도시락처럼(막 6:30-44) 우리 수준의 '내어놓음'을 실천하자고 설교하라. 공동체를 교회로만 한정하고 교회를 사회, 타종교, 자연과 구분했던 우리 인식의 '내려놓음'을 선포하라. 로드니 스탁(Rodney Stark), 존 파이퍼(John Piper), 이상규, 임성빈, 이도영 등이 강조하듯 안전 지향의 시대 '위험을 무릅쓰는 자'로 살아가도록 도전하라.

기원 후 165년과 251년에 지금처럼 역병이 로마 제국을 강타했을 때는 희생적인 구호활동을 감당할 종교단체나 사회단체가 존재하지 않았다. 로마 제국의 3분의 1이 질병으로 죽어가는 동안 의사들은 숨어 버리고 유증상자는 집 밖에 버려지고 사제들은 도망갈 때, 그리스도인들은 위험을 아랑곳하지 않고 직접 행동에 나서 병자들과 죽어가는 자들을 보살폈다. 교회는 예방주사를 맞았다. '예수의 흔적'(갈 6:17)이 그 증거다. 육신의 정욕, 안목의 정욕, 이생의 자랑을 추구하는 이들이 꺼려 하고 그런 욕망 위에 구축된 문화가 위험하게 여기는 일을 '예흔'을 가진 우리 그리스도인이 감당하도록 설교하자.

규모와 형편이 비슷한 교회를 향한 설교: 연대하라

한국교회의 연합운동은 새로운 패러다임을 가지고 전개되어야 한다. 그것은 바로 연대(連帶)다. 연대는 연합과 동의어로 쓰일 수 있으나 사실 다른 의미를 갖는다. 연합이 단순히 두 가지 이상의 사물이 서로 합동하거나 또는 합동하여 하나의 조직체를 만드는 것이라고 정의된다면, 연대는 여럿이 함께 무슨 일을 하거나 함께 책임을 지는 것을 의미한다. 그리고 그 여럿이 한 덩어리로 서로 연결되어 있음을 뜻하기도 한다(동아국어대사전).

공신력을 상실한 한기총 등에 의해 주도되는 과거의 연합운동 방식이 아니라 규모와 형편이 비슷한 교회들이 '책임을 함께 지고 역할을 나눠 하는' 연대가 더 바람직하고 효과적이다. 교인 수가 1,000명 이상의 교회는 5만 4천여 한국교회에 불과 1%밖에 되지 않고, 100명 이하의 교인 수가 있는 교회가 전체의 85%나 되는 현실 속에서 지역마다 작은 교회들이 연대하여 같은 교회 교인이 아님에도 서로 하나로 연결될 때의 유익은 적지 않다. 코로나와 같은 총체적 문제에 공동 대응할 수 있을 뿐 아니라, 이런 작은 교회의 연대야말로 교회발(made in church) '뉴노멀'이 될 것이다.

그리스도의 몸 된 교회가 하나님과 세상 앞에 연대(stand with 시 133)하지 않고 어떻게 하나님을 섬기고(마 5:23-24; 6:12) 세상을 품을 것인가? "아버지와 내가 하나인 것처럼 저희도 다 하나가 되길 원한다"(요 17:11, 21)라던 주님의 기도처럼 한국교회가 먼저 하나 되고 그 하나 됨을 통해 세상이 하나님의 사랑을 알고(요 17:23) 그의 영광을 보고(요 17:24), 그를 알도록(요17:25) 교회들을 향해 설교해야 한다.

오늘날 작은 한 교회가 나아가야 할 방향은 어디인가. 모든 것을 하는 백화점식 목회나 모든 것을 주겠다는 종합선물세트식 목회, 그것을 통해 모든 것을 할 수 있을 것 같은 대형교회를 지향하는 게 아니라, 우리 교회가 줄 수 있는 것을 공유하고 다른 교회, 지역 단체, 전문가 그룹이 갖고 있는 것(공간, 콘텐츠, 재능, 기술, 프로그램 등)을 연계해 더 이상 혼자 가지 말고 함께 연대해야 한다. 설교자들은 이를 위해 동역자들을 향해 설교하자.

우리 자신을 향한 설교: 토대는 안전한지 물으라

2011년 3월 11일, 진도 9.0의 대지진과 쓰나미가 일본을 강타했다. 땅이 흔들린 뒤 물과 불이 덮쳤고 방사능 공포에 일본만 아니라 온 세계가 긴장했다. 물이 빠지고 불이 꺼지자 수많은 시체가 나오고 연락이 두절된 실종자가 만 명이 넘는 지역만 네 곳에 달했디. 도시 전체가 불바다로 변했던 미야기현의 게센누마시에서는 주민 75,000명 중 15,000명만 대피했을 뿐 도로와 통신이 끊겨 구조대가 접근조차 못한 지역도 상당수였다. '2차 세계대전 이후 최대 참사'라는 평가가 결코 과장이 아닌 상황이다.

자연재해가 발생할 때마다 '하나님의 경고나 진노'라는 해석이 자주 등장한다. 2004년 인도네시아와 인도에 쓰나미가 발생했을 때는 금란교회 김홍도 목사가, 2011년에는 여의도순복음교회 조용기 원로목사가 그 해석의 진원지였다. 하지만 이런 주장은 기독교만의 것이 아니다. 이슬람교는 물론 동양의 성리학이나 서양의 스토아학파처럼 하늘을 도덕적 기준으로 이해하는 철학도 동일한 이해를 갖고 있기 때문이다.

누가복음 13장은 건물이 붕괴되어 여러 사람이 죽은 사건을 보도하며 '이 일이 죽은 자들의 죄 때문에, 그들이 다른 사람보다 죄가 더 많기 때문에 일어난 줄로 생각하느냐 그렇지 않다. 오히려 이런 일을 만날 때 남들을 정죄하기보다 우리 스스로를 살펴야 한다'라고 강조한다. 일본 원전사태를 보며 우리 원전에 대한 총체적인 점검을 해야 한다는 주장도 같은 맥락이다. 역사 이래 한국교회가 일본을 위해 그렇게 기도하고 헌금을 모아 후원했던 적은 없었다.

사실 인류는 어스 시뮬레이터(earth simulator), 창세기급속강화프로젝트(GRIP) 등 슈퍼컴퓨터를 통해 자연재해를 예측하고 대응해 왔다. 일본은 이와 관련해 최고의 시스템을 구축해 놓은 나라였다. 하지만 '오늘의 재앙은 우리 삶의 토대가 얼마나 깨지기 쉬운지 깨닫게 한다'라는 오바마(Barack Obama) 전 미국 대통령의 말에서 우리의 한계를 절감한다. 지금은 이 세상이 견고하지 않다는 것을 인류 모두가 깊이 인정하는 시기다. 이 시점에서 설교자는 회중 각자가 스스로에게 질문하도록 설교해야 한다: 어떤 토대에 서 있는지, 안전한 줄 알았는데 얼마나 깨지기 쉬운 불안정한 것인지, 안전한 믿음 위에 서 있다면 그 믿음이 각자에게 어떤 의미인지, 그 믿음이 유효한지.

변화가 아니라 회복

신학은 하나님의 마음과 시선을 가지고 현장(교회, 사회, 사람)을 지향한다. 신학의 연구 영역이자 목회적 돌봄의 대상은 교회와 신자에 국한되지 않고 가정과 사회를 포함한다. 이런 점에서 존 맥클루어(John McClure)가 설교학 교과 과정으로 신학적 기본 소양과 자기성찰 외에 회중신학, 공공신학, 소통신학을 포함한 것에 동의한다(『실천신학연구』, 2019).

신정론은 악을 어떻게 직면하고 극복할 수 있을지에 대한 초점이 아니라, 악이 존재하는 이유에 답하고자 한다. 그러므로 오늘 우리의 고민은 신정론을 넘어선 지점에 있다. 방관자와 달리 목격자는 다른 이가 발하는 고통의 절규로부터 움츠러들지 않고 치러야 할 대가가 크지만 고통받는 이와 함께하는 신성한 소명으로 들어간다. 고통을 함께함으로 무너진 세계의 변화와 갱신이 비로소 가능해진다. 하지만 사실 우리에게 요구되는 것은 변화가 아니라, 잃어버린 원래의 것에 대한 회복이다. 원래 자리인 기본으로 돌아감이다. 그래서 비정상이 정상이 되는 이 시대, 세상으로 하여금 그동안 비정상으로 보았던 기독교와 교회와 성경과 그리스도인과 목회자들을 뉴노멀, 새로운 기준으로 보게 해야 한다. 왜냐하면 그것이 성경과 교회가 지향하는 방향이고, 하나님이 역사 속에서 줄곧 우리에게 요구한 것이기 때문이다.

오현철
연세대학교 (B.Sc./B.A.)
성결대학교 (B.Th.)
Canadian Theological Seminary (M.Div.)
평택대학교 피어선신학전문대학원 (Th.M.)
Universiteit van Pretoria (Ph.D.)
(현) 성결대학교 설교학 교수
　　한국복음주의실천신학회 회장, 성결설교클리닉 대표
(저서) 『설교와 설교환경』, *Preaching as Interaction between Church & Culture*
(공역) 『실천신학 연구』
(공저) 『21세기 목회학총론』

목회자의 설교를 통한 치유

신성욱

코로나바이러스의 위력이 엄청나게 강하다는 것을 절감하는 현실이다. 인간사 보편적인 상식과 문화를 단숨에 바꿔 놓았으니 말이다. 코로나 이전까지의 'B.C'는 '기원전'(Before Christ)을, 'A.D'는 '기원후'(*Anno Domini*)를 의미했으나, 코로나 이후엔 'B.C'가 '코로나 전'(Before Corona)을, 'A.D'는 '코로나 질병 후'(After Disease)를 의미한다고들 말한다.

최근 우리 사회에는 '사회적 거리두기'(Social distancing)란 말이 유행하고 있다. 바이러스에 감염되지 않기 위해 집에서 꼼짝 않고 있든지, 어쩔 수 없이 밖에 나가는 사람들은 타인과 거리를 두고 다니란 얘기다. 교회에서 예배드릴 때도 5m 간격을 두고 띄엄띄엄 앉게 하는 걸 본다. 오죽했으면 이런 말까지 유행을 하고 있을까? "뭉치면 죽고 흩어지면 산다!" 만일 확진자가 사망에 이르기라도 했을 경우엔 사상 초유의 비극적 사태가 벌어진다. 망자의 시신을 양도 받을 수 없고 얼굴조차 보지 못한 채 장례식도 못 지내고 이별을 해야 하기 때문이다. 이쯤 되면 코로나의 위력을 알만 하다.

죽음보다 더 무서운 건 없다. 모두가 죽음 앞에선 벌벌 떤다. 죽음을 피할 수만 있다면 어떤 비상식적이고 몰상식적인 행위라 해도 서슴지 않고 할 수 있다. 이러다 보니 인간관계에 심각한 간격이 생겨난다. 한 집에 사는 부부라 하더라도 기침 한 번 하는 날이면 상대방을 의심의 눈초리로 보게 된다. 사람이 사람을 신뢰하지 못하고, 사람이 사람에게 가장 위험한 존재가 되어 버렸다. 이대로 가다간 인간성 말로의 끝판을 볼지도 모른다. 감옥같이 갑갑하게 만드는 두문불출의 일상이 우리를 지치게 만든다.

초대교회 오순절 부흥의 역사는 성도들이 날마다 마음을 같이 하여 성전에 모이기를 힘쓴 가운데 일어났다(행 2:46-47). 히브리서 10장 25절은 '모이기를 폐하는 어떤 사람들의 습관과 같이하지 말고 오직 권하여 그 날이 가까움을 볼수록 더욱 그리하자'고 권면한다.

분명 하나님의 백성들이 모여서 은혜를 사모하여 기도하고 말씀 듣고 예배와 찬송을 드릴 때 하나님의 놀라운 역사가 일어났다. 주님 재림의 날이 가까울수록 모이기를 폐하는 쪽이 아니라 모이기를 즐겨하는 신앙의 자세를 보여야 한다고 강조하고 있다. 서로 돌아보아 함께 떡을 떼고 음식을 나누고 하나님을 찬미하며 사랑과 선행을 격려하기 위해서이다.

'사회적 거리두기'(Social distancing)가 코로나바이러스 감염을 피하는 최선의 방책이 되어 버린 현실 속에서, 예수님과 가까이 하기(Be so close to Jesus)라는 최고의 백신을 사용함으로써 신앙적 유익을 얻고 영적으로 성장하는 기회로 삼는 우리 모두가 되면 좋겠다.

'코로나19' 사태로 인해 또 하나의 골칫거리인 '인포데믹'(Infordemic)이 요즘 회자되고 있다. '인포데믹'은 '정보'(information)와 '전염병'(epidemic)의 합성어로, 잘못된 정보가 마치 전염병처럼 퍼지는 현상을 말한다. 좀 더 구체적으로 말하면, 어떤 사안에 대해 부정확하게 증폭되어 부작용을 낳는 정보의 범람을 뜻하는 용어로, 2003년 「워싱턴 포스트」에 기고한 데이비드 로스코프(David Rothkopf)의 글에서 '정보 전염병'이라는 의미로 처음 사용되었다. 이후 이 용어는 '특정 사안에 대해 왜곡되어 범람하는 정보의 흐름'을 뜻하는 용어로 사용되었다.[1]

---

1 신성욱, "'에피데믹'보다 무서운 '인포데믹'과 '미스인포메이션'", 「기독일보」, 2020. 5. 2.

SNS의 발달로 인해 정치, 경제, 연예계, 스포츠계 등등 수없이 많은 정보들을 접하고 산다. 그중 잘못된 가짜 정보들이 얼마나 많은지 모른다. 하지만 무엇이 가짜 정보인지를 분별할 능력이 부족한 경우가 대부분인 것이 큰 문제로 다가온다.

가짜 정보나 뉴스에 속아 재산을 날릴 수도 있고, 뽑아서는 안 될 정치가들을 선택해서 나라를 망치게 할 수도 있다. 그런데 그렇다고 해서 그것들이 한 사람의 영원까지 망칠 수는 없다. 최악의 경우 거지가 되거나 아니면 죽음이다.

그런데 '영원한 진리'에 관해서는 사안이 다르다. 잘못된 정보나 지식으로 말미암아 영원한 멸망의 길로 갈 수도 있기 때문이다. 세상에는 자신의 가르침이 진리라 하는 사람들이 적지 않는다. 우리 대한민국의 이단들의 천국이다. 자신이 하나님이라고 가르치는 이단이 있는가 하면, 자신을 예수님으로 믿으라는 이단도 있다. 그들이 가르치는 진리는 성경이 가르치는 진리와는 거리가 멀다. 그럼에도 적지 않은 이들이 이 '미스인포메이션(misinformation)'에 빠져서 이단의 소굴에서 지옥을 향해 달려가고 있는 안타까운 실정이다.

신천지와 같은 이단들은 양질의 미디어로 거짓 진리를 참진리인양 전하여 수많은 영혼들을 미혹하고 있다. 이런 때에 오늘 우리 설교자들이 변해야 할 내용은 무엇이 있을까?

변하지 않으면 죽을 수밖에 없다. 코로나19 이후 강단에는 이전보다 더 '빈익빈부익부'(貧益貧富益富) 현상이 두드러질 것으로 예상한다. 그러면 강단에 어떤 변화가 생겨나면 좋을까? 다시 말해서, 설교자들의 설교에 어떤 변화가 절실한가 하는 것이다. 아래와 같이 네 가지의 대안을 제시한다.

첫째로, '자기동일시'(Identification) 기법을 활용하는 것이다.

포스트모더니즘의 특성 중 하나는 절대적인 권위에 대한 반발이다. 불과 20년 전만 해도 나이가 많고 가르치는 위치에 있는 사람들에 대한 존경과 존중이 있었다. 하지만 이제는 권위적으로 리더십을 행사하려는 시도 자체가 무모한 시대가 되었다. 하나님의 말씀을 대언한다는 이유만으로 청중으로부터 권위를 보장받던 때는 지나갔다. 게다가 코로나19 사태 이후로 설교자들의 중요도는 더 떨어질 것으로 예상한다.

이런 시대에 설교자들의 설교가 청중으로부터 권위와 존중을 얻을 수있는 비결은 무엇일까? 그 대안으로 '자기동일시(Identification) 기법'을 추천한다. '자기동일시 기법'은 '설교자가 청중과 자신을 동일시하는 장치'를 말한다. 그것은 한마디로 청중에 대한 설교자의 선한 의지나 깊은 관심의 한 요소이다. 랠프 루이스(Ralph L. Lewis)에 따르면, '선한 의지는 인간의 친절과 개인의 관심사, 목자의 마음으로 행하는 보호의 핵심이다. 선한 의지는 전염성을 가지고 있다.'[2]

설교자가 청중과 자신을 하나로 여긴다면 권위적인 태도를 꺼려 하는 포스트모던 시대의 청중에게 효과적으로 다가갈 수 있을 것이다.

자기동일시의 개념은 현대 수사학자인 케네스 버크(Kenneth Burke)에 의해 개발되었다.[3] 이것은 그의 이론의 중심적 용어이다. 케네스 버크는 수사학과 신 수사학의 차이를 다음과 같이 설명한다.

구 수사학(old rhetoric)을 위한 핵심 용어는 설득(persuasion)이었고, 그것의 강조점은 사려 깊은 계획 위에 있었다. 신 수사학(new rhetoric)을 위한 핵심

---

2   Ralph L. Lewis, *Persuasive Preaching Today* (Ann Arbor, Michigan: LithoCrafters, Inc., 1977), 38–39.
3   케네스 버크(Kenneth Burke)에 관한 더 상세한 정보를 위해서는 스탠리 루이스 크레이그 (Stanley Louis Craig)의 다음 논문을 참조하라. Stanley Louis Craig, "An Approach to a New Rhetoric for Preaching" (Th.M. Thesis, *The Southern Baptist Theological Seminary*, 1975), 59–63.

용어는 호소에 있어서 부분적으로 무의식적인 요인을 포함할 수 있는 자기 동일시(Identification)가 될 것이다.

특히, 베일리(Bailey)가 말했듯이, 위대한 설교자 바울은 자기동일시 활용의 챔피언이다. 청중과 자기를 동일시하는 설교자는 그들로부터 호의적 반응이 보장되어 있기 때문에 청중을 쉽게 설득하고 크게 확신을 줄 수 있다.

왜 어떤 설교자의 설교는 감동을 주는 반면, 어떤 설교자의 설교는 무감각할까? 둘 사이의 차이는 무엇일까? 로스켈조(Craig A. Loscalzo)는 헨리 미첼(Henry Mitchell)의 책『설교의 회복』(*The Recovery of Preaching*)에서 그 답을 발견했다.

> 하나님의 선지자가 되라는 에스겔의 부르심에 관한 설교는 오랫동안 잃어버린 친구와의 만남처럼 흥분으로 나를 잡아끌었다. 미첼은 자기 청중들이 앉은 곳에 앉고, 청중들이 본 것을 보고, 그들이 느낀 것을 느끼고, 그들이 아파한 것을 아파하고, 그들이 웃은 것을 웃기 위해 에스겔의 큰 용기에 관해서 말했다. 에스겔은 그들을 대면해서 서 있기보다는 그들과 하나가 되면서 자기 청중과 자신을 동일시했다. 이것이 나의 관심을 사로잡은 그의 설교의 핵심 비결이다.[4]

오늘의 청중들은 자신들에게 무관심하거나 무감각한 설교자에게 우호적으로 반응하지 않는다. 설교에 있어서 좀 더 설득적이 되기 위해서 설교자는 자기 청중과 하나 되는 방법을 찾아야 한다. 자기 동일시를 통해서 동정심을 가진 설교자가 자신을 낮추고 섬기는 자세로 청중의 고통

---

4   Craig A. Loscalzo, *Preaching Sermons that Connect: Effective Communication through Identification* (Downers Grove, IL: InterVarsity Press, 1995), 16.

과 필요를 깊이 느낀다면, 청중은 그가 전하는 메시지에 쉽게 설득당하게 될 것이다. 분당우리교회 이찬수 목사의 설교에 청중이 많은 호감을 갖고 있는 이유도 거기에 있다.

설교자가 청중의 입장에서 그들과 눈높이를 맞추어 자신의 허물과 실수도 서슴없이 공개하며, 말씀을 자기에게 먼저 적용시킬 수 있는 겸손하고 진술한 설교자의 설교에 청중은 관심을 기울이고 감동을 받기 때문이다. 모든 설교자들은 자신들의 거룩한 인격과 자기동일시의 겸허한 자세가 감성주의에 민감한 청중을 복음과 진리로 사로잡을 수 있는 강력한 도구임을 놓치지 말아야 한다.

둘째로, '말꾸밈'(Word Play)을 활용하는 것이다.

통상 수필가나 시인들의 눈은 보통 사람들과의 그것과 같지 않는다. 일반 사람 같으면 그냥 스쳐 지나갈 것들도 그들은 그저 지나치지 않는다. 의자 하나를 보아도 시인의 눈엔 그것이 마치 '어머니의 굽은 등'과 같게 보일 수가 있다. 이처럼 하나님의 말씀이라는 영적인 진리를 캐는 설교자들의 눈 또한 달라야 한다. 매사에 작은 것 하나라도 그냥 아무런 의미 없이 지나쳐서는 안 될 것이다.

필자는 사물을 의미 없이, 아무런 생각 없이 지나치는 데 익숙하지 못하다. 어릴 때부터 몸에 배인 습관이다. 그런 자세가 풍성하고 차별화된 설교 작성에 큰 도움을 준다. 특별히 말꾸밈에 능한 설교자가 되어야 한다. 미국의 설교는 대다수가 설교 제목과 3대지에 말꾸밈이 많이 활용된다. 이런 설교의 뼈대는 청중의 뇌리에 선명하게 남아 있게 하는 효과를 준다.

예를 들어, "인생은 '숙제'가 아니라 '축제'"[5]란 글귀를 보자. 앞에 있는 '숙'자와 '축'자만 다를 뿐 뒷글인 '제'는 똑같다. 비슷한 말 같은데 정

---

5 스튜어트 에이버리 골드, 『핑』 (웅진윙스, 2006), 216.

반대의 의미를 주는 이런 말꾸밈(Word Play)이 청중의 시선을 끌어 당기게 된다.

또 다른 예를 들어보자. 2006년에 번역 · 출간되어 베스트셀러 반열에 올라갔던 『핑!(Ping)』이란 책 표지에 보면 가운데 둥근 원 안에 제목과 함께 이런 소제목이 적혀 있는 것을 확인할 수 있다.

'열망하고, 움켜잡고, 유영하라!'

모두 우리말 '이응'(ㅇ)으로 시작하는 글자다. 이렇게 음운을 통일함으로써 독자와 청자의 시선을 끄는 것은 물론, 강한 인상을 남기는 효과를 거두었다.

시인 류시화가 번역하여 큰 반향을 일으킨 책 『인생수업』(Life Lesson)에 나오는 마지막 문장이 있다. 너무도 의미심장하고 외우기 좋아서 지금도 내 뇌리에 선명하게 박혀 있다.

살고(Live), 사랑하고(Love), 웃으라(Laugh). 그리고 배우라(Learn). 이것이 우리가 이곳에 존재하는 이유다. 삶은 하나의 모험이거나, 그렇지 않으면 아무것도 아니다. 지금 이 순간, 가슴 뛰는 삶을 살지 않으면 안 된다.[6]

여기서 '살고(Live), 사랑하고(Love), 웃으라(Laugh). 그리고 배우라(Learn)'라는 내용에 주목하라. 네 단어 모두 영어 스펠링 'L'자로 시작하기 때문에 보고 듣는 모든 이들에게 쉽게 각인되는 효과가 있다.

성경을 기록한 히브리어, 헬라어, 아람어 원어를 보면 이런 말꾸밈(Word Play)이 너무도 많음을 확인할 수 있다. 하나님과 주님도 우리와 똑같이 유머와 촌철살인의 위트와 수사기법(rhetoric)을 즐겨 사용하셨다는

---

6 엘리자베스 퀴블러 로스, 데이비드 케슬러, 『인생수업』(이레, 2006), 14.

사실에 주목하자.

설교자의 최대의 죄는 다름 아닌 '지루함'(Boring)이다. 청중에게 들리지 않고 새겨지지 않는, 청중을 따분하게 만드는 설교는 설교자가 범하는 최대의 범죄행위임을 기억해야 한다. 특별히 코로나19 이후 시대의 청중은 강한 임팩트를 주지 않으면 예배 자체에 참석하지 않을 가능성이 많기 때문이다.

셋째로, '시청각 자료'를 활용하는 것이다.

"장갑이 맞지 않는다면 당신은 무죄임이 분명한다." 손에 잘 맞지 않는 장갑과 변호사의 이말 덕분에 O. J. 심슨(Simpson)은 무죄로 풀려났다. 산더미 같은 법의학 증거물과 수많은 증언도 결국 간단한 소품 하나에 빛을 잃고 말았다. 소품이 얼마나 중요한가를 잘 보여주는 이야기다.

설교에서도 시청각 자료의 힘은 상상을 초월한다. 특별히 시, 영화, 드라마, 만화, 광고, 동화, 예술 작품 등을 활용해 보라. 그 효과는 말로 표현할 수 없을 게다. 가령 로마서 2장 1-2절의 말씀으로 설교를 한다고 생각해 보자.

그러므로 남을 판단하는 사람아, 누구를 막론하고 내가 핑계하지 못할 것은 남을 판단하는 것으로 네가 너를 정죄함이니 판단하는 네가 같은 일을 행함이니라 이런 일을 행하는 자에게 하나님의 심판이 진리대로 되는 줄 우리가 아노라.

설명할 필요도 없이 다 아는 내용이다. 누구나가 익히 인지하고 있는 내용으로 감동을 주거나 은혜를 받게 하기는 힘들다. 코로나19 이후의 청중은 더욱 새로운 내용에 매력을 느낄 것이다. 때문에 설교자들은 시청각 자료나 예증을 활용할 필요가 있다. 위의 본문과 관련해서 내가 활용한 시 하나를 소개해본다. 다음은 서울역 지하도 벽에서 발견한 어느 중학교 교사가 지은 시인데, 제목은 '내 마음속의 자'이다.

> 언제부터인가 나는 마음속에 자를 하나 넣고 다녔네.
> 나무를 만나면 나무를 재고, 사람을 만나면 사람을
> 재고, 나는 내가 지닌 자가 제일 정확한 것이라고 생각
> 했다네. 가끔 나를 재는 자를 볼 때마다 무관심한 채
> 외면했다네. 간혹 귀에 거슬리는 얘기를 듣게 되면
> 틀림없이 그들의 눈금이 잘못된 거라 생각했네.
> 그런데 어느 날 나는 한 번도 내 자로 나를 잰 적이
> 없음을 깨달았네. 그 후로 나는 아무것도 재지 않기로
> 맘먹었다네.

핸드폰으로 찍어 저장해 둔 위의 시 내용을 프로젝트로 보여주면서 로마서 2장 1-2절의 말씀을 설명했을 때 청중의 몰입도와 은혜 받는 자세가 크게 달라짐을 목격한 바 있다. 지금은 어느 때보다 시청각 자료나 예증과 예화 사용이 필수적인 때가 되었음을 놓치지 말자.

넷째로, '쇼펜하우어의 원칙'과 '헤밍웨이의 표현 3원칙'을 활용하는 것이다.

Simple이 대세인 시대에 우리는 살아간다. 코로나19 때문에 사람들은 이전보다 더 simple한 삶과 simple한 대화를 원하고, simple한 내용의 말이나 설교를 듣고 싶어 할 것으로 예상된다.

'Simple'의 의미는 무엇일까? 대개 '단순한'으로 번역하는데, 정확하게는 아니다. Simple의 반대말을 알면 의미파악이 쉽고 정확하다. 'Complicated'의 반대말이다. 복잡하지 않다는 뜻이다. 제일 근접한 단어가 있다면 '간단한' 혹은 '간결한'이란 뜻이다.

한마디로 하면 '쉬운'이란 말이다. 그렇다. 글도 영화도 광고도 쉬워야 한다. 복잡하고 어려운 것은 배척당한다. 그 무엇보다 설교는 쉬워야 한다. 예수님의 설교를 보라. 그리고 설교 잘하는 분들의 설교를 들어보라. 받아 적을 게 별로 없다. 이해가 쉽고 간단하니 가슴에 잘 박혀서 적을 필요가 없는 것이다.

딱딱하고 어렵고 전문적인 용어나 해설이 들어가면 독자든 청중이든 고개를 돌린다.

『소리 내어 읽고 싶은 우리 문장』이란 책이 있다. 두고두고 옆에 끼고 소리 내어 읽어보는 책이다. 이 책의 저자 장하늘 교수가 정리한 '쇼펜하우어(Schopenhauer)의 원칙'을 설교자들과 함께 나누고 싶다.

- 어려운 것을 ➔ 쉽게
- 쉬운 것을 ➔ 재미있게
- 재미있는 것을 ➔ 의미심장하게[7]

다시 봐도 기막힌 원칙이다. 우리의 설교가 이리 된다면 더없이 좋을 게다. 내친 김에 금쪽같이 아껴 둔 한 가지 원칙을 더 소개할까 한다.

'헤밍웨이(Ernest Hemingway)의 표현 3원칙'이다.

- 들리듯이(audibly)
- 보이듯이(visibly)
- 만져지듯이(tangibly)[8]

스펄전(Spurgeon), 맥스 루케이도(Max Lucado), 이동원 목사가 대설교가

7 장하늘, 『소리 내어 읽고 싶은 우리 문장』(다산초당, 2005), 129.
8 장하늘, 『소리 내어 읽고 싶은 우리 문장』(다산초당, 2005), 116.

로 정평이 난 것도 다 이 원칙을 살린 설교를 하기 때문이다. 쉽고 재밌고 의미심장하고, 들리듯 보이듯 만져지듯 전달되는 설교에 귀 기울이지 않을 청중은 없을 것이다.

코로나19 사태 이후의 우리의 강단은 어느 때보다 새로운 변화를 요구하고 있다. 변화에 민감한 설교자는 살아남을 것이고, 그러지 못한 설교자는 사라질 수밖에 없는 현실이 되고 말았다. 필자가 위에서 제시한 네 가지 대안을 눈여겨보고 그대로 따라 설교한다면, 우리의 강단이 이전보다 더 풍요롭게 변화되는 기적을 모두가 경험할 줄로 믿는다.

신성욱
계명대 영어영문학과 (B.A)
총신대신학대학원 (M.Div. Equiv.)
Trinity Evangelical Divinity School (Th.M. [수료])
Calvin Theological Seminary (Th.M.)
Universiteit van Pretoria (Ph.D.)
(현) 아세아연합신학대학교 설교학 교수
(저서) 『다 빈치 코드가 뭐길래?』, 『성경 먹는 기술』
　　　『청중을 사로잡는 설교의 삼중주』, 『목사님, 설교 최고예요』

코로나19의 상황과 교회학교 운영의 새 방향

김정준

2019년 12월 중국에서 시작된 바이러스성 호흡기 질환을 '코로나19'라고 한다.[1] 중국에서 시작된 코로나19는 한국을 거쳐 일본, 그리고 중동, 유럽, 남미, 마침내 미국까지 확산되는데 약 3-4개월 정도에 불과했다. 마침내 WHO에서는 2020년 3월 11일 '전염병의 세계적 유행'(Pandemic)을 선언했다. 코로나19는 전 지구적으로 모든 것을 바꾸었다. 이제 세상의 모든 것은 코로나19 이전(BC: Before 코로나19)과 이후(AC: After 코로나19)로 구분하여 그 상황이 전개될 것이다. 적어도 코로나19 치료를 위한 백신이나 치료제가 등장하기 전까지는 그럴 것이다. 21세기 세계화 시대에 인간이 이룩한 제4차 산업혁명의 테크놀로지들은 초지능, 초연결, 초융합을 자랑했지만, 코로나19로 인하여 사람들의 전 지구적 연결망은 안전한 삶을 위하여 일순간에 봉쇄되거나, 단절되어야 했다. 한국도 예외는 아니어서 정부의 방역 지침에 따라 모든 기관과 단체, 모임들은 '3밀', 즉 밀폐, 밀집, 밀접한 환경을 피해야 하기에 폐쇄와 단절의 상황이 되었다. 이러한 흐름에서 한국교회는 주일에 이루어지는 예배와 교회교육, 친교, 심방, 상담 등 기존 대면 · 컨택트(face to face & contact) 활동은 큰 어려움에 직면하게 되었다.

---

1   코로나19 바이러스(코로나19)는 바이러스성 호흡기 질환으로 초기에 중국 '우한 폐렴'이라고 칭했다. 이후에 '신종 코로나 바이러스 감염증', '코로나19 바이러스' 등으로 부르기도 한다. 본 연구에서는 '코로나19'(코로나19)로 표기한다.

2020년 6월 3일 기독교 한 언론사에서는 최근 교회학교 예배 실태에 관한 통계조사 내용을 소개했다. 주일학교사역자연구소(소장 고상범 목사)에서는 지난 달 전국 교회학교 담당 교사와 목사·전도사 등 사역자 76명을 대상으로 최근 교회학교 예배 실태에 관하여 설문조사했다. 그 결과는 다음과 같았다: 교회학교 주일예배를 (1) '장년예배와 별도로 구분해 실시간 영상예배로 드렸다'(26.3%), (2) '사전에 편집된 영상예배를 전송했다'(34.2%), (3) '가정예배로 흡수했다'(13.2%), (4)'장년 오프라인 예배에 흡수했다'(9.2%), (5) '교회학교 예배를 폐지했다'(7.9%)라고 응답했다. 그 결과를 살펴보면, 1위는 '교회학교를 위한 편집된 동영상예배 전송'(34.2%), 2위는 '장년과 구분된 실시간 동영상예배'(16.3%) 등이 가장 많은 형태의 예배인데, 전체 표본 교회의 절반 이상인 60.5%가 뉴미디어를 활용한 동영상예배를 드렸다는 것이다. 그리고 교회학교 예배를 폐지한 사례도 7.9%나 되었다.[2] 이러한 통계자료와 함께 실제 한국교회와 교회학교 지도자들이 느끼는 어려움은 코로나19가 종식될 때까지 이러한 상황이 크게 달라지지 않을 것이라는 데 있다. 이러한 코로나19의 상황이 한국 교회와 교회학교에 제기하는 함의는 무엇이며, 향후 교회학교의 운영의 새 방향은 무엇인지 살펴보려고 한다.

코로나19 팬데믹(Pandemic)과 변화된 상황

코로나19 전염병의 '세계적 확산'(Pandemic)은 높은 치사율 때문에 세계 시민들은 일차적으로 건강을 보전하기 위하여 사람들 사이의 접촉을 단절해야 했다. 코로나19 전염병에 대한 뚜렷한 치료방법이 없는 불안한 상황에서 건강과 안전을 위하여 모든 국가들은 국경을 폐쇄했고, 일상생

---

2 "패러다임 대전환 겪는 교회학교, 위기는 예배의 기회", 「아이굿뉴스」(http://www.igoodnews. net), 2020.6.3. 검색.

활에서 사람들은 '사회적 거리두기'를 강력하게 준수해야만 한다. 이러한 코로나19의 전염병은 한국교회와 교회학교에 큰 영향을 끼쳤는데, 필자는 교회학교 운영과 관련하여 세 가지 주제, 곧 불안, 단절, 소통 등을 주목했다.

불안

불안(anxiety)은 공포감과 동의어이다. 일반적으로 공포(fear)는 주로 외부 세계로부터 오는 위험에 대해 느끼는 감정이다. 프로이트(S. Freud)는 불안이라는 용어를 사용하였는데, 외부 세계의 위험과 함께 내적인 위험에 따른 두려움도 언급했다. 이런 측면에서 한국교회와 교회학교에서 느끼는 불안은 크게 네 가지로 생각해 볼 수 있다.

첫째는 한국사회 대중과 그리스도인들이 느끼는 불안은 무엇보다 코로나19의 높은 전염성과 치사율에 대한 공포감이다. 둘째는 교회학교 교사와 학습자들 모두의 건강과 안전에 관한 염려이다. 행여 교회에 모여 대면, 접촉으로 이루어지는 교회교육 활동으로 코로나19 확진자가 발생하면 본인은 물론 가정, 교회의 구성원들 모두에게 큰 피해를 줄 수 있기 때문이다. 셋째는 또 한편 코로나19로 교회교육이 중단되면서 학습자들의 신앙이 정체되거나 더 나아가 신앙을 잃어버리면 어떻게 하나? 하는 염려와 불안이다. 마지막으로, 진짜 불안은 도무지 예측할 수 없다는 불안이다. 코로나19로 인한 위험한 상황이 언제 끝날지 예측할 수 없다는 불확실성은 우리의 불안감을 더욱 부채질한다.

이러한 상황에서 교회학교 지도자들은 무엇보다 코로나19의 위험한 상황에 처하지 않도록 주의를 기울이면서, 학습자들의 안전을 확보해야 한다. 하지만 코로나19의 위험에도 불구하고 그리스도인들이 하나님을 경외하는 신앙을 지켜내는 것도 중요한 일이다. 불안은 우리 그리스도교 신앙에서 믿음의 확신이나 신뢰와는 반대되는 현상이다. 믿음은 내적 확신이고 신뢰이며, 외적 고백이 필수적이다. 그러나 모든 것이 불안한 상황에 처하면 신앙인들 또한 내적 확신과 신뢰가 흔들리고, 외적 고백도 제한을 받는다. 이러한 맥락에서 교회교육은 그리스도인들로 하여금 어떠한 위험 상황에서도 '주는 그리스도시요 살아계신 하나님의 아들이시니이다'라는 신앙고백이 이루어질 수 있도록 돕는 교육을 모색해야 한다.

단절

한국사회에 코로나19가 유입, 확산이 되면서 사람들의 건강과 안전한 생활을 위하여 먼저 요구된 것은 '단절'(斷絕, disconnection)이다. 단절이라는 말은 어떤 대상과의 관계나 교류를 끊어 버린다는 뜻이다. 단절은 건강과 안전한 일상을 위하여 다차원적으로 시행되었다. 국가와 국가, 사람과 사람, 사람과 사물, 사람과 자연 등의 관계에서 안전을 담보하기 위하여 단절이 시행되었다. 국경과 도시 폐쇄, 교류 단절, 개인들의 접촉 회피, 자가 격리와 고립 등 광범위한 단절이 필요하다. 우리나라에서도 강력한 '사회적 거리두기'(social distancing) 캠페인을 시행했다. 관계 당국에서는 코로나19의 확산에 숙주 역할을 하는 기관과 단체는 강제 폐쇄, 구상권 청구 등을 시행했다. 이렇게 '사회적 거리두기'는 이제까지 우리들의 삶을 지탱해 온 익숙한 관계와의 단절을 강하게 요구했다.

세계 내에서 모든 관계의 단절은 곧 생활에서 고립(isolation)을 의미한다. 하지만 인간은 근본적으로 고립되어 홀로 살 수 없다. 하나님께서 창조한 세상은 모든 것이 상호 연결되어 있다.[3] 구체적으로 하나님께서 창조하신 세계는 하나님−세상(사회)−인간−자연−가상세계 등 모든 것이 하나님의 창조하신 질서 안에서 인격적으로 상호 연결되어 있다. 종교

---

3 Parker J. Palmer, *The Courage To Teach*, 이종인 역, 『가르칠 수 있는 용기』 (서울: 한문화사, 2005), 164−70.

(宗敎)는 근본적으로 자아나 자기 자신보다 더 위대한 무언가와 연결되고 자 하는 추구이다. 종교에 해당하는 영어 'Religion'의 라틴어 어근은 '다 시 묶는다'라는 뜻이다.[4] 이러한 측면에서 교회학교는 종교(기독교)의 위 대한 가르침, 즉 하나님의 창조된 세계질서 안에서 모든 것이 연결되어 있다는 진리를 깨닫고, 그 진리에 순종하는 공간을 만들어내는 활동이라 는 사실을 새롭게 인식해야 한다. 즉, 교사와 학습자들이 하나님의 진리 를 배우고 깨달아 단절되고, 분열된 세상과 자연을 다시 치유하고 회복 하도록 돕는 교육방법을 추구해야 한다. 그러한 교회교육의 활동과 방법 은 하나의 고정된 틀에 얽매이지 않는다.

소통

소통에 해당하는 영어 커뮤니케이션(communication)은 일반적으로 언 어나 몸짓, 그림, 기호 따위의 수단을 통해 서로의 의사나 감정, 생각을 주고받는 일을 의미한다. 조금 더 구체적으로 살펴보면 그 어원에는 '공 유', '공통", '공통성을 이룩하다', '나누어 갖다' 등으로 일방적인 공략을 통한 굴복, 또는 지배하려는 설득과는 차별화된 의미의 쌍방향적 관계를 지향하고 있다. 따라서 참다운 인간관계는 쌍방향적 질서의 회복에 있 다.[5] 코로나19 사태가 가져온 심각한 문제는 그동안 익숙한 면대면 방 식의 커뮤니케이션, 즉 인간과 인간 사이에 얼굴을 맞대고 소통하던 쌍 방향 방식이 안전을 위하여 제한을 받게 된 것이다. 코로나19의 감염을 방지하기 위해서는 모이지 말아야 하고 만나지 말아야 하며 접촉하지 않 아야 하고, 말하지 않아야 한다. 다만, 비대면, 비접촉의 간접적인 소통 은 안전하며 가능한 방식이다.

---

4   Parker J. Palmer, *To Know As We Are Known*, 이종태 역, 『가르침과 배움의 영성』 (서울: IVP, 2004), 11.
5   김기태, "디지털시대, 교회와 미디어", 김기태 · 박진석 외, 『디지털 시대의 교회와 커뮤니케 이션』 (서울: 한국교회언론연구소, 한들출판사, 2017), 29.

코로나19는 한국교회와 교회학교의 소통 방식을 변화시켰다. 교회학교 현장에 닥쳐온 단절과 고립의 위기는 또한 연결과 소통의 새로운 기회이다. 이러한 관계의 단절과 고립 상황을 극복할 수 있는 실제적 대안은 TV, PC와 인터넷, 스마트폰, SNS 등과 같은 뉴미디어의 활용이다. 아울러 부분적으로 개인적인 접촉과 대면을 통한 의사소통도 고려해야 한다. 이러한 뉴미디어를 통한 비대면, 비접촉 방식의 교육적 소통은 코로나19 전염병이 종식되기 전까지는 안전을 담보한 지속적 성장이 가능한 교육적 소통이 되어야 한다. 어쩌면 코로나19 상황이 종료되고 난 이후에도 뉴미디어 환경에 익숙한 밀레니얼세대에게 뉴미디어를 활용한 언택트(untact) 교육 커뮤니케이션은 더 효과적일 것으로 전망된다. 다만, 뉴미디어를 활용하는 교육 커뮤니케이션에서 중요한 초점은 코로나19로 인한 단절과 고립의 어려운 상황에서 교회학교 교사와 학습자들이 상호작용(interaction)을 통하여 하나님을 섬기는 올바른 태도와 자세를 확립하고, 하나님을 바르게 알고 삶에서 실천하도록 돕는 것에 있다는 점이다.

코로나19와 교회학교 운영의 새 방향

코로나19는 한국교회 교회학교의 운영에 큰 변화를 요구하고 있다. 코로나19의 확산 및 재확산 위험이 상존(常存)하는 현재 상황에서 교회학교 운영을 위한 바른 모색 방향은 무엇인가?

교회학교 운영의 신학적 기초: 그리스도의 제자직과 시민직

기독교회는 역사적으로 신앙의 위기와 어려운 상황을 맞이하였지만, 그러한 난관을 신앙으로 잘 극복해 왔다. 한국교회와 교회학교가 이러한 신앙의 위기와 어려움을 극복할 수 있었던 힘은 역사의 주인이신 하나님에 대한 믿음과 시대적 상황에서 삶의 목적과 신앙의 정체성을 분명히 인한 신앙인들의 태도에 있었다. 코로나19로 인한 사람들 사이의 불안과 단절, 혐오와 배제의 상황에서 교회학교는 자신의 존재 이유를 다시 한 번 분명히 검토해야 할 필요가 있다.

교회학교의 존재 이유, 곧 교회교육 혹은 기독교 교육의 목적은 무엇인가? 이제까지 교회교육의 목적은 신앙의 관점에서 그리스도의 제자직을 수행하는 사람을 형성하려는 데 초점을 두어 왔다. 예컨대, 스마트(James D. Smart, 1906-1982)는 기독교 교육의 목적이 '우리의 가르침을 통하여 하나님께서 학습자의 마음속에 역사하셔서 그를 복음에 완전히 헌신하는 제자로 만드는데 있다.'[6]고 했다. 이러한 교회교육의 목적은 그리스도인들로 하여금 교회와 개인의 신앙생활에 강조점을 둠으로 사회적 상황에 대하여 다소 탈맥락화되는 경향을 보여 왔다. 이러한 문제점을 보완하고자 시대적 상황 안에서 그리스도인들이 국가, 사회 공동체의 일원으로서 사회적 책임과 공적 영역에 참여하는 교회교육의 목적이 새롭게 등장했다. 콜맨(John Coleman)은 '제자직'(discipleship)과 대비되는 개념으로서 '시민직'(citizenship)을 제시했다. 그는 제자직을 수행하는 교회교육은 마찬가지로 시민직의 교육에도 관심을 가져야 한다고 했다. '시민직'은 교회 구성원들이 개인과 교회 안에서의 신앙생활뿐만 아니라 사회-정치적 영역에서도 책임의식을 가져야 함을 강조한 것이다.[7] 오늘날 코로나19로 모든 것이 단절되고, 불안한 삶의 상황에서 교회학교는 스스로 자신의 존재 이유, 곧 교육의 목적을 상기할 필요가 있다. 교회학교의 교사와 학생들은 비록 모든 것이 불안하고 단절된 현재 상황이지만 모든 것이 단절된 것이 아니라 하나님의 창조하신 세계 안에서 서로 연결되어 있다는 사실을 잊지 말아야 한다. 코로나19로 인하여 인간, 사회,

6 James D. Smart, *The Teaching Ministry of the Church*, 장윤철 역, 『교회의 교육적 사명』 (서울: 대한기독교교육협회, 1989), 144.
7 John Coleman, "두 가지 교육: 제자직과 시민직", in *Education for Citizenship and Discipleship*, Mary C. Boys, eds, 김도일 역, 『제자직과 시민직을 위한 교육』 (서울: 한국장로교출판사, 1999), 69.

국가 간에 단절, 배제, 혐오를 부추기는 상황에서도 그리스도인들은 인간의 존엄성과 공동체성을 치유하고 회복하는 제자직-시민직의 사명을 감당하는 차원으로 나아가야 한다.

교회학교 운영의 뉴노멀(New Normal): 뉴미디어 컨택트 영성교육

코로나19의 예측할 수 없는 전염성은 일반 학교의 교육활동은 물론 교회학교 운영에도 큰 변화를 가져왔다. 현재 상황에서 교회학교 운영의 새로운 대안은 이제까지 보완적으로 활용해 왔던 뉴미디어를 통한 컨택트 방식의 교회교육이 대안적 교육 커뮤니케이션이 되고 있다. 그것은 뉴노멀(new normal), 즉 새로운 기준이 되었다. 이러한 뉴노멀로서 뉴미디어를 활용하는 교회학교 운영의 새로운 방식을 '뉴미디어 컨택트 영성교육'으로 명칭하고자 한다.

코로나19가 확산되면서 한국사회는 '사회적 거리두기'(social distancing)가 중요한 화두가 되었다. 기업들은 재택근무를 시행하고 있으며 구내식당, 각종 단체 행사와 모임은 중단되었다. 결혼식, 심지어 장례식에도 사람들의 발길이 크게 줄었다. 여기에 종교행사도 예외는 아니었다.[8] 코로나19 확진자가 늘어난 나라들은 전염병을 막기 위해 가장 필요한 조치가 사람과 사람 사이의 접촉을 막는 소위 '언택트'(untact)이다. 그동안 우리의 삶은 인사, 대화, 악수, 포옹 등 대면과 접촉을 통한 컨택트(contact) 기반의 커뮤니케이션을 영위해 왔다. 이러한 컨택트 기반 커뮤니케이션은 제4차 산업혁명시대의 기술의 진화로 그 영역은 광범위하고, 더욱 정밀하게 연결되는 '초연결 사회'(hyper-connected society)가 되었다. 그런데 아이러니하게도 우리는 '초연결 시대'에 단절하지 않으면 안되는 상황을 맞이하게 되었다. 불안한 연결 대신에 단절을 택해야만 한다.

그러나 역사적으로 인간 존재와 삶은 단절을 넘어 연결을 추구해 왔

---

8   김용섭, 『언컨택트』 (서울: 퍼블리온, 2020), 72-73.

다. 오늘날 현대인들은 연결을 통하여 자신의 존재를 확인한다. 이 시대의 인간은 자기 정체성을 연결망 안에서 확인하고자 한다. 즉 '나는 연결되어 있다. 고로 나는 존재한다'(I am connected, therefore I am.). 다른 한편, 영적인 차원에서 인간의 단절은 소외이며 죄의 결과이다. 예수께서는 먼 데 있는 우리에게 평안을 전하고 가까운 데 있는 자들에게 평안을 전해 주셨다. 그런 까닭에 우리가 한 성령 안에서 아버지 하나님께 나아감을 얻게 하셨다고 했다(엡 2:17-18). 그러므로 예수 그리스도 안에서 인간의 단절을 극복한 연결됨은 우리의 삶에 있어 구원의 한 표징이다. 그러면 우리는 어떻게 코로나19 전염성의 불안을 넘어 사람과 사람 사이에 안전한 연결과 소통이 가능하게 할 수 있을까? 그것은 제4차 산업혁명시대 초지능, 초연결을 가능하게 하는 테크놀로지, 곧 뉴미디어의 활용에서 그 가능성을 찾는다. 그동안 대면, 접촉이 중심이었던 교회 중심의 교회교육의 컨택트 패러다임을 어떻게 언컨택트 패러다임으로 전환할 것인지에 대한 논의가 필요하다.

뉴미디어 컨택트 영성교육의 방향: 뉴미디어, 안전한 연결, 영성교육

일반 교육은 물론 기독교 교육 현장에서 효과적인 학습과 소통을 위하여 사회문화적 맥락에서 다양한 교수 매체를 활용해 왔다. 교사는 학습자와의 소통과 수업의 효과를 높이기 위하여 학습 집단의 특성, 크기, 학습주제 등에 따라서 교수 매체를 활용하여 효과적, 효율적, 매력적 수업이 되도록 설계한다. 그러므로 교사는 시대의 문화와 상황을 파악하여, 교육활동과 과제의 내용에 맞는 적절한 수업 매체를 선택하고 활용할 수 있는 능력을 갖추어야 한다. 교회학교의 새로운 운영 방안으로서 '뉴미디어 컨택트 영성교육'은 적어도 네 가지 특성을 포함해야 한다.

첫째, 뉴미디어를 활용하는 '뉴미디어 컨택트 영성교육'은 무엇보다 21세기 제4차 산업혁명의 진보된 기술들을 적극 수용, 활용한다. 뉴미디어 컨택트 영성교육은 이제까지 세속사회에서 이룩한 기술과학의 오용과 남용을 비판하면서 거부하는 태도에서 벗어나 실용성과 편의성을 적극적으로 활용하려는 입장이다. 뉴미디어를 활용하는 컨택트 영성교육은 제4차 산업혁명이 이룩한 기술과학을 활용하여 비대면, 비접촉 상황에서 안전한 연결, 스마트한 연결을 추구한다.

둘째, 컨택트 영성교육은 '안전한' 연결을 통하여 하나님과의 관계성 안에서 교사와 학습자들의 '영적 욕구'(spiritual needs)를 만족하도록 돕는 영성교육 환경을 구현하고자 노력한다. 달리 말하여, 뉴미디어를 활용한 컨택트 영성교육은 테크놀로지를 활용한 새로운 환경에서 하나님의 형상인 인간(교사와 학습자)의 영적 본성을 일깨우고, 성장하는 데 초점을 둔다.

셋째, 뉴미디어 컨택트 영성교육의 구체적인 지향점이다. 뉴미디어 컨택트 영성교육은 교회교육 현장에서 크게 두 가지를 지향하면서 접근한다: ① 뉴미디어의 활용보다 더 중요한 것은 하나님을 섬기고, 가르치고, 만남을 이루는 교육적 행위임을 잊지 말아야 한다. 그러므로 모든 뉴미디어 컨택트 영성교육 활동의 출발은 '모든 것은 하나님께 기도함으로 시작해야 한다'는 점이다. ② 뉴미디어 컨택트 영성교육은 뉴미디어의 간접성을 극복하기 위해 직접적, 인격적 관계를 수시로 연결해야 한다. 예컨대, 전화, 우편, 이메일, SNS, 심방 등을 적극 활용해야 한다. 중요한 점은 교회학교의 기술적 운영 수준이나 교육 목표에 따라 적절한 뉴미디어를 선정하고, 콘텐츠를 개발하여 교사—학습자들 간에 지속성장이 가능한 효과적 소통을 유지하는 것이 중요하다.

끝으로, 뉴미디어를 활용하는 컨택트 영성교육의 새로운 접근에는 법률적, 윤리적 기준을 이해하고 적절한 범위 안에서 활용해야 한다. 예컨대, 정보통신망법(정보통신망 이용촉진 및 정보보호 등에 관한 법률), 저작권법, 사생활보호법, 개인정보 보호법, 정보통신윤리법 등을 잘 준수하여 문제가 발생하지 않도록 주의를 기울여야 한다.

2020년 초에 발생한 코로나19는 전 지구적으로 세계 시민들의 사고와 라이프 스타일을 변화시켰다. 이러한 사회문화적 흐름은 한국교회와 교회학교 운영에도 새로운 변화를 요구한다. 하나님의 영원한 진리는 변하지 않지만, 그 진리를 전달하는 방식은 시대의 상황에 따라 얼마든지 변화되었다. 예수님께서도 '오직 새 포도주는 새 부대에 넣느니라'(막 2:22)고 하셨다. 기존에 익숙했던 세상 환경의 변화는 내게 위기처럼 다가오지만, 그 변화를 잘 이해하고 준비하면 오히려 새로운 기회가 된다.

2020년 코로나19로 인하여 한국교회와 교회학교는 위기를 경험하고 있다. 하지만 한국교회와 교회학교가 이러한 위기를 새로운 기회로 수용하고, 변화를 주도적으로 이끌어 가면, 그것은 교회교육의 '새로운 기준'(new normal)이 될 것이다.

김정준
연세대학교 신학과 (Th.B.)
연세대학교 연합신학대학원 (Th.M.)
서울기독대학교 일반대학원 (Ph.D.)
성공회대학교 일반대학원 (Ph.D. Cand.)
(현) 성공회대학교 연구교수, 수정감리교회 담임목사
　　한국기독교교육학회 부회장 및 출판위원장, 한국문화신학회 이사
(전) 한국기독교학회 총무, 한국기독교교육정보학회 총무
(저서) 『융 심리학과 영성교육』
(공저) 『한류로 신학하기: 한류와 K-Christianity』, 『미래시대 · 미래세대 · 미래교육』,
　　　『100세 시대를 살아가는 한국감리교회의 노년목회』

포스트 코로나 미디어 목회 선교의 역할과 방향

안종배

포스트 코로나 시대 특성

세상은 AC(After Corona)와 BC(Before Corona)로 나뉜다고 할 만큼 코로나19 팬데믹은 전 세계에 막대한 영향력을 끼치고 있고 급격한 변화를 가져오고 있다. 코로나19 팬데믹으로 전 세계는 과학기술 만능주의와 물질주의를 넘어 자연과 인성, 그리고 영성을 추구하는 휴머니즘이 새롭게 부각되는 New 르네상스라는 문명적 대변혁을 맞이하고 있다. 즉 포스트 코로나 뉴 르네상스시대에는 초지능 · 초연결 · 초실감의 4차 산업혁명이 가속화되고 창의적 인성과 영성을 중시하는 휴머니즘이 강화될 것으로 전망된다.

한편 코로나19 팬데믹 이후 미래 사회의 핵심 트렌드 3대 키워드는 비대면 참여로 현존감을 강화하는 Untact Presence, 모든 비즈니스의 블랙홀인 Smart Platform, 첨단기술과 감성으로 개인맞춤 서비스하는 AI Personal이 더욱 강화될 것이다. 이러한 미래 변화에 부합하는 산업, 즉 언택트 스마트미디어, 언택트 스마트교육, 언택트 스마트워크, 언택트 스마트헬스케어, 언택트 스마트 라이브 쇼핑, 언택트 스마트팜 등이 부상하고 있다.

포스트 코로나 시대 미디어 변화

포스트 코로나 시대에 세상은 급속히 바뀌고 있다. 변화하는 우리의 삶의 중심에 미디어가 있다. 우리는 아침에 눈을 뜨면서부터 잠자리에 들 때까지 미디어와 함께 생활한다. 포스트 코로나 시대 미디어도 언택트(Untact)와 스마트(Smart), 그리고 인공지능(AI)이 적용되면서 새롭게 변화하고 있다. 코로나19 팬데믹으로 언택트(비대면)가 중요해지면서 미디어는 더욱더 우리의 삶 곳곳에서 활용되고 있다.

비대면 현존감(언택트 프레전스) 서비스를 미디어가 강화하면서 실시간 양방향 원격 화상 미디어(줌, 웨덱스 등)이 급부상하고 있고 증강현실(AR), 가상현실(VR), 홀로그램 및 초고화질 등 실감미디어가 더욱 활성화되고 있다. 또한 인공지능이 내장된 스마트폰, 스마트 TV, 소셜 1인미디어 등으로 미디어는 더욱 똑똑해지고 있다. 그리고 사물인터넷(IoT) 등으로 모든 미디어가 연결되면서 초지능·초연결·초실감 사회를 미디어가 구현하고 있다. 이로 인해 미디어를 통해 언제 어디서나 누구와도 현존감 넘치게 소통하는 언택트 서비스와 콘텐츠의 소통이 가능하며, 스마트와 인공지능이 미디어에 적용되면서 누구나 쉽게 창의와 상상력을 발휘하여 콘텐츠를 제작하고 교류할 수 있는 유비쿼터스 세상이 구현되고 있다.

우리의 생활은 이제 미디어 없이는 불가능하게 되었다. 우리는 하루 종일 스마트폰을 놓지 않고 있으며, 눈을 뜨는 순간부터 유튜브를 비롯한 SNS와 인터넷 및 스마트 TV 앞에서 대화를 나누고, 정보를 검색하고, 콘텐츠도 즐기고 쇼핑 등 서비스도 받고 있다. 특히 스마트폰 하나면 모든 것이 가능한 시대가 되고 있다. 따라서 매일 음식을 먹듯 우리는 미디어가 제공하는 콘텐츠와 서비스를 먹고 즐기고, 또 재생산하며 살아가고 있다. 이러한 미디어의 영향력은 포스트 코로나 시대에 더욱 강화되고 있다.

포스트 코로나 시대 미디어의 성경적 의미

미디어는 무엇인가. 미디어에는 어원적으로 두가지 의미가 있다. 하나는 메시지를 전달하는 매개체라는 뜻이고, 다른 하나는 중간에 있다는 뜻이다. 이는 미디어를 통해 메시지가 전달되는데, 미디어 자체는 가치 중립적이라 그것을 사용하는 자에 따라 유용한 메시지가 전달될 수도 유해한 메시지가 전달될 수도 있다는 것이다. 이것이 고린도전서 10장23절의 '모든 것이 가하나 모든 것이 유익한 것은 아니요'라는 말씀을 미디어 종사자와 사용자가 명심해야 하는 이유이기도 하다.

미디어는 구전미디어, 인쇄미디어, 방송미디어, 인터넷미디어를 거쳐 스마트폰과 소셜미디어 기반인 스마트미디어로 변화·확장되어 왔다. 포스트 코로나 시대엔 스마트미디어에 언택트와 인공지능이 접목되면서, 미디어는 언제 어디서나 우리의 일상생활과 함께하며 유비쿼터스 라이프를 구현하게 된다. 누구나 미디어의 소비자이자 주체로서 메시지와 콘텐츠를 향유하면서 또한 미디어 콘텐츠를 만들고 누구에게나 전달할 수도 있게 된다.

미디어를 통해 구현하고 있는 유비쿼터스 라이프는 라틴어 어원인 Ubiq와 est 그리고 deus의 합성어이다. Ubiq는 '언제 어디서나'의 의미이고 est는 '존재한다'라는 의미이며, deus는 영어로 'God 즉, 하나님'을 의미한다. 그러니까 유비쿼터스(Ubiquitous) 용어를 문자대로 해석하면 '하나님은 언제 어디서나 계신다'로 지극히 성경적인 의미로도 해석된다.

또한 언택트, 스마트, 인공지능을 포함하는 포스트 코로나 시대의 모든 미디어는 디지털기술을 기반으로 한다. 디지털은 모두가 아는 바와 같이 0과 1의 조합으로 이루어진다. 그런데 0과 1은 숫자로서의 의미가 아니라 어떤 현상을 0과 1로 부호화한 것이다. 디지털은 전기적 신호가 켜져서(On) 즉, 빛이 들어온 상태를 1로 표현하고, 전기적 신호가 꺼져서

(Off) 빛이 없어진 즉, 어둠의 상태를 0으로 표현한 것이다. 미디어는 빛과 어둠이라는 조합으로 만들어지는 디지털기술로, 유비쿼터스 라이프를 구현해 나가고 있는 것이다.

이는 성삼위 하나님께서 언제 어디서나 우리와 함께 계신다는 성경 말씀과 창세기 1장 3-4절의 '하나님이 빛이 있으라 하시매 빛이 있었고 하나님의 빛과 어두움을 나누었다'는 말씀처럼 창조의 원리 속에 있는 디지털을 미디어에도 활용하고 있는 것이다.

포스트코로나 시대 미디어의 목회·선교 활용 방법

미디어 미래학자 마샬 맥루한(Marshall Mcluhan)의 "모든 새로운 미디어는 인간을 변화시킨다" 라는 말처럼 포스트코로나 시대 스마트미디어는 우리의 삶에 깊숙이 우리의 생활양식과 가치관에까지 침투하여 강력한 영향을 미치고 있다. 이러한 미디어를 어떻게 대응해야 할지는 기독인들에게는 매우 중요한 문제이다.

스마트는 의미적으로 Intelligent 와 Clean 이란 두 가지 뜻을 동시에 가지고 있다. 이는 성경에 '뱀처럼 지혜롭고 비둘기처럼 순결하라'(마 10:16) 는 말씀과 일맥상통하며 포스트 코로나 시대 미디어를 기독교 관점에서 대응하는 핵심 원리가 되어야 할 것이다. 즉 미디어를 지혜롭게 잘 활용하되 하나님의 뜻에 합당하게, 그리고 순결한 메시지를 담아 펴져 나가도록 노력해야 할 것이다. 이런 관점에서 포스트 코로나 시대, 미디어를 기독교에서 목회와 선교를 위해 활용하는 방안을 모색해 보면 다음과 같다.

첫째, 미디어도 하나님의 섭리하에 허락하신 것으로 보고 하나님의 나라와 의를 확산하는 도구로 인식할 필요가 있다. 미디어를 반기독교적인 시각으로 보고 멀리 회피하거나 미디어에 지나치게 의존하는 것은 공히 적합하지 않는다. 미디어를 하나님의 뜻에 합당한 메시지와 서비스를 전하는 도구로서 목회와 선교에서 적절하게 활용하는 자세가 필요하다.

둘째, 포스트 코로나 시대 언택트(비대면) 문화와 생활이 가속화되면 미디어를 통한 목회와 선교가 더욱 중요해진다. 이때 언택트(비대면)와 택트(대면)를 적절하게 상호 보완되게 활용할 필요가 있다. 또한 언택트(비대면) 예배와 모임이라도 사전에 녹화된 동영상으로 하면 안되고 가능한 실시간 양방향으로 진행하여 목회자와 성도가 함께 상호 현존감을 느끼며 역동적인 예배와 모임이 되도록 하여야 한다. 이제 예전과 달리 누구나 몇 시간의 미디어 활용 교육을 받게 되면 스마트폰 등 미디어를 통해 이러한 실시간 양방향 목회 · 선교 서비스 제공이 가능하게 되므로 이를 적극 활용해야 한다.

셋째, 포스트 코로나 시대를 맞이하여 따뜻한 공동체 목회 · 선교를 활성화하는 도구로 미디어를 적절하게 활용할 필요가 있다. 포스트 코로나 시대에는 세상의 변화 속도가 더욱 빨라지고 사람들의 대면 접촉이 더욱 약화되면서 공동체감에 대한 필요가 강화된다. 또한 따뜻한 인성과 함께 고귀한 가치를 추구하는 영성이 더욱 중요해진다. 따라서 소그룹 실시간 언택트 성경공부 모임, 소그룹 실시간 언택트 구역 모임, 소그룹 실시간 언택트 찬양 모임 등 미디어를 활용한 소그룹 공동체 모임을 활성화할 필요가 있다.

넷째, 포스트 코로나 시대에 한국 기독교계에서는 스마트폰 등 미디어에서 교인들에게 감동으로 다가갈 수 있는 기독 콘텐츠 제작과 이를 쉽게 접할 수 있도록 다양한 미디어를 통한 공급에 앞장서야 할 것이다. 또한 기독교인과 기독교계 및 기독언론은 공히 협력하여 이 세상에 기독교적인 선한 가치관을 담은 양질의 클린콘텐츠를 제작하고 미디어를 통해 확산하는 데 동참하여 아름다운 세상을 만들어 가는 데 각자의 처소에서 최선을 다해야 할 것이다.

다섯째, 포스트 코로나 시대를 맞아 전체 기독교인이 스마트선교사로서의 역할을 담당할 수 있도록 교육하고 변화되어야 한다. 포스트 코로나 시대에 가장 영향력이 크고 활용이 확산되고 있는 스마트폰을 목회와 선교 차원에서 활용할 필요가 있다. 한국의 스마트폰 가입자 수는 6,000만 명이 넘고 전 세계적으로 56억 명이 스마트폰을 사용하고 있다. 국내는 유아를 제외한 전 인구가 스마트폰을 사용하고 있고 몽골이나 네팔의 오지에서도 스마트폰을 사용하고 있을 만큼 전 세계적으로 이미 확산되어 있고 사용 시간과 가입자 수가 계속 증가하고 있다.

특히 언택트(비대면) 문화가 확산될수록 스마트폰의 사용 시간이 증가하고 있다. 이에 스마트폰을 목회와 선교의 도구로 활용하면 그 효과가 매우 높을 것이므로 목회자와 선교사뿐만 아니라 전 기독교인이 스마트폰을 통한 복음과 기독교 콘텐츠를 확산하는 스마트선교사로서의 역할을 감당할 수 있도록 한국교회가 교육하고 노력할 필요가 있다. 스마트 강국인 한국은 미디어나 IT전문가들 뿐만 아니라 기독교인 누구나 관심을 가지고 배우면 쉽게 익혀 누구나가 스마트선교사로서의 사역이 가능하다. 누구나 스마트폰마다 성경과 기독교에 대한 콘텐츠를 담고 대상별로 쉽고 재미있게 성경을 대면과 비대면으로 함께 공부하고 기독교 콘텐츠를 함께 공유하고 만드는 스마트선교 사역을 담당하게 할 수 있다.

평신도 스마트선교사들은 일상생활의 자투리 시간, 즉 출근시간, 점심시간, 퇴근시간 등을 찬송가, 성경퀴즈, CCM, 말씀 묵상을 돕는 앱 등을 활용하여 평상시에도 경건생활과 영적 생활의 기회로 선용할 수 있게 된다. 또한 적극적으로 교인들과 영적으로 교재하고 소통함으로서 하나님의 은혜를 함께 나눌 수 있다. 그리고 평소에 기독교적 가치를 담은 건강한 메시지를 친지들에게 보내고 SNS를 통해 소통하면서 자연스럽게 복음을 전하는 스마트선교사로서의 역할을 담당할 수 있게 된다.

한미선 스마트선교아카데미(원장 안종배 교수)는 포스트 코로나 시대

100만 스마트선교사 양성이라는 비전을 가지고 스마트폰을 통한 성경공부와 복음 전파 및 선교 확산에 전 기독교인이 참여할 수 있도록 교육적 사명을 담당하고 있다. 스마트선교사 양성 교육을 통해 스마트 바이블 스터디 방법, 언택트(비대면) 실시간 양방향 공동체 모임 방법, 스마트 전도 방법, SNS 활용 선교 방법, 기독교 콘텐츠 제작과 확산 방법을 배우고 일상생활에서 선교사로서의 역할을 수행할 수 있게 된다.

여섯째, 포스트 코로나 시대 교회가 다음세대의 미래 역량을 함양하는 데 미디어 선교를 적극 활용할 필요가 있다. 다음세대는 스마트폰을 과도하게 사용하고 있지만 기독교 콘텐츠나 복음 관련한 활용은 전무하다시피 한다. 교회에서 다음세대들이 스마트폰을 스스로 절제하도록 지도하고 동시에 스마트폰으로 성경적 메시지를 영상으로 만들도록 하여 SNS를 통해 공유하고, 언택트(비대면) 실시간 양방향으로 서로 소통하면서 스마트폰을 건강하게 사용하는 방법을 익혀 스마트 미래 역량을 함양토록 지도할 필요가 있다. 이를 통해 다음세대들에게 기독교적 메시지와 콘텐츠가 확산되고 친구들에게 스마트폰을 통한 소통과 전도를 할 수 있게 될 것이다.

또한 기독교계가 다음세대 중 스마트폰 1인미디어 최고의 전문가를 양성하고 이들이 기독교적 가치와 세계관을 가지고 유튜브 1인미디어와 콘텐츠 업계의 리더가 될 수 있도록 지원해야 한다. 세상에서 1인미디어와 콘텐츠의 영향력은 더욱 커질 수밖에 없고 이것은 결국 역량을 갖춘 인재에 의해 좌우된다. 1인 방송과 SNS에 복음과 기독교적 가치를 담고도 인기를 얻을 수 있는 양질의 콘텐츠를 만들고 방송할 수 있는 기독교 세계관을 갖춘 역량있는 크리에이터와 콘텐츠 전문가를 기독교계가 양성해야 할 것이다.

미디어는 인간의 확장이라는 마샬 맥루한의 말처럼 포스트 코로나 시대에 스마트폰과 1인미디어를 포함하여 미디어는 지속적으로 확장되고 영향력을 증대시키고 있다. 어느덧 우리는 잠에서 깨어 눈을 뜨는 순간부터 잠들 때까지 미디어를 사용하는 미디어 라이프 시대에 살고 있다. 더구나 언택트문화 확산으로 미디어의 영향력과 중요성은 더욱 강화될 것이다. 이렇게 확장되어 가고 있는 미디어를 기독교는 거부할 것이 아니라 이를 적절하게 수용하고 지혜롭게 잘 활용할 수 있어야 할 것이다.

모든 미디어는 동전의 양면처럼 유해한 측면과 유용한 측면이 동시에 존재한다. 어떤 측면을 선택할 것인지는 미디어 사용자의 몫이다. 이제 모든 기독교인은 미디어의 유용한 측면을 선택하고 하나님의 뜻에 합당하게 '너희는 이 세대를 본받지 말고 오직 마음을 새롭게 함으로 변화를 받아 하나님의 선하시고 기뻐하시고 온전하신 뜻이 무엇인지 분별하도록 하라'(롬 12:2)라는 말씀처럼 미디어와 콘텐츠 사용에 있어 기독교적 가치와 세계관을 기초로 한 분별력을 가지도록 해야 할 것이다.

그리고 '그런즉 너희가 먹든지 마시든지 무엇을 하든지 다 하나님의 영광을 위하여 하라'(고전 10:31)는 말씀에 따라 자신의 처소에서 각자가 하나님의 메시지와 가치를 전하는 미디어 선교사로서의 역할을 담당할 수 있도록 해야 할 것이다.

안종배
서울대학교
연세대 언론홍보대학원, 경기대 대학원
UCLA 디지털미디어콘텐츠 Post과정 수료
Michigan State University 대학원 (Ph.D.)
(현) 한세대학교 미디어영상학부 교수, 미래창의캠퍼스 이사장
　　국제미래학회 회장, 클린콘텐츠국민운동본부 회장
　　미래목회포럼 정책자문위원, 유비쿼터스미디어콘텐츠연합 대표
(저서) 『미래예측2030』, 『클린 UCC제작과 SNS 건강한 활용법』,
　　『미래학원론』, 『대한민국 4차 산업혁명 마스터플랜』

선교의 전략과 방향

안승준

코로나바이러스19가 전 세계를 휩쓸고 있다. 세계 경제를 후퇴시키고 세계인들을 불안과 공포와 질병과 죽음으로 몰아넣고 있다. 언제 이 코로나바이러스는 진정될까? 아직 누구도 섣부른 장담을 할 수 없는 상황이다. 마땅한 치료약조차 없고 백신조차 아직 개발되지 않고 있다. 단지 내년쯤 백신이 개발되면 코로나바이러스19가 크게 수그러들 것으로 예상할 뿐이다. 많은 의료 전문가들은 이번 가을이 되면 아직도 기승을 부리고 있는 코로나바이러스19의 제2차 대유행과 감염이 올 것으로 보고 있다. 이러한 상황에서 코로나바이러스 이후의 시대를 진단하는 것은 매우 힘든 작업이다. 더군다나 코로나바이러스19 이후의 선교의 방향을 예상한다는 것은 녹록치 않은 일이다. 그렇지만 코로나19 이후의 선교의 전략을 준비하는 것은 지금 우리가 대면한 긴급한 현안이다. 코로나바이러스19 시대 이후 선교는 어떻게 변화될 것이며 어떤 패러다임 쉬프트가 필요할까?

선교의 전략과 방향

전통적 선교 방식의 변화
미국의 전 국무장관 헨리 키신저는 *Wall Street Journal* 기고를 통해서 코로나바이러스 이후의 시대에 대해 이렇게 예상했다.

> 코로나19 대유행병이 끝날 때 다수의 국가들의 기관들이 실패했다는 것으로
> 인식될 것이다. 이 판단이 객관적으로 공정한지는 관계없다. 현실은 코로나
> 바이러스 후의 세계는 결코 지금과 같지 않을 것이다. … 번영이 국가 간의
> 무역과 사람들의 이동에 의존하는 시대에 코로나바이러스 대유행병은 시대
> 착오인 (중세적) 성곽 도시의 부활을 증대시키고 있다.[1]

전 세계는 금번의 코로나바이러스 위기를 통해서 다국적 기업의 문제
와 한계를 경험했다. 중국에 생산 기지를 둔 기업들은 코로나바이러스로
인해 중국 공장이 폐쇄되고 부품이 공급되지 않자 공장 가동을 중단할
수밖에 없었다. 자동차 조립의 경우, 몇 가지 부품 공급이 차질을 빚자
공장이 멈춰 서는 일들이 세계 곳곳에서 발생했던 것이다. 이러한 경험
으로 앞으로 기업들의 본국으로의 U-turn 현상이 가속화될 것임은 명백
하다.[2] 세계의 경제와 무역과 다국적 기업에만 변화가 발견되는 것일까?
코로나이후 우리의 생활과 문화, 그리고 세계선교에도 패러다임의 변화
가 예상된다. 전통적인 교회와 교단, 선교 기관 중심의 선교로부터의 지
각 변동은 불가피해 보인다.

오랫동안 오프라인으로 대면예배를 드렸던 교회들이 이제 어느덧 온

---

1 'When the 코로나19 pandemic is over, many countries' institutions will be perceived as having
failes, Whether this judgment is objectively fair is irrelevant. The reality is the world will
never be the same after the coronavirus... The pandemic has prompted an anachronism, a
revival of the walled city in an age when prosperity depends on global trade and movement of
people' Henry A. Kissinger, *The Coronavirus Pandemic Will Forever Alter the World Order*, Wall
Street Journal, April 3, 2020 https://www.henryakissinger.com/articles/the-coronavirus-
pandemic-will-forever-alter-the-world-order/

2 "국제 공급망 재편이 '포스트 코로나' 시대를 대비하는 화두로 떠올랐다. 이 과정에서 리쇼어
링(Reshoring), 혹은 '기업 유턴'이 주목받고 있다. 뱅크오브아메리카 조사 결과, 중국에 거점
을 둔 다국적기업 가운데 리쇼어링을 검토하는 곳이 80%에 달하는 것으로 나타났다." (『문화
일보』, '포스트 코로나19 시대'의 19가지 '뉴 트렌드'…, 2020-05-13) http://www.munhwa.
com/news/view.html?no=2020050401031442000001

라인예배라는 비대면예배의 시대로 들어서고 있다. 타문화권 선교 역시
도 변화가 예상된다. 세계 각국의 국경 봉쇄 조치는 선교사들의 입국을
막고 있다. 국경 봉쇄가 얼마나 지속될지 알 수 없으나 코로나19는 기존
의 선교에도 많은 변화를 주게 될 것이다. 약 70% 정도의 선교사들이 현
재 선교지에 체류하고 있지만 이 가운데도 상당수는 선교 상황의 급변으
로 인해 여건이 허락되면 본국으로의 귀환을 생각하는 이들이 적지 않은
실정이다. 그런데 출국 이후에 다시 선교지로 귀환하는 일은 더욱 어려
워지고 있다. 코로나바이러스로 인해 앞으로는 선교지에 입국하는 것은
더욱더 까다로워지고 제한될 것이다. 이에 대한 준비와 대책 마련이 시
급한 선교적 과제가 되었다.

아날로그에서 디지털선교로의 변화

디지털선교는 코로나바이러스19 이전에도 선교단체들과 교회들에 의
해 이미 활발하게 진행되고 있었다. 기존의 선교단체들에서는 전통적 선
교사들이 갈 수 없는 회교권이나 공산권 지역을 대상으로 위성방송 또는
온라인을 통한 복음 전파 작업을 효과적으로 수행하고 있었다. 미디어와
온라인 선교로 많은 수의 무슬림들이 복음을 접하고 그리스도를 영접하
는 일들이 이슬람 지역에서 일어나고 있다.

이란 지역에도 온라인 선교를 통해 복음이 은밀하게 확산되고 있다.
코로나19는 이러한 디지털선교의 중요성을 다시금 일깨워주었다. 코로
나바이러스 시대 속에서 교회와 선교단체들은 우수한 선교 인력들을 선
발하여 훈련하고 디지털선교에 배치해야 한다. 치열해지고 있는 사이버
전쟁의 시대 속에서 그리스도의 사이버 전사들이 SNS를 누빔으로 진리
에 목말라하는 영혼들에게 '들리는 복음', '상황화 된 복음'을 전파하도록
해야 한다.

자비량선교(Tent-making Mission)

이곳 아프리카에서도 코로나바이러스 후폭풍으로 선교후원이 감소하고 있다는 소식이 이곳저곳에서 들려온다. 본국 교회들의 재정 수입의 감소는 선교 지원 감소로 이어지고 선교사역의 위축으로 나타나게 될 것이다. 그러나 이러한 현상은 긍정적 측면에서는 사도 바울이 실천했던 자비량 선교를 활성화시킬 것이다. 사도 바울은 안디옥교회, 빌립보교회 등에서 선교 지원을 받기도 했지만 친히 일하며 복음을 전했던 텐트메이킹(tent-making)선교의 모범이다: '형제들아 우리의 수고와 애쓴 것을 너희가 기억하리니 너희 아무에게도 누를 끼치지 아니하려고 밤낮으로 일하면서 너희에게 하나님의 복음을 전파하였노라'(살전 2:9)

코로나19으로 인한 선교사역의 위축은 이후의 자비량선교의 증대로 이어져 궁극적으로는 선교사역의 체질이 오히려 강화될 것으로 보인다. 우간다와 아프리카 곳곳에서도 텐트메이킹선교는 지속적으로 증대되고 있다. 학교사역, 농장사역, 병원사역, 지역개발은 초기의 희생과 투자기를 거쳐 이제 자립이 가능해지는 곳들이 많아지고 있다. 선교로서의 사업(business as mission)은 포스트 코로나 시대의 대안으로 떠오르고 있다.

전체적 선교(Holistic Mission)의 가속화

미국과 영국과 캐나다, 호주에서 선교사들이 입국하여 활동하기 시작했던 19세기 말 조선은 전체적 선교(holistic mission)가 요청되는 시기였다. 이미 조선 왕조는 19세기 초에 호열자(콜레라)로 큰 타격을 입었고 콜레라의 2차, 3차 발생으로 19세기 말 조선 왕조는 서구의 의료선교에 문호를 개방할 수 있었다. 지금도 제3세계 국가들에게 학교와 병원, 기업의 투자, 공공 인프라의 필요는 절실하다. 이슬람권에서는 기독교의 선교 전략이었던 전체적 선교와 같은 방식으로 포교 확장을 시도하고 있다.

이러한 영향으로 이전의 기독교가 다수를 이루던 케냐와 탄자니아와 같은 국가들은 서서히 이슬람에 의해 잠식당하고 있다. 기독교인 비율이 인구의 70-80%에 이르던 아프리카 국가들의 기독교인 비율이 실제적으로 30-40%까지 떨어지기 시작하고 이슬람이 점차 정치와 사회와 종교, 교육 분야에 영향력을 확장하고 있다. 코로나 시대를 지나며 평신도 선교를 극대화하여 1974년 로잔대회의 선언에서도 명시된 것처럼 복음 전파와 사회정의 구현과 봉사가 균형을 이루는 전체적 선교가 지속되어야 한다. 우간다에서도 타 선교지와 같이 곳곳에서 코로나바이러스로 어려움 중에 있는 현지인들을 돕기 위한 식량 제공 사역과 마스크를 제공하는 사역과 지역 후원 사역들이 한인 선교사들에 의해 활발히 진행되고 있어서 코로나바이러스가 지역 공동체와의 유대 관계를 강화하는 선교의 모판이 되고 있다.

개별적 선교에서 네트워크선교로

코로나19를 지나면서 각개전투형의 개별적인 선교가 아니라 협력하고 연계하는 네트워크선교, 협력 선교, 공동체적 선교가 가속화되리라 예상된다. 중국 우한발 코로나바이러스의 전파는 세계 곳곳에서 중국인들뿐 아니라 아시아 사람들에 대한 혐오와 차별을 초래했다. 이곳 우간다의 선교 현장에서도 한국 선교사들을 향한 혐오 행위와 폭력 사건들이 종종 발생하고 있다. 어느 동료 선교사 가정은 캄팔라에 나갔다가 가족들이 차 안에 머무는 동안 유리를 깨뜨리는 일을 당하기도 했다. 사람들이 많이 모이는 현지 시장에 가면 '코로나바이러스'를 외치는 현지인들을 쉽게 접한다.

그렇지만 이러한 위기와 긴장은 오히려 다른 교단과 배경을 가진 현지 선교사들 사이에 일체감과 연대감, 협력 정신을 더해 주면서 선교사역의 네트워크화를 돕고 있다. 코로나바이러스 시대가 주는 이러한 선순환적 현상은 선교 현장에서 사역의 중첩으로 인한 선교 자원의 낭비를 막고 선교의 동력을 극대화하게 될 것이다. 포스트 코로나바이러스 시대 더욱 열악해지게 될 선교 현장의 돌파와 복음화를 위해 교회와 교단과 선교단체를 넘어 협력하는 네트웍 선교 전략이 절실해지고 있다.

선교적 교회의 가속화

'선교적 교회'로 잘 알려진 밴 겔더(Van Gelder)는 그의 책 『교회의 본질』에서 대다수의 북미 교회들이 교회의 본질과 성격을 하나님의 구속적인 통치를 받는 하나님의 공동체, 하나님의 나라를 전파하는 선교 공동체보다는 제도적, 기능적, 단체적인 관점에서 이해하고 있음을 지적하고 있다.[3] 코로나바이러스는 이러한 전통적 교회의 예배를 제한하고 있다. 주일 회집의 예배에서 소수 신자들의 그룹 예배와 모임으로의 전환은 교회의 본질에 대한 반성을 가져왔고 교회가 오히려 선교적 본질을 회복하는 데 기여하고 있다.

하나님의 공동체, 그리스도의 선교 공동체로서의 교회의 본질 회복은 단지 선교지뿐 아니라 그리스도인들의 가정과 일터에서 사회와 문화의 각 영역에서 선교적 삶을 살게 할 것이다. 근래 많은 동남아 노동자들의 입국은 한국사회의 다문화가정을 양산하고 있으며 이것은 동시에 한국교회에 특별한 선교적 기회로 다가오고 있다. 이러한 현상은 북미에서도 동일하다. 더 나은 직업과 교육과 삶의 기회를 찾아 미국과 캐나다로 오는 난민 무슬림들이 늘고 있다. 미국에서도 서서히 모스크와 불교와 힌두교의 사원들이 늘어나고 있다. 스캇 모로우(A. Scott Moreau)는 내 이웃집에 이러한 타종교인들이 살고 있는 것이 복음 전파와 선교의 '전무후

---

3 "But it has not yet worked its way into the life of many of the denominations, missional structures, and local congregations that make up the North American church. Most of these still assume that the church is to be understood primarily either in institutional, functional, or organizational terms. There is a lack of emphasis on God's redemptive reign shaping the church as a social community." (Craig Van Gelder, *The Essence of the Church: A Community Created by the Spirit* [Grand Rapids, MI: Baker, 2000], Kindle Locations 1188–1191).

무한 기회의 시간'임을 강조한다.[4]

선교의 본질은 불변

코로나 이후 시대에도 지상명령은 지속될 수 있을 것인가? 육상과 해상과 공중의 이동이 제한되는 시대를 살게 될 때, 과연 주님께서 말씀하신 "그러므로 너희는 가서 모든 민족을 제자로 삼으라"는 선교의 지상명령 수행이 가능할까? 물론 물리적으로 모든 족속에게 가는 일은 제한될 것이다. 그렇지만 2000년의 교회 역사와 선교의 역사는 어떠한 물리적인 제한과 팬데믹 속에서도 지상명령이 지속되어 왔음을 증거한다. 비록 코로나바이러스19가 선교적 이동을 제한하게 될 것이지만 지상명령 수행은 중단되지 않을 것이다. 다양한 형태와 형식 속에서도 '가서 제자 삼고 그리스도의 말씀을 가르치고 지켜 행하게 하는 일'은 변함없이 지속될 것이다.

이것은 선교가 본질적으로 인간의 편에서 이루어지는 일이 아니라 하나님께서 하시는 일이기 때문이다. 니느웨로 가기를 거부했던 요나를 큰 물고기를 동원해서라도 다시 니느웨로 가게 하신 선교의 하나님께서는 코로나바이러스19 이후에도 선교를 가능하게 하실 것이다. 데이비드 보쉬(David Bosch)는 "이스라엘이 열방으로 가려 하지 않았고 열방을 야훼 하나님에 대한 믿음으로 부르려 하지 않았던 구약 시대에 선교사가 있었다면 바로 하나님 자신이다"[5]라고 말했다.

선교는 하나님의 구속사의 중심이기에 코로나바이러스19 이후에도 하나님께서는 어떤 제한에도 불구하고 그의 백성들을 구원하시는 세계 선교의 일을 중단치 않으실 것이다. 레슬리 뉴비긴(Lesslie Newbigin)은 택

---

4 A. Scott Moreau, Gary R. Corwin, and Gary B. McGee, *Introducing World Missions: A Biblical, Historical, and Practical Survey (Encountering Mission)* (Grand Rapids, MI: Baker, 2009), Kindle Locations, 341–44.

5 David Bosch, *Transforming Mission: Paradigm Shifts in Theology of Mission* (Maryknoll, N.Y.: Orbis, 1991), 19.

하고 보내시는 하나님의 선교에 대해 이렇게 말한다.

> 선교는 하나님의 것이지 우리의 것이 아니다. 그러나 하나님께서는 그의 선교사역을 위해 남녀들을 선택하신다. 그리스도인이 되는 것은 특권을 위해서가 아니라 책임을 위해 선택받은 사람들의 부분이 되는 것이다. 성경 전체에 매우 중심적인 선택의 교리는 선교에 대한 진정한 이해에 필수적으로 중심적이다. 선택의 교리는 잘못 해석되어 와서 폭넓게 거부되고 있다. 선택교리의 그릇되고 고착된 형태들을 거부하는 것은 타당하다. 그러나 기독교의 선교가 하나님의 보내심이며 하나님께서 보내실 자들을 보내시는 것임을 인정하지 않는 어떤 기독교의 선교교리도 참될 수 없다.[6]

코로나바이러스19로 일상화된 디지털과 비대면, 온라인선교의 시대 속에서도 그의 종들을 선택하고 보내시는 하나님의 선교는 지속된다. 그리스도의 재림 직전, 역사의 마지막 무대까지도 하나님께서는 땅의 사람들을 죄악에서 돌이키시고 구원하시기 위해 모세와 엘리야가 행했던 유사한 기사와 이적을 행하게 될 두 명의 그리스도의 복음의 증인들을 보내실 것이다(계 11:3).[7]

---

6   "The mission is God's, not ours. But God chooses men and women for the service of his mission. To be a Christian is to be prt of the chosen company − chosen, not for privilege, but for responsibility. The doctrine of election, so central to the whole of the Bible, is necessarily central for a true understanding of missions. It has been misconstrued and therefore widely rejecteds, The rejection of false and immortal forms of the doctrine of election is right. But no doctrine of the Christian mission can be true which does not recognize that it is God's sending, and that he sends whom he will." (Lesslie Newbigin, *The Open Secret* [Grand Rapids, MI: Eerdmans, 1990], 19).

7   Grant R. Osborne은 요한계시록 11:3의 두 증인들을 교회 혹은 모세, 엘리야 두 사람이라기보다는 모세와 엘리야의 영과 능력 속에 나타날 종말론적이고 역사적인 인물들로 본다: "On the basis of the details of their ministry in 11: 3 − 6, the most likely background for these figures is Elijah and Moses. Like the Baptist, however, they will appear "in the spirit and power" of Moses and Elijah (cf. Luke 1: 17) rather than being those personages." (Grant R. Osborne, *Revelation* [Grand Rapids, MI: Baker, 2002], Kindle Locations, 9350−9351).

그것이 온라인이든 오프라인이든 비대면이든 대면이든 디지털이든 아날로그의 형태이든 그리스도께서 그의 택하신 자들을 구원하시고 그 대적들을 발아래 두실 왕적 통치가 완성되는 그날까지 그리스도의 복음은 매임 없이 전파되고 확장될 것이다.

'복음을 인하여 내가 죄인과 같이 매이는 데까지 고난을 받았으나 하나님의 말씀은 매이지 아니하니라'(딤후 2:9).

안승준
총신대학교 신학과 (B.A.)
Westminster Theological Seminary (M.Div.)
Fuller Theological Seminary (M.A.)
Grace Theological Seminary (D.Miss.)
(현) 우간다 선교사
　　우간다개혁신학대학 교장
(전) 애플톤장로교회 담임목사

시민으로서의 그리스도인

문시영

코로나 때, 한국교회는

여전히 시민사회의 지탄을 받았다. 어쩌면, 더 심각해진 것일 수 있다. '신천지'까지 엮이면서 한국교회는 '천덕꾸러기' 정도가 아니라 '공공의 적'으로 내몰렸다. '팬데믹'은 한국교회가 그동안 받아 온 온갖 안티를 증폭시켰다. 목회자 납세문제, 그루밍 성폭행을 비롯한 도덕성 문제 등으로 가뜩이나 시민사회의 시비에 걸려 있던 판에 기름을 부은 격이다. 안타까움과 자성의 마음을 감출 길 없다.

예배 문제는 결정타였다. 방역 지침을 따르지 않고 지역사회를 배려하지 않은 채 이기적으로 자기들만의 관심에 집착한다는 비난이다. 온라인예배를 드리고 심지어 자동차극장 방식으로 예배하는 등 노력했지만, '현장예배'를 강행한다는 것에 대하여 반사회적이고 반시민적이라는 비난을 받아야 했다. 주일을 성수하려던 것이었지만, 시민들이 보기에는 비난과 정죄와 심판의 대상이다. 매체마다 교회가 협조하지 않는다는 이야기가 넘쳐났다. 이는 결국에는 '교인'들이 '시민'답지 못하다는 이야기였다.

더 안타까운 것은 교인들 사이에 자조 섞인 조롱까지 나왔다는 사실이다. "예배에 빠지지 말라고, 낮예배 저녁예배 삼일기도회 새벽기도회 전부 다 참석하라 강조했고 심지어 앞자리부터 밀착해서 앉아야 한다고 가르쳐 왔잖아?" 교회가 잘못 가르쳐 왔던 탓에, 결국에 집단감염 위험이라는 사달이 난 것이라는 조롱이다. 교회학교를 비롯한 대부분의 모임이 올스톱되는 코로나 와중에, 교회는 시민들로부터 그리고 교인들로부터 비난과 정죄와 심판의 대상이었던 셈이다.

시민의 지탄을 받는 것 자체도 안타깝지만, 그나마 있던 교인들조차 떠날 지경이라는 염려가 상당하다. 이것이 포스트 코로나에서는 '가나안 교인'이 급증할 것이라는 냉소적이면서도 현실성이 높은 예측을 하는 이유이다. 단순히 예배 참석자 수가 회복되고 교회의 활동들이 재개되는 것에만 관심하기보다 진정한 의미에서 예배가 회복되고 교회가 개혁되는 고민이 필요한 시기이다. '개혁된 교회는 항상 개혁되어야 한다'(ecclesia reformata semper reformanda est)는 종교개혁자들의 명제를 절감할 필요가 있겠다.

시민으로서의 교인

정말, 교회는 시민성이 모자란 것일까? 심지어, 반사회적이고 반시민적인 집단일까? 아무리 항변해도, 코로나 시국의 한국교회는 딱 그 모습으로 비춰진 것만 같다는 안타까움을 지울 수 없다. 더욱 큰 안타까움은 교회가 충분한 자원을 지니고 있음에도 불구하고 그것을 구현하지 못한 탓에, 시민성 부족으로 내몰리고 있다는 사실이다. 교회의 '공공성'(公共性, publicness)이 바로 그것이다. 공공성이라는 것 자체가 시민성을 적극적으로 풀어낸 용어라는 점에서, 관심해야 할 부분일 듯싶다.

미국적 의미의 공공신학자로 불리는 스택하우스(Max L. Stackhouse)에 따르면, 기독교 신앙을 사사화(私事化, privatization)하는 것은 결코 바람직하지 않다. 신앙을 사적 영역에 가두어 두는 것은 기독교의 본래적 가치가 아니라는 뜻이다. 스택하우스는 칼뱅신학에 대한 해석에서 하나님의 주권이 특별은총의 영역인 교회에 국한되는 것이 아니라 일반은총의 영역에서도 드러난다고 말한다. 신앙을 교회 안에서 사적 영역에 속하는 것으로 제한시키면 안 된다는 뜻이다. 동시에, 시민사회가 교회를 시민적 담론에서 배제하려는 경향에 적극적으로 대처해야 한다는 취지도 스택하우스의 관점에 담겨있다.

이것을 '공공신학'(public theology)이라고 한다. 그것은 새로운 신학사조 중에 하나가 아니라, 기독교 신앙의 본래적 가치에 속한다. 스택하우스가 속한 영미권의 신학은 물론이고 독일과 유럽의 신학에서도 강조되어 온 통찰을 개념화한 것이라 할 수 있겠다. 하나님을 정치, 경제, 역사의 모든 영역에서 주권자로 고백하는 신앙이어야 함을 일깨워 준다. 교회는 시민사회 속에서 공적 삶을 신학의 주제로 삼아야 하며 현대의 정치−경제적 구조를 다루는 청지기가 되어야 마땅하다는 뜻이다.[1]

공공신학으로 보면, 교회는 시민성이 모자란 집단이 아니다. 반사회적이고 반시민적인 단체는 더더욱 아니다. 이미 간직하고 있는 공공성을 깨닫지 못하고 그것을 펼쳐내지 못하고 있을 따름이다. 한국교회는 이러한 공공신학적 통찰을 바탕으로, 공공성에 관심하고 개혁신앙의 전통에 뿌리내리고 있는 공공성의 능력을 발휘해야 마땅하다. 이렇게 말하면 어떨까 싶다. "교회의 공공성을 가두지 말고 풀어 놓아라." 영문으로 옮기면, "release church's publicness"쯤 되겠다. 교회가 본래부터 시민성이 부족한 집단이 아니라, 공공성을 지니고 있다는 뜻을 강조하려는 취지이다.[2]

이러한 뜻에서, 그리스도인은 공적 관심을 가져야 한다. 분명, 그리스도인은 종교개혁자들이 말했듯 세상에 살지만 세상에 속하지 않은 존재이다. 혹은 아우구스티누스가 말했듯 하나님의 도성에 속한 자들로서 지

---

1 Max. L. Stackhouse, *Public Theology and Political Economics* (Lanham, MD: University Press of America, 1991), 14

2 공공신학과 관련하여, 다음 책을 참고하라. 새세대교회윤리연구소, 『공공신학이란 무엇인가?』(성남: 북코리아, 2007).

상의 도성을 지나는 동안 정의와 평화를 사용하면서 하나님의 도성을 향한 순례길을 가는 존재라고 할 수 있다. 이러한 명제들을 공공신학으로 다시 읽어내면, 이렇게 된다. 공적 영역 안에서 살고 있다는 점에서, 그리스도인은 공공성을 실현해야 한다. '시민으로서의 교인'이기 때문이다.

'시민으로서의 교인'에 대한 발견과 인식을 실천에 옮기는 길은 무엇일까? '공적 제자도'(public discipleship)를 소개하고 싶다. '사회적 제자도'라는 말을 쓰기도 한다. 제자 개념과 제자도라는 말은 한국교회에 익숙한 용어들이다만, 그 앞에 '공적'이라는 수식어를 붙이는 것은 나름의 이유가 있다. 교회 안에서, 성경공부 클래스에서 제자의 삶을 배우는 단계를 넘어 사회적 지평 혹은 공적 영역으로 제자도를 확장시키자는 취지이다.

공적 제자도는 특히 기독교윤리학에서 다루는 이슈이다. 그 핵심은 제자도를 공적 영역에서 실천해야 한다는 데 있다. 특히, 공공성에 대한 관심 혹은 공공신학과 접맥될 수 있겠다. 분명히, 예수 그리스도의 제자로 살아가는 것은 개인의 삶에 국한되지 않는다. 공공의 영역에서도 제자로 살아야 마땅하지 않겠는가?

예를 들어, '행동하는 신앙인'이라는 별명을 가진 본회퍼처럼 사회적 맥락에서 제자의 길을 걸어가는 것을 생각하면 공적 제자도를 더 분명하게 설명할 수 있겠다. 예수 그리스도께서 주신 값비싼 은혜를 싸구려 은혜로 전락시키지 않는 제자의 길을 걸어야 한다는 뜻이다. 응용해 보자. 시민사회에서, 시민으로서의 교인은 신앙을 사사화하지 않고 공공성에 관심해야 한다. 공공성을 지닌 교회는 공적 책무를 감당해야 한다. 그것도 주도적이고 책임적으로 응답하는 자세가 필요하다.

시비 걸린 것들만 문제일까?

공적 제자도의 실천과 관련하여, 생각해야 할 것이 있다. 무엇보다도,

코로나 상황에서 시민사회의 천덕꾸러기로 내몰리고 공공의 적이 되어 버린 한국교회가 어떻게 이 상황을 헤쳐 나갈 수 있을까? 특히, 포스트 코로나에서 교회가 관심하고 실천해야 할 과제는 무엇일까? 지금의 정황에서 한국교회에 던져진 질문을 마주하면서 '이 또한 지나가리라'라고 생각한다면 문제만 더 커질 따름이다. 깊은 자성을 바탕으로 바른 대안을 모색하는 것이 정공법이다.

솔직히, 시민사회가 교회를 향하여 시비를 걸어온 일은 한두 가지가 아니다. 코로나 정황에서만 문제가 된 것은 아니라는 뜻이다. 목회자 납세의 문제, 목회자의 도덕성 문제, 이단과 사이비 문제를 비롯하여 여러 가지로 시비가 걸려있다. 그것 모두를 무시하고 지나가기에는 버거워 보인다. 더구나, 시비 걸린 것들만 문제라고 생각해서도 안된다. 시민의 눈치나 보면서, 그때그때 대처하는 방식으로는 문제를 풀어낼 수 없다.

하기야, 시비를 걸기 시작하면 끝이 없기는 한다. 예를 들어, 아우구스티누스의 『신국론』(De civitate Dei)에 '심지어, 비가 오지 않는 것까지도 기독교를 탓하는' 로마인들을 마주해야 하는 정황도 있었다. 교회를 시민성 결여의 집단으로, 그리스도인을 공공성에 무관심한 사람들로 보기 시작하면 어느 것 하나 시비 걸리지 않을 부분은 없을 것 같다. 그럼에도 불구하고, 기독교를 변증하고자 최선을 다한 아우구스티누스를 기억할 필요가 있겠다.

언젠가, 목회자 납세와 관련된 토론에서 '교회가 납세 문제에 성실하게 대응하면 신뢰를 회복할 수 있을 것'이라는 취지로 누군가 제언하셨을 때, 필자로서는 회의적이었다. 그분의 생각이 틀렸다는 뜻이 아니다. 그 이상의 노력이 필요하다. 납세로 시비 걸리면 그 문제에 대응하고, 다른 문제가 생기면 그때 가서 또 다시 대응하고 넘어가는 방식을 넘어서야 한다는 말씀을 드리고 싶은 셈이다.

말씀드리고 싶은 것은 이것이다. 시민사회로부터 시비 걸린 것들만 문제라고 생각할 것이 아니라 적극적으로 책임과 응답의 윤리를 구현해야 한다. 이것이 공공신학을 말하는 이유이기도 한다. 무엇보다도, 공공성을 가진 교회와 시민으로서의 교인에 대한 인식이 절실한다. 그것은 교회와 그리스도인에게 '새로운 무엇'(something new)이 아니다. 교회가 이미 가지고 있으나 깨닫지 못한 것일 따름이다. 시비 걸린 것들에 대한 대증요법식 처리에 급급하기보다 적극적으로 교회가 지닌 공공성의 자원을 펼쳐내는 단계로 나아가야 한다. 그것이 포스트 코로나에 실천해야 할 한국교회의 과제이다.

당하는 개혁? 책임적 응답!

포스트 코로나를 말하면서 시민으로서의 교인을 말하는 이유는 분명한다. '당하는 개혁'이 아니라 '책임적 응답'을 추구하자는 뜻이다. 시민사회로부터 시비가 걸리고 그것을 계기로 그때마가 개혁을 당하는 소극적이고 수세적인 자세를 넘어서야 한다. 적극적이고 공세적으로 책임적 응답을 주어야 하겠다. 기독교 신앙은 수세적인 것이라기보다 공세적으로 전할 복음의 능력에 기초한 것이기 때문이다.

포스트 코로나를 위하여, 한국교회는 당하는 개혁이 아닌 책임적 응답의 길로 나아가야 한다. 코로나 와중에서도 여전히 시민적 지탄을 받아야 했던 모습을 넘어서야 한다. 시민사회의 지탄만 문제가 되는 것은 아니다. 교인들의 자조섞인 볼멘소리에도 민감하게 응답하는 것이 좋겠다. 가나안 교인들의 급증에 관해 대비하는 복음적 대안을 찾아야 하기 때문이다. 이러한 요구들에 대한 최선의 길이 다름 아닌 공적 제자도의 실천이다. 시민으로서의 교인을 말하는 이유도 다르지 않는다.

문제는 한국교회가 복음을 말하면서도 순전한 복음이 아닌 번영의 복음에 길들여져 있다는 점이다. 번영의 복음은 탐욕을 따라가는 모습으로 나타나곤 한다. 그것이야말로 시민사회가 교회를 시민성이 모자란 집단이라고 몰아세우기에 딱 좋은 공격지점일 것 같다. 시민으로서 기본이 되는 시민성을 실천하기보다 탐욕에 휘둘리는 사람들로 인식되는 순간, 교회는 설 자리를 잃게 될 것이 분명한다. 결과적으로, '당하는 개혁'을 피할 수 없게 되는 셈이다.

한 가지, 더 생각해야 한다. 포스트 코로나와 관련하여, 교회가 공적 제자도를 실천하는 길은 시민사회로부터 더 이상 시비가 걸리지 않도록 노력하는 데 그치지 않는다. 오히려 더 적극적이고 주도적이어야 한다. 교회는 공감과 환대의 공동체가 되어야 한다. 예수께서 요구하신 선한 사마리아인의 제자됨 을 구현하는 공동체, '우는 자들과 함께 우는'(롬 12:15) 공감의 공동체가 되어야 마땅한다.

나아가, 교회는 환대의 공동체가 되어야 한다. 십자가 사건을 중심으로 하나님의 '구속적 환대'를 재발견하자는 뜻이다. 그리고 하나님의 '환대'를 받아 구원받은 자들로서, 환대의 공동체가 되는 길을 모색해야 하겠다. 한국교회가 차별과 배제에 익숙하다는 쓴소리를 듣고 있는 현실에서, 성경이 말하는 제자의 길을 찾아야 한다는 뜻이다.

포스트 코로나와 관련하여, 복음적 열정을 놓치지 않으면서도 공공성에 관심하는 공적 제자도의 실천에 힘써야 한다. 시민사회가 시비 거는 일들에 대응하는 수준을 넘어서, 공감과 환대의 공동체를 지향하는 적극적이고 책임적인 자세를 가져야 한다. 시민사회의 환영을 받기 위해서라기보다, 그것이 하나님께서 원하시는 길이기 때문이다.

문시영
숭실대학교(B.A., M.A.)
장로회신학대학원(M. Div.)
숭실대학교(Ph.D.)
(현) 남서울대학교 교목실장
(전) 한국기독교학회 연구윤리위원장, 한국기독교사회윤리학회장
(저서) 『교회의 윤리개혁을 향하여』, 『기독교 윤리 이야기』,
『직업소명과 책임윤리』, 『아우구스티누스와 행복의 윤리학』

PART 06

—

코로나19 · 뉴노멀 · 언택트 시대
삶의 현장

코로나 이후 그리스도인의 경제활동

방선기

코로나바이러스로 인한 세계적인 재앙은 인류 역사의 획을 긋는 사건으로 기록될 만하다. 그런 만큼 코로나 이후의 변화에 대해서 모두가 지대한 관심을 가지고 예측을 하고, 다양한 영역에서 전망을 내놓는다. 크리스천들은 이번 사태로 인해 예배 환경에 큰 변화가 있어서 앞으로 교회가 어떻게 변하게 될지에 대해서 관심을 갖는다. 특히 목회자들에게는 이 문제가 심각하기 때문에 이 문제를 놓고 연구하고 변화를 준비해야 할 것이다. 그런데 교회의 지도자들에게 교회가 어떻게 변하게 될 것인가에 대해서 연구하고 준비하는 것도 중요하지만, 더 중요한 것은 다음과 같은 것들이 될 것 같다. 세상이 변화하는 데 대해 교회는 그 변화를 어떻게 바라보고, 그 변화를 실제로 체험하는 성도들을 어떻게 도울지에 대한 고민이 그것이다. 대부분의 크리스천들에게는 예배의 변화나 교회 활동의 변화도 중요하지만 세상에서 하는 일의 변화와 경제적인 변화가 현실적으로 더 많은 충격을 주기 때문이다.

오랫동안 일터 사역에 헌신했던 사람으로서 코로나 이후에 일터의 변화에 대해서 관심을 갖게 된다. 그리고 경제의 변화가 일터에서 경제활동을 하는 사람들에게 막대한 영향을 미치기 때문에 그것에 대해서도 관심을 갖게 된다. 경제 문제에 비전문가로서 이런 변화를 예측하거나 전망을 할 수는 없다. 다만 전문가들이 말하는 제안을 참고하면서 그런 변화에 크리스천들이 어떻게 대처해야 하는가 에 대한 영적인 지침은 마련해 줄 수 있어야 한다고 생각한다.

일터의 변화

먼저 일터의 변화에 대해서 생각해 보고자 한다. 이번 사태를 겪으면서 가장 심각하게 느낀 것은, 모든 것들이 온라인으로 변하게 된 것이다. 전문가들은 이것을 디지털 경제라고 하는데 이것은 협의로는 '온라인 플랫폼 및 이를 기반으로 하는 활동'을 말하며, 광의로는 '디지털화된 데이터를 활용한 모든 활동'을 일컫는다. 그리고 이런 변화를 디지털 변혁(Digital Transformation)이라고 한다. 이 변화는 이미 시작되었는데 이번 코로나 사태로 인해서 많이 앞당겨지게 되었으며 이 변화의 추세는 다시 돌이킬 수 없을 것이다. 이로 인해 교회도 변하게 되겠지만 세속의 일터 변화는 훨씬 더 심각하다.

디지털 변혁에의 적응

크리스천은 이런 변화에 민감해야 할 뿐 아니라, 이 영역에서 세상에 바른 지침을 내놓을 수 있어야 한다. 왜냐하면 하나님이 이런 변화를 주관하시기 때문이다. 과거에 컴퓨터나 인터넷와 관련된 기술이나 제품들을 사탄과 연계시켜서 비판하고 정죄한 사람들이 있었다. 예를 들면 상품에 찍힌 바코드를 사탄적이라고 비난한 것이다. 그런데 그것은 기술에 대한 이해 부족과 성경해석에 대한 무지 때문에 나온 것이다. 이사야 선지자는 그 시대의 첨단 농사기술을 소개하면서 '농부에게 밭농사를 이렇게 짓도록 일러주시고 가르쳐 주신 분은 바로 하나님이시다'고 했고 그 기술을 가리켜 '이것도 만군의 주님께서 가르쳐 주신 것이다. 주님의 노략은 기묘하며 지혜는 끝이 없다'라고 하나님께 감사했다(사 28:23-29). 지금 이사야 선지자가 다시 태어나서 예언서를 쓴다면 아마도 디지털기술을 언급하면서 하나님께 감사하면서 찬양하지 않았을까 생각된다. 그러므로 크리스천은 디지털 변혁을 하나님의 뜻으로 받고 디지털 변화에 동참하는 것을 소명으로 생각해야 한다.

일터에서 나타나는 구체적인 변화

이런 변화로 인해 일터에서 일어나는 변화는 크게 두 가지로 요약할 수 있다. 산업의 온라인화와 스마트워크이다. 정보산업은 말할 것도 없고 전통적으로 오프라인에서 이루어졌던 많은 일들이 온라인으로 변하기 때문에 이런 변화에 빨리 적응해야 한다. 이것은 단순히 세상의 변화에 적응하기 위함일 뿐 아니라 그렇게 하는 것이 세상을 주관하시는 하나님의 뜻이기 때문이기도 하다. '만물이 그에게서 나고 그로 말미암아 있고 그를 위하여 있다…그에게 영광이 세세에 있기를 빕니다'(롬 11:36). 디지털 변혁과 산업의 온라인화는 하나님의 허락 없이 일어날 수가 없다고 생각한다. 물론 이런 변화에는 부작용이 있다. 예를 들면, 인력 구조의 변화로 인해 많은 사람들이 일자리를 잃게 되는 것이다. 그러나 이것은 피할 수 없는 결과이므로 사람들이 피해를 최소화시키도록 노력해야 한다. 그렇기 때문에 크리스천들은 부작용을 최소화하면서 산업의 온라인화를 추진해야 한다.

산업의 온라인화는 일을 스마트워크로 변화시킨다. 미국에서는 이 변화가 이미 시작이 되었는데, 이번에 코로나 사태로 인해 우리나라에도 현실화되고 있다. 전통적으로 일터에 나와서 일주일에 40시간, 혹은 그이상 일했는데 스마트워크로 인해 집에서 근무하는 재택근무가 확대되고 시간적으로는 유연근무가 확대될 것이다. 이것은 일터의 문화와 직업윤리에 새로운 문제를 제공할 수 있다. 이번에 코로나 사태로 재택근무를 하게 되었을 때 꽤 많은 사람들이 근무시간에 골프를 치러 갔다는 이야기를 들었다. 어떻게 그럴 수가 있나? 라고 하지만 충분히 있을 수 있는 일이다. 크리스천들은 언제 어디서 일하든지 그곳이 하나님이 임재하시는 거룩한 땅이라고 믿는다. 그들이 하는 일을 주께 하듯할 뿐 아니라(골 3:23) 그 일을 전통적인 일터인 사무실이나 공장에서 하든지 집에서 하든지 그곳에서 주님의 임재를 느껴야 한다. 아마도 그래서 스마트워크가 스피릿워크가 되도록 해야 할 것이다.

일터의 변화는 워라벨의 변화도 야기시킨다. 최근에 새로운 세대들이 워라벨을 주장하기 시작했다. 즉, 일과 삶의 균형(Work and Life)을 이루자는 말이다. 기성세대는 일에 너무 치중해서 개인의 삶이나 가정생활을 제대로 누리지 못했다. 그로 인해 산업이 발전하고 경제성장은 이루었지만 가정이 파괴되거나 건강을 잃는 등 많은 불행한 일들이 발생했다. 이에 대한 반작용으로 나타난 것이 워라벨운동이다. 크리스천으로서 그런 변화는 창조사역을 마친 후에 안식하신 하나님의 뜻을 따르는 일이 된다.

그런데 앞으로 일의 형태가 변화하면서 새로운 형태의 워라벨이 필요하지 않을까 생각된다. 즉 고정된 일터에서 정해진 시간에 일을 하지 않고 집에서 다양한 형태로 일하게 되면서 일과 삶의 구분이 애매해질 수 있다. 그런 상황에서는 크리스천들은 새로운 의미의 워라벨운동을 주도해야 할지도 모르겠다.

일과 일터의 변화와 관련해서 또 하나 고려해야 할 것이 있다. 이번에 코로나 사태로 오프라인으로 하던 일이 온라인으로 변하게 되면서 배달 업무가 폭증하게 되었다. 이런 현상은 앞으로 온라인화가 가속될수록 더욱 심화될 것이다. 업무가 온라인화되면서 그 업무를 보완하는 일들이 생기는데, 그것은 흔히 부정적으로 말했던 3D(Dangerous/Difficult/Dirty) 업종이 될 가능성이 많다(물론 이런 일들도 기계나 로봇으로 대체될 수 있지만 어느 정도는 사람들에 의해 이루어질 것이다.). 사람들은 이런 일을 하는 것을 싫어할 뿐 아니라 그런 일의 가치를 인정하지 않는다. 이런 변화에 크리스천은 성경적인 직업관을 갖도록 해야 한다. 사실 이런 일은 고대사회의 노예의 일을 연상시킨다. 바울은 그런 일을 하는 노예들에게 모든 일을 주께 하듯하라고 가르쳤다(골 3:23). 지금 이 시대에 그런 종류의 일을 대할 때 세속적인 기준으로 대하지 말고 그것도 하나님의 소명이 될 수 있음을 인식하고 임해야 한다.

경제적인 상황의 변화

두 번째로 생각해야 할 변화는 경제의 변화이다. 코로나 사태 이후에 세계 경제가 어려워지리라는 것은 어느 누구도 부정하지 못할 만큼 분명한 사실이다. 우리나라에서 있었던 90년대 경제 위기는 심각했지만 우리나라를 비롯한 아시아 지역에 국한되었는데 이번에 맞이할 경제위기를 문자 그대로 글로벌/전 세계적이다.

세계무역기구(WTO)도 올해 세계 상품 무역이 최대 32% 급감할 수 있다고 전망했다. 이는 1930년 대공황 이후 최악의 수준이라면서, 거의 모든 지역이 올해 무역이 두 자릿수로 감소할 것이라고 예상했다. 또한 세계 경제성장률은 최고 8.8%까지 감소할 수 있다고 전망했다. 그래서 국제통화기금(IMF)이 코로나19로 촉발된 세계적 경제 위기를 '대봉쇄'(Great Lockdown)로 명명했다.

경제 전문가들 중에 미래의 경제를 낙관적으로 보는 사람들은 거의 없는 것 같다. 대부분이 부정적인 전망을 내놓고 비관적으로 이야기한다.

부정적인 전망을 수용하지만 낙관적이 된다

이런 경제전망을 보면 대부분 사람들은 비관적이 된다. 전망이 부정적이니 비관적이 될 수밖에 없다. 크리스천들도 이 전망을 부인할 수 없기 때문에 비관적이 된다. 그런데 이런 상황에서 하나님을 믿는 믿음의 사람들은 부정적인 전망을 다르게 볼 수 있다. 이 말은 믿음이 있으면 부정적인 전망을 무시하고 긍정적인 생각으로 소망을 만들어내는 것이 아니다. 그것은 객관적인 현실을 무시하고 만들어낸 소망은 헛된 소망이며 그것은 하나님의 뜻을 무시하는 것이 된다. 예레미야가 예루살렘성이 바벨론 군대에 의해 멸망하게 될 것을 예언했을 때 하나냐는 그것을 무시하고 헛된 소망을 퍼뜨렸다. 그는 "나 만군의 주, 이스라엘의 하나님이 말한다. 내가 바빌로니아 왕의 멍에를 꺾어 버렸다. 바빌로니아 왕 느부갓네살이 이곳에서 탈취하여 바빌로니아로 가져 간 주의 성전의 모든 기구를 내가 친히 이 년 안에 이곳으로 다시 가져오겠다"(렘 28:2-3, 새번역)라고 말했다. 그 당시 백성들이 이 말을 듣고 얼마나 신이 났을까? 충분히 상상이 된다. 아마도 그때 대부분의 사람들은 비관적인 예언을 한 예레미야보다 거짓 예언을 한 하나냐를 믿음의 사람으로 인정하지 않았을까 생각된다. 그는 백성들에게 소망을 주는 말을 했지만 그것은 거짓이었으며 그것은 하나님의 뜻을 오해하게 만들었다. 전망이 부정적일 때 믿음의 역할은 거짓된 소망을 갖게 하는 것이 아니다. 믿음은 부정적인 전망은 수용하면서도 하나님의 역사를 기대하기 때문에 미래를 낙관할 수 있다. 예레미야가 '너희를 두고 계획하고 있는 일들은 오직 나만이 알고 있다. 내가 너희를 두고 계획하고 있는 일들은 재앙이 아니라 번영이다. 너희에게 미래에 대한 희망을 주는 것이다. 나 주의 말이다'(렘 29:11, 새번역).

하나냐가 지금 코로나 이후의 경제에 대해서 말한다면 아마도 "경제 문제는 걱정하지 말라. 하나님이 경제를 금방 회복시킬 것이다"라고 말할 것이다. 그러나 그것은 거짓된 소망이다. 예레미야가 코로나 이후의 경제에 대해서 말한다면 아마도 이렇게 말하지 않을까 싶다. "경제는 무척 어려울 것이다. 많은 사람들이 경제불황으로 인해 고통을 당할 것이다. 그러나 그 과정을 통해서 경제가 새롭게 변할 것이다." 지금 크리스천은 경제 위기를 앞에 놓고 예레미야와 같은 믿음을 가지고 대처해야 한다.

실제로 IMF 경제 위기를 경험한 세대들은 이런 믿음을 갖기가 그리 어렵지 않는다. 그 당시를 돌이켜 보면 경제가 지금처럼 회복될 것을 도저히 기대할 수 없었다. 그때 나는 예레미야 애가의 말씀으로 그때의 상황을 해석해 주면서 믿음으로 기도했다. "주님, 우리를 주님께로 돌이켜 주십시오. 우리가 주님께로 돌아가겠습니다. 우리의 날을 다시 새롭게 하셔서 옛날과 같이 하여 주십시오"(애가 5:21). 아마도 지금 코로나 이후에 쓰나미처럼 몰려 올 경제 위기를 맞이하면서 이런 기도를 드려야 할 것 같다.

하나님은 우리의 기도를 들으시고 능력으로 기적 같은 일로 응답하시는 분이기 때문이다. 외국 군대에 포위된 상황에서 사마리아에 경제적인 위기가 닥쳤을 때 엘리사가 "내일 이맘때쯤에 사마리아 성문 어귀에서 고운 밀가루 한 스아를 한 세겔에 사고, 보리 두 스아를 한 세겔에 살 수 있을 것이다"고 했을 때 왕의 시종무관이 거의 코웃음을 치면서 인정하지 않았다(왕하 7:1-2, 새번역). 그런데 엘리사의 예언은 그대로 이루어졌다(왕하7:19). 그러므로 한편으로 헛된 소망은 갖지 않으면서도 하나님이 기적 같은 역사를 일으키시기를 기대하면서 기도할 필요가 있다.

구체적인 대처

이미 경제적인 위기는 시작되었다. 앞으로 그 정도가 점점 더 심하게 될 것이다. 세계 경제의 위기는 우리나라에 영향을 미칠 것이고 우리나라의 경제 위기는 개개인이 삶에서 실감하게 될 것이다. 이것은 피할 수 없는 현실이다. 이때 크리스천의 자세를 바울이 가르쳐 주었다. "내가 궁핍해서 이렇게 말하는 것이 아닙니다. 나는 어떤 처지에서도 스스로 만족하는 법을 배웠습니다. 나는 비천하게 살 줄도 알고 풍족하게 살 줄도

압니다. 배부르거나, 굶주리거나… 그 어떤 경우에도 적응할 수 있는 비결을 배웠습니다"(빌 4:11-12, 새번역). 크리스천이 경제 위기를 대처하는 길은 바로 자족하는 비결을 배우는 것이다. 그런데 경제적인 위기를 당하면 힘이 들기 때문에 하나님을 믿는 사람들도 이런 상황에 대해서 불평하거나 그것을 제대로 처리하지 못하는 지도자들을 원망하게 된다. 광야에서 먹을 음식, 마실 물이 없을 때 이스라엘 백성들이 그렇게 행동했다. 충분히 이해가 가기는 하지만 그것이 그들의 믿음의 수준이다. 이런 믿음으로는 위기를 극복하기 어렵다. 경제 위기 상황에서 크리스천이 할 수 있는 일은 그것을 하나님의 뜻으로 수용하고 감사하는 것뿐이다. 위기를 극복하는 데 있어 걱정과 염려도 아무 소용이 없지만 원망과 불평도 아무 소용이 없기 때문이다.

조금 역설적으로 들리지만 경제 위기를 극복하기 위해서는 나눔을 실천해야 한다. 경제적으로 어려움을 당할 때에 믿음의 사람들은 나보다 더 어려움을 당하는 사람들을 생각해야 한다. 그렇게 할 때 사회 전체의 위기가 경감되고 그 효과가 개인에게도 미치게 된다. 이에 대해서는 마게도냐의 성도들이 좋은 본을 보여주었다. 그들은 바울이 경제적으로 어려움을 겪고 있는 유대지역에 사는 성도들에게 구제를 요청했을 때, 큰 환난의 시련을 겪으면서도 기쁨이 넘치고 극심한 가난에 쪼들리면서도 넉넉한 마음으로 남에게 베풀었다(고후 8:2). 이것이 경제위기를 극복하는 크리스천의 대안이다.

사업하는 사람들은 경제 위기를 당하면 제일 먼저 직원들을 해고하는 문제를 고려하게 된다. 그렇게 되는 것은 자연스럽다. 최악의 경우, 기업이 망해서 모두가 다 피해를 당하지 않으려면 일정한 정도의 해고는 불가피하다. 그러나 크리스천은 이런 상황에서 세상과는 좀 다른 자세를 가져야 한다. 힘들더라도 직원들의 고용을 유지하도록 노력한다. 해고하지 않는 방향에서 대안을 찾아본다. 적어도 모든 직원들이 기업인의 그런 노력에 감사할 것이다. 그러면 해고할 수밖에 없게 되었을 때도 나쁜 감정으로 헤어지지 않을 수 있을 것이다. 크리스천이라고 해서 이런 어려운 상황을 당하지 않을 것이라는 보장이 없다. 다만 똑같은 상황에서 크리스천은 좀 다르게 처신해서 하나님께 영광을 돌리도록 해야 할 것이다(마 5:16).

크리스천에게 세상의 변화는 영적으로 변화하는 계기가 되고 경제적인 위기는 영적으로 성숙할 수 있는 기회가 된다. 그렇다면 모든 사람들이 코로나 사태로 인해서 힘들어 할 때, 우리 안에서 역사하시는 주님의 능력을 드러낼 수 있을 것이다.

방선기
서울대학교 공과대학
총신대학교 신학대학원 수학
Reformed Theological Seminary (M.Div.)
Columbia University 교육학 (Ph.D.)
(Visiting Scholoar) Faculté Jean Calvin, Aix – en – Provence
(현) 일터개발원 대표
(전) 합동신학대학원 대학교 교수, 직장사역연구소 대표
(저서)『직업-3M』,『방선기의 직장설교』,
　　　『크리스천@직장』,『일상생활의 신학1,2』

미래 기독교의 부흥,
첨단과학기술문명과 기독교

김성원

　코로나 이후 첨단과학기술문명이 발달한 미래 사회의 교회는 어떻게 될까. 미래의 기독교는 현재의 모습을 유지하게 될까, 아니면 새로운 형태의 교회 모습을 갖게 될까. 이런 질문들은 많은 교인들과 사역자들이 매우 궁금해 하고 있는 것이다. 결론부터 말한다면 미래 교회는 새로운 부흥을 맞이하게 될 것이라는 사실이다. 어떤 근거에서 미래 기독교의 부흥을 주장하는 것일까. 이것을 서술하는 것이 글의 핵심 포인트이다.

　현대 기독교를 흔드는 것은 크게 두 가지가 있다. 하나는 사상적인 것이고 다른 하나는 과학적인 것이라고 할 수 있다. 먼저 사상적인 면에서 모더니티 방법과 포스트모던 사상이 기독교에 아픈 도전을 주었다는 사실이다. 모더니티의 이성주의, 구조주의, 인간주의 등은 기독교의 영적 미학의 진수에 적지 않은 도전을 해서 데미지를 입혔다. 그러나 기독교는 넘어지지 않았고 건재한 상태에 있다. 영적 아름다움과 신적 소통의 타당성은 계몽주의 시대에 오히려 활성화되면서 교회 성장이 일어났다. 포스트모던 해체주의와 다원주의는 신적 소통을 저해하는 도전을 하면서 데미지를 입히고 있다. 그러나 기독교를 쇠잔시키는 일에는 실패할 것으로 드러나고 있다. 해체주의는 영성 형성 작용을 하는 성서의 메타 내러티브 진리를 해체하지 못하고 있기 때문이다.

과학기술문명이 기독교를 흔들고 있으며, 머지않아 교회를 넘어지게 할 것으로 염려하는 사람들이 적지 않는다. 과학의 발달이 창조의 경륜과 영성을 흔드는 도전을 하고 있는 것으로 보는 견해가 적지 않는다. 특히 과학적 질료주의와 환원주의는 창조의 경륜과 영성을 약화시키고 있는 면이 있기 때문이다. 그러나 질료주의와 환원주의가 물리학의 전부는 아니다. 과학적 창발주의(emergent theory)와 메타사이언스(meta-science)의 의식 이론은 오히려 우주의 신비와 경륜에 대한 경이로움을 느낄 수 있도록 도움을 주고 있다. 수리물리학자 로저 펜로즈(Roger Penrose)는 수학과 이데아를 이해할 수 있게 하는 우주의식을 독립적이며 근본적인 것이고 영구적인 것으로 해석하고 있다. 펜로즈의 의식이론은 신의 경륜과 영적 신비의 세계를 해석하는 데에 교량역할을 할 수 있을 것으로 보인다. 과학에는 기독교를 괴롭히거나 선교를 방해하는 것이 아니라 오히려 진전된 신학적 지평을 열어주는 차원이 있다는 사실이다.

메타사이언스의 보편화는 편협적인 창조과학이나 지적 설계론을 넘어서 첨단과학문명을 소화한 폭넓고 심오한 메타신학(meta-theology)의 지평을 열게 할 것이다. 메타신학의 메타란 기존의 계몽주의 방법을 활용한 지식 중심의 신학적 이론 전개를 넘어선다는 의미이다. 지식과 이론 중심의 신학은 교회와 사회에 적용성이 떨어지면서 영향력을 다해 가고 있다. 메타신학은 첨단과학기술문명 사회에서 영적미학, 메타내러티브(meta-narrative), 메타사이언스, 인지과학, 비교신학 등을 통하여 성서 콘텐츠에 대한 진전된 해석에 기여하여 기독교의 의미와 타당성을 드러내는 신학이다.

이미 기독교의 영적 미학과 메타내러티브의 진리, 그리고 창조의 경륜에 대해서 수용적인 입장을 갖게 하는 문명적 환경조성이 형성되고 있다. 시간이 지날수록 기독교의 콘텐츠에 대해서 다시 관심을 갖는 사람들이 많아질 것이며, 지금처럼 위기를 경험하고 있는 기독교는 새로운 국면에 접어들 것이다. 미래의 기독교는 이전에 경험하지 못했던 경이로운 부흥을 경험하게 될 것으로 보인다. 과학기술문명 시대의 기독교의 부흥은 다음과 같은 현상을 통해서 볼 때에 새로운 전기를 맞이할 것이라고 생각한다.

첫째로, AI 로봇에 의한 노동의 종말을 맞이할 미래사회의 백성들은 '초월적인 깊은 놀이'를 적극적으로 하게 될 것이기 때문이다. 『노동의 종말』(*The End of Work*)을 주장한 제레미 리프킨(Jeremy Rifkin)은 과학기술문명이 발달하면 노동의 양이 현격하게 줄어들 것이라고 했다. 3D 프린터와 고성능 AI 로봇, 빅데이터, 자율주행차, 나노기술, 사물인터넷 등이 인간의 노동을 상당 부분을 대신하게 될 것이기 때문이다. 농경사회와 산업사회에서 노동에 시달렸던 백성들은 AI 로봇의 발달로 인해서 노동에서 해방을 맞이하게 될 것이라는 리프킨의 주장에 대해서 대부분의 사람들은 동의하고 있는 것으로 보인다.

산업사회에서는 노동의 량이 너무 많아서 인생의 의미나 가치, 혹은 초월적인 세계에 대한 사유의 시간이 많지 않았다. 경제적 생산성 향상을 위한 과잉 경쟁 시스템에 휘둘리면서 자아를 상실하고 사회경제 기계의 부품이 되어 살았다. 노동의 굴레에서 해방된 차세대 인간은 많은 시간적 여유를 갖게 될 것이다. 시간이 많은 인간은 인생의 의미와 가치를 생각하는 데에 관심을 갖게 될 것이며, 초월적 깊은 놀이에 안착하게 될 것으로 보고 있다.

둘째로, 우주의 신비를 수학과 의식으로 해석하는 '메타사이언스'의 발달은 기독교 유신론에 우호적인 조건을 만들어주는 방향으로 흐를 것이다. 지난 100년 동안 전개된 양자역학의 발달과 우주의식 이론은 최근에 매우 진전된 차원으로 전개되고 있다. 시공간적 차원을 넘어서는 양자세계의 움직임에 대한 해석은 종교적인 신비로운 논의를 넘어서고 있다. 양자물리학과 양자생물학은 과학철학의 심오한 지평을 열어 가고 있으며, 신비로운 우주와 생물의 비밀을 해석하면서 창조의 경륜에 대한 이해의 지평을 넓혀 줄 것으로 보인다.

오늘날 과학이 기독교 선교를 방해하거나 기독교를 괴롭히는 것으로 오해하는 사람들이 적지 않는다. 그러나 과학을 탐구하는 사람들은 종교를 무의미한 것으로 보는 사람들은 의외로 적다. 오히려 종교의 중요성을 강조하는 과학자들이 늘어나고 있다. 무통제적 자유에 의한 '통제 불능'으로 위험할 수 있는 미래 사회에는 종교와 윤리의 역할이 중요하기 때문이다. 물론 이들의 주장은 주로 사회의 종교적 기능주의 차원에 근거한 것이다.

갈릴레오(Galileo) 시대에는 종교가 과학을 괴롭힌 것이 사실이다. 종교가 과학을 괴롭혔던 것은 신의 우주적 경륜을 충분히 이해하지 못한 우매한 종교 지도자들의 한계에서 온 것이다. 지금은 과학이 종교를 괴롭히고 교회 부흥을 저해하는 것이 아니다. 대다수의 신학자들이 첨단과학 사상을 신학적으로 타당성 있게 해석하지 못함으로서 기독교와 과학의 단절이 형성되는 것이다. 여기서 생기는 단절과 부조화가 선교를 저해하는 것으로 오해하게 만드는 것이다.

우주 만물에 내재하여 운행하는 신의 경륜의 자연계시와 연계된 성서 콘텐츠에 대한 심층해석이 이루어지면, 기독교와 과학은 서로 보완적인 차원에서 공존하게 될 것이다. 우주는 매우 섬세한 미세조정(fine-tuning)에 의해서 모든 것들이 조화와 균형을 이루는 경이로운 오케스트레이션 현상이 이루어지고 있다. 무질서를 향하는 엔트로피(entropy)의 원리도 사물의 존재를 가능하게 하는 것이며 패턴을 따르기 때문에 계산과 해석이 가능한 것이다. 과학에서는 미세조정과 오케스트레이션을 수학적으로 계산하고 의식이론으로 해석할 수 있는 것이다.

이러한 우주물리학적 해석이 발전할수록 신적인 경륜에 대한 더욱 깊은 해석의 방향으로 흐르게 할 것이다. 존 밀뱅크(John Milbank)와 제임스

스미스(James A. Smith)와 같은 급진적 정통주의 신학자들은 세상에는 오직 신학만 존재하고 나머지 학문은 신의 경륜을 탐구하는 제2의 신학으로 보고 있다. 이들의 견해는 무리한 주장 같아 보이지만, 성서적 세계관 입장에서는 사실상 간과하기가 쉽지 않은 것이다.

첨단 물리학은 기독교의 생명과 성스러움에 대한 해석에도 도움이 되고 있다. 첨단 물리학에서는 환원적인 방법으로는 마음이나 의식의 본질을 찾지 못했다. 그래서 마음에 대한 탐구는 개체들이 모여서 집단을 이루면서 집단 속에서 마음이 창발한다는 것으로 보는 견해가 설득력을 더해가고 있다. 물론 질료주의 입장에서는 비질료적인 마음은 없는 것이고, 오직 뇌신경회로의 전자흐름이 마음이라고 주장하는 과학자들도 있다.

그러나 스튜어트 카우프만(Stuart Kaufman)과 같은 최근의 과학자들은 마음과 의식, 혹은 생명은 질료가 아니라 질료들 사이에서 창발한다는 주장을 하고 있다. 생명과 마음은 양자세계의 전자나 중성자, 혹은 양성자 그리고 이들을 구성하고 있는 쿼크나 글루온에는 없기 때문이다. 개체들이 모여 집단을 이루면서 마음과 생명이 생성된다는 것이다. 카우프만은 생명과 의식의 창발 현상을 경이로운 성스러움으로 해석하고 있다. 카우프만의 해석이 기독교 신학적 해석을 한 것은 아니지만, 신이 생명과 의식을 질료로부터 독립적인 것으로 만든 경륜과 성스러움을 이해하는 데에 도움이 되는 과학이라고 할 수 있다.

메타사이언스의 긍정적인 지평은 첨단 물리학만이 아니라 생물학과 인지과학에서도 나타나고 있다. 윌리엄 해밀톤(William D. Hamilton)과 리처드 도킨스(Richard Dawkins)의 이기적 유전자론은 인간의 본성을 해석하는 데에 적지 않은 도움을 주고 있다. 유전자는 수단과 방법을 가리지 않고 자신의 생존을 위해서 무엇이든지 한다는 것이다. 유전자는 근본적으로 이기적 속성이 강하며, 이타적 행위도 결국 이기적인 목적에 의해 이루어진다는 것이다. 유전자는 생존을 위해서 거짓말과 사기를 하게 만들고, 경쟁자를 넘어뜨리며, 죽이는 일도 주저하지 않고 하게 한다는 사실이다. 사회생물학자들은 유전자의 작용을 탐구하면서 도덕이라는 것은 원래부터 없다는 소위 무도덕론을 주장하고 있다. 그들의 주장의 기반은 생존 중심의 이기적 유전자론에 두고 있다.

인간의 본성에 대한 이기적 유전자론의 해석은 로마서 1장에 나오는 죄론과 유비적으로 닮을 꼴이다. 현대 젊은 세대를 향해서 인간은 원죄를 갖고 있는 존재라고 하면, 원죄를 받아들일 사람은 많지 않을 것이다. 그러나 인간이 이기적 유전자를 갖고 있는 존재라면 많은 젊은이들이 수용적인 생각을 하게 될 것이다. 첨단 생물학의 이기적 유전자론은 기독교의 인간론의 전적 부패성을 해석하는 데에 도움을 줄 수 있는 아이디어를 담고 있다. 에드워드 윌슨(Edwad Wilson)은 최근에 이기적 유전자론을 버렸다고 주장하고 있지만, 대다수의 생물학자들이 믿고 있는 유전자의 이기적 성향은 부인하기 어려운 것이다.

셋째로, 지구촌 시대의 '가치경쟁'에서 기독교의 진리는 승리할 것이고, 그 결과에 의한 교회 부흥이 전개될 것이다. 소통의 사이언스와 공간 이동 과학의 발달에 의해 지구촌의 거리가 좁혀지면서 다양한 이웃을 접하게 되었다. 다양한 이웃이 서로 다른 생각과 가치관을 가까이 나누는 시대가 도래하고 있는 것이다. 다양한 사상과 종교가 직접 대면하면, 자연적으로 세계관의 비교와 가치경쟁이 이루어질 것이다. 이러한 맥락에서 비교신학은 불가피하게 활성화될 것이고, 가치의 유용성 경쟁에서 기독교는 승리할 것이다. 기독교가 승리할 수 있는 핵심 가치는 영원한 생명과 협력 공생의 사랑이 될 것이다.

영원한 생명은 인류의 염원이었고, 지금도 모든 수단과 방법을 동원해서 영원한 생명의 가능성을 모색하고 있다. 그러나 과학기술문명은 신비로운 생명의 영원한 지속성을 쉽게 성취할 것으로 보이지는 않는다. 성서가 제공하고 있는 초과학적인 영원한 생명의 비밀은 적지 않은 사람들에게 다시 관심을 불러올 것이다. 협력 공생을 위한 사랑은 최고의 가치로 등장할 것이며, 기독교의 이타적인 사랑은 상당한 매력으로 다가설 것이다. 유신론적 신앙에 의한 이타적 사랑의 기능은 그 어느 것도 추종하기 어려울 것이기 때문이다. 기독교 신학은 불가피하게 비교신학에 뛰어들 것이며, 첨단 과학적 변증학에 매진하게 될 것이고, 이를 통해서 미래 교회는 부흥을 맞이할 것으로 보인다.

넷째로, 미래 사회는 '이타적인 공동체'가 승리하게 될 것이기 때문에 교회 공동체는 부흥할 것이다. 첨단과학에서 전개되고 있는 유전자 연구와 사회생물학을 연구하는 에드워드 윌슨은 개미는 인간과 다르게 진정한 이타성을 갖고 있다고 주장한다. 개미들은 집단 경쟁을 하면서 자신을 희생해서라도 공동체의 안녕을 도모하는 성향이 있도록 진화했다는 것이다. 이타성이 강한 개미들이 많을수록 그 개미 공동체는 강력했고, 다른 공동체와 집단 경쟁에서 승리했다는 것이다. 이것은 신의 창조질서의 경륜을 보게 하는 이론으로 여겨진다.

유신론적 신앙에 입각한 이타적 혈맹관계의 응집된 공동체의 지속적인 승리는 역사 속에서 증명된 사실이다. 신앙적 이타성은 이웃을 위해서 목숨을 내놓을 정도로 강력한 것이기 때문에, 기독교의 사랑의 공동체는 지금까지 지속되고 있으며, 앞으로도 계속될 것이다. 시간이 많은 미래 사람들은 기독교의 이타적 사랑의 공동체의 가치와 가능성이 눈앞에서 전개되는 것을 보고 감동하게 될 것이다. 교회의 분열은 교리의 차이와 위선적 지도자들의 정치적 서열 경쟁에 의해서 나타나는 지엽적인 현상이다. 빅데이터를 사용하는 미래 인간은 이런 현상을 손쉽게 알아차릴 것이며, 그런 교회 분열에 대해서는 그렇게 크게 실망하지는 않을 것이다. 교회는 궁극적으로 그리스도를 머리로 한 하나의 거대한 사랑의 공동체라는 사실에 호감이 더해질 것이다. 이타적 사랑의 공동체는 하나님 나라의 도구로서 소멸되지 않을 것이며, 더욱 건실하게 부흥할 것이다.

다섯째로, 성서 '메타내러티브'의 타당성이 널리 입증되면서 성서 콘텐츠의 성스러움과 영성형성 작용의 경이로움이 심연의 진리로 각광을 받게 될 것이다. 첨단인지과학은 뇌신경과학과 의식의 세계를 탐구하면서 메타인문학(meta-humanities)의 진전된 학문적 지평으로 전개되고 있다. 심층미학과 생명예술(Bio-art), 그리고 영성미학과 신경윤리학과 같은 것이 과학과 인문학의 융합 차원에서 전개되고 있다. 이러한 메타인문학의 발달은 성서 메타내러티브의 성스러움과 경이로움의 가치를 높여 줄 것이다.

　　첨단인지과학의 체화된 인지론에서 인지란 어떤 정보를 입력하는 것을 넘어서 온몸과 마음과 관계로 인지한다는 것이다. 신앙적 체험 현상은 명제와 언어, 혹은 지식 중심의 이해와 경험을 넘어서 몸과 마음과 관계의 유기체적인 영적 인지 현상이라는 사실이다. 성서의 콘텐츠와 신의 경륜에 대해서 전인격적 자아가 마음과 몸이 유기체적으로 작용하면서 체화된 영성이 형성되는 것이다. 체화된 영성에 대한 이해는 영적 인지과학의 진전된 해석으로 깊이 들어갈 수 있을 것이다.

　　성서 메타내러티브의 타당성은 포스트해체주의(post-deconstructionism)와 재구성주의에 의해서 수용성이 높아질 것이다. 포스트모던 해체주의와 다원주의가 당분간은 성서 텍스트 해석에 도전을 하겠지만, 세상의 백성들은 포스트모더니즘의 허무적 성향과 실제성이 약한 면을 경험하면서 결국 외면할 것이다. 다원주의 차원에서 보면 자아의 사라짐이나 구심점이 없는 다원적 내러티브, 그리고 비어 있음의 의미와 같은 것은 논리적으로 잘못된 이론이라고 단정하기는 어렵다. 그러나 구체적인 삶의 적용에는 한계가 있고, 사상적 가치를 유지하기 어려울 것으로 보이며, 해체주의는 해체될 것으로 보인다. 포스트모던 방법으로 진리 검증에 실패한 포스트모던 백성들은 다시 궁극적인 진리의 세계로 향하게 될 것이다.

인류 역사 속에 존재하고 있는 항구적인 가치와 의미의 패턴은 포스트모더니즘의 도전에 의해서 영원히 해체되거나 무의미해지는 현상은 일어나지 않을 것이다. 그리고 재구성주의가 우주패턴과 오케스트레이션에 의해 진전된 방법으로 보편화될 것이다. 성서 메타내러티브의 진정성이 우주패턴과 오케스트레이션에 의해서 구체적으로 드러나게 된다는 사실이다. 성서 속에 담겨 있는 항구적인 가치와 의미는 지속적으로 진리의 기능을 하게 될 것이다. 성서의 콘텐츠는 인류가 알고 따르고 싶은 우주의 경륜을 담고 있기 때문이다. 차세대 사역의 패러다임과 제자훈련 교재의 콘텐츠는 성서의 메타내러티브에 대한 시대적 사유해석과 메타사이언스를 활용한 것으로 구성되어야 할 것이다. 그리고 스마트폰 세대(iGen)를 향해서 첨단 소통의 사이언스로 설득력 있게 다가가야 할 것으로 보인다.

마지막으로 언급하고 싶은 것은 역사 속에서 기독교가 세계적인 교회로 성장할 수 있었던 이유이다. 역사 속에서 교회가 성장할 수 있었던 까닭은 복음을 전하는 사람들이 시대적 문명과 사상을 소화하고 그것을 슬기롭게 선교에 적용하였기 때문이다. 바울은 당시의 철학과 문화시설 이미지를 활용해서 복음을 효과적으로 전했다. 사도 요한은 희랍 사람들에게 희랍의 로고스 개념을 활용해서 메시아의 복음을 설득력 있게 전했다. 어거스틴(St. Augustine)은 당시의 신플라톤주의 사상을 활용해서 신의 경륜과 은총을 논리적으로 전했다. 아퀴나스(Thomas Aquinas)는 당시에 붐이 일었던 아리스토텔레스(Aristoteles)의 사상을 활용해서 우주의 창조적 신비를 해석하고 신의 경륜을 설파했다. 루터(Martin Luther)는 언어의 발달과 인쇄술을 활용해서 성서를 번역하고 복음을 전했다. 이들의 노고에 의해서 기독교는 오늘날 최고의 세계적인 공동체가 되었다.

차세대 교회와 신학은 첨단물리학과 뇌신경과학, 그리고 양자생물학과 인지과학 같은 진전된 학문에 의해서 형성된 메타사이언스의 렌즈

들을 활용할 수밖에 없을 것이다. '창세로부터 그의 보이지 아니하는 것들 곧 그의 영원하신 능력과 신성이 그가 만드신 만물에 분명히 보여 알려'(롬 1:20)지게 해야 할 것이다. 영원한 두나미스(δυναμις)와 신성의 인지를 통해서 기독교 신앙의 보편타당성이 일반화되어야 미래 교회는 다시 부흥의 일로를 걷게 될 것이기 때문이다.

첨단과학기술문명의 발달은 기하급수적으로 전개될 것이며, 고도로 발달한 과학문명은 결코 과거로 되돌아가지 않을 것이다. 기독교는 과학기술문명을 피할 수 있는 것이 아니며, 분리해서 떼어 낼 수도 없는 것이다. 예외 없이 모든 사람이 과학기술문명의 깊숙한 곳에서 살게 될 것이기 때문이다. 한국교회는 기존의 계몽주의 프레임의 이론신학적인 틀을 넘어서 첨단 메타사이언스의 지평을 올라타고 차세대에 친화적인 사이언스선교 패러다임을 전개해야 할 것으로 본다.

김성원

Boston University (Th.D.)
(Visiting Scholar) University of Mississippi
(현) 나사렛대학교 신학대학원장, 제회 소망 학술상 수상
(전) 한국복음주의 조직신학회장
(저서) 『포스트모던 인간론』, 『급진적 정통주의 신학방법론』,
『신은 허구의 존재인가』, 『신학을 어떻게 할 것인가』,
『웨슬리안 성결신학』, 『장애도 개성이다』

코로나 이후 건강 개념의 변화와
의료선교의 새 지평

박상은

국내 코로나19 현황

코로나19 팬데믹은 사회 전반에 엄청난 변화를 가져올 것이지만 보건 의료는 가장 직접적이면서도 큰 변화를 맞이하고 있다. 세계 최고의 미국의 민영의료시스템이 초토화되고 그토록 자랑스러워하던 영국을 비롯한 유럽의 사회주의 공공의료시스템마저 맥없이 무너져 내렸다. 그 어떤 재난도 촘촘한 안전망으로 극복해 온 일본과 싱가포르도 이번 코로나바이러스 앞에서 만큼은 안절부절 못하고 있다.

더 이상 미국이 부러움의 대상이 되지 못하고 눈에 보이지 않는 작은 바이러스는 선진국, 후진국을 가리지 않고 전 세계를 거대한 장례식장으로 변모시키고 있는 것이다. 그나마 대한민국은 메르스를 먼저 경험한 탓에 방역시스템이 초기에 작동하였고 질병관리본부와 의료계가 혼신의 노력을 다하였으며 이를 온 국민이 비교적 잘 따랐기에 이 정도로 선방할 수 있었다. 하지만 그렇다고 우리나라의 상황이 안전한 것은 결코 아니다.

공공병원의 비중이 OECD국가 중 가장 낮은 우리나라로서는 감염병 환자를 격리할 국공립 종합병원의 음압병상이 극히 부족하며 감염전문

병원은 아직 준비되지 못한 상황이다. 의료의 90%를 차지하는 민간의료기관들 중 지역거점병원들이 도립, 시립병원의 역할을 대신해 왔기에 그나마 코로나19 환자들의 입원치료를 감당할 수 있었던 것이다. 특히 대구, 경북지역의 코로나 집단 발생의 치료센터로 기독병원인 대구동산병원이 큰 역할을 담당할 수 있었던 것은, 신축병원 건립으로 마침 병실이 상당부분 비어있는 상황이어서 이를 임시 감염병원으로 활용하게 된 것이다. 의료진 역시 전국에서 달려온 자원봉사자들과 군 의료진들이 가담하였기에 망정이지 기존의 공공의료 인력풀로는 결코 감당할 수 없었을 것이다. 그러므로 이를 일반화해서는 안 될 것이다.

K-방역 모델과 선교

어떻든 이번 코로나 팬데믹에 한국의 방역 체계는 선진국들에게조차 벤치마킹의 대상이 되고 있으며 대통령은 수십 개국의 정상들로부터 방역 노하우와 진단장비 지원을 요청받고 있다. 이는 한국 의료의 높은 수준과 의료진의 헌신, 문턱이 낮은 전 국민 의료보험체계, K-바이오의 괄목할만한 성장, 그리고 양질의 방직기술로 생산하는 마스크와 개인보호구, 디지털을 이용한 철저한 방역시스템 등이 어우러져 시너지 효과를 내고 있음이 분명한다. 개발도상국들도 한국의 의료장비와 진단키트, 한국산 마스크와 방호복을 요청하고 있으며, 이는 선교지에서 한국인들과 한국 상품이 새롭게 자리매김하면서 K-방역이 새로운 한류의 축을 형성하게 됨을 의미한다.

아프리카에서는 이미 식민지통치를 통해 막강한 영향력을 끼쳐 온 유럽과 미국의 영향은 점차 쇠퇴하고 있다. 이번 코로나19 이후 이들의 역할은 극도로 위축될 것이며, 이 자리를 대신해 온 중국과 일본, 인도 등도 이번 전염병 대처에서는 신뢰를 얻지 못하고 있어 아프리카 국가 지도자들로부터 외면을 당하고 있는 실정이다. 이에 반해 유독 대한민국에 대해서만큼은 한층 더 높은 신뢰를 보이며 이전의 K-팝, K-드라마 한류에 이어 K-방역, K-의료로 확대되어 대부분의 나라들이 한국에 관해 배우기를 원하고 있다.

최근 한국교회는 안팎의 어려움으로 국내전도는 물론 해외선교에도 빨간불이 켜진 상태였으나 코로나는 우리에게 새로운 기회의 문을 열어주고 있다. 위기는 위험한 기회로 이를 극복했을 때 이전에 경험하지 못한 새로운 길이 열리는 것이다. 한국교회는 대형화되어 큰 건물들이 올라가며 수만 명이 운집하는 대형교회로 성장하였다. 그러나 이번 코로나19를 통하여 성도들을 흩으셔서 각 가정으로 돌아가 가정의 제사장으로 삼으시며 각 일터에서 선교사의 역할을 감당하게 하셨다. 텅 빈 예배당을 바라보며 이제는 모이는 교회에서 흩어지는 교회를 기대하시는 주님의 마음을 읽을 수 있다. 그 흩어진 성도들에게 한국을 향해 애타게 애원하는 제3세계를 향해 달려 나갈 절호의 선교 기회가 주어진 것이다.

포스트 코로나와 해외통합선교

조선 말기 전염병이 창궐했을 때 오히려 이를 조선선교의 기회로 삼아 해외 의료 선교사들이 들어와 병원과 학교를 세워 선교를 감당했던 것처럼, 이제 한국의 의사, 교사, 목사가 함께 팀이 되어 통합적인 해외선교를 이루어 나갈 기회가 주어진 것이다. 현재 아시아, 남미, 아프리카에 3백여 명의 의료 선교사가 코로나 팬데믹 중에도 귀국하지 않고 선교지에서 코로나와 사투를 벌이고 있다. 이를 통해 축적된 신뢰는 포스트코로나 시대의 해외선교에 큰 힘이 될 것이다. 한국교회는 이들이 과학적이고도 체계적인 방역과 의료를 제공할 수 있도록 아낌없는 지원을 다해야 할 것이다.

아울러 해외선교 역시 포스트 코로나에 걸맞게 비대면 언택트 디지털

방식으로 다양화해질 것으로 기대된다. 그 예로 아프리카 탄자니아에서 진행 중인 무힘빌리병원 역량강화사업을 들 수 있다. 이때 전문가 파견 대신 원격교육을 시행하였는데, 줌(ZOOM) 앱을 통해 세 대의 스마트폰 카메라를 이용해 환자 시술 장면을 실시간 입체적으로 보여주며 교육을 실시하였다. 이를 통해 현지에서 이를 숙지하여 신장결석을 초음파 쇄석 술로 잘 치료할 수 있었다. 다양한 원격 영상채팅을 통해 이전보다 더 입체적이고도 세밀한 교육이 가능해졌으며 현지에 한 명의 전문가가 가는 대신 오히려 더 많은 다양한 전문가들이 자신의 세부 전문 분야에서 실질적인 교육을 할 수 있기에 긍정적인 면이 더 많을 수 있다.

이제는 선교도 통합적이고도 전인적인 개념으로 접근해야 할 것이다. 목사 선교사와 의료 전문 선교사, 교사 선교사가 한 팀이 되어 복음전도와 교회개척뿐 아니라 학교와 병원설립을 비롯한 지역사회개발과 사회변혁을 함께 도모해야 할 것이다. 선교지의 영혼구원만이 아니라 주거환경과 식수, 하수처리를 포함한 위생, 나아가 교육과 취업에 이르기까지 전 생애적인 접근이 이루어져야 한다. 또한 육체적인 질병치료와 정서적 행복, 인간관계의 회복을 포함한 전인적인 치유를 추구해야 할 것이다.

새로운 전인적 건강개념

건강에 대한 개념도 이제는 달라져야 할 것이다. 하나님께서는 힘 있고 건강한 사람들을 사용하기도 하시지만 나약한 자들을 들어서 강한 자들을 부끄럽게도 하신다. 구약을 읽노라면 장수의 축복을 누린 신앙의 위인들을 만나게 되지만 신약에 와서는 위대한 사도들이 천수를 누리지 못하는 듯한 안타까움이 있는 것이 사실이다. 사도 요한을 제외한 주님의 열두제자들은 복음을 전하다가 순교당하셨으며, 세례 요한과 스데반도 단명했다. 사도 바울은 시력장애가 있었을 뿐 아니라 소화장애와 근골격계 손상으로 오래 고생하다가 결국 순교를 당했다고 전해지고 있다. 만일 건강하고 오래 사는 사람만 하나님의 복을 누리는 것으로 생각한다면 우리는 성경에서 하나님께서 말씀하시는 궁극적인 축복을 오해하고 있는 것이다. 이 땅에 복음이 들어오는 과정에서도, 또한 한국의 선교사들이 해외에서 복음을 전하다가 순교당하며 짧은 생을 마감하는 소식을 접하며 복음으로 축복을 누리는 삶이 어떤 것인지 다시금 사색하지 않을 수 없다.

주님께 헌신의 삶을 사는데도 왜 하나님께서는 질병으로 고통받게 하시며 사별의 슬픔을 맛보게 하시는 것일까? 불의한 자가 세상에서 더 부귀영화를 누리고 의로운 자가 핍박받는 이 세상의 왜곡된 모습으로 인해 불신자들은 과연 하나님이 살아계신가 라는 의문을 제기하기도 한다. 하지만 그럴수록 더욱 분명해지는 것은 이 땅에서 '인과응보'가 모두 해결되지 않는다는 사실이다. 의로운 자가 억울한 누명을 쓰고 죽임을 당한다면 이 억울함은 어디선가 해결받아야 할 당위성이 있기에 더더욱 천국과 지옥은 존재할 수밖에 없다고 유추할 수 있다.

우리의 건강의 개념도 '질병이 없는 상태'가 아니라 '하나님의 뜻에 순종하는 삶'으로 바뀌어져야 한다. 비록 스데반이 일찍 죽임을 당하였지만 그의 삶은 영원으로 이어지는 장수를 누리며, 사도 바울의 겉 사람은 많은 질병으로 괴로움을 당하나 그는 하나님 앞에서 건강함을 유지하고 있는 것이다. 즉, 건강의 기준은 인간에 의해 규정되어지는 것이 아니라 참건강의 원천이신 하나님께서 평가해 주시는 것이어야 한다. 몸에 좋다면 벌레든 날짐승이든 닥치는 대로 먹어치우는 오늘의 세태를 깊이 반성하면서 오히려 하나님 앞에서 우리의 영과 육을 그분께 의탁함으로 최선의 건강의 삶을 누려야 할 것이다.

인류 공동체의 회복

　치유의 대상도 몸의 장기에서 조직으로, 나아가 현미경으로만 볼 수 있는 세포와 유전자까지 미시적인 관점으로 파고들어야 하지만, 반면에 거시적으로 몸 전체와 다른 사람과의 관계, 지역사회, 국가, 세계, 그리고 자연환경의 차원까지 함께 치유해야 한다. 이번에 코로나19 바이러스가 창궐해진 출발점도 인간이 야생동물을 마구잡이로 식용으로 사용하였기에 박쥐에서 생존하는 코로나19 바이러스가 인간에게로 침입해 들어와 수인성 전염이 된 것이다. 이전의 원숭이의 HIV 바이러스, 낙타의 메르스 바이러스 등도 모두 동물에서 유래되었으며 아프리카 돼지열병, 조류독감 등도 인간이 생태계를 파괴하면서 자업자득한 질병인 것이다. 이에 이제 선교는 환경을 포함한 모든 피조물의 회복을 함께 꾀해야 할 것이다.

　선교는 또한 공동체의 회복이다. 우리나라만 방역을 잘한다고 청정지역이 될 수 있는 것이 아니라 이웃 나라, 먼 아프리카나 남미의 전염병이 바로 나의 문제가 될 수 있음을 코로나 팬데믹을 통해 뼈저리게 경험했다. 지구촌은 그야말로 하나의 공동체이다. 존 스토트 목사님이 강조한 대로 하나뿐인 지구에 단일 인류가 살고 있는 운명 공동체이기에 민족주의나 국가주의가 아닌 헌신된 국제주의가 요망된다. 포스트 코로나 시대는 민족을 뛰어넘고 국가의 경계를 허무는 단일 공동체로의 진입을 의미한다. 이는 새로운 선교 공동체를 이룰 수 있는 절호의 기회이기도 한다.

　아담으로 시작된 인류가 죄를 범함으로 환경도 파괴되었으며, 이 눈에 보이지 않는 죄로 아담과 하와뿐 아니라 모든 인류는 완전 파멸되었고 그 누구도 구원에 이를 수 없었다. 이 파괴된 인류 공동체를 살리기 위해 창조주 하나님이 그의 독생자 예수그리스도를 보내시어 십자가에서 구속의 보혈을 흘리시어 하나님의 형상을 회복한 새로운 인류공동체로 변화시켜 하나님 나라를 이루셨다. 이제 우리는 새로운 인류가 함께 만들어 갈 공동체의 회복을 위하여 이웃을 넘어 타문화권인 제3세계까지 나아가야 할 것이다.

사랑 바이러스와 하나님 나라

이번 코로나19를 경험하면서 보이지 않는 것이 얼마나 위력적인지 깨닫게 된다. 스스로 생존할 수도 없는 눈에 보이지도 않는 작은 단백질 덩어리가 어떻게 이토록 전 인류를 파멸로 이끌 수 있을까? 예수님은 여러 번 제자들에게 누룩을 조심하라고 말씀하셨다. 어릴 적 엄마의 심부름으로 막걸리 찌꺼기를 얻으러 양조장을 다녀오곤 했다. 어머니는 그것을 넣어 밀가루를 반죽해 아랫목 이불 밑에 넣어두셨다. 그러면 금새 큰 양푼 가득 빵이 부풀어 오른다. 작은 누룩이 엄청난 기적을 일으키는 것이다. 작은 말다툼 하나로 가정이 깨어지고 소소한 실수로 회사가 망하기도 하며, 별것 아닌 감정싸움으로 전쟁이 일어나기도 한다. 죄는 그렇게 바이러스처럼 나를 점령하고 마침내 파멸에 이르게 한다.

하지만 이보다 더 강한 바이러스가 있다. 바로 사랑이다. 사랑은 사랑을 불러일으키어 가정을 세우고 회사를 살리며 나라를 부흥케 한다. 사랑은 죽음보다 강하여 전염병이 창궐한 지역으로 의료진을 이끌어내며 아골 골짝 빈들에도 복음 들고 가게 한다. 사랑은 그냥 사그라지지 않고 활활 불타올라 삼천리반도 금수강산을 변화시키며 열방 땅 끝까지 그리스도의 계절이 오게 한다.

예수의 사랑은 누룩보다 강하다. 그의 사랑은 나의 죄를 눈같이 희게 하고 동이 서에서 먼 것 같이 하며 어디서 무엇을 채취하여 증폭하여도 죄의 유전자를 발견할 수 없게 회복시킨다. 주님의 사랑은 나를 거듭나게 하사 나의 모든 유전자가 이제는 말씀으로 지으신 원래 형상을 되찾아 예수님의 유전자로 바뀌어 당당히 하나님 광채 안으로 들어가게 하신다.

이제 코로나 속에서도 두려움 없이 당당히 하나님 보좌 앞으로 나아갈 때 주께서 의의 면류관, 영광의 코로나 왕관을 우리에게 씌우실 것이다. 포스트 코로나 시대에 도래할 하나님 나라를 기대하며 오늘도 주님과 함께 우리를 둘러싼 높은 장벽을 뛰어넘는다.

박상은
고려대학교 의과대학 (M.D.)
고신대학교 대학원 의학박사 (Ph.D.)
Covenant Seminary (M.A.)
(Visiting Scholar) Missouri State University, Saint Louis University
(현) 샘병원 미션원장, 아프리카미래재단 대표
(전) 한국누가회 회장, 한국기독의사 회장, 대통령 직속 국가생명윤리위원장
(저서) 『생명의료윤리』, 『10만명 전도의 꿈』, 『의료선교학』

코로나 시대의 의료철학과 의료사회적 고찰

박준범

코로나-19가 다양한 영역들과 문명 부분에 해석되고 적용될 광범위한 파급효과를 주고 있다. 많은 종교지도자들, 신학자들과 미래학자들이 분석하고 예견하고 있다. 코로나19는 2020년 6월말 현재 전 세계적으로 1,000만명 이상의 감염과 50만 명이상의 사망[1]을 초래한 세계 역사에 유래 없었던 거대한 국제사회의 보건의료적 팬데믹(global pandemic) 전염병 사건이다. 우리는 이 생명 상실의 경험을 통해, 무엇보다도 인간이 놓여있는 역사와 지구 위에서의 삶과 생명의 문제, 공동체의 문제에서 생명적인 배움을 얻어야 할 것이다.

무슨 변화인가?

조샘은 "코비드 이후의 세계, 크리스천들은 무엇을 할 것인가?"의 발제 글에서 사회학에서의 제도 이론으로서 리챠드 스콧(Richard Scott)이 주장하는 세가지 제도 즉, 규제와 법(regulative institution)으로서의 제도, 규범 제도(normative institution), 인식적 제도(cognitive institution)[2]를 바탕으로 현

---

1 WHO 코로나19 세계 현황 통계: https://covid19.who.int/?gclid=CjwKCAjw_-D3BRBIE iwAjVMy7DUgz0xAraRTUW0l83nJBmH6X7HKRBLwVo2v4HuYZWrmC8k5z7T32xoC2SM QAvD_BwE

2 Richard Scott (1995). *Institutions and Organizations: 33.* (Thousand Oaks, CA: Sage,1995)

재의 코로나 팬데믹으로 일어나고 있는 변화를 법과 규칙의 제도에서의 균열로 인한 대응적 변화(reactive changes), 규범적 제도에서의 균열로 인한 사회적 학습(social learning), 개인 차원의 인지적 제도에서의 균열이 발생시킨 개인 학습(individual learning)이라는 세 가지 차원으로 주장했다.

그 대응적 변화로는 이미 국가 간에 국제적인 환경으로 정치적인 자국 보호, 경제적인 무역보호주의, 보건적인 대응적 변화들이 일어나고 있다. 더 나아가, 외부 환경의 변화에 대해서 대응하는 과정을 통해서 사회의 구성원들 간에 사회적 학습으로 인한 변화를 경험하고 있다. 조샘은 이를 '기존에 소수였던 세계관이나 관행이 전체 다수의 합의가 되는 현상'[3]이라고 말한다. 방역은 안전(security)이라는 또 다른 이름이 되었고 사회 구성원들에게 가장 중요한 가치로 자리매김 중이다. 안전 위험에도 불구하고 종교계 리더들의 집회의 필요성 주장이 사회 구성원들에게는 보편성을 얻지 못할 가능성이 높은 이유는, 변화 중인 사회적 규범 인식이 현재의 변화를 인식하지 못하고 있는 것이기 때문이다.

이번 팬데믹으로 인한 변화는 개인들을 새롭게 학습시키고 있다. 이 것은 개인 세계관과 의사결정 패턴에서의 변화를 의미한다. 이 변화는 과거에 믿었던 세계관이 바뀌고, 행동에서도 변화가 일어나는 과정을 의미한다. 이 변화는 앞서 언급된 규범적 제도에서 균열이 일어나며, 사회적 학습이나 법, 규제에서의 제도에서도 균열이 일어난다 이 균열들은 발생하는 대응적 변화의 기초가 된다.[4] 현재의 코로나 팬데믹은 우리의 개인적인 경험 학습의 깊이까지 우리를 균열시킴으로 페러다임의 변화까지 일으키고 있다고 관찰한다. 그 변화가 미친 의료철학과 보건사회학적인 균열들을 언급하고자 한다.

---

3   조샘, "코비드 이후의 세계, 크리스천들은 무엇을 할 것인가?" 제4차 생명신학포럼 발제글 (2020. 6. 11), p6.
4   조샘, "코비드 이후의 세계, p7.

죽음의 일상화

현재의 코로나 감염은 G7과 같은 부유한 선진국들에서부터 가난한 저개발국가까지 국가의 빈부를 불문하고 거의 모든 나라들을 강타하고 있다. 선진국이 자랑하고 있던 보건의료시스템의 효용성이 무색하리만큼 이 바이러스는 국가 간의 전염으로 인한 광범위한 전파를 방역하지 못했다. 감염자의 병원 치료가 효과적으로 수행되지 못하는 맹점(blindspot)을 고스란히 노출했다. 저개발국가는 그들의 처지대로 가장 원시적인 방역으로 대응하고 있고, 그 확산으로 인한 인명피해를 예측하지 못한 만큼 위험 앞에 노출되어 있다.

이 팬데믹으로 우리는 죽음의 일상화를 처참하게 경험하고 있다. 죽음의 일상화는 가장 반생명적이며 반사회적인 인류의 고통이다. 인간 생명들이 집단으로 죽어감으로 생명의 고귀함이 파괴되고 죽음의 존엄함도 훼손되고 있다. 팬데믹 생명 상실(pandemic life-loss)이다. 미국이나 남미, 일부 유럽에서는 코로나로 죽은 시체들을 임시창고에 쌓아두고 집단으로 매장하는 일이 일어나고 있다. 인간의 생명이 시체실의 표본과 같이 비인격화되는 상황이다. 감염이 광범위하다 보니 사회적이고 국가적인 차원에서 생명과 죽음의 문화적 규범에 응대하지 못한 채 비규범적 균열이 일어난 것이다. 생명 가치를 보는 신학과 인간론 앞에 엄중한 회의와 상실이 일어나고 우리의 생명에 대한 사고를 고민하게 만들고 있다.

로미 시대 전염병, 유럽의 페스트, 근대유럽의 전쟁들과 세계 1, 2차 대전쟁 등 죽음의 일상화는 역사에서 수없이 반복되어 왔고 인류는 그것을 재빠르게 잊고자 했다. 특히 유럽의 페스트는 인류가 경험한 감염 팬데믹으로는 가장 처참한 경험을 하게 했다. 이번 코로나19의 국제적 팬데믹은 14세기(1346-1353년) 중세 유럽 내의 작은 팬데믹에 비해서 시간

(x) 축과 변화(y)축의 측면에서 그 범위와 깊이에 있어 비교될 수 없을 정도로 크고 넓다. 전염이 시작된지 7개월이 지나고 있는 현재, 전 세계의 1천만명이 감염되었다. 항공기의 발명과 국제 여행이 일상이 된 지금의 세상에서 어떤 감염균도 너의 것과 나의 것으로 한정될 수 없다는 것이 여실히 증명되었다. 미국과 중국 간에 코로나의 원발 지역에 대한 책임 공방은 정치 논쟁의 무력감만 증가시킨다.

고통과 생명의 연대성

이번 코로나 팬데믹은 우리의 세상과 인류에게 중요한 사실을 확인시킨다. 그것은 전 세계는 하나의 감염의 연대성(solidarity of infection) 안에 있다는 사실이다. 이 감염 팬데믹은 곧바로 고통의 연대성(solidarity of suffering)과 일치화된다. 나의 감염이 타인의 감염이 되고, 나의 고통이나 죽음의 위험이 타인의 고통과 죽음의 위험으로 공유된다. 비의도적으로 나와 타인의 고통이 서로 운명적으로 연결되어 있음을 증명한다. 이는 인류가 근본부터 인식하고 있어야 하는 하나님 앞에서의 인간 인식이다. 고통의 연대성은 그리스도의 십자가의 본래 정신이고 분명한 구속의 유비이다. 타인과 함께 연결되어(connected) 있지 않는 개인의 건강과 무고통의 구속은 허위이다. 오늘날 세계교회(the Global Church)는 전체로서, 혹은 부분으로서 하나님 아버지가 그리스도의 십자가에서 성취하신 고통과 사랑의 연대성(solidarity)을 순종하지 못해 왔다. 교회의 회개 지점은 이 생명적 연대성을 상실한 부분부터 시작되어야 한다.

인류는 그리스도 안에서 하나의 하나님의 형상, 아담의 후손으로 그 창조적 존엄성(created dignity)으로 회복되어야 한다. 이는 인간의 정치, 경제, 문명, 사회계급, 빈부, 인종, 피부색 등의 모든 차별과 분리를 십자가가 부수고 회복시키는 구속의 핵심적 요소이다. 하나님의 형상으로서의 같은 인류는 그 존엄성이 동등하며, 그 고통이 동등하며 구속의 은혜에서 동등하다. 우리 인류는 그리스도의 생명으로 함께 묶여 있고 공동의 운명체처럼 연대되어 있다. 그리스도 안의 생명, 하나님 아버지의 생명으로 인간과 피조물들은 고대하던 회복을 얻는다.

미래의 인류는 종말적 카이로스로서 분명 생명신학적 옳음(rightness)으로 진행될 것이다. 그리스도의 십자가 신학과 하나님의 선교학은 환원주의적 이원론에서 더 이상 머물러 있을 수 없다. 오직 하나님의 생명과 세상의 생명과 생태, 그리스도의 생명 구속의 통치로서 진행될 하나님의 선교이다. 그것이 하나님의 생명신학과 구속신학의 정점을 보인 요나서 4장 11절의 하나님의 목소리이다. 우리는 코로나 팬데믹을 종말 구속 시대에 일어날 삶과 죽음의 현장 마당의 실체로서 현재 경험하고 있다. 죽음 앞에서 엄중하고 하나님 앞에서 소망을 갖는다.

교회의 공공선(public good)

교회는 하나님이 심으로 세상에서 증인된 생명체이지만, 금번 코로나 19 전염병은 교회들의 공공선의 결핍 상황을 여실히 드러내고 있다. 이는 이단집단인 신천지만의 문제가 아니었다. 공동체의 생명을 위협하는 전염병 문제 앞에서 기독교 신앙은 공적 믿음(public faith)의 요청 앞에 서는 것이다. 공적 믿음이란 세상과 도시의 광장 안에서 가장 보편성을 보이는 공공성을 드러내는 기대와 의지로 형성되는 사회적 공공선(public good)에 반응하고 참여함을 의미한다. 지금으로 적용하자면, 우리의 공공선은 코로나에 대한 엄밀한 방역이고 환자들을 잘 돌보고 엄청난 난맥상의 확대를 막고 조기에 정상적 사회로의 회복이 바로 공공의 선이다.

볼프(Volf)는 그의 저서[5]에서 예수를 따르는 자들이 이 세상의 공공의

---

5   Miroslav Volf, *A Public Faith: How Followers of Christ Should Serve the Common Good* (Grand

삶과 사회 속에서, 광장에서 보이는, 세상의 문제나 이슈 앞에 전혀 사회적 공공적 책임을 다하지 않는 나태함(idleness)과 공공 광장에서 설득되지 않는 일방적인 '교리화된 이야기'로 전달되는 소통의 일방성을 지적하는 그 강압성(coerciveness)을 관찰하고 있다. 리처드 마우(Richard Mouw)는 이미 이것을 그의 책 『무례한 기독교』로 동일한 문제로 비판했다.

교회는 공동의 안녕을 위협하는 팬데믹 전염병 상황에서는 일부 종교 집단이 보였던 사회적 책임에 대한 나태함이나 강압성을 보이는 종교적인 신념에 빠지지 않도록 주의해야 한다. 지금, 세상은 교회에게 공공의 의지(public will)을 갖추어 상식적으로 참여하는 공공선(public good)를 기대하고 있다. 코로나가 진정된 후 그리스도를 아직 따르지 않는 비그리스도인들이 공공의 선을 함부로 무시하고 종교적 확신에 찬 예배 집단이라고 인식될 수 있는 지금의 교회들의 메시지와 선교에 귀 기울일 가능성은 더욱 희박해져 간다.

> 각 사람은 위에 있는 권세들에게 복종하라. 권세는 하나님으로부터 나지 않음이 없나니 모든 권세는 다 하나님께서 정하신 바라(롬 13:1).

성경은 교회가 공공적 선을 집행하는 권세를 갖은 국가지도자에게 순복하라고 명령하고 있다. 로마서 13장 3절이 지적한 대로 다스리는 자들은 선한 일에 대하여 두려움의 통치를 갖고 실행한다. 이런 팬데믹 전염병을 막고자 하는 공권력은 공공의 선을 위한 최소한의 방어선이고, 교회는 공공적 믿음(public faith)에 대한 복음적인 시민 인식을 갖추어야 할 것이다. 공동체 전체, 공공의 생과 사의 비탈길에서 공공적 선과 안녕(public good & wellness)에 작동되어야 할 공공적 믿음(public faith)의 실력을 갖추고 세상을 위해 나아가는 교회들이 희망이다.

Rapids, MI: Brazos Press, 2013).

개체성과 공동체성

코로나 팬데믹과 유사한 팬데믹이 수시로 올 것이기에 인간 안보 (human security) 가치를 중심해서 보건의료가 미래 사회에서 사회 규범의 중심에 있을 것으로 예측한다. 보건의료의 그 실효성(effectiveness)은 사회 공동체의 경제적 생산성과 생활 지속성을 제공하고 포스트모던 사회에서의 국가권력의 강제성도 공중보건의 목적하에서 실행되고, 사회적 통제 자유의 범위가 평가되고 결정될 것이다. 사회 공동체는 끊임없이 국가 리더십의 신뢰성을 질문할 것이고 국가 경영의 중요한 평가지표가 될 것이다.

이런 변화는 사회 안에서 개인의 개체성(individuality)를 강화시키고 공동체성에 도전을 줄 것이다. 인간의 개체성은 개인주의(individualistic)와 구별되는 개인의 고유한 자기 됨(selfness)이다. 창조 때부터 하나님이 부여한 개인의 개체성은 본래 가치이며 매우 중요한 요소이다. 항상 집단적 전체주의나 독재적 사회에서는 개인들의 개체성을 손상하고 죽이며 획일화시킨다. 이 개체성은 이런 의료적 팬데믹에서 매우 강화되었다. 사회적 거리두기(social distance)란 바로 타인 속에서의 자기 됨의 최소 거리와 생존 조건이다. 코로나-19의 팬데믹은 우리의 의식의 심연의 변화를 가져왔고 패러다임 변화까지 가져왔다. 즉 모든 일상과 일, 가족 보호, 공동체 가꾸기, 미래를 예측하고 대비하기에서 개체성을 수호하며 살아갈 것이다.

이런 인간 개체성의 강화는 항상 긍정적으로 작동하는 것은 아니다. 즉 죄성을 가지고 있는 인간들은 쉽게 개체성을 개인주의로 끌고 가는 성향을 보일 수 있다. 개체성 중심의 자기 보호는 희생(sacrifice)이나 배려를 먼저 생각하게 하지 않고 타인에 대한 문제를 이차적인 요소로 두기 때문이다. 그러나 성경의 진리는 우리를 개체성(individuality)과 동시에 공동체성(community)을 항상 동시적으로 실천하라고 도전한다. 이는 개체성이 따로 놀지 않고 공동체 안의 개체, 개체 안의 공동체성을 유기적으로 연합시켜 존재하라고 명령하며, 교회는 바로 그런 존재들의 집합이다. 교회의 이 영성으로 사회와 세상도 그 개체의 기쁨과 공동체의 환희를 보이고 누리도록 명령한다.

약함의 신학(healing theology of weakness)의 확장

의학에서 취약성(vulnerability)은 바이러스나 병균으로부터 침범당할 수 있는 연약성을 의미한다. 이번 코로나 팬데믹은 고스란히 인류가 변종 바이러스에 얼마나 취약한 존재인지, 또 전 세계가 구조적으로 얼마나 취약성과 연약성 위에서 살아가는 상태인지를 여실하게 증명한 사건이다. 이것을 신학과 영성에서는 연약성(vulnerability)이라고 말한다. 이 연약성은 하나님의 구속신학과 치유신학의 전제 조건이다. 그리스도의 십자가도 바로 거룩한 연약성의 은유이다. 우리는 죄의 관성에 따라 강함을 지향하고 정복을 추구하여 개발하고 확대하느라 지구를 파괴해 왔다. 생명의 존엄성을 무시하고 자연을 향해 폭행하고 생태로의 의존관계를 무시하고 파괴해 왔다. 코로나19 바이러스가 생명력이 질긴 병균인 것은 변종적 진화가 진행되었기 때문이다. 즉, 생태환경의 왜곡이 가져온 질긴 생존력에서 비롯된 것이다.

이제 지구에서 사는 우리는 생명신학적 순종의 삶과 생태순환적 삶으로 회귀해야 한다. 그것은 인간과 생태의 연약성을 깊게 인식하는 겸손함에서 출발된다. 자연의 생명과 공간이 인간의 공간만큼 침탈되는 상태를 멈추고, 인간이 자연에 완전히 의존되고 자연이 인간에 의존되어 서로간에 순종하는 관계적인 생활을 확대해 가는 생활 영성이 일어나야 한다. 인간의 존재 방식과 경제적 생산과 소비 방식은 지금의 확대적이고 물량적인 방식에서 벗어나 미니멀리즘(minimalism)과 단순한 삶(simple life), 그리고 자신의 공동체에서 스스로 상호 의존적 순환을 구성하는 지역 공동체 단위의 순환경제로 견고해져야 한다.

현재의 팬데믹 경험이 우리를 더욱 연약함(weakness)를 사모하고 그것을 추구하게 만들 것인가? 연약함의 영성 안에서 개인들은 삶과 영성에서 더욱 겸손하고, 교회도 성공과 성취가 아닌 연약함을 자랑하는 참교회로 갱신되어 가야 한다. 국가는 K-방역의 자랑에 취하지 않고 겸허하고 덕스러운 국가 가치와 정신을 창출하며 전 세계 공동체의 연역한 국가들을 잘 섬기는 서번트십(servantship)으로 세상을 이롭게 해야 한다.

한국교회는 코로나 팬데믹이 매우 길게 지속되고 광범위한 상흔이 깊어짐에 따라 발생할 공동화될 공동체의 생존 공간들이 어디인지를 진정으로 찾아서 사랑으로 침습하여 들어가는 선교적 증인 공동체가 되어야 한다. 국내는 국내대로, 고통으로 신음하는 해외의 현장을 동시에 바라볼 수 있어야 한다. 이를 통해 우리의 기도와 보건의료 선교적 참여를 확정하고, 열방을 그리스도의 심장과 손으로 섬겨야 한다.

박준범
조선대학교 의과대학교 (M.D.)
Fuller Theological Seminary, Inter-cultural Studies (M.A.)
Redcliffe College, Professionals in Mission (PIM)
(현) 새숨병원 병원장
　　　엠브릿지(M.Bridge) 대표
(전) 인터서브코리아 대표, 예멘의료선교사

코로나 시대와 테크노피아의 환상

양승훈

코로나바이러스 대유행으로 온 세계가 긴장과 고통 가운데 있지만 우리 부부는 6월에 한 주간 캐나다 록키산맥에 창조론 탐사를 다녀왔다. 지난 23년 동안 학생들과 더불어 록키를 수없이 다녀왔지만 필자는 이번만큼 관광객이 적은 것을 본 적이 없었다. 동시에 이번만큼 많은 동물들을 본 적도 없었다. 회색 곰(그리즐리) 한 마리를 포함하여 여섯 마리의 곰과 열 다섯 마리 정도의 산양들, 엘크, 사슴 등 많은 동물들을 보았다. 근래 필자가 늘 산책하는 밴쿠버 인근 산책로에서조차 검은 곰을 세 마리나 보았다. 인간의 활동이 축소되면서 야생동물들의 활동반경이 넓어진 것이다. 그동안 사람들이 동물들의 서식지를 얼마나 많이 침범했는지를 보여주는 것이 아닌가 생각된다. 어쩌면 이것은 코로나바이러스 대유행과 관련하여 일어나고 있는 생태계 변화의 한 단면을 보여주는 것이 아닌가 생각된다. 아래에서는 그리스도인 과학자로서 코로나바이러스 대유행에 대한 전망과 더불어 이것이 기독교 신앙과 관련하여 갖는 함의를 네 가지로 나누어 살펴본다.

첫째, 코로나바이러스는 인간의 탐욕을 제어할 것이다. 인간은 18, 19세기의 제1, 2차 산업혁명을 거치면서 새로운 에너지원을 찾아내고, 새로운 동력, 운송기관, 생산설비를 발명하여 거의 무한대에 이르는 생산능력을 갖게 되었다. 그리고 조직적인 마케팅과 광고를 통해 전 세계인들은 소비주의라는 이 시대 가장 만연한 '마약'에 중독되게 되었다. 말이 좀 거칠기는 하지만 지난 100여 년 동안 세계는 미친 듯이 소비했다. 그리고 우리 모두는 그러한 무한대의 생산과 소비의 시대가 영원히 지속될 수 있으리라 착각했다. 그동안 하나님은 말씀을 통해, 환경을 통해 많은 경고를 주셨지만 우리는 듣지 않았고, 소비주의라는 마약에 흠뻑 중독되어 흐느적거리고 있었다.

하지만 이번 코로나바이러스 대유행은 우리들의 소비생활을 근본적으로 돌아볼 것을 요구하고 있다. 특히 코로나바이러스 사태는 이제 막 시작되고 있는 4차 산업혁명과 겹쳐서 엄청난 실업자들을 양산할 것으로 생각된다. 코로나바이러스 사태 이전에 이미 대부분의 전문가들은 4차 산업혁명으로 인해 기존의 많은 직장들이 사라질 것으로 예측했다. 물론 새로 만들어지는 직장들도 많지만 사라진 직장이 훨씬 더 많을 것으로 본다. 그렇다면 일자리 나누기는 불가피한 현실이 될 것으로 보인다. 작년에 한국 정부는 주 52시간 이상 일해서는 안 된다는 것을 법제화했다. 그러나 사실 이제는 사람들이 그렇게 일하고 싶어도 일할 거리가 없게 될 것이다. 자연히 전통적인 일중독은 사라질 것이고 인간의 탐욕은 본의 아니게 해결될 것으로 본다. 하나님은 바이러스를 통해 인간의 가장 근원적인 죄성을 다스리고 계신다.

둘째, 코로나바이러스는 인간의 청지기적 소명을 회복시킬 것이다. 태초에 하나님은 자신의 형상대로 인간을 지으신 후 우리가 흔히 말하는 문화명령을 주셨다. 인간에게 '생육하고 번성하여 땅에 충만'할 뿐 아니라 '땅을 정복하라, 바다의 물고기와 하늘의 새와 땅에 움직이는 모든 생물을 다스리라'고 하셨다(창 1:28). 또한 에덴동산을 창설하시고 인간을 그 '에덴동산에 두어 그것을 경작하며 지키게' 하셨다(창 2:15). 하지만 인간의 타락으로 인해 사람들은 '생육하고 번성하여 땅에 충만'하라는 말씀을 다산명령으로 착각하여 인구문제의 심각성을 간과했다. 또한 인간은 탐욕으로 인해 하나님이 관리하고 다스리고 지키라고 한 피조세계를 착취하고 오염시켰다. 마치 지구에는 인간 이외에 아무도 살지 않는 것처럼 생물들의 서식지를 마구 침탈했고, 한정된 자원을 물 쓰듯 소비했다. 그 결과 자원은 고갈되고 있고, 전 지구적 오염이 일어나게 되었으며, 특히 지구온난화 문제는 인류의 생존을 위협하기에 이르렀다. 일부에서 지속가능한 발전에 대한 논의를 하고 있고, 실제로 여러 차례 지구온난화를 늦추기 위한 국제회의가 열렸지만 국가들 간의 이해 충돌 때문에 별 진전을 이루지 못했다.

하지만 코로나바이러스 대유행이 시작되면서 상황이 달라지기 시작했다. 사람들은 많이 모일 수 없게 되었고, 멀리 이동할 수 없게 되었다. 공해를 내뿜던 수많은 공장들은 멈춰 서게 되었고, 해외관광으로 공항을 뻔질나게 드나들던 사람들의 발이 묶이게 되었다. 엔진 배기량이 늘어만 가던 자동차들은 급속도로 전기차로 전환되고 있다. 불과 몇 달밖에 되지 않은 코로나바이러스 대유행이지만 이미 서울의 하늘은 맑아지고 있고, 재택근무가 급속히 늘어나면서 출퇴근 시간 밴쿠버의 교통체증도 빠르게 줄어들고 있다. 사람들이 창조세계에 대한 청지기적 소명을 감당하지 못하게 되자 하나님께서 작은 미생물을 통해 인간의 불충함을 꾸짖고 계신다.

셋째, 코로나바이러스는 각종 이데올로기들의 허상을 폭로할 것이다. 오늘 우리는 과학주의, 기술주의, 진보주의, 자본주의 등 수많은 이데올로기의 난투극 시대에 살고 있다. 16-17세기 과학혁명이 일어난 이래 과학과 기술은 인간의 모든 문제를 해결할 수 있는 새로운 구세주로서의 위상을 확립했고, 과학과 기술에 근거한 현대 산업사회는 자본주의와 결탁하여 피조물로서의 인간의 지위를 망각하게 했다. 달에 사람을 보내고 화성에 우주선을 보내며, 각종 난치병들을 하나씩 정복해 가면서 사람들은 테크노피아의 환상을 갖게 되었다. 요한계시록에서 말하는 새 하늘과 새 땅이 결국 과학과 기술에 의해, 다시 말해 인간의 이성에 의해 만들어지는 테크노피아라고 착각하게 되었다.

말씀과 계시가 중심이었던 중세를 암흑 시대라고 폄훼하면서 계몽 시대를 열었던 계몽주의자들의 기고만장함의 한계가 저만치 드러나고 있다. 그 틈바구니 속에서 독버섯처럼 자라던 각종 이데올로기들의 실체가 코로나바이러스 대유행 시대를 맞아 속속 드러나고 있다. 네덜란드 경제학자 하웃츠바르트는 이데올로기를 우상숭배라고 일갈했는데, 코로나바이러스 대유행이 적어도 과학과 기술과 관련된 각종 이데올로기 우상들을 부수고 있음은 분명해 보인다. 눈에 잘 보이지도 않고, 생물인지, 무생물인지도 구분도 하기 힘든 그 하찮은 미생물이 인간이 그렇게 자랑스럽게 추진했던 테크노피아의 환상을 부수고 있다.

넷째, 코로나바이러스 대유행은 새로운 온라인교회의 모델을 만들어 갈 것이다. 지난 한 세대 동안 우리는 이미 이메일, 카카오톡, 페이스북, 유튜브 등 각종 디지털문명 속으로 깊숙이 진입했다. 그리고 그러한 디지털문명은 전통적인 교회의 모습을 바꾸고 있다. 그동안도 우리는 교회 내에서 사이버 교제가 이루어지고 사이버 공동체가 출현하는 것을 많이 보아왔다. 하지만 지금까지 그런 온라인상에서의 사이버 공동체는 어디까지나 대면 공동체의 보조적 기능만을 수행했다. 아무리 디지털문명이 발달해도 여전히 건물이 있어야 하고 정해진 시간에 사람들이 한 공간에 모이는, 2천 년 교회사의 전통 속에 있었다. 하지만 이번 코로나바이러스 대유행을 겪으면서 사이버 공동체는 강제로 보조적 기능에서 중심적 기능으로 승격했다.

우리는 아직도 이번 코로나바이러스 사태가 끝난 후 교회가 어떤 모습으로 존속될 것인지에 대한 뚜렷한 그림을 갖고 있지 못하다. 하지만 한 가지 분명한 것은 다시는 코로나바이러스 이전과 같은 교회의 모습으로 돌아가지는 않을 것이라는 점이다. 새로운 온라인 대형교회가 출현할 수도 있겠지만 거대한 건물에서 주일에 여러 차례의 예배를 드리는 그런 대형교회의 시대는 저물어 갈 것이 분명하다. 여전히 유튜브 스타 부흥사가 등장할 수도 있겠지만 정보의 평준화가 이루어지면서 성도들의 교회 선택의 폭은 이전과 비교할 수 없을 정도로 넓어질 것이다. 이미 유튜브에는 헤아릴 수 없이 많은 설교가 넘쳐나고 있으며, 성도들은 더 넓은 선택의 폭을 갖게 될 것이다. 오죽하면 인터넷에 포르노 다음으로 많은 것이 설교라는 말이 떠돌까.

포스트모던 시대에 들어오면서 개교회에 대한 성도들의 헌신은 이미 현저히 줄어들었다. 하지만 코로나바이러스 사태로 인해 그 헌신은 더욱 줄어들 것이다. 개교회에 대한 성도들의 헌신도 줄어들었지만 동시에 교회의 권위주의적 행태나 교권자들의 횡포도 사라질 것이고, 대면으로 인해 생기는 각종 부작용들도 사라질 것이다. 평일에 별로 사용하지도 않는 건물을 짓기 위해 엄청난 돈을 들이는 일도 줄어들 것이다. 대신 새로운 교회를 시작하려는 사람들은 렌트비나 과도한 인테리어 비용 때문에 크게 고민하지 않고도 교회를 시작할 수 있을 것이며, 자연스럽게 이중직을 가진 목회자들이 늘어날 것이다. 그런 온라인교회는 좀 더 재정적인 여유가 생길 것이고, 이를 교회 본연의 사명을 위해 더 잘 사용할 수 있을 것이다. 히브리서 기자가 '서로 돌아보아 사랑과 선행을 격려하며 모이기를 폐하는 어떤 사람들의 습관과 같이 하지 말'라고 한 권면은 새로운 문화의 옷을 입게 될 것이다(히 9:24-25). 어쩌면 이런 모습이 그리스도의 몸으로서의 보편교회 이상에 더 가까울지도 모른다.

끝으로 인류는 지난 몇 달 동안 무력을 동원한 정치 · 군사적 혁명 못지않은 급격한 변화를 경험하고 있다. 어쩌면 지난 몇 달 동안 2000년 기독교 역사에서 교회는 가장 큰 변화를 경험하고 있는지도 모른다. 코로나바이러스 대유행으로 인해 4차 산업혁명이라는 용어를 처음 사용했던 독일의 슈바브가 예측한 것보다 우리는 훨씬 더 빨리 4차 산업혁명 시대로 진입하고 있다. 10-20년 후에나 일어날 것이라고 예측했던 변화가 코로나바이러스로 인해 불과 몇 달 만에 일어나고 있는 것이다. 1차 산업혁명 이후 250여 년간 지속되어 왔던 일터근무는 코로나바이러스 대유행으로 인해 순식간에 재택근무로 전환되고 있다. 온라인 강의에 대한 찬반의 논란도 쑥 들어가 버리고 사람들은 선택의 여지없이 온라인 강의를 받아들이고 있다. 코로나바이러스 대유행으로 인한 급격한 변화와 충격 속에서 필자는 정신이 혼미한 인류에게 정신 차리라고 뺨을 후려갈기는 하나님 아버지의 사랑의 징계를 느낀다. 코로나바이러스로 인한 전 세계적 고통이 '하나님의 메가폰'일 거라는 생각이 필자만의 생각일까?

양승훈
경북대학교
KAIST 물리학과(석, 박사)
Wheaton College 신학과(M.A.)
Wisconsin University 과학사학과(M.S.)
(현) 밴쿠버기독교세계관대학원 교수, 창조론오픈포럼 공동대표
(전) 한국창조과학회창립임원, 밴쿠버기독교세계관 대학원 원장
(저서) 『기독교적 세계관』, 『창조와 격변』,
　　　『창조와 진화』, 『창조에서 홍수까지』

코로나19의 창조신학

조덕영

　어릴 적 필자가 살던 고향 민가에는 박쥐가 참 많았다. 아마 한반도 대부분의 지역에서 익숙한 풍경이었을 것이다. 박쥐는 주로 목조건물의 나무와 벽 사이의 공간 속에 살면서 사람들과 공존하고 있었다. 다만 우리 민족은 박쥐의 그 요상한 생김새 때문인지는 몰라도 박쥐를 생포하여 시식하는 것을 필자는 본 적이 없다. 물론 일부 보양식이나 약용(단백질 보충)으로 식용하는 사람들이 국민 정서상 없지는 않았을 것이다. 그런데 우리 한민족과 달리 중국은 박쥐 식용의 풍습이 여전히 남아 있는 것 같다.

　보기도 낯선 이 포유류 식용이 결국 대 참사를 가지고 왔다. 사스와 메르스나 이번 '우한 폐렴'(코로나19) 모두 박쥐 속 바이러스와 어떤 식으로든 연관성을 가지고 있기 때문이다. 도대체 이 바이러스는 무엇이고 성경은 왜 이 박쥐를 먹지 말라 했을까?

　코로나19가 세상을 빠르게 변환시키고 있다. 이구동성으로 인류와 지구촌의 패러다임이 코로나19 전후로 완전히 새로워질 것이라고 한다. 이 사태를 어떻게 보아야 할까? 지구촌 생태계와 관련하여 우리 기독교인들에게 모든 것은 창조주 하나님의 말씀, 곧 창조신학이 그 중심이 되어야 한다. 여기서 기독론과 종말론까지 이어지기 때문이다.

미생물의 분류

미생물(microorganism, 微生物)은 육안의 가시 한계를 넘는 0.1mm 이하 크기인 미세한 생물로 주로 단일세포 또는 균사로써 몸을 이루어 최소 생활단위를 영위하는 생물로 주로 조류(algae), 세균류(bacteria), 원생동물류(protozoa), 사상균류(fungi), 효모류(yeast, 뜸팡이류), 곰팡이 등과 한계 생물이라 할 수 있는 바이러스(virus) 등이 이에 속한다.

본래 이들 미생물은 분류학상으로 보면 은화식물(隱花植物, 민꽃식물, Cryptogamae)에 속한다. 민꽃식물이란 꽃을 피우지 않고 포자로 번식하는 식물의 총칭이다. 크리스천 과학자였던 분류학의 아버지 린네(Carl von Linne)가 「식물의 종」(1753)에서 식물계를 24강으로 분류하고, 그중에서 양치류(羊齒類) · 선태류(蘚苔類) · 조류(藻類) · 균류(菌類)를 하나로 통합하여 민꽃식물이라고 명명했다. 나중에 프랑스 식물학자 A. T. 브로냐르(Brongniard)가 식물계를 꽃의 유 · 무로 크게 나누어 꽃을 피우는 것을 현화식물, 꽃을 피우지 않는 것을 은화식물로 정리했다.[1]

이 은화식물의 균류 안에 쪽팡이(세균, bacteria)와 진균류(眞菌類)의 뜸팡이(효모)와 곰팡이가 존재한다. 이 가운데 쪽팡이(세균, 박테리아)는 인체에 들어와 감염성 질병을 일으키는 특징이 있다. 감염성 질병을 일으키는 미생물은 세균 말고도 바이러스가 있다. 그렇다면 이들 감염성 질병을 일으키는 두 미생물의 차이점은 무엇일까?

세균과 바이러스의 구분(바이러스는 세균<쪽팡이, bacteria>이 아니다)

박테리아(세균)는 스스로 증식하고, 바이러스는 숙주세포에 기생하는 미생물로 이 둘은 전혀 다르다. 쪽팡이(세균)는 1–5㎛(100만 분의 1m)크기

---

1   Martin Alexander, *Soil Microbiology* (Canada: John Wiley & sons, Inc., 1977), 16–114.

로 가장 작고 간단한 단세포생물(식물)로 토양, 물, 공기를 비롯해 사람이나 동물의 피부를 비롯하여 내부기관지 또는 장(腸)에까지 존재한다. 쪽팡이 대부분이 병원균(病原菌, pathogenic bacteria)이지만 사람과 전혀 무관한 것과 유산균, 발효균, 초산균, 방사균처럼 유용한 세균도 일부 있다.[2]

박테리아는 이미 학자들에게 잘 알려져 있는 미생물이다. 그런데 바이러스는 달랐다. 독감 등의 유발 미생물임을 알면서도 20세기까지만 해도 그 속성에 대해 알려진 게 그리 많지 않았다. 유명한 진화론 생물학자 굴드(Stephen Jay Gould)조차 미생물들이 인간들에게 과소평가되어 왔다면서 그 수에 있어 다른 생명체를 압도하는 이 작은 생물체의 수와 다양성을 논하면서 현대가 박테리아 시대(Age of Bacteria)[3]라고 했을 정도다.

왜냐하면 바이러스는 세균보다도 그 크기가 훨씬 작아서 0.05-0.1㎛에 불과해서 세균보다 최고 100분의 1 정도로 작다. 세균이 단세포로 이루어져 세포벽, 세포막, 유전정보(DNA, RNA)가 들어있는 핵, 단백질 등으로 구성돼 있는 반면, 세균보다 작은 바이러스는 유전정보가 들어있는 핵(주로 RNA 또는 DNA)이 단백질에 둘러싸여 있는 형태이다.

따라서 바이러스는 살아있는 세포를 숙주(宿主, Host)로 한 기생(寄生)의 형태로 생존한다.[4] 즉 바이러스는 유전물질만 가지고 인간과 동물의 세포 속으로 들어가 그 숙주세포의 효소, 단백질 등을 이용해 수를 늘려 나간다. 이것이 바이러스를 생물로 규정하지 않으려는 과학자들도 일부 있는 이유다. 바이러스가 살아있는 세포(숙주세포) 안으로 들어가기 전까지는 어떤 생명활동도 하지 않기 때문이다.

2 Alexander, *Soil Microbiology*, 16-35.
3 Stephen Jay Gould, *Life's Grandeur* (New York: Random House, 1996), chap. 14.
4 Alexander, *Soil Microbiology*, 103-14.

세균과 바이러스의 인체 내 감염(바이러스를 가볍게 보면 안 되는 이유)

병원성 쪽팡이(세균)들은 보통 피부 상처나 호흡 등을 통해 인체로 침입한다. 반면 바이러스는 혈액, 타액, 피부 등을 통해 생체로 들어오며, 각각의 바이러스가 선호하는 세포에 달라붙어 세포 속으로 들어간다. 바이러스는 쪽팡이(세균)들보다 소독약이나 열에 강하고, 전염 정도가 세균보다 빠르며, 유전물질만 가지고 세포는 없으므로 변신(變身)에 능해 돌연변이 확률이 더 높다. 이것이 쪽팡이들보다 바이러스 퇴치를 위한 치료제 개발이 더 쉽지 않은 이유다. 변이(變異)가 잦은 바이러스의 백신이나 치료제를 만들어도 바이러스가 변신해 버리면 백신이나 치료제가 쓸모가 없어지기에 경제적 부담이 만만치 않는다.

국내 최초(4명) 우한 폐렴(신종 코로나바이러스감염증) 확진환자도 과거 중증급성호흡기증후군(SARS · 사스), 중동호흡기증후군(MERS · 메르스)과 같은 계열의 병원체 코로나바이러스에 의해 발병한 특성을 보였다. 국내 의료진에 따르면 신종 코로나바이러스는 '사스'때와 유전자 염기서열이 70-80% 유사하다. '메르스'는 50% 상동성(유전자 및 단백질의 유사성)을 보이고 있다. 그럼에도 백신과 치료제가 듣지 않아 중국에서 일부 에이즈 바이러스 치료제까지 시험 투여해 보고 있다는 것은 바로 바이러스 유전자의 잦은 돌연변이 때문에 예방과 치료가 쉽지 않기 때문이다.

감염의 경우에도 쪽팡이와 바이러스는 그 치료 방법이 다르다. 쪽팡이는 항생제를 쓰고 바이러스는 항바이러스제를 쓴다. 감기나 독감 등에 아무 약제나 함부로 쓰면 안 되는 이유가 여기에 있다. 보통 쪽팡이나 바이러스가 인체에 침입하게 되면 우리 몸은 그 미생물에 대한 정보를 기억하여 저장해 둔다. 따라서 이들 쪽팡이와 바이러스가 재침투하였을 때 재감염을 막게 된다. 예를 들어 세균이 침입하면 콧속의 면역물질(항생물질)은 세균과 치열하게 싸운다. 그 찌꺼기(부산물)로 누런 콧물이 나오는

437
코로나19의 창조신학 · 조덕영

것이다. 반면에 바이러스나 이물질이 침투하면 우리 몸은 정확하게 파악하여 바이러스나 이물질을 씻어내기 위해 맑은 콧물이 많이 분비되는 것이다. 이렇게 우리 몸은 한치의 오차도 없다.

물론 문제가 없는 것이 아니다. 앞에서 말했듯 바이러스는 쪽팡이들과 달라 변형이 잦다는 점이다. 즉 독감을 일으키는 인플루엔자 바이러스에 자주 감염되는 것은 독감 바이러스가 유전적 변형이 잦아 반복 감염이 가능하기 때문이다. 수두 바이러스나 헤르페스처럼 인간을 한 번 감염시킨 다음에도 인체 속에서 오래 공존(잠복)하면서 불쑥불쑥 말썽을 일으키는 바이러스도 있다. 파상풍, 콜레라, 디프테리아, 결핵, 폐렴 등이 쪽팡이들이 일으키는 질병이며 일부 감기, (홍콩) 독감, 조류 독감, 에볼라, 사스, 메르스, 수두, 대상포진, 간염, 헤르페스, 소아마비, 천연두, 에이즈, 우한 폐렴(코로나19) 등이 바이러스가 일으키는 질병들이다. 바이러스는 암의 원인이 되기도 한다. 바로 자궁경부암, 간암, 편도선암, 헤르페스바이러스에 의한 피부암의 일종인 카포시육종, 성인T세포백혈병림프종 등이다.

미생물과 생명 기원의 신비

진화론자들은 세포를 가지지 못한 바이러스가 진화하여 단세포생물로 진화하여 간 것으로 본다. 왜냐 하면 세포보다 아미노산과 단백질과 RNA와 DNA가 먼저 진화되었다고 보아야 하기 때문이다. 하지만 바이러스가 생존하기 위해서는 반드시 숙주(宿住, Host)세포를 필요로 한다는 것은 오히려 바이러스와 숙주세포의 역할을 하는 생명체들이 동시에 공존해야 한다는 것을 말해준다. 바이러스는 생명체가 멸종하면 이 세상에서 자연스럽게 소멸될 것이다. 또한 바이러스들은 숙주세포가 없으면 자신들도 생존할 수 없기에 일정한 돌연변이를 하다가 세포와 공존의 길을 가게 된다. 치명적 질병이었던 에이즈가 관리가 가능한 질병으로 바뀐 것도 그 때문이다.

쪽팡이들도 마찬가지다. 생체라는 생화학 공장은 모든 기능 요소들의 동시 존재를 암시한다. 유전물질(DNA, RNA)과 아미노산과 단백질과 그들을 담은 세포가 동시에 존재하지 않았다면 그 각각의 물질은 아무런 기능도 일어나지 않았을 것이다. DNA가 있어야 RNA와 아미노산들이 단백질 합성의 기능을 감당하고 수십 종류(약 70여 종)의 단백질들이 있어야 비로소 DNA가 작동이 가능하기 때문이다. 이 모두가 정말 우연한 결합에 의해 정교한 생화학 공장을 생체 안에서 운영하는 것일까? 고장 난 휴대폰 수십 억대를 분해하여 쌓아 놓는다고 우연히 새로운 휴대폰 조립이 가능한가? 세포와 DNA와 단백질이 그득한 정육점 고기들을 짓이겨 놓는다고 그곳에서 새롭고 정교한 생화학 공장이 탄생하는가? 그런데 과거 극악한 지구 환경 속에서 그런 생화학 체계가 우연히 생겨났다고? 슈퍼컴퓨터(이것은 생명이 아니다)보다도 더 정교한 그 생명 생체컴퓨터 시스템이?

생화학과 환경시스템을 공부한 필자가 볼 때, 우연을 믿는 것은 아무리 좋게 보아도 창조섭리를 믿는 것보다 훨씬 더 큰 믿음을 요구하는 일임을 개인적으로 분명하게 고백하지 않을 수 없다. 즉 믿음의 차원으로 본다면 '우연'은 정말 전혀 믿을만한 것이 못 된다. 그렇다면 기원 논쟁에서 무엇이 남는가? 여러분들은 무엇을 믿을 것인가?

성경, 박쥐를 왜 먹지 말라 했나?

성경은 박쥐를 하늘을 나는 생물들(새들과 박쥐와 대부분의 곤충들)에 포함시킨다. 이들 하늘을 나는 생물(새와 곤충)의 규례(레 11: 13~23)에는 중요한 두드러진 특징이 있다.

먼저 새는 부정한 것만 소개하고 있다. 먹이가 풍부하지 못한 광야에서 히브리인들에게 알려진 새들은 그리 많지 않았다. 광야의 새들은 주로 시체와 불결한 것을 먹는 종류들이다. 또한 일부 새들은 물고기, 악어, 뱀들과 더불어 애굽 땅에서 신들의 형상이다. 뱀이 하애굽의 상징이었던 반면 독수리가 많이 살던 상애굽에서는 독수리가 국가의 수호신이요 상징이다. 즉 'Re'는 태양의 신인 동시에 매나 독수리의 머리와 사람의 몸을 가진 반신(半神)이다. 따오기 머리를 가진 'Thoth'는 신들의 서기관으로 시간을 측량하고 수를 계산하며 재판 시 사람의 마음의 무게를 재는 재판의 신이다. 따라서 이들 새들은 모두 정결치 못한 생물로 분류되었다. 즉 뱀과 하늘을 나는 짐승은 애굽 신의 상징이다.

성경은 당시 가나안 주변에 익숙하게 알려진 조류와 곤충들을 모두 망라(網羅)하고 있다. 먼저 20여 종류의 부정한 새 종류를 소개하고 있다. 이들은 독수리, 솔개, 물수리(어응, 魚鷹), 말똥가리(매), 말똥가리(매) 종류, 까마귀 종류, 타조, 타흐마스(쏙독새의 일종, nighthawk, KJV, RSV), 갈매기, 새매 종류, 올빼미, 가마우지(노자, 鸕鷀), 부엉이, 흰 올빼미(따오기), 사다새(당아, pelican, KJV, RSV), 너새(올응, carrion vulture), 황새와 백로 종류, 오디새(대승, 戴勝, hoopoe, 후투티), 박쥐였다(괄호 안의 이름들은 한글개역판을 참조). 공동번역 성서는 이들 이름을 독수리, 수염수리, 흰꼬리수리, 검은 소리개, 각종 붉은 소리개, 각종 까마귀, 타조, 올빼미, 갈매기, 각종 매, 부엉이, 사다새, 따오기, 백조, 펠리컨, 흰물오리, 고니, 각종 푸른 해오라기, 오디새, 박쥐로 기록하고 있다. 개역성경보다는 개역개정판과 공동번역이 좀 더 현대적 이름에 가깝게 번역한 이름으로 보인다. 이렇게 다양하게 번역되는 것으로 보아 이들 동물들은 오늘날 명확히 모습을 파악할 수 있는 종류가 있는가 하면 그렇지 않은 종류들도 있다. 그래서 성경의 역본들은 각각 조금씩 서로 다르게 번역하고 있다.

박쥐는 오늘날 분류학상으로 포유류에 속한다. 하지만 성경은 과학교

과서가 아니다. 당시 히브리인들의 상식에 적응하여 성경은 박쥐를 나는 새 종류로 분류하고 있다(레 11:20, KJV). 성경을 과학책이라 우기며 토끼를 반추동물이라던가 박쥐를 포유류가 아닌 새라고 집착할 필요는 전혀 없다. 이런 성서근본주의적 사고는 부질없는 집착에 불과하다.

곤충은 날개가 있고 네 발로 기어 다니는 곤충 가운데 뛰는 다리를 가진 곤충들만 정결한 것들이다. 즉 메뚜기 종류, 베짱이 종류, 귀뚜라미 종류, 팟종이 종류 등 네 가지 종류가 해당되었다. 날개가 있고 네 발로 기어 다니는 것들은 부정한 종류였다. 곤충들은 지금도 동남아 등지에서는 식용으로 다양하게 시식되고 시판되고 있다. 우리나라의 경우 곤충이 시판되는 경우는 흔치 않으나 과거 농촌에서 자란 대부분의 세대는 논과 밭에서 메뚜기 등 곤충들을 포획하여 닭 등 가축의 먹이로 주거나 구어 먹고 튀겨 먹은 기억들이 남아 있다. 세례 요한이 약대 털옷을 입고 허리에 가죽 띠를 띠고 메뚜기와 석청을 먹었던 것도 바로 메뚜기가 정결한 곤충으로 분류되었기 때문이다(마 3:4).

그러면 왜 성경은 박쥐(레 11:19) 등과 같은 생물들은 먹지 말라 규정했을까? 박쥐를 매개로 한 20-21세기 바이러스의 창궐까지 염두에 둔 것이었을까? 400여 년 동안 애굽에서 살던 이스라엘 민족은 여호와 하나님의 계시에 따라 모세의 주도 아래 출애굽을 감행한다. 장정만 60여만 명이다. 이들은 광야에서만 40년을 유랑한 후 가나안으로 입성한다. 이들 공동체에 섭생은 아주 중요한 문제였다. 만일 특정한 전염병이나 식중독이나 바이러스가 공동체에 침투하여 창궐한다면 민족이 궤멸될 수도 있었다. 이사야 선지자도 박쥐에게 은 우상, 금 우상을 던지라하며 박쥐를 가까이하지 말아야 할 생물로 취급(사 2:20)하고, 예레미야 선지자도 '박쥐 우상'을 경고하고 있다(렘 22장 참조). 이렇게 박쥐에게 쓸데없이 가까이하는 것은 전혀 영육 간에 도움이 되지 않는 일이다. 이스라엘 민족은 이렇게 창조주 하나님의 계시 규례에 따라 박쥐 식용을 멀리하여 공동체의 집단 발병을 막을 수 있었다. 따라서 레위기에 제시된 섭생법은 비록 구원의 직접적 조건은 아닐지라도 율법의 저주에서 우리 인류를 속량하시는 그리스도의 십자가 복음과 이스라엘 민족의 출애굽에 따른 광야와 가나안 섭생법까지 염두에 두고 인류 역사 전체에도 계시로서의 성경책에 대한 교훈을 주시는 다중적 의미를 지닌다고 보아야 할 것이다.

그렇다면 지금도 이들 부정한 동물들은 먹을 수 없는 부정한 생물들일까? 그렇지는 않다. 사도행전 10장에 보면 낮 12시경 욥바의 피장(피혁공) 시몬의 집에서 베드로가 기도하러 지붕에 올라갔을 때 베드로에게 하나님의 환상이 나타났다. 그가 시장하여 먹고자 하매 사람들이 준비할 때에 황홀한 중에 하늘이 열리며 한 그릇이 내려오는 것을 보았다. 이것은 큰 보자기 같고 네 귀를 매어 땅에 내려오고 있었다. 그 안에는 땅에 있는 각종 네 발 가진 짐승과 기는 것과 공중에 나는 것들이 있었다. 그때 베드로에게 일어나 잡아먹으라는 음성이 들려왔다. 베드로는 속되고 깨끗하지 아니한 것을 결코 먹을 수 없다고 반응했다. 이때 두 번째 소리가 들려왔다. "하나님께서 깨끗하게 하신 것을 네가 속되다 하지 말라"(행 10: 15)는 음성이다.

레위기 11장과 관련하여 사도행전 10장의 말씀은 아주 중요한 의미를 갖는다. 하나님이 부정하다고 한 것들은 분명 영적으로 육체적으로 부정하고 가증한 것들이다. 베드로는 한 번도 이들 규례를 어긴 적이 없었다(행 10:14). 그런데 정말 놀라운 일이 일어났다. 하나님께서 깨끗하게 하신 것을 네가 어찌 속되다 할 수 있느냐(행 10:15)는 음성이다. 그리스도는 율법의 저주에서 우리를 속량했다(갈 3:13). 은혜의 시대에 율법적 잣대는 그림자처럼 사라졌다. 하나님은 베드로의 이 환상을 통해 히브리인 베드로가 이방인 고넬료에게 복음을 전하는 것이 합당하다는 것을 분명하게 보여주었다. 그리고 사도 바울은 당당하게 이방인의 사도가 되었다. 가증한 것들을 함부로 먹으며 여호와 하나님을 모르고 유리하며 살던 이방인에게도 참빛이 비추인 것이다.

　코로나19로 인류는 대전환점의 특이점을 마주하고 있다. 영국 옥스퍼드의 철학자 닉 보스트롬(Nick Bostrom)은 지능 대확산(intelligence explosion)을 통해 AI가 인류보다 초 지능(superintelligence)을 가지게 되는 기술적 특이점(technological singularity)을 우려하고 있다.[5] 셀 수 없을 만큼 다양한 바이러스 가운데 오직 코로나 한 종류에도 당황하는 인류가 바이러스에 무관한 인공지능만큼 과연 지속 가능할까? 인간은 분명 기로에 서 있다. 하지만 정말 중요한 것이 있다. 세상 속에서 인간은 유한하다. 그리고 본질은 변하지 않는다. 그 본질의 중심에는 창조주 예수 그리스도가 계신다(요 1:1-9)! 그는 곧 길이요 진리요 생명이다. 그리스도를 믿는 모든 이방인들이여, 모두 다 예수 그리스도를 찬양하라!

5　Nick Bostrom, *Superintelligence Paths, Dangers, Strategies* (OXFORD: OXFORD University Press, 2017), 1-4.

조덕영
충북대학교
숭실대학교 대학원 (M.E.)
성결대학교신학대학원 (M.Div.)
평택대학교 피어선신학전문대학원(Th.M., Th.D.)
(현) 평택대학교 피어선신학전문대학원 겸임교수
　창조론포럼공동대표, 창조신학연구소 소장
(전) 한국창조과학회 대표간사, 창조지 편집인
(저서)「위대한 과학자들이 만난 하나님」,「기독교와 과학」,
　　「외계 생명체 논쟁과 기독교」,「이슈(Issue)」

교회 공동체와 인터넷

김지훈

'언택트'는 시대적 요구인가, 극복해야 할 문제인가?

2020년 바이러스 전염병으로 인하여 발생한 사회 현상은 '언택 트'(Untact), 즉 '비대면접촉'이다. 바이러스가 퍼진지 6개월이 채 안되었음에도 불구하고 생활 속에서 마스크를 착용하는 것과 온라인에서 이루어지는 화상 회의 및 수업이 기업과 대학에서 일반화되고 있다. 이외에도 바이러스의 강력한 전염력으로 인하여 되도록 사람들과의 접촉을 회피하는 것이 일상이 되고 있다. 이러한 '언택트' 현상이 보편화되는 상황 속에서 어려움을 겪고 있는 단체들 중의 하나는 교회 공동체일 것이다. 교회 공동체는 전통적으로 성도들의 교제와 교통을 중요한 교회의 활동으로 이해하고 있었기 때문이다. 그러한 교회 공동체에게 지금의 '언택트'의 상황은 신앙적인 도전이자 고민해야 할 문제로 대두되고 있으며, 교회는 이 상황을 타개하기 위해서 여러 가지 방법들을 내놓고 있다. 그 대표적인 예가 온라인으로 이루어지는 성찬이다. 온라인으로 예배를 드릴 수 있다면 성찬도 온라인상에서 할 수 있지 않은가? 이러한 문제는 언택트 상황을 맞이한 교회들의 고민을 보여준다. 그러면 이러한 '언택트'는 교회가 받아들여야 할 시대의 요구인가, 혹은 극복해야 할 문제인가?

그러나 생각해 보면 이러한 '언택트'에 대한 논의는 이미 20세기 말에 시작되었다. 그것은 인터넷과 가상공간의 발전으로 인한 '온라인교회'

에 대한 가능성이다. 인터넷이 발달하여 사람들이 온라인으로 예배 실황을 지켜보고 말씀을 들으며, 은행의 계좌이체로 헌금을 할 수 있는 가운데 굳이 예배당이라는 물리적 공간에 성도들이 모이는 것이 필요한가 라는 문제가 제기되었다. 오히려 교회들이 성도들이 하나님께 드린 헌금의 많은 부분을 예배당을 확보하고 꾸미는 일에 사용했었는데 이것이 필요 없다는 측면에서 더욱 성경적인 교회라는 주장이 대두되기도 했다. 또한 '온라인교회'가 교회의 인간관계 속에서 상처를 받아서 방황하는 '가나안 성도들'을 위한 좋은 대안으로 제기되었다. 그러나 이러한 온라인교회는 하나의 가능성으로 제기되었을 뿐 실제적인 교회 공동체를 이루는 데까지는 가지 못했다. 그러나 바이러스 전염병이라는 피치 못할 상황 속에서 다시 한 번 온라인으로 이루어지는 예배와 교제의 가능성이 제기되고 있다. 또한 20여 년 전보다는 더욱 인터넷 기술이 발전함으로 인하여 '온라인 쌍방향 교류'도 더욱 손쉽게 이루어지고 있기 때문에 이러한 가능성은 더욱 부각되고 있다. 그렇다면 '언택트'와 그것을 위한 대체재가 교회의 하나의 구성 요소로 허락될 수 있을 것인가? 이 문제를 다루기 위해서는 '교회의 정의'를 생각해야 한다.

그리스도와 연합체인 교회

'교회'란 무엇인가? 교회를 이해하기 위해서는 성도가 어떻게 구원에 이르는가로부터 출발해야 한다. 16세기 종교개혁자들은 성도가 구원에 이르는 방법과 내용을 '그리스도와의 연합'으로 이해했다. 마틴 루터(Martin Luther)는 성도가 '그리스도와의 연합'(unio cum Christo)을 이룸으로 의롭게 될 수 있다고 하였고, 장 칼뱅(John Calvin) 역시 성도가 구원에 이르는 방법으로 '그리스도와의 신비적 연합'(Unio mystica cum Christo)을 언급했다. 이 연합에서부터 성도를 위한 칭의와 성화가 나온다. 그렇기에 하나님께서는 그분의 택하신 백성들을 구원하실 때 성령님을 보내셔서 그와 그리스도를 연합시키신다. 이 '신비적 연합'을 통하여 성도는 그리스도께서 이루신 공로와 은혜에 참여하게 된다. 이 종교개혁자들의 신학은 성경의 구원관을 충실하게 드러낸 것이다. 요한복음서에 따르면 성도의 모든 구원의 은혜는 그리스도의 충만으로부터 받는다(요 1:16). 그리스도께서도 성도를 그분과 연합된 실체로서 설명하셨다. 예수께서는 포도나무이시며 성도들은 포도나무의 붙은 가지이다(요 15장). 가지가 포도나무에 붙어서 생명을 누리는 것처럼, 성도는 모두 그리스도와 연합됨으로 인하여 그분의 은혜와 진리에 참여한다. 그들은 그리스도 안에서 의롭게 되고 거룩하게 되며 결국 영화에까지 이르게 된다. 모든 성도의 소망과 목적은 생명의 근원되신 그리스도의 장성한 분량에까지 이르는 것이며, 그분의 영광에 참여하는 것이다. 이것이 성도가 받는 구원의 내용이고 성령 하나님께서 이루어 주시는 '그리스도와의 영적인 연합'이다.

그러나 동시에 이러한 그리스도와 성도의 신비적 연합은 개인의 구원뿐만 아니라, '교회'의 기초가 된다. 왜냐하면 그리스도와 연합되어 그분의 구원의 은혜에 참여하는 성도가 셀 수 없이 많으며, 그 모든 성도들이 그리스도를 통하여 한 몸을 이루기 때문이다. 천지창조 이래 예수 그리스도의 재림까지 이 땅을 거쳐 가는 모든 성도들이 이 그리스도와의 연합에 참여하여 구원을 받는다(엡 1장). 그리고 그들은 예수 그리스도와 연합되어 있기 때문에 모두 영적으로 하나로 묶여 있다. 이것이 하나님 앞에 있는 참된 공동체인데, 이 공동체를 우리는 '교회'라고 부른다. 이 교회는 머리 되신 그리스도 안에서 모두가 영적으로 연합되어 있는 신령한 공동체이다. 그리고 이 영적인 연합체는 이 땅에서는 '지역교회'로서 '실체화'된다. 그리스도 안에서 연합된 모든 성도가 하나로 모일 때가 올 것이다. 그것은 예수께서 재림하시고 모든 구원받은 성도들을 하나로 모으실 때이다. 그러나 그때까지 성도들은 이 땅에서 하나님께서 허락하신 공간과 시간의 한계 내에서 하나로 모여서 예배를 드리고 교제함으로서 그들이 그리스도 안에서 하나로 연합된 공동체임을 실체화하고 고백한다.

이로 인해서 성도들이 하나로 모여서 예배드리고 교제한다는 것은 자신들이 그리스도 안에서 하나 되었음을 인정하는 신앙고백이다. 그리고 이 고백은 필연적으로 영적일 뿐만 아니라 몸으로도 실체화되어야 한다. 함께 모여서 하나님께 함께 예배하고 기도하며, 또한 함께 살며 슬퍼하고 기뻐하는 실제적 교제여야 한다. 마치 성자께서 이 땅에 성육신하심으로 하나님의 뜻이 실체화되고 구체화된 것처럼, 성도는 다른 성도들과 하나 되는 실제적 교제를 통하여 그리스도와의 연합을 이 땅에서 구체화시킨다. 이 구체적 교제가 없는 공동체는 또 다른 의미에서 그리스도의 성육신을 부인하였던 '영지주의'의 오류에 빠져 있는 것이다. 그러므로 교회론의 관점에서 성도 간의 교제는 선택의 문제가 아니라 본질적인 문제이다. 왜냐하면 성도가 그리스도 안에서 연합되어 있다는 영적인 실제에 대한 고백이기 때문이다. 칼뱅의 말처럼 우리가 교회 안에서 실제적으로 성도와 함께 연합되어 있지 않는다면, 그리스도와 연합되어 있다는 사실이 어떻게 증명될 수 있겠는가?

교회 교제의 필연성

이뿐만 아니라 교회의 교제는 성도의 영적인 성장과 맞물려 있다. 왜냐하면 성도들이 한 공동체 안에서 교제를 함으로서 그리스도에까지 성장해 가기 때문이다. 그리스도께서는 성도들의 영적 성장을 교회 안에서 이루도록 하셨는데, 이에 대해서 에베소서 4장 15-16절은 다음과 같이 말한다.

'오직 사랑 안에서 참된 것을 하여 범사에 그에게까지 자랄지라 그는 머리니 곧 그리스도라. 그에게서 온몸이 각 마디를 통하여 도움을 받음으로 연결되고 결합되어 각 지체의 분량대로 역사하여 그 몸을 자라게 하며 사랑 안에서 스스로 세우느니라.' 이 본문은 그리스도께서 성도에게 은혜를 주시는 통로가 교회 안에 세운 직분자들이고 연합된 성도들임을 가르쳐 준다. 성도는 이들과의 교제를 통하여 그리스도에까지 자라간다. 성도는 교회 공동체와의 교제 없이 성장하지 못한다.

앞에서 언급한 성례의 문제도 이러한 성도들의 영적인 연합과 교제의 측면에서 고민해 봐야 한다. 성례는 교회 공동체와 함께 이루어져야 한다. 성례가 일차적으로 보여주는 것은 그리스도의 구속(세례)과 그분과의 생명의 연합(성찬)이다. 그러나 필연적으로 세례를 받은 성도는 교회로부터 주의 백성으로 용납을 받아야 하고(세례) 그리스도 안에서 함께 연합하며 교제하는 것(성찬)이 반드시 뒤따라야 한다. 그러므로 성례는 사사로이 행할 수 없으며 교회 공동체 안에서 이루어져야 한다. 이런 면에서 그 공동체성을 드러내 주지 못하는 성례는 그 의미가 상실된다고 할 수 있다.

그렇기에 '언택트' 상황은 교회론에서 볼 때 공동체의 본질적 내용이 결핍된 상황이다. 성도의 교제는 온라인상의 제한된 교제가 아니라 그리스도 안에서 인격과 인격의 만남을 통하여 이루어져야 한다. 혹은 비대면접촉을 통한 교제가 이루어질 수 있다고 할지라도 그것은 하나의 수단일 뿐이며, 인격적 만남이 목적이 되어야 한다. 사람은 영과 육으로 이루어져 있다. 그렇기에 교제 역시 그 양자에서 이루어져야 한다. 마치 그리스도께서 육체로 성육신하신 것과 같이, 교회 역시 그리스도의 성육신의 연장선에서 하나님의 은혜를 누리게 된다. 그러므로 전통적인 교회론에 근거할 때, '언택트 상황'은 극복을 목적으로 해야 한다. 이것을 앞으로 교회에 들어오게 되는 새로운 상황으로 이해하는 것은 교회가 누리게 될 많은 은총들을 잊어버리는 결과를 가지고 올 것이다.

많은 학자들은 바이러스 전염병 이후는 이전 시대와 많은 것이 달라질 것이라고 예측한다. 그 예측은 어느 정도 이루어질 것이다. 코로나라는 전염률이 높은 질병을 그냥 무시할 수도 없는 것도 사실이며, 이 병이 완전히 정복될 수 있는지도 아직은 불확실하기 때문이다. 또한 한 번 새겨진 뼈아픈 불안은 쉽게 사라지지 않을 것이다. 이러한 상황에 대해서 교회가 잘 대처해야 한다는 것 역시 옳다. 그럼에도 불구하고 교회의 본질에는 그리스도와의 연합, 그리고 그로 인한 성도들 간의 연합이 자리 잡고 있다. 그리고 그 연합은 단순히 영적이고 추상적인 연합이 아니라, 얼굴과 얼굴을 맞대면하고, 인격과 인격이 만나는 실제적인 연합이어야 한다. 그 자체가 성도의 신앙고백이며, 성도가 성장할 수 있도록 하나님께서 주신 길이기 때문이다. 그렇다면 교회는 이 '언택트'의 상황을 어떻게 극복할 것인가? 이에 대해서 몇 가지 생각해 보고자 한다.

교회가 전염병 상황을 극복하기 위한 제언들

첫 번째로 교회 공동체가 유지해야 할 그리스도 안에서의 교제를 성도들에게 지속적으로 가르쳐야 할 필요가 있다. 인터넷 환경이 발전할수록 점점 더 교회론은 약해질 것이고 이로 인해 교회 공동체의 결속력도 약해질 것이다. 그리고 이러한 공동체성의 약화는 코로나 사태로 인하여 더욱 가중될 것이다. 이럴 때 교회의 목회자들은 그리스도께서 이 땅에 세우신 교회 공동체의 의미와 중요성에 대해서 더욱 견고하게 가르쳐야 한다. 사회가 아무리 변한다고 할지라도 가족이라는 기본적인 공동체가 유지될 때 건전한 인간상과 사회가 유지될 수 있는 것처럼, 교회의 공동체성이 유지될 때에만이 성도가 온전하고 풍성한 신앙으로 자라 갈 수 있다. 그러므로 교회는 인터넷 매체를 의지하기보다는 항상 성도들의 실제적인 교제가 회복되는 쪽으로 나아가도록 성도들을 가르치며 이끌어야 한다. 다른 어떤 가르침보다도 그리스도께서 원하시는 교회론의 근본적인 내용에 대해서 든든히 세우는 것이 필요하다. 21세기의 신학 논쟁의 주된 주제는 교회론이 될 것이다.

두 번째는 그러므로 교회의 본래의 모습을 사모하되, 오히려 무리한 대체적 활동을 자제하며 근신하는 것을 제안해 보고 싶다. 온라인으로 드리는 예배가 현장예배를 대체할 수는 없다. 이것은 현장예배를 회복할 때까지 교회가 가지는 최소한의 활동으로 보는 것이 적절하다. 또한 온라인으로 이루어지는 성례는 오히려 그 가치를 떨어뜨릴 수 있다. 그렇다면 세례 등과 같은 최소한의 성례는 행하되 성찬과 같은 경우는 오히려 횟수를 줄여서, 교회로 하여금 성찬을 사모하는 기회로 삼는 것도 좋으리라고 본다. 우리는 부패하였기에 무엇인가 잃어버렸을 때 비로소 그 가치를 다시 깨닫게 되는 경우가 많다. 이 바이러스 전염병 상황은 예배와 성찬, 성도의 교제 등과 같이 성도들이 평안히 누리던 것이 얼마나 중요한 것인지를 다시 생각하는 기회가 되었다. 마치 유다 백성들이 70년간의 바벨론 포로 이후에야 자신들이 누리던 여호와 신앙이 얼마나 소중한지를 깨달았던 것처럼 말이다. 자칫 교회가 하나님께서 주시는 깨달음의 기회를 무리한 대체재로 상실할 수 있다.

이상 두 가지의 내용은 교회의 궁극적인 방향에 대한 제언이다. 그러면 교회 공동체가 코로나 시대에 교제를 회복하기 위해서 어떠한 방법들을 쓸 수 있을 것인가? 다음으로는 그 방법들을 제안해 보고자 한다.

세 번째로 교회의 소그룹을 활성화시키는 것이 코로나 상황에서 성도들을 양육하는 데 좋은 방법이 될 수 있을 것이다. 코로나 상황에서는 많은 성도들이 함께 모이는 것은 위험 부담이 클 수밖에 없다. 대규모 집회를 기피하는 것이 어쩔 수 없는 상황이라면, 이것을 극복하기 위해서는 성도들을 소그룹으로 조직하여 서로서로를 돌보고 양육하도록 교회가 이끌어 갈 수밖에 없다. 이 코로나 사태 이전에도 '소그룹'은 21세기에 성도들을 교회 공동체로 이끄는 수단으로 제시되고 있었다. 이 방법은 코로나로 인하여 교회의 모임이 어려울 때에도 유효할 것이다. 이 소그룹에는 '가족'을 단위로 하여 신앙교육이 가정에서 이루어지도록 격려하는 것도 유익할 것이다.

네 번째로 이러한 소그룹의 활성화는 교회 직분자들을 구비하는 좋은 방법들이 될 것이다. 교회에서 봉사하는 장로, 집사, 권사와 같은 직분자들은 본래 성도들을 대하며 돌봐야 하는 목적을 가지고 있음에도 불구하고 지금까지 한국교회에서는 잘 이루어지지 않았다. 그러나 교회의 장로와 집사도 당연히 목회자의 조력자로서 성도들을 돌보는 일을 해야 한다. 교회 안에 있는 소그룹을 활성화시키되 교회의 직분자들로 하여금 성도들을 돌볼 수 있도록 기회를 제공해 주는 것이다. 교회 공동체에 참여하는 일반적인 성도들은 그 교회의 목사가 누구인지는 알아도 장로, 안수집사, 권사가 누구인지는 모르는 경우가 많다. 그러므로 직분자들로 하여금 소그룹에 참여하여 성도들과 교제하며 그들을 이끌어 나가는 일을 맡겨서 오히려 교회 구성원들이 함께 성장해 가는 기회로 삼을 수 있다.

다섯 번째로 온라인 매체들, 즉 유튜브와 같은 인터넷 매체, 혹은 페이스북과 같은 여러 SNS의 수단들은 복음을 전파하며, 교회를 대외적으로 알리는 좋은 수단이 될 수 있을 것이다. 그러나 이러한 수단들을 사용하는 데 있어서 정확히 자리매김하는 것이 필요하리라고 생각된다. 이러한 온라인 매체들은 정보 전달의 수단은 될 수 있을 것이지만, 그 이상의 교제를 가능하게 해 주지는 못한다. 그럼에도 기존의 전통적인 모임을 돕는 수단이나 한시적인 대체재로는 사용될 수 있을 것으로 보인다.

마지막으로 이러한 어려운 상황은 오히려 교회가 이웃과 세상에 대해서 넉넉한 마음을 가지고 있음을 증명하는 기회가 될 수 있을 것이다. 물론 이것은 어려운 문제이다. 교회와 성도들이 저마다 자신이 속한 공동체를 유지하기도 버거운 때이기 때문이다. 그럼에도 이럴 때에 이웃을 도울 수 있다면 그리스도의 사랑이 더욱 분명하게 드러날 것이다. '주는

자가 받는 자보다 복되다'는 말씀은 이러한 시대에 더욱 분명하게 증명
될 것이다.

김지훈
안양대학교 신대원 (M.Div, Th.M.)
Theologische Universiteit Apeldoorn (Th.D.)
(현) 신반포중앙교회 담임목사, 안양대학교 겸임교수
한국개혁신학회역사신학회 회장
(역서) 『황금사슬』, 『기독교교리강론』,
『하나님의 영원한 예정에 대하여』

포스트 코로나 시대,
아미쉬 공동체가 주는 교훈[1]

이장형

코로나 이후, 왜 아미쉬 공동체에 주목하는가?

예기치 못한 코로나19사태의 장기화는 사회 및 교회 공동체에게 여러 면에서 충격을 주고 있는데, 그중 대표적인 문제는 교회에서 회집하여 드리는 예배가 자유롭지 못한 점과 세계화와 국제 간 교류의 축소로 인한 세계 경제의 하강과 소비생활의 위축이라고 할 수 있다. 이 두 문제에 대한 해결책은 다양한 각도에서 접근할 수 있겠지만, 기독교 소종파인 아미쉬 공동체의 모습을 통하여 생활양식의 변화와 새로운 상황에 대한 적응 가능성을 탐색해 볼 수 있다는 생각을 갖게 되었다. 물론 아미쉬의 삶이 근본적인 해결 방안이나 대안이 될 수는 없겠지만, 코로나 이전으로 완전히 돌아갈 수 없을 것 같다는 비관론 등을 고려할 때 그들의 삶은 위축되어 있는 우리들에게 상당한 시사점을 제공해 주고 있다.

아미쉬 공동체는 미국 대륙에서 주로 펜실베니아(Pennsylvania), 오하이오(Ohio), 인디애나(Indiana)주 등 3개 주에 걸쳐서 많은 종교 인구를 갖고 있는 비교적 대중적으로 알려져 있는 기독교계 소종파 가운데 하나이다.

---

1   이 글은 필자의 논문 "아미쉬 공동체의 윤리분석"(2018년 12월 30일, 「기독교사회윤리」 제42집)의 내용과 두 차례의 아미쉬 공동체 방문을 기초로 했다.

그들은 자동차와 전기 등 현대 문명을 이용하지 않는 집단으로 대중에게 알려져 있었다. 그런데 2006년 펜실베니아 니켈 마인즈(Nickel Mines)의 아미쉬 학교에서 마을의 우유배달 트럭 기사 찰스 칼 로버츠 4세(Charles Carl Roberts Ⅳ)가 총기를 난사한 사건으로 5명이 죽고 5명이 다치는 사고가 발생했다. 이때 아미쉬 사람들이 범죄자인 로버츠 4세를 용서하고 그의 가족들을 위로한 일화가 알려지면서 주목을 받기 시작했다. 대중에게는 아미쉬의 일상이 영화 위트니스(Witness)[2]를 통해 알려지기도 했지만, 아직도 막연한 호기심으로 그들을 바라보는 이들은 많다. 반면 그들에 대한 체계적인 연구는 많지 않은 현실이다.

코로나19 감염병 사태가 전개되면서 기독교의 모습은 어떻게 변화되고 있는가? 많은 사람들이 반기독교적인 정서에 편들기를 하고 있고, 교회를 떠나는 이들도 많아지고 있다. 이런 상황 앞에서 교회는 스스로 냉정하게 돌아볼 수 있어야 한다. 이 사회와 소통할 수 있는 공적 책임을 감당해야 하는 것은 당연하거니와 '성'(聖)과 '속'(俗)의 문제에 있어서 속보다는 오히려 성이라는 종교 자체의 정체성에 주목할 필요가 있다. 어떤 면에서 현재와 기성 공동체 중심의 시야인 '인사이트'를 넘어서서 객관화와 타자화된 시각에서 조직과 공동체를 바라보는 '아웃사이트'의 과정을 통해 한국교회의 방향성을 찾을 수 있지 않을까? 바람직한 종교성 회복과 긍정적인 사회문화적 담론 형성은 한국교회의 시급한 과제이다.

이런 측면에서 한국교회에 주는 아미쉬 공동체의 가정 중심적 예배, 지역 중심의 생산 및 소비모델 등을 살펴보는 일은 매우 의미 있는 작업일 것이다.

---

2   이 영화는 1986년 제작, 감독 피터 위어, 주연 해리슨 포드, 켈리 맥길리스, 조세프 소머 등, 줄거리는 아미쉬 교도인 미망인 레이첼(켈리 맥길리스)과 8살의 아들 사무엘(루카스 하스)이 필라델피아 기차역에서 우연히 살인현장을 목격하는데서 사건이 시작된다. 영화를 통해 아미쉬 마을과 공동체의 많은 부분이 소개되었다.

아미쉬의 가정 중심 예배와 규모 있는 경제생활

첫째, 예배 공동체로서의 아미쉬가 갖는 의미가 있다. 그들은 교회 건물을 세우지 않고 공식적인 신학교육이나 교회 조직 등을 구성하지 않는다. 이것은 기독교 그룹 내 역사 속에서 교권주의자들에 의한 피해와 정부의 조직적 핍박 등 재세례파들의 눈물겨운 역사를 배경으로 한다. 이에 신교 및 구교 양측으로부터뿐만 아니라 공권력에 의한 핍박을 돌아볼 필요가 있다.

그들은 격주로 설교예배를 드리는데, 교구 내에서 모든 집들을 순회하며 예배를 드리기 때문이다. 영감 있는 예배를 기원하면서, 회중 중심의 예배를 지향하고, 그중 설교자가 지정되기는 하지만 회중을 사로잡는 공동체의 예배가 있다. 주일 오전 9시에서 정오까지 진행되는 주일예배는 격주로 진행하며 통상 세 시간 정도 걸리는데, 예배는 교우들의 집을 순회하며 드리기에 이웃 교인들의 협력을 받으며 의자 정돈 등이 이루어진다. 예배 후에는 공동식사와 지인방문 등이 행해진다. 세례받지 못한 어린이들과 공동체 이외의 구성원들은 여기에 참여하지 못한다. 예배의 마지막 부분에서는 모두 무릎을 꿇는 행동을 통해 복종과 경의, 집단의 결속을 다짐하는 것으로 알려진다. 설교예배 이외의 명절로는 성탄절, 성금요일, 부활절, 예수 승천일, 오순절, 추수감사절 등이 지켜지는데 지역 공동체마다 지키는 특징이 다르다. 특히 아미쉬는 성찬식에 이어지는 세족례를 통해 독특한 전통을 유지하고 있다. 세족례를 거행할 때는 보통 때보다 긴 설교가 행해지는데 창세기부터 예수 그리스도의 고난에까지 이어지는 긴 설교가 행해지고, 남녀가 각각 서로의 발을 씻기는 의식을 통해 초대교회 성도들의 교제 전통을 계승하는 것으로 보여진다.

특별히 아미쉬 사람들은 16세기식 찬송가를 고수하는데 모음집이란 뜻의 아우스분트(Ausbund)를 사용한다. 악보 없이 단순하게 시(詩)의 형태로 되어 있으며, 종교 지도자들의 희생양이 된 신도들의 비극적인 삶과 사건들을 회고하는 내용을 담고 있다. 특히 독창부는 대화형식으로 희생자, 심문자, 고문자, 당국, 사형집행인 사이의 대화까지 담았다.

설교에 있어서는, 인위적인 설교보다는 성령의 주도를 지향하고자 하는 영성을 강조하여 미리 준비한 원고나 메모 없이 한 시간여에 걸쳐 메시지를 전한다. 이는 인위적으로 메시지를 작성하여 효율적인 기법을 통해 전하려는 현대적 수사학 행태의 설교를 각성하게 해 준다. 물론 정통 기독교의 입장으로서는 응당 직접계시나 예언행위와 같은 신비주의적인 관점을 조심해야 할 필요성은 있지만, 이들이 수행하는 원시적이며 순수한 메시지 전파에 대해서는 깊이 고려해 보아야 할 필요가 있다.

목사는 설교를 담당하는데, 두세 명의 목사가 순서를 정하여 교대로 설교를 한다. 속한 교구에 예배 모임이 없는 주일이나 자신의 설교가 없는 목사는 다른 교회를 방문해 설교를 한다. 목사는 미리 준비한 원고나 메모 없이 교도들 앞에 서서 설교를 하고, 교도들에게 하나님의 가르침을 일깨워 준다. 아미쉬 교회의 목사들이 목회자를 위한 특별 교육 과정을 이수하지 않았는데도 사전 준비 없이 한 시간여에 걸쳐 하나님 말씀을 전하는 설교를 감당해 내는 것은 일반인들에게는 불가사의한 일로 받아들여지고 있다.[3]

아미쉬의 예배 형태가 오늘날 기독교에 주는 교훈은 예배의 원시성(元始性)이다. 현대교회의 예배는 교회가 대형화되면서 지나치게 인위적이고, 기계화되고, 의식화되는 경향이 있다. 또한 현대화에 발맞추어 대형화된 예배, 첨단 악기와 장비에 의존한 예배, 판매와 카페시설 설치는 물론이고 부속기업을 경영하는 등 세속화되어 가는 경향이 농후하다. 침묵 가운데 절대자의 소리를 듣는 것이 예나 지금이나 대부분 종교의 전통적인 수행 방법이며 인간의 삶에 많은 풍요로운 가치들을 가져다주고

---

3 임세근, 『단순하고 소박한 삶: 아미쉬로부터 배운다』(서울: 리수, 2009), 68.

있다. 아미쉬 공동체 모습을 통해 물질주의, 번잡함에 지쳐있는 삶을 돌아보게 하는 계기를 찾을 수 있지 않을까? 성경 중심(찬양은 기본적인 곡조로 악기 없는 일종의 찬트식으로 기억되고 있음)의 찬양은 지나친 악기, 소수의 프로페셔널함에 의존되어 공연화되고 있는 오늘날의 예배를 아미쉬 공동체의 의미와 가치 앞에서 오늘날 우리들의 예배를 반성적으로 살펴볼 필요가 있겠다. 현대사회에서의 기독교 예배는 '과연 누구를 위한 찬양인가?', '누구를 위한 설교인가?', 그리고 '진정한 영광의 대상이 누구인가?'를 되돌아보게 한다. 이런 면에서 별도의 전용 공간 없이 가정에서 돌아가면서 드리는 예배, 성경을 암송하고 해석하는 소모임은 개신교의 셀모임이나 기타 공동체도 본받을 만한 조직이 될 수 있다고 본다. 인위적인 조직을 구성하거나 관리하려고 하지 말고 자연스럽게 감당할 만한 숫자들이 교구라는 단위로 결속되어서 가정을 중심으로 협력하게 될 때 많은 신앙적 결실을 거두게 되는 것이다.

둘째, 세계 경제의 급속한 위축에 신앙적으로 대응하는 방안은 무엇일까? 기독교는 소비문화의 폐해를 잘 파악하고 절제되고 규모 있는 경제생활을 수행하면서 정신적, 도덕적 영감의 회복을 통해 진정한 영성 공동체의 모델을 제시하게 될 때 그 존재 의미와 가치를 찾을 수 있을 것이다. 이런 점에서 아미쉬 공동체, 메노나이트 교단, 퀘이커 교단의 직업, 기업윤리를 고려하면서 수도원운동, 공동체 생활운동, 협동 조합운동, 기타 분파주의적 기독교운동 등을 재해석할 필요가 있다.

아미쉬 공동체는 이 시대를 향해 윤리적 소비와 도시문명에 대한 통전적 반성을 촉구한다. 그들은 소비, 생산 그 자체에 가치를 둔다기보다는 가족을 중심으로 한 종교적 생활을 우선적 가치로 여기며 그들 특유의 경제구조를 형성하고 있다. 아미쉬 대부분은 농업과 목축에 종사한다. 그들은 생계수단의 자급자족을 추구하며 전통적인 삶의 방식을 고수하며 결코 현대적인 삶의 방식을 수용하려 하지 않는다. 땀 흘려 뿌린 대

457
포스트 코로나 시대, 아미쉬 공동체가 주는 교훈 · 이장형

로 거두고자 하는 정직한 양심과 태도가 이들의 심적인 밑바탕이다. 이들이 자동차를 비롯한 현대적인 기계문명을 멀리하는 이유가 무엇일까? 기계문명이 가족 간의 거리를 멀리하게 만들고 그 결과 가족 공동체를 파괴하는 것으로 보기 때문이다. 텔레비전을 금하는 이유도 같은 선상에 있다. 다양한 오락과 성적인 문란함이 텔레비전을 통해 들어온다고 판단하고 이를 우려하고 있으며 텔레비전이 가족공동체를 위협이 된다고 본다. 그들은 목수, 소공예 등 자영업을 하기도 하지만 그 규모는 7명 이하의 작은 기업에 한정된다. 큰 규모의 직장은 결코 선호하지 않는다. 생존을 위한 최소한의 소비, 가족을 중심으로 하는 성실한 노동의 참여와 공동경영을 통한 경제를 도모한다. 일부 사람들이 오해하는 것처럼 그들은 공동농장이나 공동소유를 지향하거나 실현하는 것은 아니다. 자식들에게 대물림 되는 경우가 많지만 경작지 확보는 그들의 삶에 있어 매우 중요한 문제이며, 그들이 이주하고 확산하는 주요 원인이기도 하다. 인구가 점차 증가하면서 미주 일대에 그들이 필요로 하는 경작지를 찾아서 확장된 면이 있다.

아미쉬는 사회보장제도나 연금, 보험 등에 대해서는 종교적 자유를 축소하고 침해한다는 명분을 내세워 거부하는 것으로 알려지고 있다. 이 문제 때문에 연방법에 의해서도 그들은 보험, 연금 등에 있어서는 예외를 인정받고 있다고 한다. 그러나 그들은 지방세, 교육세 등 주요 세금을 납부하고 있으며, 여러 면에서 정부와 협력하는 측면도 있다. 선거에 있어서는 개인적 선택권이 있는데, 대부분의 경우 선거에 참여하지 않는 경향이 강하다고 한다. 물론 사안에 따라선 그들이 적극적으로 투표에 임한 기록도 있다.

소통하는 아미쉬 공동체

현대사회 속에서 생존이 어려울 것 같은 원시성을 갖는 아미쉬 공동체의 생존 원동력은 소통하는 공동체라는 점에 있다. 이들은 미국에 거주하지만 이들만의 방언인 독일어의 한 갈래를 갖고 있으며 찬송과 성경도 독일어 판을 기본으로 사용하고 있다. 그러나 그들은 이웃들과는 영어로 대화하며 소통하는 능력을 갖고 있다. 또한 도시에 사는 외부인들의 회사 트럭이 아미쉬 사람들이 생산한 우유를 모아서 가져가고 달걀, 농산물, 가축을 시장까지 운반하며 버터, 빵, 식료품을 주간 일정에 맞추어 외부인들이 아미쉬 농장으로 배달해 준다. 즉 그들의 생활 방식은 게토화된 담으로 둘려진 그들만의 특별한 지역에 거주하는 것이 아니라, 그들이 잉글리쉬라고 말하는 이웃들과 함께 자연스럽게 교제하며 생활한다. 이주의 역사 속에서 종교를 중심으로 생활하고 그들 특유의 문명에 대한 금기와 생활 방식을 추구하다 보니 일종의 집단 거주지역이 형성된 것이지, 처음부터 그렇게 의도했던 것은 아니며 더욱이 이웃과 단절된 삶을 사는 것도 아니다.

또한 아미쉬의 생존의 바탕에는 격주로 드리는 순회예배와 원룸스쿨의 강한 교육적 결속이 있다. 아미쉬의 외견상 가장 허약하다고 지적할 수 있는 면은 조직력이 느슨한 듯한 '교회'와 '예배'라고 할 수 있다. 그러나 외적으로 허약하게 비쳐지는 교회와 예배에 이들이 생존할 수 있는 원동력이 숨어 있다. 세족식의 경우에도 공동체를 결속시키는 중요한 계기를 만든다. 그들은 교회와 예배를 통해 그들은 동지애와 선조들의 신앙정신을 계승하게 하는 진정한 교육적 에너지를 발산하고 있다. 학교도 무학년제이고 교육시설 또한 열악한 형편이다. 그러나 그들의 교육은 그 어떤 학교교육보다도 뛰어난 공동체 정신을 교육하며 이 정신을 지탱하고 확산하는 힘을 갖는다.

현대화된 교육제도와 학교라는 시스템을 통해서만 교육이 가능한 것은 아니다. 이런 사례를 바로 아미쉬 공동체에서 보게 된다. 그들은 전 학생을 한 교실에서 수업하는 방식을 취한다. 소위 원룸스쿨인 것이다. 교사도 한 명뿐이고 수업시간도 최소한이며 고학년이 되면 가정에서 보내는 시간이 더욱 많아지는 친밀한 구성 체계를 갖는다. 교회 또한 현대화된 학교식의 체제를 갖추고 있지 않는다. 이들은 가정을 중심으로 하는 교육 체계를 지향한다. 아이들은 세례를 받지 않아 격주로 드리는 설교예배에 정식으로 참여하지 못하는 상황이지만 예배의 준비와 참여의 모든 과정을 목격하고 배움으로 살아있는 교육이 된다.

공동체 전승의 계승과 삶의 태도를 통한 학습 자체가 이들에게는 가장 효과적인 교육이다. 이러한 교육은 이들로 하여금 공동체의 성원으로서 책임과 의무감을 갖추게 하며, 태도와 능력까지도 함양하게 한다. 물론 원룸스쿨이 갖는 한계도 있다. 특히 초보적인 교육으로 한정된다는 점에서 현대사회에 걸맞는 전문인들을 양성하지 못한다는 한계점이 있는 것이 사실이다. 교사진만 해도 많은 유사성이 있는 메노나이트 교파의 교역자들이 초청되는 경우가 흔하다. 그러나 수백 년의 어려운 기간에도 그들은 가정을 중심으로 하는 신앙 중심의 교육을 통해 꾸준히 공동체를 지켜 온 저력을 존중해야 한다.

코로나 사태를 맞으면서 기독교는 선택이나 논의의 과정도 없이 가정 중심의 예배와 교육을 진행하고 있다. 그런데 불편한 이 상황은 오히려 강화될 가능성이 있는데, 신앙과 교육의 위축만이 아니라 또 다른 차원의 가능성이 있음을 아미쉬 공동체의 모습을 통하여 발견할 수 있을 것이다.

코로나19 사태는 우리 사회뿐 아니라 세계적으로 '코로나19-포비아'를 만들어내고 있다. 최첨단 산업사회를 살면서 제4차 산업혁명의 혁신을 꿈꾸는 자본주의 정점에 서 있다고 자부하던 우리들은 다시금 근본적인 정체성을 물으며, 여러 면에서 도전받고 있다. 처음에는 신천지라는 일부 종교집단에 대한 대중의 혐오가 기독교 및 종교 전반으로 확대되는 위기에 한국교회는 처해 있다. 기독교인들의 정체성 형성에 가장 중요한 예배, 교육, 친교 등을 위한 회집 자체가 위협받고 있다. 글로벌 경제는 낙관론과 비관론이 함께 대두하고 있지만, 코로나 사태 이전으로 우리의 생활양식을 완전히 회복시키기는 어려울 것으로 보는 견해가 지배적이다. 이런 면에서 아미쉬 공동체의 생존과 확장은 우리들에게 또다른 가능성을 시사해 주고 있다.

이장형
장로회신학대학 및 신학대학원 졸업
숭실대학교 (Ph.D.)
(Visiting Scholar) McCormick Theological Seminary
(현) 백석대학교 기독교윤리학 교수, 청수백석대학교회 담임목사
　　　니버연구소 소장
(전) 숭실대학교, 장신대학교, 한남대학교 강사
　　　한국연구재단 인문학단 전문위원
(저서) 『한국기독교윤리학의 수용과 정립』, 『글로벌 시대의 기독교윤리』,
　　　『라인홀드 니버의 사회윤리 구상과 인간이해』, 『기독교윤리의 교육적 실천』